1권

제1회
KB국민은행 필기전형

제1영역 직업기초능력
제2영역 직무심화지식
제3영역 상식

〈문항 수 및 시험시간〉

NCS 기반 객관식 필기시험 : 총 100문항(100분)

구분(문항 수)	출제범위	배점	모바일 OMR 답안채점 / 성적분석 서비스
직업기초능력(40)	의사소통능력, 문제해결능력, 수리능력	40	
직무심화지식(40)	금융영업(30), 디지털 부문 활용능력(10)	40	
상식(20)	경제 / 금융 / 일반상식	20	

※ 문항 수 및 시험시간은 2025년 하반기 채용공고문을 참고하여 구성하였습니다.

제1회 모의고사

문항 수	: 100문항
시험시간	: 100분

제 1 영역 직업기초능력

01 다음은 K사의 개인정보보호 지침의 일부 내용이다. 이에 대한 설명으로 가장 적절한 것은?

〈개인정보보호 지침〉

제1조(목적) 이 지침은 개인정보 보호법 제12조 제1항, 국토교통부 개인정보보호 세부지침 제2조에 따라 K사 소관업무와 관련된 개인정보 보호에 필요한 세부사항을 규정함을 목적으로 한다.

제2조(적용범위) 이 지침은 전자적 처리 여부를 불문하고 수기문서, 전자적 파일 등 모든 형태의 개인정보 파일을 운용하는 본사, 연수원・연구원・본부의 각 부서, 지사(이하 '각급 기관'이라 한다)와 개인정보를 처리하는 직원에게 적용한다.

제3조(정의) 이 지침에서 사용하는 용어의 뜻은 다음과 같다.

1. '개인정보'란 살아 있는 개인에 관한 정보로서 성명, 주민등록번호 및 영상 등을 통하여 개인을 알아볼 수 있는 정보(해당 정보만으로는 특정 개인을 알아볼 수 없더라도 다른 정보와 쉽게 결합하여 알아볼 수 있는 것을 포함한다)를 말한다.
2. '정보 주체'란 처리되는 정보에 의하여 알아볼 수 있는 사람으로서 그 정보의 주체가 되는 사람을 말한다.
3. '개인정보 파일'이란 개인정보를 쉽게 검색할 수 있도록 일정한 규칙에 따라 체계적으로 배열하거나 구성한 개인정보의 집합물(集合物)을 말한다.
4. '개인정보 처리'란 개인정보를 수집, 생성, 기록, 저장, 보유, 가공, 편집, 검색, 출력, 정정(訂正), 복구, 이용, 제공, 공개, 파기(破棄), 그 밖에 이와 유사한 행위를 말한다.
5. '개인정보 처리자'란 개인정보를 처리하는 모든 공공기관, 영리 목적의 사업자, 협회・동창회 등 비영리기관・단체, 개인 등을 말한다.
6. '개인정보 보호 책임자'라 함은 개인정보의 처리에 관한 업무를 총괄해서 책임지는 자로서 개인정보 보호법 시행령 제32조 제2항 제1호 및 제2호에 해당하는 자를 말한다.
7. '개인정보 취급자'란 개인정보처리자의 지휘・감독을 받아 개인정보를 처리하는 업무를 담당하는 자로서 직접 개인정보에 관한 업무를 담당하는 자와 그 밖에 업무상 필요에 의해 개인정보에 접근하여 처리하는 모든 자를 말한다.
8. '개인정보처리시스템'이라 함은 개인정보를 처리할 수 있도록 체계적으로 구성한 데이터베이스시스템을 말한다.
9. '고유식별정보'라 함은 주민등록번호, 여권번호, 운전면허의 면허번호, 외국인등록번호를 말한다.

10. '영상정보처리기기'란 일정한 공간에 지속적으로 설치되어 사람 또는 사물의 영상 등을 촬영하거나 이를 유・무선망을 통하여 전송하는 일체의 장치로서 개인정보 보호법 시행령 제3조에 따른 폐쇄회로 텔레비전(CCTV) 및 네트워크 카메라를 말한다.
11. '영상정보처리기기 운영자'라 함은 개인정보 보호법(이하 '법'이라 한다) 제25조 제1항 각 호에 따라 영상정보처리기기를 설치・운영하는 자를 말한다.
12. '개인 영상정보'라 함은 영상정보처리기기에 의하여 촬영・처리되는 영상정보 중 개인의 초상, 행동 등 사생활과 관련된 영상으로서 해당 개인의 동일성 여부를 식별할 수 있는 정보를 말한다.

제4조(개인정보 보호 원칙)

① 개인정보의 수집 목적은 수집 당시에 명확하게 특정되어 있어야 하고 개인정보 처리자는 그 특정된 목적을 달성하기 위하여 직접적으로 필요한 범위에서만 개인정보를 처리하여야 한다. 〈개정 2015.06.17〉

② 개인정보 처리자는 개인정보의 내용이 처리 당시의 사실에 부합하도록 정확하고 최신의 상태를 유지하여야 하며, 개인정보의 처리 과정에서 고의 또는 과실로 개인정보가 부당하게 변경 또는 훼손되지 않도록 하여야 한다.

③ 개인정보 처리자는 정보 주체의 권리가 침해받을 가능성과 위험의 정도에 상응하는 적절한 기술적・관리적・물리적 보안 조치를 통하여 개인정보를 안전하게 관리하여야 한다. 〈개정 2015.06.17〉

④ 개인정보 처리자는 개인정보 처리방침 등 개인정보의 처리에 관한 사항을 일반적으로 공개하여야 하며, 열람 청구권 등 정보 주체의 권리가 보장될 수 있도록 합리적인 절차를 마련하여야 한다. 〈개정 2015.06.17〉

⑤ 개인정보 처리자는 처리 목적에 필요한 범위에서 개인정보를 처리하는 경우에도 가능한 한 정보 주체의 사생활 침해를 최소화하는 방법을 선택하여야 한다. 〈개정 2015.06.17〉

① 처리되는 정보에 의하여 알아볼 수 있는 사람으로서 그 정보의 주체가 되는 사람을 '정보처리자'라고 한다.

② '개인정보 파일'은 개인정보를 쉽게 검색할 수 없도록 일정한 규칙에 따라 배열하거나 구성한 개인정보의 집합물이다.

③ '주민등록번호', '생년월일', '여권번호', '운전면허의 면허번호', '외국인등록번호'는 고유식별정보에 해당한다.

④ 개인정보 처리자는 개인정보의 처리에 관한 사항을 일반적으로 공개하여야 하며, 정보 주체의 권리가 보장될 수 있도록 하여야 한다.

02 **다음은 반환일시금에 대한 규정의 일부이다. 이에 대한 설명으로 적절하지 않은 것은?**

> **제77조(반환일시금)**
> ① 가입자 또는 가입자였던 자가 다음 각 호의 어느 하나에 해당하게 되면 본인이나 그 유족의 청구에 의하여 반환일시금을 지급받을 수 있다.
> 1. 가입기간이 10년 미만인 자가 60세가 된 때
> 2. 가입자 또는 가입자였던 자가 사망한 때. 다만, 유족연금이 지급되는 경우에는 그러하지 아니하다.
> 3. 국적을 상실하거나 국외로 이주한 때
>
> ② 제1항에 따른 반환일시금의 액수는 가입자 또는 가입자였던 자가 납부한 연금보험료(사업장가입자 또는 사업장가입자였던 자의 경우에는 사용자의 부담금을 포함한다)에 대통령령으로 정하는 이자를 더한 금액으로 한다.
> ③ 제1항에 따라 반환일시금의 지급을 청구할 경우 유족의 범위와 청구의 우선순위 등에 관하여는 제73조를 준용한다.
>
> **제78조(반납금 납부와 가입기간)**
> ① 제77조에 따라 반환일시금을 받은 자로서 다시 가입자의 자격을 취득한 자는 지급받은 반환일시금에 대통령령으로 정하는 이자를 더한 금액(이하 "반납금"이라 한다)을 공단에 낼 수 있다.
> ② 반납금은 대통령령으로 정하는 바에 따라 분할하여 납부하게 할 수 있다. 이 경우 대통령령으로 정하는 이자를 더하여야 한다.
> ③ 제1항과 제2항에 따라 반납금을 낸 경우에는 그에 상응하는 기간은 가입기간에 넣어 계산한다.
> ④ 제1항과 제2항에 따른 반납금의 납부 신청, 납부 방법 및 납부 기한 등 반납금의 납부에 필요한 사항은 대통령령으로 정한다.
>
> **제79조(반환일시금 수급권의 소멸)** 반환일시금의 수급권은 다음 각 호의 어느 하나에 해당하면 소멸한다.
> 1. 수급권자가 다시 가입자로 된 때
> 2. 수급권자가 노령연금의 수급권을 취득한 때
> 3. 수급권자가 장애연금의 수급권을 취득한 때
> 4. 수급권자의 유족이 유족연금의 수급권을 취득한 때

① 가입자였던 자가 국적을 상실하면 본인의 청구를 통해 반환일시금을 받을 수 있다.
② 가입자가 사망함에 따라 유족에게 유족연금이 지급되었다면, 그 유족은 반환일시금을 받을 수 없다.
③ 국외로 이주함에 따라 반환일시금 수급권자가 되었던 자가 다시 자격을 취득하여 가입자가 된다면 반환일시금 수급권은 소멸된다.
④ 가입자가 반납금을 분할하여 납부하려면 일정 기간으로 분할한 반환일시금만 납부하면 된다.

03 다음은 K공사의 임직원 행동강령의 일부이다. 이에 대한 설명으로 적절하지 않은 것은?

〈임직원 행동강령〉

목적(제1조)

이 행동강령(이하 "강령"이라 한다)은 부정청탁 및 금품 등 수수의 금지에 관한 법률(이하 "청탁금지법"이라 한다)에서 정한 부정청탁 및 금품 등의 수수를 금지하고 부패방지 및 깨끗한 공직풍토 조성을 위하여 부패방지 및 국민권익위원회의 설치와 운영에 관한 법률 제8조에 따라 공사의 임직원이 지켜야 할 윤리적 가치 판단과 행동의 기준을 정함을 목적으로 한다.

준수의무와 책임(제4조)

① 모든 임직원은 강령을 숙지하고 지켜야 하며, 위반사항은 그에 따른 책임을 진다.

② 소속기관의 장은 부패방지 및 깨끗한 공직풍토 조성과 강령의 준수를 담보하기 위하여 임직원에 대하여 청렴서약서 또는 행동강령준수서약서를 행동강령책임자에게 제출하게 할 수 있다.

윤리관 확립 및 청렴 행동수칙(제5조)

① 모든 임직원은 어떠한 경우라도 부정부패를 배척하겠다는 직업윤리와 결연한 의지를 가지고 청렴하고 깨끗한 공직자상을 확립하기 위하여 노력하여야 한다.

② 부패방지 및 공직윤리의 실효성을 제고하고 임직원의 청렴성을 높이고자 임원 및 보직자가 지켜야 할 청렴 행동수칙은 별표1과 같다.

③ 공사 주요 직무별 일반 직원이 준수해야 할 청렴 행동수칙은 별표2와 같다.

자기계발(제10조)

임직원은 국제화·개방화 시대에 바람직한 인재상을 스스로 정립하고 끊임없는 자기계발을 통하여 이에 부합되도록 꾸준히 노력한다.

고객존중(제11조)

임직원은 고객이 우리의 존립 이유이자 목표라는 인식하에 항상 고객을 존중하고 고객의 입장에서 생각하며 고객을 모든 행동의 최우선 기준으로 삼는다.

고객만족(제12조)

① 임직원은 고객의 요구와 기대를 정확하게 파악하여 이에 부응하는 정확한 성과를 제공하기 위하여 항상 노력한다.

② 임직원은 고객의 의견과 제안사항을 항상 경청하고 겸허하게 수용하며 고객 불만사항은 최대한 신속하고 공정하게 처리한다.

고객의 이익 보호(제13조)

① 모든 임직원은 고객의 자산, 지적재산권, 영업비밀, 고객 정보 등을 공사의 재산보다 더 소중하게 보호하며 비도덕적 행위로 고객의 이익을 침해하지 아니한다.

② 모든 임직원은 고객이 알아야 하거나 고객에게 마땅히 알려야 하는 사실은 정확하고 신속하게 제공한다.

① 모든 임직원은 행동강령을 숙지하고 준수해야 할 의무가 있으며 위반사항은 그에 따른 책임을 져야 한다.

② 임직원은 바람직한 인재상을 스스로 정립하고 끊임없는 자기계발을 통하여 꾸준히 노력하여야 한다.

③ 임직원은 고객의 의견과 제안사항을 경청하고, 고객의 불만사항은 신속하고 공정하게 처리해야 한다.

④ 모든 임직원은 고객에게 고객의 자산, 지적재산권, 영업비밀, 고객 정보와 고객이 알아야 할 사실을 정확하고 신속하게 제공한다.

※ 다음 글의 내용으로 적절하지 않은 것을 고르시오. [4~5]

04

마이클 포터(Michael Porter)는 특정 산업의 경쟁 강도, 수익성 및 매력도가 산업의 구조적 특성에 의하여 영향을 받으며, 이는 5가지 힘에 의하여 결정된다고 보았다. 마이클 포터가 제시한 5가지 힘에는 기존 경쟁자, 구매자, 공급자, 신규참가자, 대체품의 힘이 있으며, 이 중에서 가장 강한 힘이 경쟁전략을 책정하는 결정 요소가 된다. 이러한 5가지 힘의 분석을 통해 조직이 속한 시장이 이익을 낼 수 있는 시장인지 아닌지를 판단하는데, 이것을 산업의 매력도 측정이라 부른다.

먼저 기존 경쟁자 간의 경쟁은 해당 산업의 경쟁이 얼마나 치열한지를 보여준다. 통상적으로 같은 산업에 종사하는 기업이 많을수록 경쟁이 치열할 수밖에 없다. 따라서 특허 등이 필요한 독과점 형태의 산업은 매력적이지만, 누구나 할 수 있는 완전경쟁시장 형태의 산업은 매력이 떨어지게 된다.

한편, 대형마트가 물건을 대량으로 구매하면서 공급 가격을 내리라고 한다면 제조업체는 이를 거절할 수 있을까? 최근 대형마트 등의 유통업체들이 제조업체에 상당한 가격 협상력을 갖게 되면서 구매자의 힘이 업계의 힘보다 강해지고 있다. 이처럼 구매량과 비중이 클수록, 제품 차별성이 낮을수록, 구매자가 가격에 민감할수록 구매자의 힘은 커지게 된다. 산업의 매력도는 이러한 구매자의 힘이 셀수록 떨어지고, 반대로 구매자의 힘이 약할수록 높아진다.

공급자가 소수 기업에 의해 지배되는 경우, 즉 독과점에 해당하는 경우나 공급자가 공급하는 상품이 업계에서 중요한 부품인 경우 공급자의 힘이 강해져 산업의 매력도는 떨어지게 된다. 반대로 공급자가 다수 기업에 의해 지배되는 경우, 즉 완전경쟁에 해당하는 경우나 공급자가 공급하는 상품이 업계에서 그다지 중요하지 않은 부품인 경우에는 공급자의 힘이 적어지고 산업의 매력도는 올라가게 된다.

현재의 산업에 신규참가자가 진입할 가능성이 높으면 그 산업의 매력도는 떨어진다. 신규 진입의 정도는 해당 업계의 진입 장벽이 얼마나 높은가에 따라 결정된다. 예를 들어 반도체나 조선업 등은 대규모의 투자가 필요하므로 신규 진입이 쉽지 않다. 진입 장벽이 높을수록 산업의 매력도는 높아지며, 반대로 진입 장벽이 낮을수록 산업의 매력도는 떨어지게 된다.

마이클 포터가 제시한 5가지 힘 중 가장 무서운 것은 대체품의 힘이다. 현재의 상품보다 가격이나 성능에 있어 훨씬 뛰어난 대체품이 나올 경우 해당 산업이 사라져버릴 수도 있기 때문이다. 따라서 대체품의 위협이 낮을수록 산업의 매력도는 높아진다.

① 기존 경쟁자의 힘이 커지면 산업 매력도가 높아진다.

② 구매자의 힘이 약하면 산업 매력도가 높아진다.

③ 공급자의 힘이 커지면 산업 매력도가 높아진다.

④ 신규참가자의 힘이 커지면 산업 매력도가 낮아진다.

05

비트코인은 2009년 '사토시 나카모토'라는 예명을 사용하는 개발자가 고안하여 탄생하였다. 기존의 가상화폐와 비트코인을 구분짓는 핵심은 바로 '중앙관리기관'의 유무이다. 현재 온라인상에서 통용되고 있는 일반적인 가상화폐의 경우, 이를 발행하고 운영하는 중앙관리기관이 존재하며, 모든 발행과 거래는 중앙관리기관의 통제 아래 이루어지고 있다. 비트코인은 그러한 중앙관리기관이 존재하지 않는 대신 블록체인 기술을 기반으로 하고, 개인 간의 거래방식인 P2P(Peer to Peer) 방식을 채택하고 있다.
특정 기업이나 기관이 독점적으로 발행하지 않는다는 점에서 비트코인은 일반적인 가상화폐와 출발점부터 달리한다. 비트코인의 발행 주체는 다수의 사용자들이다. 사용자들이 비트코인을 발행하는 행위를 채굴(Mining)이라고 하며, 기술적으로는 이 사용자들이 일정한 목푯값을 찾기 위해 끊임 없이 해싱(Hashing) 작업을 하는 것을 말한다. 비트코인 시스템의 안정성을 유지하기 위한 연산 작업에 참여하면, 이에 대한 보상으로 비트코인이 주어지는 방식이다. 사용자들은 자신의 컴퓨터 성능을 보태어 이 시스템에 참여하고, 엄격한 암호화 연산을 가장 잘 푼 쪽이 보상을 받는다. 다시 말해, 컴퓨팅 파워를 많이 투입하면 투입할수록 더 많은 비트코인을 얻을 수 있는 것이다.
그러나 채굴할 수 있는 비트코인의 양은 무한하지 않다. 개발자인 사토시 나카모토는 비트코인 개발 당시 채굴 가능한 비트코인의 총량은 2,100만 개로, 블록의 생성주기는 네트워크 전파 속도 및 보안성 등을 이유로 10분으로 정해 두었다. 그마저도 매 21만 블록(약 4년)을 기준으로 발행량이 반감하도록 설정하여 채굴이 점점 어려워지고 있다. 따라서 비트코인이 첫 발행된 2009년 1월에는 10분당 50비트코인이 발행되던 것이 약 4년 뒤인 2013년 말부터는 25비트코인으로 줄었으며, 2016년 7월 10일부터는 12.5비트코인이 되었다.
채굴 행위를 통해 매 10분마다 발행되는 블록(Block)은 거래에 필요한 유효 거래 정보의 묶음이다. 이 블록이 이어져 있는 집합체를 블록체인(Block Chain)이라고 한다. 각각의 블록은 이전 거래내역과 이전 해시값을 저장하고 있으며, 새로 생성된 블록은 모든 사용자가 타당한 거래로 승인해야만 기존의 블록체인에 연결될 수 있다. 거래명세를 담은 블록이 사슬로 이어져 하나의 장부를 이루게 되는데, 거래가 발생하면 블록에 담긴 정보는 불과 몇 초도 지나지 않아 네트워크 내 모든 사용자에게 전송되어 저장된다.
중앙관리기관이 없는 비트코인은 바로 이 블록체인 기술을 통해 해킹의 위협에서 벗어날 수 있다. 통상적인 온라인 거래의 경우, 중앙관리기관이 관리하는 암호화된 네트워크에 의해 거래가 이루어진다. 이는 만일 이 중앙관리기관이 해킹당할 경우 거래내역이 조작될 수도 있다는 의미이기도 하다. 이와 달리 비트코인 시스템상에서 거래정보를 저장하는 것은 블록체인으로 연결되어 있는 각각의 블록 자체이다. 만약 현재 100개의 블록이 있고, 어떤 사용자가 82번째 블록의 거래정보를 조작한다고 가정해 보자. 각 블록은 이전 블록의 해시값을 포함하여 저장하고 있기 때문에, 82번째 블록의 거래정보 조작은 83 ~ 100번째 블록을 모두 조작해야만 가능하다. 이는 83 ~ 100번째 블록을 만들기 위해 들어간 모든 컴퓨팅 비용을 감당해야 한다는 의미이다. 가장 큰 문제는 이 작업이 10분 후 다른 사용자가 101번째 블록을 완성하기 전에 완료되어야 한다는 사실이다. 따라서 적어도 이론상으로 블록체인에 대한 해킹 행위는 불가능하다고 할 수 있다.

① 가상화폐는 일반적으로 발행자와 사용자가 다르지만, 비트코인은 사용자가 곧 발행자가 될 수 있다.
② 채굴을 통해 얻을 수 있는 비트코인의 양은 채굴작업을 위해 투입되는 컴퓨터의 성능과 대수에 비례한다.
③ 온라인 거래정보가 특정 기관의 암호화를 통해 저장되고 보호되는 반면, 특정 비트코인의 거래정보는 모든 네트워크에 공유되어 저장됨으로써 조작을 방어한다.
④ 비트코인 조작이 불가능한 이유는 연결된 모든 블록을 조작할 만큼의 비용을 특정 개인이 감당하는 것이 사실상 어렵기 때문이다.

06 다음 글의 주제로 가장 적절한 것은?

20 대 80 법칙, 2 대 8 법칙으로 불리기도 하는 파레토 법칙은 전체 결과의 80%가 전체 원인의 20%에서 일어나는 현상을 가리킨다. 결국 크게 수익이 되는 것은 20%의 상품군 그리고 20%의 구매자이기에 이들에게 많은 역량을 집중할 필요가 있다는 것으로, 이른바 선택과 집중이라는 경영학의 기본 개념으로 자리 잡아 왔다.

하지만 파레토 법칙은 현상에 붙은 이름일 뿐 법칙의 필연성을 설명하진 않으며, 그 적용이 쉬운 만큼 내부의 개연성을 명확하게 파악하지 않으면 오용될 여지가 다분하다는 문제점을 지니고 있다. 예컨대 상위권 성적을 지닌 20%의 학생을 한 그룹으로 모아놓는다고 해서 그들의 80%가 갑작스레 공부를 중단하진 않을 것이며, 20%의 고객이 80%의 매출에 기여하므로 백화점 찾는 80%의 고객들을 홀대해도 된다는 비약으로 이어질 수 있기 때문이다.

① 파레토 법칙은 80%의 고객을 경원시하는 법칙이다.
② 파레토 법칙을 함부로 여러 사례에 적용해서는 안 된다.
③ 파레토 법칙은 20%의 주요 구매자를 찾아내는 데 유효한 법칙이다.
④ 파레토 법칙은 보다 효율적인 판매 전략을 세우는 데 도움을 준다.

07 다음 문단을 논리적 순서대로 바르게 나열한 것은?

(가) 상품 생산자, 즉 판매자는 화폐를 얻기 위해 자신의 상품을 시장에 내놓는다. 하지만 생산자가 만들어 낸 상품이 시장에 들어서서 다른 상품이나 화폐와 관계를 맺게 되면, 이제 그 상품은 주인에게 복종하기를 멈추고 자립적인 삶을 살아가게 된다.

(나) 이처럼 상품이나 시장 법칙은 인간에 의해 산출된 것이지만, 이제 거꾸로 상품이나 시장 법칙이 인간을 지배하게 된다. 이때 인간 및 인간들 간의 관계가 소외되는 현상이 나타난다.

(다) 상품은 그것을 만들어 낸 생산자의 분신이지만, 시장 안에서는 상품이 곧 독자적인 인격체가 된다. 즉, 사람이 주체가 아니라 상품이 주체가 된다.

(라) 또한 사람들이 상품들을 생산하여 교환하는 과정에서 시장의 경제 법칙을 만들어 냈지만, 이제 거꾸로 상품들은 인간의 손을 떠나 시장 법칙에 따라 교환된다. 이런 시장 법칙의 지배 아래에서는 사람과 사람 간의 관계가 상품과 상품, 상품과 화폐 등 사물과 사물 간의 관계에 가려 보이지 않게 된다.

① (가) – (다) – (나) – (라)
② (가) – (다) – (라) – (나)
③ (다) – (라) – (가) – (나)
④ (다) – (라) – (나) – (가)

08 다음 글에 대한 반론으로 가장 적절한 것은?

> 세계경제포럼의 일자리 미래 보고서는 기술이 발전함에 따라 향후 5년간 500만 개 이상의 일자리가 사라질 것으로 경고했다. 실업률이 증가하면 사회적으로 경제적 취약 계층인 저소득층도 늘어나게 되는데, 지금까지는 '최저소득보장제'가 저소득층을 보호하는 역할을 담당해 왔다.
> 최저소득보장제는 경제적 취약 계층에게 일정 생계비를 보장해 주는 제도로 이를 실시할 경우 국가는 가구별 총소득에 따라 지원 가구를 선정하고 동일한 최저생계비를 보장해 준다. 가령 최저생계비를 80만 원까지 보장해 주는 국가라면, 총소득이 50만 원인 가구는 국가로부터 30만 원을 지원받아 80만 원을 보장받는 것이다. 국가에서는 이러한 최저생계비의 재원을 마련하기 위해 일정 소득을 넘어선 어느 지점부터 총소득에 대한 세금을 부과하게 된다. 이때 세금이 부과되는 기준 소득을 '면세점'이라 하는데, 총소득이 면세점을 넘는 경우 총소득 전체에 대해 세금이 부과되어 순소득이 총소득보다 줄어들게 된다.

① 저소득층은 실업률과 양의 상관관계를 보인다.
② 면세점을 기준으로 소득에 대한 세금이 부과된다.
③ 저소득층은 최저소득보장제를 통해 생계유지가 가능하다.
④ 국가에서 최저생계비를 보장할 경우 저소득층은 소득을 올리는 것보다 최저생계비를 보장받는 것이 더 유리하다고 판단할 수 있다.

09 다음 글의 주장에 대한 비판으로 가장 적절한 것은?

> 전통적인 경제학에 따른 통화 정책에서는 정책 금리를 활용하여 물가를 안정시키고 경제 안정을 도모하는 것을 목표로 한다. 중앙은행은 경기가 과열되었을 때 정책 금리 인상을 통해 경기를 진정시키고자 한다. 정책 금리 인상으로 시장 금리도 높아지면 가계 및 기업에 대한 대출 감소로 신용 공급이 축소된다. 신용 공급의 축소는 경제 내 수요를 줄여 물가를 안정시키고 경기를 진정시킨다. 반면 경기가 침체되었을 때는 반대의 과정을 통해 경기를 부양시키고자 한다.
> 금융을 통화 정책의 전달 경로로만 보는 전통적인 경제학에서는 금융감독 정책이 개별 금융 회사의 건전성 확보를 통해 금융 안정을 달성하고자 하는 미시 건전성 정책에 집중해야 한다고 보았다. 이러한 관점은 금융이 직접적인 생산 수단이 아니므로 단기적일 때와는 달리 장기적으로는 경제 성장에 영향을 미치지 못한다는 인식과 자산 시장에서는 가격이 본질적 가치를 초과하여 폭등하는 버블이 존재하지 않는다는 효율적 시장 가설에 기인한다. 미시 건전성 정책은 개별 금융 회사의 건전성에 대한 예방적 규제 성격을 가진 정책 수단을 활용하는데, 그 예로는 향후 손실에 대비하여 금융 회사의 자기자본 하한을 설정하는 최저 자기자본 규제를 들 수 있다.

① 경기가 침체된 상황에서는 처방적 규제보다 예방적 규제에 힘써야 한다.
② 금융은 단기적일 때와 달리 장기적으로는 경제 성장에 별다른 영향을 미치지 못한다.
③ 시장의 물가가 지나치게 상승할 경우 국가는 적극적으로 개입하여 물가를 안정시켜야 한다.
④ 중앙은행의 정책이 자산 가격 버블에 따른 금융 불안을 야기하여 경제 안정이 훼손될 수 있다.

10 다음 글을 읽고 추론한 내용으로 적절하지 않은 것은?

> ‘정보 파놉티콘(Panopticon)’은 사람에 대한 직접적 통제와 규율에 정보 수집이 합쳐진 것이다. 정보 파놉티콘에서의 ‘정보’는 벤담의 파놉티콘에서의 시선(視線)을 대신하여 규율과 통제의 메커니즘으로 작동한다. 작업장에서 노동자들을 통제하고 이들에게 규율을 강제한 메커니즘은 시선에서 정보로 진화했다. 19세기에는 사진 기술을 이용하여 범죄자 프로파일링을 했는데, 이 기술이 20세기의 폐쇄회로 텔레비전이나 비디오 카메라와 결합한 통계학으로 이어진 것도 그러한 맥락에서 이해할 수 있다. 더 극단적인 예를 들자면, 미국은 발목에 채우는 전자기기를 이용하여 죄수를 자신의 집 안과 같은 제한된 공간에 가두어 감시하면서 교화하는 프로그램을 운용하고 있다. 이 경우 개인의 집이 교도소로 변하고, 국가가 관장하던 감시가 기업이 판매하는 전자기기로 대체됨으로써 전자기술이 파놉티콘에서의 간수의 시선을 대신한다.
>
> 컴퓨터나 전자기기를 통해 얻은 정보가 간수의 시선을 대체했지만, 벤담의 파놉티콘에 갇힌 죄수가 자신이 감시를 당하는지 아닌지를 모르듯이, 정보 파놉티콘에 노출된 사람들 또한 자신의 행동이 국가나 직장의 상관에 의해 열람될지의 여부를 확신할 수 없다. “그들이 감시당하는지 모를 때도 우리가 그들을 감시하고 있다고 생각하도록 만든다.”라고 한 관료가 논평했는데, 이는 파놉티콘과 전자 감시의 유사성을 뚜렷하게 보여준다.
>
> 전자 감시는 파놉티콘의 감시 능력을 전 사회로 확장했다. 무엇보다 시선에는 한계가 있지만 컴퓨터를 통한 정보 수집은 국가적이고 전 지구적이기 때문이다. “컴퓨터화된 정보 시스템이 작은 지역 단위에서만 효과적으로 작동했을 파놉티콘을 근대 국가에 의한 일상적인 대규모 검열로 바꾸었는가?”라고 한 정보사회학자 롭 클링은 시선의 국소성과 정보의 보편성 사이의 차이를 염두에 두고 있었다. 철학자 들뢰즈는 이러한 인식을 한 단계 더 높은 차원으로 일반화하여, 지금 우리가 살고 있는 사회는 푸코의 규율 사회를 벗어난 새로운 통제 사회라고 주장했다.
>
> 그에 의하면 규율 사회는 증기 기관과 공장이 지배하고 요란한 구호에 의해 통제되는 사회이지만, 통제 사회는 컴퓨터와 기업이 지배하고 숫자와 코드에 의해 통제되는 사회이다.

① 정보 파놉티콘은 범죄자만 감시 대상에 해당하는 것이 아니다.

② 정보 파놉티콘이 종국에는 감시 체계 자체를 소멸시킬 것이다.

③ 정보 파놉티콘은 교정 시설의 체계를 효율적으로 바꿀 수 있다.

④ 정보 파놉티콘이 발달할수록 개인의 사생활은 보장될 수 없을 것이다.

11 다음 글의 논지 전개 방식에 대한 설명으로 가장 적절한 것은?

> 휴리스틱(Heuristic)은 문제를 해결하거나 불확실한 사항에 대해 판단을 내릴 필요가 있지만 명확한 실마리가 없을 경우에 사용하는 편의적·발견적인 방법이다. 우리말로는 쉬운 방법, 간편법, 발견법, 어림셈 또는 지름길 등으로 표현할 수 있다. 1905년 알베르트 아인슈타인은 노벨 물리학상 수상 논문에서 휴리스틱을 '불완전하지만 도움이 되는 방법'이라는 의미로 사용했다. 수학자인 폴리아는 휴리스틱을 '발견에 도움이 된다.'는 의미로 사용했고, 수학적인 문제 해결에도 휴리스틱 방법이 매우 유효하다고 했다.
> 휴리스틱을 이용하는 방법은 거의 모든 경우에 어느 정도 만족스럽고, 경우에 따라서는 완전한 답을 재빨리, 그것도 큰 노력 없이 얻을 수 있다는 점에서 사이먼의 '만족화' 원리와 일치하는 사고방식인데, 가장 전형적인 양상이 '이용가능성 휴리스틱(Availability Heuristic)'이다. 이용가능성이란 어떤 사상(事象)이 출현할 빈도나 확률을 판단할 때, 그 사상과 관련해서 쉽게 알 수 있는 사례를 생각해내고 그것을 기초로 판단하는 것을 뜻한다.
> 그러나 휴리스틱이 때로는 터무니없는 실수를 자아내는 원인이 되기도 한다. 불확실한 의사결정을 이론화하기 위해서는 확률이 필요하기 때문에 사람들이 확률을 어떻게 다루는지가 중요하다. 확률은 이를테면 어떤 사람이 선거에 당선될지, 경기가 좋아질지, 시합에서 어느 편이 우승할지 따위를 '전망'할 때 이용된다. 대개 그러한 확률은 어떤 근거를 기초로 객관적인 판단을 내리기도 하지만, 대부분은 직감적으로 판단을 내리게 된다. 그런데 직감적인 판단에서 오는 주관적인 확률은 과연 정확한 것일까?
> 카너먼과 트버스키는 일련의 연구를 통해 인간이 확률이나 빈도를 판단할 때 몇 가지 휴리스틱을 이용하지만, 그에 따라 얻게 되는 판단은 객관적이며 올바른 평가와 상당한 차이가 있다는 의미로 종종 '바이어스(Bias)'가 동반되는 것을 확인했다. 이용가능성 휴리스틱이 일으키는 바이어스 가운데 하나가 '사후 판단 바이어스'이다. 우리는 어떤 일이 벌어진 뒤에 '그렇게 될 줄 알았어.' 또는 '그렇게 될 거라고 처음부터 알고 있었어.'와 같은 말을 자주 한다. 이렇게 결과를 알고 나서 마치 사전에 그것을 예견하고 있었던 것처럼 생각하는 바이어스를 '사후 판단 바이어스'라고 한다.

① 인과 관계를 중심으로 분석 대상에 대한 논리적 접근을 시도하고 있다.
② 핵심 개념을 설명하면서 그와 유사한 개념들과 비교함으로써 이해를 돕고 있다.
③ 전달하고자 하는 정보를 다양한 맥락에서 재구성하여 반복적으로 제시하고 있다.
④ 분석 대상과 관련되는 개념들을 연쇄적으로 제시하며 정보의 확대를 꾀하고 있다.

※ 다음 글을 읽고 이어지는 질문에 답하시오. [12~13]

여러 가지 센서 정보를 이용해 사람의 심리상태를 파악할 수 있는 기술을 '감정인식(Emotion Reading)'이라고 한다. 음성인식 기술에 이 기술을 더할 경우 인간과 기계, 기계와 기계 간의 자연스러운 대화가 가능해진다. 사람의 감정 상태를 기계가 진단해 보고 기초적인 진단 자료를 내놓을 수도 있다. 경찰 등 수사기관에서도 활용이 가능하다.
최근 실제로 상상을 넘어서는 수준의 놀라운 감정인식 기술이 등장하고 있다. 러시아 모스크바에 본사를 두고 있는 벤처기업 '엔테크랩(NTechLab)'은 뛰어난 안면인식 센서를 활용해 사람의 감정 상태를 상세히 읽어낼 수 있는 기술을 개발했다. 그리고 이 기술을 모스크바시 경찰 당국에 공급할 계획이다.
현재 모스크바시 경찰은 엔테크랩과 이 기술을 수사현장에 어떻게 도입할지 효과적인 방법을 모색하고 있다. 도입이 완료될 경우 감정인식 기술을 수사 현장에 활용하는 세계 최초 사례가 된다. 이 기술을 활용하면 수백만 명이 모여 있는 사람들 가운데서 특정 인상착의가 있는 사람을 찾아낼 수 있다. 또한 찾아낸 사람의 성과 나이 등을 모니터한 뒤 그 사람이 화가 났는지, 스트레스를 받았는지 혹은 불안해하는지 등을 판별할 수 있다.
엔테크랩의 공동창업자인 알렉산드르 카바코프(Alexander Kabakov)는 "번화가에서 수초 만에 테러리스트나 범죄자, 살인자 등을 찾아낼 수 있는 기술"이라며 "경찰 등 수사기관에서 이 기술을 도입할 경우 새로운 차원의 수사가 가능하다."고 말했다. ________ 그는 이 기술이 러시아 경찰 어느 부서에 어떻게 활용될 것인지에 대해 밝히지 않았다. 카바코프는 "현재 CCTV 카메라에 접속하는 방안 등을 협의하고 있지만 아직까지 결정된 내용은 없다."고 말했다.
이 기술이 처음 세상에 알려진 것은 2015년 미국 워싱턴 대학에서 열린 얼굴인식 경연대회에서다. 이 대회에서 엔테크랩의 안면인식 기술은 100만 장의 사진 속에 들어있는 특정인의 사진을 73.3%까지 식별해냈다. 이는 대회에 함께 참여한 구글의 안면인식 알고리즘을 훨씬 앞서는 기록이었다. 여기서 용기를 얻은 카바코프는 아르템 쿠크하렌코(Artem Kukharenko)와 함께 SNS상에서 연결된 사람이라면 누구든 추적할 수 있도록 만든 앱 '파인드페이스(FindFace)'를 개발하였다.

12 다음 중 윗글의 내용으로 적절하지 않은 것은?

① 감정인식 기술을 이용하면 군중 속에서 특정인을 쉽게 찾을 수 있다.
② 음성인식 기술과 감정인식 기술이 결합되면 기계가 사람의 감정을 진단할 수도 있다.
③ 엔테크랩의 감정인식 기술은 모스크바시 경찰이 범죄 용의자를 찾는 데 큰 기여를 하고 있다.
④ 카바코프는 쿠크하렌코와 함께 SNS상에서 연결된 사람이라면 누구든 찾아낼 수 있는 앱을 개발하였다.

13 다음 중 윗글의 빈칸에 들어갈 접속 부사로 가장 적절한 것은?

① 또한 ② 게다가
③ 그래서 ④ 그러나

※ 다음 글을 읽고 이어지는 질문에 답하시오. [14~15]

▶ **지구온난화현상(Global Warming)이란?**

지난 100년간 지구의 평균온도는 점점 증가하는 추세를 보이면서 지구온난화 현상이 나타나고 있다. 이것은 이산화탄소(CO_2) 등과 같은 온실가스의 증가로 인해 대기의 기온이 상승하는 온실효과에 의한 것으로, 지구의 자동온도조절능력이 위기를 맞고 있음을 보여준다. 이러한 기후변화는 기상이변, 해수면 상승 등을 초래하여 사회・경제 분야에 지대한 영향을 끼치고 있다.

▶ **우리가 지구환경 속에서 쾌적하게 살아갈 수 있는 이유는 무엇일까?**

이것은 대기 중 이산화탄소 등의 온실가스가 온실의 유리처럼 작용하여 지구표면의 온도를 일정하게 유지하기 때문이다. 지구가 평균온도 15℃를 유지할 수 있는 것도 대기 중에 존재하는 일정량의 온실가스에 의한 것으로, 이러한 온실효과가 없다면 지구의 평균온도는 −18℃까지 내려가 생명체는 살 수 없게 된다.

지구온난화를 일으키는 물질들이 지난 100년에 걸쳐 증가되어 인류는 기후변화라는 전 세계적인 문제에 직면하게 되었다. 즉, 삼림벌채 등에 의하여 자연의 자정능력이 약화되고, 산업발전에 따른 화석연료의 사용량 증가로 인해 인위적으로 발생되는 이산화탄소의 양이 증가되었다. 이로 인해 두터운 온실이 형성되어 온실효과가 심화되었고 지구의 평균온도가 올라가는 지구온난화현상이 나타나고 있는 것이다.

▶ **온실효과 메커니즘**

① 태양에서 지구로 오는 빛에너지 중에서 약 34%는 구름이나 먼지 등에 의해 반사되고, 지표면에는 44% 정도만 도달함

② 지구는 태양으로부터 받은 이 에너지를 파장이 긴 적외선으로 방출하는데, 이산화탄소 등의 온실가스가 적외선 파장의 일부를 흡수함

③ 적외선을 흡수한 이산화탄소 내의 탄소 분자는 들뜬 상태가 되고 안정상태를 유지하기 위해 에너지를 방출하는데, 이 에너지로 인해 지구가 따뜻하게 됨

14 다음 중 윗글의 내용으로 적절하지 않은 것은?

① 지구의 평균온도가 −18℃까지 내려가면 생명체는 살 수 없다.

② 지구온난화현상의 원인은 온실가스로, 이는 100년 전에는 없던 물질이다.

③ 삼림벌채 등에 의하여 자연의 자정능력이 약화된 것도 이산화탄소 증가의 원인 중 하나이다.

④ 기후변화는 자연에만 영향을 미치는 것이 아니라 사회・경제 분야에도 지대한 영향을 미친다.

15 다음 중 '온실효과 메커니즘'에서 흡수하는 에너지의 종류를 바르게 짝지은 것은?

	지구	온실가스
①	적외선	이산화탄소
②	빛에너지	탄소
③	적외선	열에너지
④	빛에너지	적외선

16 다음은 Zgm・고향사랑기부제 특화 카드에 대한 설명이다. 고객 문의사항에 대한 답변으로 가장 적절한 것은?

〈Zgm・고향사랑기부제 특화 카드〉

구분	평일(월 ~ 금)	주말(토 ~ 일)
기본서비스	국내 및 해외 0.7% S포인트 적립	국내 1%, 해외 0.7% S포인트 적립
우대서비스	–	1. 기부지역 광역시・도 오프라인 가맹점 1.7% 2. 전국 제휴업체(K마트, K주유소) 1.7%
비고	1. 전월 실적 조건 및 적립한도 없음 2. 해외이용 시 국제브랜드 및 해외서비스 수수료는 별도로 청구	1. 카드를 발급받은 회원 중 "고향사랑기부제" 참여 또는 기부한 고객에 한하여 우대서비스 제공 2. 전월 실적 40만 원 이상일 경우 우대서비스 제공 (적립 한도 없음) 3. 카드 사용 등록일로부터 그다음 달 말일까지 전월 실적 미달이여도 우대서비스 제공

〈고객 문의사항〉

Zgm・고향사랑기부제 특화 카드는 국내에서 이용할 때, 해외에서 이용할 때보다 더 많은 포인트가 적립되나요? 그리고 사용할 때 우대서비스를 받으려면 전월 실적이 있어야 하는지도 궁금합니다.

① 네. 국내에서 이용하시는 경우, 해외에서 이용하시는 것보다 결제금액당 더 많은 포인트가 적립됩니다. 또한 우대서비스는 기본적으로 제공되는 서비스이므로, 전월 실적과는 무관하게 혜택을 받으실 수 있습니다.

② 주말에 국내에서 이용하시는 경우 적립 포인트는 해외 이용 시보다 0.3%p 더 많이 적립되지만, 평일에 이용하시는 경우 국내와 해외의 적립률은 동일합니다. 또한 우대서비스를 적용받으시려면, 전월 실적 40만 원 이상을 충족하셔야 합니다. 단, 카드 사용 등록일로부터 그다음 달 말일까지는 전월 실적과 무관하게 우대서비스를 받으실 수 있습니다.

③ 국내에서 이용하는 경우와 해외에서 이용하는 경우 모두 적립 한도는 없습니다. 또한 우대서비스를 적용받으시려면, 전월 실적 40만 원 이상을 충족하셔야 합니다. 다만 카드 사용 등록일로부터 그다음 달 말일까지는 전월 실적과 무관하게 우대서비스를 받으실 수 있습니다.

④ 주말에 국내에서 이용하시는 경우 적립 포인트는 해외 이용 시보다 0.3%p 더 많이 적립되지만, 평일에 이용하시는 경우 국내와 해외의 적립률은 동일합니다. 또한 우대서비스는 기본적으로 제공되는 서비스이므로, 전월 실적과는 무관하게 혜택을 받으실 수 있습니다.

17 다음은 K은행의 e금리우대예금에 대한 내용이다. 귀하가 이 상품을 30대 고객에게 판매하려고 할 때, 해당 고객에게 안내할 내용으로 적절하지 않은 것은?

〈e금리우대예금〉

• 예치방식 : 거치식예금
• 가입기간 : 1년 이내
• 가입현황

(단위 : %)

성별		연령대		신규금액		계약기간	
여성	66	40대	38	1,000만 원 미만	43	1년 이하	100
		30대	34	1,000 ~ 3,000만 원	33		
남성	34	50대	14	3,000 ~ 5,000만 원	12		
		기타	14	기타	12		

• 상품특징 : 영업점 창구에서 가입할 때보다 높은 금리가 제공되는 인터넷 및 스마트뱅킹 전용 예금상품
• 우대금리(최고 0.4%p)
  – 카드이용실적 : 이 예금의 가입일 해당월로부터 만기일 전월말까지 K은행 KB(신용 · 체크)카드 이용실적이 100만 원 이상(이용실적은 매출승인 기준이며 현금서비스 제외) 0.1%p
  – 고객추천 : 이 예금의 가입고객이 타인에게 이 상품을 추천하고 그 타인이 이 상품에 신규 가입하여 중도해지를 하지 않은 경우 추천계좌와 피추천계좌에 각각 0.1%p, 최대 0.3%p까지 우대이율을 제공(추천 및 피추천 횟수는 중도해지를 포함하여 통합 5회까지 가능 : 최대 0.3%p)
• 가입금액 : 3백만 원 이상 3억 원 이하
• 이자지급방식 : 만기(1.2%) 또는 월이자(△0.1%p) 지급식
• 가입 / 해지안내 : 스마트폰 또는 인터넷뱅킹(창구거래, 통장발행 불가)
• 예금자보호 : 1인당 최고 1억 원
• 세금 : 1%

〈고객정보〉

1년 동안 1천만 원을 예금하려 하며, 현재 K은행 KB신용카드를 월 140만 원씩 이용하고 있고 앞으로도 유지하려 한다. 또한 직접 언제쯤 은행에 가야 기다리지 않고 진행할 수 있는지 물었다.

① 고객님이 1천만 원을 예금해도 전액 예금자보호에 해당합니다.
② 이 상품을 신청하시려면 은행에 오실 필요 없이 인터넷뱅킹을 이용하시면 됩니다.
③ 이자지급방식으로 만기를 선택하실 경우, 1천만 원을 1년 만기로 했을 때 받을 수 있는 금액은 최고 10,060,000원(세후)입니다.
④ 이 상품은 30 ~ 40대가 가장 많이 신청하고 있는 상품으로 고객님처럼 1천만 원 이하의 소액 예금을 하려고 하시는 분이 가장 많습니다.

18 김대리는 자신의 소비습관을 분석하여 혜택 금액이 가장 큰 신용카드를 새로 발급받고자 한다. 김대리의 결제부문별 결제정보 및 신용카드별 혜택이 다음과 같을 때, 김대리가 선택할 신용카드로 가장 적절한 것은?

〈김대리 결제정보〉

구분	결제금액	비고
외식	540,000원	T사 페이 결제 350,000원
쇼핑	290,000원	N사 페이 결제 150,000원
공과금	150,000원	자동이체
문화생활	95,000원	–
유류비	135,000원	–
총결제액	1,210,000원	1개 신용카드로 전체 금액을 결제함

〈신용카드별 혜택〉

구분	A카드	B카드	C카드	D카드
할인 부문	외식	쇼핑	공과금	유류비
이용실적별 할인 혜택	– 50만 원 이상 : 할인 부문 결제액의 10% 할인 – 100만 원 이상 : 할인 부문 결제액의 15% 할인			총결제액의 3% 할인
추가 혜택정보	페이 결제분에 대한 할인은 미적용	N사 페이 결제 시 5% 추가 할인	자동이체 설정 시 3% 추가 할인	–
월간 할인한도	28,000원	25,000원	–	30,000원

※ 이용실적은 총결제액을 기준으로 산정함

① A카드
② B카드
③ C카드
④ D카드

19 K은행 경영기획실에서 근무하는 귀하는 매년 부서별 사업계획을 정리하는 업무를 맡고 있다. 부서별로 수립한 사업계획을 간략하게 정리한 보고서가 다음과 같을 때, 귀하가 할 수 있는 생각으로 옳은 것은?

〈사업별 기간 및 소요예산〉

- A사업 : 총사업기간은 2년으로, 첫해에는 1조 원, 둘째 해에는 4조 원의 예산이 필요하다.
- B사업 : 총사업기간은 3년으로, 첫해에는 15조 원, 둘째 해에는 18조 원, 셋째 해에는 21조 원의 예산이 소요된다.
- C사업 : 총사업기간은 1년으로, 총소요예산은 15조 원이다.
- D사업 : 총사업기간은 2년으로, 첫해에는 15조 원, 둘째 해에는 8조 원의 예산이 필요하다.
- E사업 : 총사업기간은 3년으로, 첫해에는 6조 원, 둘째 해에는 12조 원, 셋째 해에는 24조 원의 예산이 소요된다.

올해를 포함한 향후 5년간 위의 5개 사업에 투자할 수 있는 예산은 다음과 같다.

〈연도별 가용예산〉

(단위 : 조 원)

1차년도(올해)	2차년도	3차년도	4차년도	5차년도
20	24	28.8	34.5	41.5

〈규정〉

(1) 모든 사업은 한번 시작하면 완료될 때까지 중단할 수 없다.
(2) 5개 사업에 투자할 수 있는 예산은 당해 사업연도에 남아도 상관없다.
(3) 각 사업연도의 예산은 이월될 수 없다.
(4) 모든 사업은 향후 5년 이내에 반드시 완료한다.

① B사업을 세 번째 해에 시작하고 C사업을 최종연도에 시행한다.
② A사업과 D사업을 첫해에 동시에 시작한다.
③ 첫해에는 E사업만 시작한다.
④ D사업을 첫해에 시작한다.

20 **제시된 명제가 모두 참일 때, 다음 중 반드시 참인 것은?**

- 재현이가 춤을 추면 서현이나 지훈이가 춤을 춘다.
- 재현이가 춤을 추지 않으면 종열이가 춤을 춘다.
- 종열이가 춤을 추지 않으면 지훈이도 춤을 추지 않는다.
- 종열이는 춤을 추지 않았다.

① 재현이만 춤을 추었다.
② 서현이만 춤을 추었다.
③ 지훈이만 춤을 추었다.
④ 재현이와 서현이 모두 춤을 추었다.

21 **K사의 기획부에는 4명의 사원 A ~ D와 3명의 대리 E ~ G가 소속되어 있으며, 이들 중 4명이 해외 진출 사업을 진행하기 위해 베트남으로 출장을 갈 예정이다. 다음 〈조건〉에 따를 때, 항상 참인 것은?**

〈조건〉

- 사원 중 적어도 한 사람은 출장을 간다.
- 대리 중 적어도 한 사람은 출장을 가지 않는다.
- A사원과 B사원 중 적어도 한 사람이 출장을 가면, D사원은 출장을 간다.
- C사원이 출장을 가면, E대리와 F대리는 출장을 가지 않는다.
- D사원이 출장을 가면, G대리도 출장을 간다.
- G대리가 출장을 가면, E대리도 출장을 간다.

① A사원은 출장을 간다.
② B사원은 출장을 간다.
③ C사원은 출장을 가지 않는다.
④ D사원은 출장을 가지 않는다.

22 **5명의 취업준비생 갑 ~ 무가 K그룹에 지원하여 그중 1명이 합격하였다. 취업준비생들은 다음과 같이 이야기하였고, 그중 1명이 거짓말을 하였다. 합격한 사람은 누구인가?**

- 갑 : 을은 합격하지 않았다.
- 을 : 합격한 사람은 정이다.
- 병 : 내가 합격하였다.
- 정 : 을의 말은 거짓말이다.
- 무 : 나는 합격하지 않았다.

① 갑
② 을
③ 병
④ 무

23 **테니스공, 축구공, 농구공, 배구공, 야구공, 럭비공을 각각 A, B, C상자에 넣으려고 한다. 한 상자에 공을 2개까지 넣을 수 있고 다음 〈조건〉에 따를 때, 항상 참이 될 수 없는 것은?**

〈조건〉

- 테니스공과 축구공은 같은 상자에 넣는다.
- 럭비공은 B상자에 넣는다.
- 야구공은 C상자에 넣는다.

① 럭비공은 반드시 배구공과 같은 상자에 들어간다.
② 테니스공과 축구공은 반드시 A상자에 들어간다.
③ 배구공과 농구공은 같은 상자에 들어갈 수 없다.
④ B상자에 배구공을 넣으면 농구공은 야구공과 같은 상자에 들어가게 된다.

24 S사는 해외지사에서 사용될 설비를 구축할 업체 2곳을 선정하려고 한다. 구축해야 할 설비는 중동, 미국, 서부, 유럽에 2개씩 총 8개이며, 경쟁업체는 A ~ C업체 3곳이다. 다음 정보가 참 또는 거짓이라고 할 때, 항상 참을 말하는 직원을 〈보기〉에서 모두 고르면?

〈정보〉

- A업체는 최소한 3개의 설비를 구축할 예정이다.
- B업체는 중동, 미국, 서부, 유럽에 설비를 하나씩 구축할 예정이다.
- C업체는 중동지역 2개, 유럽지역 2개의 설비를 구축할 예정이다.

〈보기〉

- 이사원 : A업체 정보가 참일 경우, B업체 정보는 거짓이 된다.
- 김주임 : B업체 정보가 거짓일 경우, A업체 정보는 참이 된다.
- 장대리 : C업체 정보가 참일 경우, A업체 정보도 참이 된다.

① 이사원　　② 김주임
③ 장대리　　④ 김주임, 장대리

25 식당을 창업하려는 A가 국민은행에 근무하는 B를 찾아와 창업상담과 대출을 위한 창업컨설팅을 요청하였다. A의 창업계획과 자기자금 보유현황은 다음과 같고, B가 A의 신용등급을 확인한 결과 A의 대출 가능 금액은 6천만 원이다. A가 창업을 해야 하는지 기존 회사를 다녀야 이득인지를 선택하고 그 선택이 얼마나 이익인지 바르게 짝지은 것은?

■ **A의 창업계획**
- 식당 매장 임차비용 : 보증금 1억 2천만 원, 월세 1천 2백만 원
- 메뉴 1개 판매가격 : 3,500원
- 메뉴 1개 판매비용 : 500원
- 1일 평균 판매량 180개(월 25일 운영)
- A의 자기자금 보유현황 : 60,000,000원(시중은행 정기예금 연 이율 3%)

■ **고려사항**
- 시중은행 대출이자 연 이율 5%
- A는 현재 연봉 3천 6백만 원인 회사에 재직 중이며, 회사를 퇴사하고 식당을 본격적으로 운영하려고 함

	선택	이익
①	창업을 한다.	1,500만 원
②	창업을 한다.	1,800만 원
③	기존 회사에 다닌다.	2,100만 원
④	기존 회사에 다닌다.	2,280만 원

26 K동에서는 임신한 주민에게 출산장려금을 지원하고자 한다. 출산장려금 지급 기준 및 K동에 거주하는 임산부에 대한 정보가 다음과 같을 때, 출산장려금을 가장 먼저 받을 수 있는 사람은?

〈K동 출산장려금 지급 기준〉

- 출산장려금 지급액은 모두 같으나, 지급 시기는 모두 다르다.
- 지급 순서 기준은 임신일, 자녀 수, 소득 수준 순서이다.
- 임신일이 길수록, 자녀가 많을수록, 소득 수준이 낮을수록 먼저 받는다(단, 자녀는 만 19세 미만의 아동 및 청소년으로 제한한다).
- 임신일, 자녀 수, 소득 수준이 모두 같으면 같은 날에 지급한다.

〈K동 거주 임산부 정보〉

구분	임신일	자녀	소득 수준
A	150일	만 1세	하
B	200일	만 3세	상
C	100일	만 10세, 만 6세, 만 5세, 만 4세	상
D	200일	만 7세, 만 5세, 만 3세	중

① A임산부
② B임산부
③ C임산부
④ D임산부

27 K은행은 세 상품 A ~ C에 대한 선호도 조사를 실시하였고, 조사에 응한 사람은 가장 좋아하는 상품부터 1 ~ 3순위를 부여했다. 조사 결과가 다음 〈조건〉과 같을 때, C에 3순위를 부여한 사람의 수는?(단, 두 상품에 같은 순위를 표시할 수는 없다)

〈조건〉

- 조사에 응한 사람은 20명이다.
- A를 B보다 선호한 사람은 11명이다.
- B를 C보다 선호한 사람은 14명이다.
- C를 A보다 선호한 사람은 6명이다.
- C에 1순위를 부여한 사람은 없다.

① 5명
② 6명
③ 7명
④ 8명

28 **K사에서는 인건비를 줄이기 위해 다양한 방식을 고민하고 있다. 다음 정보를 바탕으로 할 때, 인건비를 줄이는 방법으로 가장 적절한 것은?(단, 한 달은 4주이다)**

〈정보〉

- 정직원은 오전 8시부터 오후 7시까지 평일·주말 상관없이 주 6일 근무하며, 1인당 월 급여는 220만 원이다.
- 계약직원은 오전 8시부터 오후 7시까지 평일·주말 상관없이 주 5일 근무하며, 1인당 월 급여는 180만 원이다.
- 아르바이트생은 평일 3일, 주말 2일로 하루 9시간씩 근무하며, 평일은 시급 9,000원, 주말은 시급 12,000원이다.
- 현재 정직원 5명, 계약직원 3명, 아르바이트생 3명이 근무 중이며, 전체 인원을 줄일 수는 없다.

① 계약직원을 정직원으로 전환한다.
② 계약직원을 아르바이트생으로 전환한다.
③ 아르바이트생을 정직원으로 전환한다.
④ 아르바이트생을 계약직원으로 전환한다.

29 **다음은 K은행에서 새로운 카드상품을 개발하기 위해 고객 1,000명을 대상으로 선호하는 부가서비스를 조사한 결과이다. 이를 토대로 K은행 상품개발팀 직원들이 대화를 나누었을 때, 조사 결과를 바르게 이해한 직원은?**

〈카드 이용 시 고객이 선호하는 부가서비스〉

(단위 : %)

구분	남성	여성	전체
포인트 적립	19	21	19.8
무이자 할부	17	18	17.4
주유 할인	15	6	11.4
쇼핑 할인	8	15	10.8
외식 할인	8	9	8.4
영화관 할인	8	11	9.2
통화료 / 인터넷 할인	7	8	7.4
은행수수료 할인	8	6	7.2
무응답	10	6	8.4

※ 총 8가지 부가서비스 중 선호하는 서비스 택 1, 무응답 가능

① P대리 : 이번 조사 자료는 K은행을 이용하고 있는 고객 중 1,000명을 대상으로 선호하는 부가서비스에 대해 조사한 것으로, 성별 비율은 각각 50%입니다.
② K사원 : 조사 과정에서 응답하지 않은 고객은 남성 50명, 여성 34명으로 총 84명입니다.
③ S주임 : 남성과 여성 모두 가장 선호하는 부가서비스는 포인트 적립이며, 두 번째로는 남성의 경우 주유 할인, 여성의 경우 무이자 할부로 차이를 보이고 있습니다.
④ R과장 : 부가서비스별로 선호하는 비중의 표준편차가 남성에 비해 여성이 더 큽니다.

30 최근 농구 동아리에 가입한 A가 농구화를 사려고 가격을 알아보니 250,000원이었다. A는 너무 비싸다고 판단하여 해외에서 직접 구매하려고 한다. 미국, 중국, 일본, 프랑스에서 판매하는 농구화의 가격과 환율이 다음과 같을 때, 가장 저렴하게 농구화를 사기 위해서는 어느 국가에서 농구화를 구입해야 하는가?

〈국가별 농구화 가격 및 환율〉

구분	미국	중국	일본	프랑스
농구화 가격	210달러	1,300위안	21,000엔	200유로
환율	1달러=1,100원	1위안=160원	100엔=960원	1유로=1,200원

① 미국
② 중국
③ 일본
④ 프랑스

31 다음 보도자료를 바탕으로 할 때, 〈보기〉의 철수가 어제와 오늘 할인받는 금액의 합은?

K은행이 ON-LINE 간편결제에 특화된 'ㅇㅇ체크카드'를 출시한다.
ㅇㅇ체크카드는 온라인 간편결제 1천 원 할인, 온라인 영화예매 3천 원 할인, 어학시험 온라인 접수 2천 원 할인 등 최근 소비트렌드에 맞게 온라인(Online)에 집중된 혜택을 제공하고 있다. 온라인 간편결제는 카카오페이, 네이버페이, PAYCO 등 3대 간편결제를 이용해 인터넷 / 모바일 앱에서 1만 원 이상 결제 시 1천 원 할인 서비스를 제공한다. 온라인 영화예매는 CGV에서 2만 원 이상 결제 시 3천 원 할인 서비스를 제공하며, 온라인 어학시험은 TOEIC 및 TEPS 결제 시 2천 원 할인 서비스를 제공한다. 전월 실적 15만 원만 충족하면 최대 5천 원 할인 혜택을 받을 수 있어 낮은 전월 실적으로도 혜택을 누릴 수 있으며, 전월 실적 30만 원을 충족하면 최대 1만 원까지 할인 혜택을 받을 수 있다. K은행은 앞으로도 소비자들의 요구에 적극 부응하는 다양한 상품을 제공할 계획이다.

〈보기〉

ㅇㅇ체크카드를 사용 중인 철수의 전월 실적은 32만 원이었다. 철수는 어제 카카오페이를 통해 모바일 앱에서 5,000원 금액의 액세서리를 결제했고 온라인으로 TOEIC 시험 응시료를 결제했으며, 오늘은 온라인으로 메가박스에서 영화 예매를 위해 30,000원을 결제했고, 네이버페이를 이용하여 모바일 앱으로 20,000원 금액의 티셔츠를 결제했다. 철수는 이번 달 ㅇㅇ체크카드의 할인 혜택을 받지 않은 상태이다.

① 3,000원
② 5,000원
③ 6,000원
④ 8,000원

32 이자를 포함해 4년 후 2,000만 원을 갚기로 하고 돈을 빌리고자 한다. 연이율 8%가 적용된다면 단리를 적용할 때와 연 복리를 적용할 때 빌릴 수 있는 금액의 차이는 얼마인가?(단, $1.08^4=1.36$으로 계산하고, 금액은 천의 자리에서 반올림한다)

① 43만 원
② 44만 원
③ 45만 원
④ 46만 원

33 현재 1,000만 원을 보유한 A씨는 매년 이자가 10%인 K예금상품에 3년 동안 전액을 예치하려 한다. 예금방식에는 단리식과 복리식이 있을 때, 두 가지 경우의 원리합계의 합은?(단, 연복리를 적용하고, $1.1^3=1.331$로 계산한다)

- 단리예금 : 목돈을 원하는 만큼 맡기고, 원금과 원금에 대해서만 이자를 산정하여 만기 시까지 추가 입금이 불가한 금융상품
- 복리예금 : 원금과 이자에 대한 이자를 받을 수 있고, 만기 시까지 추가 입금이 불가하며, 이자 지급기간에 따라 연복리, 월복리, 일복리로 구분하는 금융상품

① 2,122만 원
② 2,482만 원
③ 2,631만 원
④ 2,896만 원

34 직장인 A씨는 12월 31일에 현찰 1,000달러를 K은행에 팔고 계좌에 입금한 다음, 2일 후 K은행에서 1,000달러를 지인에게 송금하려고 한다. A씨가 지인에게 송금할 때 추가로 필요한 금액은?(단, '전일 대비'란 매매기준율을 기준으로 한 값이며, 1월 1일은 공휴일이므로 전일 대비 산입일에 포함하지 않고, 환율은 소수점 이하에서 버림한다)

〈K은행 환율 현황〉

(단위 : 원/달러)

날짜	매매기준율	전일 대비	현찰		송금	
			살 때	팔 때	보낼 때	받을 때
12월 31일	(　　)	−1.20	1,236.00	1,106.00	1,226.00	1,116.00
1월 2일	1,222.50	+6.50	1,242.50	1,092.50	1,222.50	1,112.50

※ A씨는 환율우대로 50% 환전수수료 할인을 받음
※ 환율우대는 환전수수료에만 적용됨
※ 살 때의 환율은 매매기준율에 환전수수료를 더하는 반면, 팔 때의 환율은 그만큼 제함

① 61,000원
② 62,000원
③ 71,000원
④ 72,000원

35 다음은 K은행에서 환율우대 50%를 기준으로 제시한 환율이다. A씨가 2주 전 엔화와 달러로 환전한 금액은 800,000엔과 7,000달러였고, 그때보다 환율이 올라 다시 원화로 환전했다. 2주 전 엔화 환율은 998원/100엔이었고, A씨가 오늘 엔화와 달러를 각각 원화로 환전한 후 얻은 수익이 같다고 할 때, 2주 전의 미국 USD 환율은?

〈오늘의 통화별 환율 현황〉

(단위 : 원)

구분	매매기준율	현찰	
		팔 때	살 때
미국 USD	1,120.70	1,110.90	1,130.50
일본 JPY 100	1,012.88	1,004.02	1,021.74
유럽연합 EUR	1,271.66	1,259.01	1,284.31
중국 CNY	167.41	163.22	171.60

① 1,102.12원/달러
② 1,104.02원/달러
③ 1,106.12원/달러
④ 1,108.72원/달러

36 국내 금융감독당국은 금융회사의 자발적인 민원 예방과 적극적인 민원 해결 노력을 유도하기 위해 금융소비자 보호 실태평가를 하고 민원 발생 현황을 비교 공시하고 있다. 은행별 금융 민원 감축 노력 수준 평가에 다음 공시자료를 참고하려고 할 때, 이에 대한 설명으로 옳지 않은 것은?

〈은행별 금융 민원 건수〉

구분	민원 건수(고객 십만 명당 건)		민원 건수(건)	
	2023년	2024년	2023년	2024년
A은행	5.62	4.64	1,170	1,009
B은행	5.83	4.46	1,695	1,332
C은행	4.19	3.92	980	950
D은행	5.53	3.75	1,530	1,078

① 금융 민원 발생 건수는 2024년에 전반적으로 전년 대비 감축했다고 평가할 수 있다.
② C은행은 2024년 금융 민원 건수가 가장 적지만, 전년 대비 민원감축률은 약 3.1%로 가장 미비한 수준이다.
③ 가장 많은 고객을 보유하고 있는 은행은 2024년에 금융 민원 건수가 가장 많다.
④ 금융 민원 건수 감축률을 기준으로 금융소비자 보호 수준을 평가했을 때 D－A－B－C 순서로 우수하다.

37 다음은 우리나라의 예산분야별 재정지출 추이를 나타낸 자료이다. 이에 대한 설명으로 옳은 것은?

〈우리나라 예산분야별 재정지출 추이〉

(단위 : 조 원, %)

구분	2020년	2021년	2022년	2023년	2024년	연평균 증가율
예산	137.2	147.5	153.7	165.5	182.8	7.4
기금	59.0	61.2	70.4	72.9	74.5	6.0
교육	24.5	27.6	28.8	31.4	35.7	9.9
사회복지·보건	32.4	49.6	56.0	61.4	67.5	20.1
R&D	7.1	7.8	8.9	9.8	10.9	11.3
SOC	27.1	18.3	18.4	18.4	18.9	−8.6
농림·해양·수산	12.3	14.1	15.5	15.9	16.5	7.6
산업·중소기업	11.4	11.9	12.4	12.6	12.6	2.5
환경	3.5	3.6	3.8	4.0	4.4	5.9
국방비	18.1	21.1	22.5	24.5	26.7	10.2
통일·외교	1.4	2.0	2.6	2.4	2.6	16.7
문화·관광	2.3	2.6	2.8	2.9	3.1	7.7
공공질서·안전	7.6	9.4	11.0	10.9	11.6	11.2
균형발전	5.0	5.5	6.3	7.2	8.1	12.8
기타	43.5	35.2	35.1	37.0	38.7	−2.9
총지출	196.2	208.7	224.1	238.4	257.3	7.0

※ (총지출)=(예산)+(기금)

① 총지출에 대한 기금의 비중이 가장 컸던 해는 2020년이다.

② 교육 분야의 지출 증가율이 가장 높은 해는 2021년이다.

③ 기타를 제외하고 전년 대비 지출액이 동일한 해가 있는 분야는 2개이다.

④ 사회복지·보건 분야가 차지하고 있는 비율은 언제나 가장 높다.

38 다음은 K은행의 송금 관련 수수료에 대한 자료이다. 이를 참고할 때, 송금 수수료가 가장 큰 사람은?

〈K은행 송금 관련 수수료〉

자동화기기	K은행 간	현금인출	영업시간 외	22:00 ~ 24:00	600원 ※ 5만 원 이하 인출 시 또는 당일 중 동일 계좌에서 2회째 인출 시 250원
				24:00 ~ 익일 06:00	
				평일 : 18:10 ~ 22:00 / 06:00 ~ 08:30	
				토요일 : 14:00 ~ 22:00 / 06:00 ~ 08:30	
				공휴일 : 06:00 ~ 22:00	
	타행 간	현금인출	영업시간 중	당일(0 ~ 24시) 중, 동일 계좌에서 2회째 인출 시부터 마감 전 550원, 마감 후 800원	800원
			영업시간 외		1,100원
		계좌이체	영업시간 중 평일 : 8:30 ~ 17:00 토요일 : 8:30 ~ 14:00	10만 원 이하	600원
				10만 원 초과	1,100원
			영업시간 외 평일 : 17:00 ~ 익일 영업 08:30 토요일 : 14:00 ~ 익일 영업 08:30	10만 원 이하	850원
				10만 원 초과	1,100원
창구송금		K은행 간		–	면제
		타행 간		10만 원 이하	600원
				100만 원 이하	3,000원
				100만 원 초과	4,000원
기타		공인인증서 발급		개인 은행용	무료
				개인 범용	5,400원 (부가세 포함)
				기업 은행용	5,400원 (부가세 포함)
				기업 범용	115,000원 (부가세 포함)
		SMS통지서비스		월 정액형 (계좌의 휴대폰 1개당)	월 800원
				건별 부과형	건당 30원
		전화승인서비스		월 정액형	월 600원
				건별 부과형	건당 80원

※ 만 18세 미만 또는 만 65세 이상 고객은 창구송금은 수수료 50% 및 CD / ATM 수수료 50% 면제

※ 감면장애인, 소년소녀가장, 기초생활수급권자, 국가유공자(본인), 독립유공자(유족 및 가족 포함) 영업점 내점하여 증명서 확인 등록 시 각종 수수료 전액 면제

① 창구를 통해 K은행에서 A은행으로 20만 원을 보낸 80세 할머니

② 월 정액형으로 SMS통지서비스를 이용하고 영업시간 외에 K은행 ATM에서 3만 원을 인출한 13살 학생

③ 공인인증서(개인 범용)를 발급받고 건별 부과형으로 전화승인서비스를 5회 이용한 국가유공자의 손자

④ K은행에서 B은행으로 영업시간 내 창구로 10만 원을 송금하였고 10분 후 동일 은행에서 C은행으로 10만 원을 송금한 회사원

39 A대학생은 현재 보증금 3천만 원, 월세 50만 원을 지불하면서 B원룸에 거주하고 있다. 이듬해부터는 월세를 낮추기 위해 보증금을 증액하려고 한다. 다음 규정을 보고 A대학생이 월세를 최대로 낮췄을 때의 월세와 보증금을 바르게 짝지은 것은?

〈B원룸 월 임대료 임대보증금 전환 규정〉

- 1년치 임대료의 56%까지 보증금으로 전환 가능
- 연 1회 가능
- 전환이율 6.72%

※ $(\text{환산보증금})=\dfrac{(\text{전환 대상 금액})}{(\text{전환이율})}$

① 월세 22만 원, 보증금 7천만 원
② 월세 22만 원, 보증금 8천만 원
③ 월세 22만 원, 보증금 9천만 원
④ 월세 30만 원, 보증금 8천만 원

40 다음은 조세심판원의 연도별 사건 처리건수에 대한 자료이다. 이에 대한 〈보기〉의 설명 중 옳은 것을 모두 고르면?

〈조세심판원의 연도별 사건 처리건수〉

(단위 : 건)

구분		2020년	2021년	2022년	2023년	2024년
처리대상 건수	전년 이월건수	1,854		2,403	2,127	2,223
	당년 접수건수	6,424	7,883	8,474	8,273	6,003
	소계	8,278		10,877	10,400	8,226
처리건수	취하건수	90	136	163	222	163
	각하건수	346	301	482	459	506
	기각건수	4,214	5,074	6,200	5,579	4,322
	제조사건수	27	0	465	611	299
	인용건수	1,767	1,803	1,440	1,306	1,338
	소계	6,444	7,314	8,750	8,177	6,628

※ (당해 연도 전년 이월건수)=(전년도 처리대상건수)−(전년도 처리건수)

※ (처리율)$=\frac{\text{(처리건수)}}{\text{(처리대상건수)}}\times 100$

※ (인용률)$=\frac{\text{(인용건수)}}{\text{(각하건수)}+\text{(기각건수)}+\text{(인용건수)}}\times 100$

〈보기〉

㉠ 처리대상건수가 가장 적은 연도의 처리율은 75% 이상이다.
㉡ 2021 ~ 2024년 동안 취하건수와 기각건수의 전년 대비 증감 추이는 동일하다.
㉢ 2021년의 처리율은 80% 이상이다.
㉣ 인용률은 2020년이 2022년보다 높다.

① ㉠, ㉡ ② ㉠, ㉣
③ ㉡, ㉢ ④ ㉡, ㉢, ㉣

제2영역 직무심화지식

01 다음 중 공매도의 특징으로 옳지 않은 것은?

① 주가가 하락하게 되면 공매도한 투자자는 손해를 보게 된다.
② 무차입공매도와 차입공매도로 구분된다.
③ 한국에서 무차입공매도는 금지되어 있다.
④ 주식시장에 유동성을 공급할 수 있다.

02 다음 중 신 파일러(Thin Filer)에 대한 설명으로 옳지 않은 것은?

① 최근 2년간 신용카드 사용 내역이 없다.
② 저금리 대출을 받기가 쉽다.
③ 3년간 대출 실적이 없다.
④ 은퇴자와 사회초년생들이 많이 해당한다.

03 다음 중 자금을 필요로 하는 수요자가 온라인 플랫폼 등을 통해 불특정 다수 대중에게 자금을 모으는 방식은?

① 크라우드소싱
② 크라우드펀딩
③ 아웃소싱
④ 엔젤 투자

04 다음 중 여러 가지 자산운용서비스를 하나로 묶어서 고객의 투자성향에 따라 종합금융서비스를 제공하고, 그 대가로 일정률의 수수료를 받는 상품은?

① CMA
② 사모펀드
③ 랩어카운트
④ ETF

05 다음 중 비트코인 이외의 암호화폐(가상화폐)를 통틀어 부르는 용어로 옳은 것은?

① 리플(Ripple)
② 알트코인(Alt Coin)
③ 이더리움(Ethereum)
④ 라이트코인(Lite Coin)

06 다음 중 금융기관에 대한 설명으로 옳은 것은?

① 예금은행은 통화금융정책을 사용할 권한을 가지고 있다.
② 예금은행은 통화금융기관으로 제1금융권이라고 한다.
③ 자금중개기능을 담당하는 투자기관의 대표적인 예가 증권회사이다.
④ 산업은행과 같은 개발기관은 주로 단기자금을 공급하기 위해 설립된 금융기관이다.

07 다음 중 여신전문금융회사에 대한 설명으로 옳지 않은 것은?

① 예금업무는 취급하지 않고 여신업무만 취급한다.
② 자금은 주로 예금수입과 채권발행으로 조달된다.
③ 여신전문금융회사가 취급하는 여신업무는 소비자금융, 리스, 벤처금융 등을 포함한다.
④ 여신전문금융회사법에서는 신용카드업, 시설대여업, 할부금융업 및 신기술사업금융업을 여신전문금융업으로 규정하고 있다.

08 다음 중 단기금융상품이 아닌 것은?

① 양도성 예금증서
② 환매조건부채권
③ 표지어음
④ 노후생활연금신탁

09 **다음 중 금융채에 대한 설명으로 옳지 않은 것은?**

① 가입대상에는 제한이 없다.
② 예금 보호 대상이며 중도환매는 되지 않는다.
③ 이자지급방식에는 할인식, 복리식, 이표식이 있다.
④ 산업금융채권, 중소기업금융채권, 일반은행채권 등이 있다.

10 **다음 중 신탁상품에 대한 설명으로 옳지 않은 것은?**

① 특정금전신탁상품 중 장기채권에 투자하는 신탁상품은 분리과세를 신청할 수 있다.
② 불특정금전신탁은 다수의 고객으로부터 금전을 신탁받아 운용하고 실적배당하는 상품이다.
③ 맞춤형 신탁은 기존의 특정금전신탁을 변형한 상품으로 고객이 운용대상・방법・조건을 자유롭게 지정하고 은행은 고객지시에 따라 운용하고 종료 시에 배당하는 주문형 신탁상품이다.
④ 은행에서 취급하는 노후생활연금신탁은 실적배당상품으로 원금을 보전해 주지 못하기 때문에 원금지향으로 운용한다.

11 **다음 중 투자를 위해 모금이 이루어졌으나 투자 집행이 진행되지 않은 자금을 뜻하는 용어는?**

① 드라이 파우더 ② 세컨더리 펀드
③ 캐피탈 콜 ④ LBO

12 **다음 중 유동화 전문회사가 매출채권, 부동산 등을 담보로 발행하는 기업어음을 뜻하는 용어는?**

① ABS ② CP
③ ABCP ④ MBS

13 **다음 중 수익 창출을 목표로 하는 금융회사가 자기자본 등으로 금융상품을 거래하는 것은?**

① 볼커룰(Volcker Rule) ② 리베이트(Rebate)
③ 커버링(Covering) ④ 프랍 트레이딩(Proprietary Trading)

14 다음 중 국내 시장에서 외국기업이 자국기업보다 더 활발히 활동하거나 외국계 자금이 국내 금융시장을 장악하는 현상을 지칭하는 용어는?

① 피셔 효과
② 윔블던 효과
③ 베블런 효과
④ 디드로 효과

15 다음 중 금융기관이 아닌 이불 밑바닥이나 장롱 등 집안 구석에 비밀스럽게 보관하는 여유자금을 이르는 말이 아닌 것은?

① 장롱머니
② 볼머니
③ 매트리스머니
④ 스마트머니

16 다음 중 베네수엘라 니콜라스 마두로 정부가 발행한 세계 최초의 정부 주도 첫 가상화폐는?

① 리플(Ripple)
② 이더리움(Ethereum)
③ 비트코인(Bitcoin)
④ 페트로(Petro)

17 다음 중 은행이나 신용카드사에서 얻은 채무를 갚지 못해 신용불량자가 된 개인이 법원에 파산신청을 내기 전, 채권단협의회를 열어 채무를 일부 탕감해 주고 만기를 연장해 줌으로써, 개인에게 신용 회복의 기회를 주는 제도는?

① 개인워크아웃
② 지급여력제도
③ 화의제도
④ 개인회생제도

18 다음에서 설명하고 있는 돈은 무엇인가?

한 사회의 공적인 통로를 통하지 않고 음성적으로 유통되는 돈을 지칭한다. 대체로 공인된 금융기관을 거치지 않고 대금업자를 중심으로 자금이 공급되고 상환되며, 현행법으로는 불법적인 사업(예 마약사업, 기업 비자금 등)으로부터 생기는 돈으로서 주로 사채시장에서 유통된다.

① 레드머니
② 블루머니
③ 화이트머니
④ 블랙머니

19 다음 중 피셔의 화폐수량설에서 물가변동의 궁극적인 요인에 해당하는 것은?

① 거래량
② 예금총액
③ 유통속도
④ 화폐량

20 다음 중 화폐에 대한 수요가 증가하는 경우는?

① 소득이 증가하고 이자율이 상승할 때
② 소득이 증가하고 이자율이 하락할 때
③ 소득이 감소하고 이자율이 상승할 때
④ 소득이 증감이나 이자율과는 상관이 없다.

21 다음 중 포트폴리오 위험에 대한 설명으로 옳지 않은 것은?

① 포트폴리오 구성 종목 수가 증가할수록 체계적 위험이 감소한다.
② 두 자산으로 구성된 최소분산포트폴리오에서 한 자산에 대한 투자비율은 0보다 작을 수가 있다.
③ 위험자산으로 구성된 포트폴리오의 구성 주식 수가 무한대가 된다고 해서 총위험이 0이 되지 않는다.
④ 개별자산들이 포트폴리오 위험에 공헌하는 정도는 개별자산과 포트폴리오 수익률과의 공분산에 각 개별자산에 대한 투자비율을 곱한 만큼이다.

22 **다음 중 수익률과 위험에 대한 설명으로 옳지 않은 것은?**

① 투자대상 자산의 상관관계가 낮을수록 분산투자의 위험절감 효과가 커진다.
② 선택 가능한 포트폴리오 중 위험이 최소가 되는 포트폴리오를 최소분산포트폴리오라 한다.
③ 두 자산의 수익률 간 상관관계가 0이라면 두 자산에 분산투자하여도 위험감소 효과가 없다.
④ 투자대상 자산 간의 상관관계가 주어졌을 때 투자비율의 조정에 따른 포트폴리오 기대수익과 위험의 변화를 그림으로 나타낸 것이 포트폴리오 결합선이다.

23 **다음 중 자산배분에 대한 설명으로 옳지 않은 것은?**

① 자산배분전략은 수익률에 대해 최적의 자산배분을 하는 전략이다.
② 특정 자산의 초과수익을 통해 최고 수익을 지향하는 전략이다.
③ 투자는 일반적으로 분산투자 방법, 개별종목 선택, 투자시점의 선택이라는 하향식 방식으로 이루어진다.
④ 자산배분은 기대수익률과 위험수준이 다양한 여러 자산집단을 대상으로 투자자금을 배분하여 최적의 자산포트폴리오를 구성하는 일련의 과정을 말한다.

24 **다음 중 자산집단에 대한 설명으로 옳은 것은?**

① 자산집단은 자산배분의 의사결정대상이 된다.
② 자산집단은 분산불가능성을 충족해야 한다.
③ 자산집단은 독립성을 갖추지 않는다.
④ 예금을 제외한 국내 및 해외주식, 채권 등에 투자한다.

25 **다음 중 주가연계증권의 특징으로 옳지 않은 것은?**

① 안정성
② 수익성
③ 확정성
④ 획일성

26 **다음 중 금융투자회사 입장에서 랩어카운트(Wrap Account)의 장점으로 옳지 않은 것은?**

① 고객과의 친밀감이 증가한다.

② 이익상충이 적어 고객의 신뢰획득이 가능하다.

③ 투자상담사의 소속의식이 강화된다.

④ 유동성이 심해 안정적인 수익을 얻기 어렵다.

27 **다음 중 MMF(단기금융펀드)에 대한 설명으로 옳지 않은 것은?**

① 가입대상자 및 가입한도에 제한이 있다.

② 투자신탁회사나 판매를 대행하는 증권회사에서 판매한다.

③ 금액에 제한 없이 소액투자자도 투자할 수 있다.

④ 투자신탁회사가 고객의 돈을 모아 단기금융상품에 투자하여 수익을 얻는 초단기 금융상품이다.

28 **다음 중 금융투자상품에 대한 설명으로 옳지 않은 것은?**

① 크게 증권과 파생상품으로 구분이 된다.

② 금융투자상품은 이익을 얻거나 손실을 회피할 목적이 있는 것을 말한다.

③ 현재 또는 장래의 특정 시점에 금전, 그 밖의 재산적 가치가 있는 것을 지급하기로 약속하는 상품이다.

④ 금전 등의 지급시점이 현재이면 파생상품, 지급시점이 장래의 특정 시점이면 증권으로 구분한다.

29 **다음 중 글로벌 고금리에 따른 일본의 경제상황으로 옳지 않은 것은?**

① 글로벌 고금리 기조에도 불구하고 일본은 저금리 기조를 유지하고 있다.

② 엔화가치 하락이 지속되는 슈퍼 엔저 현상이 나타나고 있다.

③ 인플레이션이 매우 낮은 상태가 지속되어 디플레이션 우려가 존재한다.

④ 현재 일본은 전 세계에서 유일하게 마이너스 금리를 적용하고 있다.

30 다음 중 구축효과에 대한 설명으로 옳지 않은 것은?

① 정부의 실제 지출금액보다 총수요가 더 크게 증가하는 현상을 말한다.

② 정부는 재정지출을 늘리기 위해 국채발행 등을 실시한다.

③ 금융시장에 자금부족 현상이 나타나 이자율이 상승하고 투자가 감소하게 된다.

④ IS－LM모형에서 LM곡선의 기울기가 급할수록 구축효과는 더 크게 나타난다.

31 다음 중 에지 컴퓨팅(Edge Computing)의 특징으로 옳지 않은 것은?

① 데이터 처리 시간이 단축된다.

② 자율주행자동차 등에 사용된다.

③ 분산 컴퓨팅 모델이 아닌 중앙 집중식 컴퓨팅 모델에 적합하다.

④ 클라우드렛(Cloudlet) 또는 포그 컴퓨팅(Fog Computing)이라고도 불린다.

32 다음 중 병행 제어 기법 중 로킹(Locking)에 대한 설명으로 옳지 않은 것은?

① 로킹의 단위가 작아지면 로킹 오버헤드가 증가한다.

② 로킹의 단위가 커지면 데이터베이스 공유도가 증가한다.

③ 로킹의 대상이 되는 객체의 크기를 로킹 단위라고 한다.

④ 데이터베이스, 파일, 레코드 등은 로킹 단위가 될 수 있다.

33 다음 글의 빈칸에 들어갈 용어를 순서대로 바르게 나열한 것은?

______은/는 기업 내의 사설 네트워크로 회사의 정보나 컴퓨팅 자원을 직원들 간에 공유하게 하는데 그 목적이 있으며, 이의 확장 개념인______은/는 ______을/를 통해 고객, 협력사 그리고 회사 외부의 인가된 사람에게까지 일부 정보를 공유할 수 있게 해줄 수 있기에 ______이/가 요구된다.

① 인트라넷, 인터넷, 라우터, 암호화

② 인터넷, VPN(가상 사설망), 보안, 전자 서명

③ 인트라넷, 엑스트라넷, VPN(가상 사설망), 보안

④ 인터넷, 인트라넷, VPN(가상 사설망), 전자 서명

34 다음 중 폼재킹(Formjacking)에 대한 설명으로 옳지 않은 것은?

① 온라인 쇼핑의 증가로 인해 피해 사례가 증가하고 있다.
② 카드 결제 시스템에 특수 장치를 설치하여 불법으로 카드 정보를 복사한다.
③ 온라인 구매 및 결제 서비스를 제공하는 다양한 산업에서 피해가 일어나고 있다.
④ 사용자가 이용하는 웹사이트에 악성코드를 심어 신용카드 등의 금융정보를 탈취한다.

35 다음 중 분산 컴퓨팅에 대한 설명으로 옳지 않은 것은?

① 데이터의 증가에 따라 데이터를 저장하고 처리하기 위한 방법이다.
② 컴퓨터의 성능을 확대시키기 위한 방식으로는 수직적 성능 확대만 있다.
③ 여러 대의 컴퓨터를 연결하여 상호 협력하게 함으로써 컴퓨터의 성능과 효율을 높이는 것을 말한다.
④ 시스템의 확장성과 가용성을 제공하는 기술인 분산 컴퓨팅 기술은 빅데이터 활용을 지원하는 데 있어 가장 중요한 기반 기술이다.

36 다음 〈보기〉 중 블록체인 시스템(Block Chain System)에 대한 설명으로 옳지 않은 것을 모두 고르면?

〈보기〉

㉠ 모든 거래 데이터를 사슬(체인)형태로 중앙 서버에 저장한다.
㉡ 한 사용자가 다른 사용자의 거래 데이터를 열람할 수 있다.
㉢ 일부 네트워크가 해킹당하면 전체 시스템이 마비된다.
㉣ 블록체인에 기록된 내용은 암호화되어 저장되므로 신뢰성이 높다.
㉤ 의사결정을 위한 작업증명의 대가로 암호화폐를 받는 과정을 채굴이라고 한다.

① ㉠, ㉡
② ㉠, ㉢
③ ㉡, ㉢
④ ㉢, ㉤

37 다음 중 클라우드 보안과 관련된 용어가 아닌 것은?

① CASB
② CWPP
③ CSPM
④ EVRC

38 다음 중 기업 내 정보 교류를 차단하는 장치 및 제도를 일컫는 용어는?

① 열 차단벽
② 해킹 방지 방화벽
③ 차이니즈월
④ 방화벽

39 다음 중 인공지능이 인간지능을 넘어서는 기점을 의미하는 용어는?

① 세렌디피티
② 싱귤래리티
③ 어모털리티
④ 리니어리티

40 다음 〈보기〉 중 제로 트러스트 모델에 대한 설명으로 옳은 것을 모두 고르면?

〈보기〉

㉠ 0(Zero)과 신뢰하다(Trust)의 합성어로 아무도 신뢰하지 않는다는 뜻이다.
㉡ 네트워크 설계의 방향은 외부에서 내부로 설정한다.
㉢ IT 보안 문제가 내부에서 발생함에 따라 새롭게 만들어진 IT 보안 모델이다.
㉣ MFA(Multi-Factor Authentication), IAM(Identity and Access Management) 등의 기술을 통해 제로 트러스트를 구현할 수 있다.

① ㉠, ㉣
② ㉡, ㉢
③ ㉠, ㉡, ㉢
④ ㉠, ㉢, ㉣

제3영역 상식

01 다음 중 손주를 위해 아낌없이 고가의 선물을 사주는 소비력 높은 연령층을 가리키는 용어는?

① 피딩족 ② 노노족
③ 코쿤족 ④ 슬로비족

02 다음 중 특정 품목의 수입이 급증할 때, 수입국이 관세를 조정함으로써 국내 산업의 침체를 예방하는 조치는?

① 세이프가드 ② 선샤인액트
③ 리쇼어링 ④ 테이퍼링

03 다음 중 탈중앙화 · 탈독점화를 통해 여러 경제주체를 연결하는 경제 형태는?

① 창조 경제 ② 비대면 경제
③ 플랫폼 경제 ④ 프로토콜 경제

04 다음에서 설명하는 관세는?

수출국이 특정 수출산업에 대해 장려금이나 보조금을 지급하여 수출 상품의 가격경쟁력을 높일 경우, 수입국이 그 수입 상품에 대해 보조 금액에 해당하는 만큼의 관세를 부과하는 누진관세이다.

① 보호관세 ② 조정관세
③ 탄력관세 ④ 상계관세

05 다음 중 금리를 인하해도 경기가 부양되지 않아 정책효과가 나타나지 않는 현상을 가리키는 용어는?

① 유동성 함정 ② 피구(Pigou) 효과
③ 캐시 그랜트(Cash Grant) ④ 그린필드 투자(Green Field Investment)

06 다음 중 변동환율제도에 대한 설명으로 옳지 않은 것은?

① 원화 환율이 오르면 물가가 상승하기 쉽다.
② 원화 환율이 오르면 수출업자가 유리해진다.
③ 원화 환율이 오르면 외국인의 국내 여행이 많아진다.
④ 국가 간 자본거래가 활발하게 이루어진다면 독자적인 통화정책을 운용할 수 없다.

07 다음 중 여러 관점에서의 소득재분배에 대한 설명으로 옳지 않은 것은?

① 공리주의는 최대다수의 최대행복이라는 사상으로 대표된다.
② 자유주의는 소득재분배 문제에서 정당한 권리의 원칙을 주장한다.
③ 평등주의는 소득재분배 과정에서 저소득계층에게 보다 높은 가중치를 부여한다.
④ 공리주의 관점에서 가장 바람직한 소득분배상태는 사회구성원 전체의 효용의 곱이 최대가 되는 것이다.

08 다음에서 설명하고 있는 것은?

투표자가 자기의 소속 정당을 밝히지 아니하고 투표할 수 있는 예비 선거. 선거 후보자 선출을 위한 당내 경선제의 한 방식으로, 대선후보 선출권을 소속 당원에 국한하지 않고 일반 국민으로 확대한다. 정당의 대통령 후보를 당원이 아닌 국민들이 직접 선출한다는 데 있어 '국민형 경선제'로 불린다.

① 코커스
② 아그레망
③ 오픈 프라이머리
④ 서브프라임 모기지

09 다음 중 경기종합지수에서 경기선행지수를 구성하는 변수가 아닌 것은?

① 구인구직비율
② 재고순환지표
③ 소비자기대지수
④ 광공업 생산지수

10 **다음 중 레임덕(Lame Duck) 현상에 대한 설명으로 옳은 것은?**

① 무기력증이나 자기혐오, 직무 거부 등에 빠지는 현상이다.
② 국회에서 합법적인 방법으로 의사진행을 고의적으로 방해하는 행위이다.
③ 현직에 있던 대통령의 임기 만료를 앞두고 나타나는 일종의 권력누수 현상이다.
④ 특정 정당 혹은 특정 후보자에게 유리하도록 자의적으로 선거구를 정하는 것이다.

11 **다음 중 배당평가모형에 대한 설명으로 옳지 않은 것은?**

① 주주 입장에서 미래현금흐름인 배당이 적절하게 할인된 현가가 현재주식가격이다.
② 주식의 내재 가치를 영속적인 미래의 배당 흐름을 요구수익률로 할증하여 미래 가치로 나타낸 모형이다.
③ 투자자가 주식으로부터 기대하는 현금흐름을 적절한 할인율로 할인한 것이 현재주가이므로 기대현금흐름과 주가의 관계를 이용하여 자기자본의 기대수익률, 즉 자기자본비용을 찾아낼 수 있다.
④ 주식의 내재적 가치는 영속적인 배당 수입에 대한 현재 가치이므로 주식을 일시적으로 소유하든 계속 소유하든 보유 기간에 관계없이 이론적 가치는 동일하다.

12 **다음 중 투자안에 대한 설명으로 옳은 것은?**

① 기하평균수익률은 매기마다의 수익률로 재투자하여 투자가치가 감소되는 효과를 낸다.
② 산술평균수익률과 기하평균수익률은 매기의 수익률에 주어지는 가중치가 동일하지 않기 때문에 두 연평균수익률 모두 금액가중수익률이라고 한다.
③ 내부수익률은 향후 발생하는 투자수익의 현재가치와 투자비용의 현재가치를 일치시키는 할인율로 금액가중수익률이라고도 불린다.
④ 내부수익률은 어떤 새로운 투자안에서 발생하는 비용과 편익의 흐름이 있을 때 해당 투자안의 현재가치를 '1'로 만드는 할인율이다.

13 **다음 중 화폐의 기능으로 거리가 먼 것은?**

① 교환매개
② 가치저장
③ 신용평가
④ 회계단위

14 다음 중 중앙은행이 지급준비율을 인하할 경우 나타나는 현상으로 옳은 것은?

① 통화승수가 변하지 않아 통화량에 변화가 없다.
② 통화승수의 상승과 본원통화량의 변화를 통해 통화량이 증가한다.
③ 통화승수의 하락과 본원통화량의 변화를 통해 통화량이 감소한다.
④ 통화승수가 상승하여 본원통화량의 변화가 없어도 통화량이 증가한다.

15 다음 〈보기〉 중 4자 안보 대화(Quad)에 대한 설명으로 옳은 것을 모두 고르면?

〈보기〉

㉠ 미국, 인도, 호주, 일본 등의 4개국이 참여하고 있는 안보회의체이다.
㉡ 2004년 동남아시아 쓰나미 발생 이후 복구·원조를 위한 쓰나미 코어 그룹에서 비롯됐다.
㉢ 중국의 세력 확장으로 인한 갈등과 위기의식의 확산·고조 때문에 반중국적인 성격이 강하다.
㉣ 쿼드는 등장 이후 현재까지 줄곧 각국 정상을 제외한 외무장관 등이 참석하는 비공식 안보회의체로서의 성격을 유지하고 있다.

① ㉡, ㉢
② ㉢, ㉣
③ ㉠, ㉡, ㉢
④ ㉡, ㉢, ㉣

16 다음 중 투자지출에 포함되지 않는 것은?

① 아파트 건설
② 상품재고의 증가
③ 기업의 부동산 매입
④ 새로운 공장의 건설

17 다음 중 물가상승이 통제를 벗어난 상태에서 수백 퍼센트의 인플레이션율을 기록하는 상황을 가리키는 경제 용어는?

① 디스인플레이션
② 하이퍼인플레이션
③ 보틀넥인플레이션
④ 디맨드풀인플레이션

18 다음 중 납세자들이 세금을 낸다는 사실을 잘 인식하지 못하고 내는 세금을 뜻하는 용어는?

① 시뇨리지
② 인플레이션 세금
③ 스텔스 세금
④ 버핏세

19 다음 중 우리나라의 신석기 시대에 대한 설명으로 옳지 않은 것은?

① 대표적인 토기는 빗살무늬토기이다.
② 기원전 8000년경부터 시작되었다.
③ 농경 기술이 발달하면서 사냥과 고기잡이는 사라졌다.
④ 이 시기의 사람들은 간석기를 가지고 농사를 지었다.

20 다음 내용과 관련 있는 인물은?

- 대한민국 임시정부에 참여
- 『한국통사』, 『한국독립운동지혈사』 등 저술

① 김구
② 백남운
③ 신채호
④ 박은식

2권

제2회
KB국민은행 필기전형

제1영역 직업기초능력
제2영역 직무심화지식
제3영역 상식

www.sdedu.co.kr

〈문항 수 및 시험시간〉

NCS 기반 객관식 필기시험 : 총 100문항(100분)

구분(문항 수)	출제범위	배점	모바일 OMR 답안채점 / 성적분석 서비스
직업기초능력(40)	의사소통능력, 문제해결능력, 수리능력	40	
직무심화지식(40)	금융영업(30), 디지털 부문 활용능력(10)	40	
상식(20)	경제 / 금융 / 일반상식	20	

※ 문항 수 및 시험시간은 2025년 하반기 채용공고문을 참고하여 구성하였습니다.

KB국민은행 필기전형

제2회 모의고사

문항 수 : 100문항
시험시간 : 100분

제 1 영역 직업기초능력

01 다음 글을 읽고 이해한 내용으로 적절하지 않은 것은?

2008년 서브프라임 모기지(Sub-prime Mortgage) 사태로 인해 미국의 은행이 위기를 맞이하면서 금융위기가 전 세계로 확산되었고, 미국은 양적완화를 통해 경제를 회복하려 했다. 최근 미국의 GDP 성장률이 오르고 실업률 수준이 낮아지자 미국은 현재 출구전략을 추진 중에 있다. 그렇다면 여기서 양적완화와 출구전략은 무엇일까?
양적완화는 중앙은행이 정부의 국채나 다른 금융 자산 등을 매입하여 시장에 직접 유동성을 공급하는 정책을 말한다. 이는 중앙은행이 기준금리를 조절하여 간접적으로 유동성을 조절하던 기존 방식과 달리, 시장에 직접적으로 통화를 공급하여 시장의 통화량 자체를 늘림으로써 침체된 경기를 회복하고 경기를 부양시키려는 통화 정책이다.
간접적으로 통화량을 늘리는 기존의 방식으로는 금리 인하, 재할인율 인하, 지급준비율 인하 등의 방법이 있다. 재할인율 인하는 중앙은행이 시중은행에 빌려주는 자금의 금리를 낮춰 유동성을 조절하는 것이며, 지급준비율 인하는 예금은행이 중앙은행에 예치해야 하는 법정지급준비금의 비율을 낮춰 시장의 통화량을 늘리는 것이다.
이러한 방법으로도 효과를 기대할 수 없을 때 중앙은행은 시중에 있는 다양한 금융자산을 매입해 직접 돈을 시장에 공급하는 양적완화 정책을 시행할 수 있다. 중앙은행이 국채와 회사채 등을 매입하고, 그 매입에 사용된 돈을 직접적으로 시장에 흘러가게 만들어서 경기를 부양시키는 것이다.
양적완화를 통해 어느 정도 경기가 회복되었다면 출구전략을 실행할 수 있다. 출구전략은 경기 부양을 위해 취하였던 각종 정책을 정상화하는 것을 말한다. 경기가 회복되는 과정에서 시장에 유동성이 과도하게 공급될 경우 물가가 높아지고 현금 가치가 하락하여 인플레이션과 같은 부작용을 초래할 수 있는데, 이때 출구전략을 활용하여 이러한 정책의 부작용을 최소화할 수 있다.
출구전략은 통화량 공급 정책을 반대로 실행하되 비교적 영향력이 적은 재할인율, 지급준비율을 먼저 인상하여 시장을 살핀 뒤에 기준금리를 인상해야 한다. 출구전략을 성급하게 추진하여 금리를 너무 빠르게 인상하면, 오히려 기업의 투자가 위축되고 소비가 억제되어 경기가 다시 위축될 수 있기 때문이다.

① 양적완화와 출구전략은 모두 시장경제를 안정시키기 위한 정책이군.
② 미국이 현재 출구전략을 추진하는 이유는 미국의 경기가 회복되었다고 생각하기 때문이야.
③ 한국은행이 시중은행에 대한 금리를 인상하면 금융기관의 매출 및 투자가 감소하겠군.
④ 금리, 재할인율, 지급준비율은 통화량과 비례 관계라고 생각하면 쉽군.

02 다음은 K공사의 예산편성 및 운영지침의 일부이다. 이에 대한 설명으로 가장 적절한 것은?

> **제20조(운영계획 수립 및 보고)**
> ① 예산 운영계획안은 예산안과 동시에 수립하여, 예산안과 함께 이사회에 상정하여 심의・의결할 수 있다.
> ② 운영계획에는 전력 판매계획, 전력 구입계획, 설비 투자계획 및 기능별 예산의 분기별 집행계획을 포함한다.
> ③ 예산 운영계획은 공공기관 운영에 관한 법률 제41조의 규정에 따라 기획재정부장관, 산업통상부장관에 보고한다.
>
> **제21조(집행계획 수립)**
> ① 예산관리부서는 예산이 확정되면, 지체 없이 집행계획을 수립하여, 예산운영부서에 통보한다. 다만, 효율적인 집행계획을 수립하기 위하여 예산확정 이전이라도 집행 계획 수립에 착수할 수 있다.
> ② 예산 집행시기, 방침의 미확정 등으로 배정이 곤란한 경우와 예산절감 및 예산편성 후 여건변동에 대비하고 예산운영의 탄력성을 기하기 위하여 확정된 예산의 일부를 유보하여 운영할 수 있다.
> ③ 예산운영부서는 예산관리부서의 집행계획을 반영하여 자체 집행계획을 수립한다.
>
> **제23조(예산의 전용 및 조정)**
> ① 예산관리부서는 예산운영상 필요한 경우 수입・지출 계획서의 단위사업 내 항목 간 및 단위사업 간의 금액을 전용할 수 있다. 단, 투자비와 기타 항목 간 전용은 제외한다.
> ② 예산관리부서는 예산운영의 탄력성을 확보하기 위하여, 예산을 조정할 수 있다.
> ③ 예산주관부서와 예산운영부서는 배정받은 예산을 조정권한 범위 내에서 조정하여 집행할 수 있다.
> ④ 다음 각 호의 사유로 예산을 전용 또는 조정하고자 할 경우에는 사전에 이사회 의결을 거쳐야 한다.
> 1. 인건비, 급여성 복리후생비, 경상경비 총액 증액
> 2. 자본예산 총액 증액
> 3. 정부출자금 또는 국고보조금을 받거나 정부예산에 의한 대행사업 또는 정부지시에 의한 특수사업의 수행
> 4. 수입・지출 계획서상의 단위사업 총액을 증액하거나, 단위사업 간 전용
>
> **제36조(투자심의위원회 운영)**
> ① 다음의 사업은 예산관리부서가 주관하는 투자심의위원회의 심의를 거쳐야 한다.
> 1. 총사업비가 1,000억 원 이상이면서, 당사 부담금액이 500억 원 이상인 신규 투자 및 출자사업
> 2. 투자심의를 거친 사업 중 총사업비가 30% 이상 증가한 사업
> 3. 투자심의를 거치지 않은 사업이 사업추진 중에 투자심의 대상규모 이상으로 증가할 것으로 예상되는 사업
> 4. 투자심의 대상사업 중 투자심의를 거치지 아니하고 예산을 집행 중인 사업
> ② 예산관리부서는 제1항에 따른 투자심의위원회 운영절차를 별도로 마련하여 운영한다.

① 예산 운영계획안은 예산안 수립이 완료된 이후에 해당 예산안을 바탕으로 수립된다.
② 예산 운영계획은 기획재정부장관과 공정거래위원장에게 보고한다.
③ 예산운영부서는 탄력적 예산운영을 위해 예산을 조정할 수 있다.
④ 총사업비가 1,200억 원이면서, 당사 부담금액이 350억 원인 신규 투자는 투자심의위원회의 심의를 반드시 거칠 필요는 없다.

03 다음은 일학습병행제 운영 및 평가 규정의 일부이다. 사업주가 변경예정일을 일주일 앞두고 훈련과 관련된 사항을 변경하고자 할 때, 변경 승인 요청이나 신고가 불가능한 것은?

〈일학습병행제 운영 및 평가 규정〉

훈련 실시(제8조)

⑤ 사업주 또는 공동훈련센터는 훈련계획 등의 변경을 원하거나 기업 등의 정보에 변경이 있을 경우 사전에 관할 공단 지부・지사에 변경사항에 대한 승인을 요청하거나 신고하여야 한다. 승인요청 또는 신고사항은 별표 1과 같다.

※ 별표 1. 훈련 실시 변경 세부 내용

훈련 실시 신고 변경 승인사항	훈련 실시 신고 변경 신고사항	훈련 실시 신고 변경 불가사항
〈변경예정일 4일 전까지〉 • 기업이나 현장외교육훈련기관(공동훈련센터 포함)의 명칭・소재지(관할 공단 지부・지사가 변경되는 경우) • 훈련과정을 인정받은 사업주의 성명(법인인 경우에는 법인명) • 훈련장소(소재지 관할 공단 지부・지사가 변경되는 경우) • 기업현장교사 〈변경예정일 전일까지〉 • 훈련시간표	〈변경예정일 전일까지〉 • HRD담당자	① 훈련내용 ② 훈련방법 ③ 훈련과정 명칭 ④ 훈련기간 ⑤ 훈련시간

① 훈련기관의 명칭
② 훈련시간
③ HRD담당자
④ 훈련시간표

04 다음은 K은행의 대출거래약정서의 일부이다. 이에 대한 설명으로 가장 적절한 것은?

> **제2조 지연배상금(연체이자)**
> ① 이자・분할상환금・분할상환원리금을 그 기일에 상환하지 아니한 때에는 납입해야 할 금액에 대하여 즉시 지연배상금(연체이자)을 납입하기로 합니다.
> ② 대출만료일에 채무를 이행하지 아니하거나, 기본약관 제7조 또는 이 약정 제7조에 의하여 기한의 이익을 상실한 때에는, 그때부터 대출 잔액에 대하여 즉시 지연배상금(연체이자)을 납입하기로 합니다.
>
> **제3조 자동이체제도 이용 등**
> 자동이체제도 등을 이용하여 원리금을 납입할 경우 다음 각 호의 사항을 준수하겠으며 이를 게을리하여 발생하는 일체의 손해는 본인이 부담하기로 합니다.
> 1. 원금의 일부 또는 전액상환 시에는 은행에 직접 납입하기로 합니다.
> 2. 자동이체를 위하여 지정계좌의 예금을 출금함에 있어 각종 예금 약관 또는 약정서의 규정에 불구하고 예금청구서 또는 수표 없이 은행의 자동이체처리 절차에 의하여 출금하여도 이의를 제기하지 않기로 합니다.
> 3. 납입일 현재 지정계좌의 잔액이 청구금액에 미달하여 출금이 불가능할 경우에는 즉시 은행에 직접 납입하기로 합니다.
> 4. 이 자동이체신청을 변경하고자 하는 경우에는 납입해당일 30일 전까지 자동이체변경신청서를 제출하기로 합니다.
>
> **제4조 인지세의 부담**
> ① 이 약정서 작성에 따른 인지세는 50%씩 본인과 은행이 부담합니다.
> ② 제1항에 의하여 본인이 부담하기로 한 인지세를 은행이 대신 지급한 경우에는 기본약관 제4조에 준하여 곧 갚기로 합니다.
>
> **제5조 담보제공**
> ① 본인은 본건 담보주택에 은행 또는 공사의 승인 없이 그 소유권 이전행위와 저당권, 지상권, 전세권, 가등기, 임차권 등 각종 권리의 설정행위를 하지 않겠으며, 제3자로부터 은행 또는 공사의 권리가 침해되는 일이 없도록 하며, 동 주택은 토지와 함께 은행에 담보로 제공하기로 합니다.
> ② 은행이 요구하는 경우 은행이 동의하는 종류와 금액의 보험에 가입하고, 그 보험금 청구권에 은행(공사)을 위하여 질권을 설정하기로 합니다.

① 인지세의 부담은 은행의 비중이 더 크다.

② 원금의 전액상환은 자동이체로 가능하다.

③ 주택담보제공 시 토지도 함께 담보로 잡힌다.

④ 이자를 기일에 상환하지 못하면 다음 기일에 지연배상금을 납입한다.

05 다음은 K은행의 앱카드(간편결제) 이용약관의 일부이다. 이에 대한 설명으로 적절하지 않은 것은?

> 제2조(용어의 정의)
> 1. '앱카드(간편결제) 서비스'란 '가입 고객'이 본인의 '모바일 기기'에 설치된 '전용 어플리케이션'을 통해 이용이 가능한 오프라인, 온라인 및 모바일 가맹점에서 결제승인절차를 수행하는 서비스를 말합니다.
> 2. '가입 고객'이란 '모바일 기기'에 '전용 어플리케이션'을 설치하고, 휴대폰 인증을 거쳐 '대상카드'의 카드번호, 주민등록번호, 카드비밀번호, 카드고유확인번호, 휴대폰 번호를 등록하거나 공인인증서를 등록한 후 '서비스' 이용을 신청하고, '회사'의 인증 및 승낙을 받아 '회사'와 '서비스' 이용 계약을 체결한 고객을 말합니다.
> 3. '대상카드'란 '서비스'를 적용하고자 하는 카드로 '회사'가 발급한 신용카드, 체크카드, 선불카드를 말합니다.
> 4. '휴대폰 인증'이란 '가입 고객'이 본인 명의로 3G 및 4G 이동통신망에 가입한 '모바일 기기'로 수신받은 인증번호를 입력하도록 하는 방식으로 '가입 고객'의 본인확인을 하는 인증 절차를 말합니다.
> 5. '회원 인증'이란 공인인증서 인증, ARS 인증, 카드 인증 방법 중 하나를 선택하여 가입고객이 회원임을 인증하는 절차를 말합니다.
> 6. '앱카드번호'란 '카드번호 등'을 대신하여 '가맹점'에 제시하는 것으로 NFC, QR코드, 바코드 등의 형태로 제공되는 일회용 카드번호 및 이미지 일체를 말합니다.
> 7. '결제 비밀번호'란 서비스 부정사용 및 부정 접근을 방지하기 위하여 사용되는 회원 인증 암호로 '서비스' 이용을 위하여 '가입 고객'이 별도로 설정한 서비스 비밀번호(숫자 6자리)를 말합니다.
> 8. '모바일 기기'란 3G 및 4G의 이동통신망을 이용할 수 있는 휴대폰, 스마트폰, 태블릿 PC 등의 기기를 통칭하여 말합니다.
> 9. '전용 어플리케이션'이란 '서비스' 이용을 위해 '모바일 기기'에 설치되는 어플리케이션을 말합니다.
> 10. '서명'이란 '가입 고객'이 '서비스' 이용 신청 시 본인 인증을 거쳐 '결제 앱'에 등록하는 서명 정보를 말합니다. 단, '결제 앱'에 서명 등록 시 '대상카드'에 기재한 서명과 동일하게 등록하는 것을 원칙으로 합니다.

① '결제 앱'에 등록할 서명은 실물 카드와 동일한 서명을 사용하여야 한다.

② '앱카드 가입 고객'이 되기 위해서는 어플리케이션 설치는 물론 카드정보나 공인인증서를 등록하여 별도의 서비스 이용 신청을 하여야 한다.

③ '앱카드'를 사용하기 위해서는 본인 인증이 필요하다.

④ '결제 비밀번호'는 4～6자리로 설정하여야 한다.

06 다음은 K은행에서 발급하고 있는 국제학생증에 대한 안내문이다. A사원이 해당 상품을 S대학 무용과에 재학 중인 B고객에게 설명할 경우, 확인해야 할 사항으로 적절하지 않은 것은?

〈국제학생증 체크카드〉

1. **발급대상 안내**
   - 만 14세 이상의 Full Time Student
   - 만 7세 이상 13세 이하는 체크카드 겸용은 발급이 불가능하며, 일반 국제학생증을 발급받아야 함
   - 국제학생증 체크카드에는 학과명이 기입되지 않음(예술대 및 건축학과는 온라인으로 신청 시 학과명이 기입된 국제학생증 발급 가능)

2. **주요 서비스**

구분	내용	비고
신분증 기능	사진, 생년월일, 국적이 표시되어 신분증으로 사용 가능	–
해외 직불카드 및 할인 서비스	제휴를 맺은 박물관, 유적지, 미술관 및 각종 교통 이용에서 학생 할인 적용	'VISA' 마크가 부착되어 있는 2,400만여 개 해외 가맹점에서 이용 가능
국내 체크카드 및 할인 서비스	항공권 할인, 숙소 예약비 할인 등	–
긴급의료지원 서비스	여행 중 발생한 긴급사태에 대한 법률, 의료 등 다양한 분야에서의 지원 혜택	한국어 서비스 포함 24개국 언어로 지원

3. **발급절차 안내**

   구비서류 준비 → K은행 방문 → 직접 수령 or 배송

4. **유의사항**
   - 할인 서비스 이용 시 현장에서 카드만 제출해도 할인을 받지만 몇몇 업체 및 명소에서는 이용 전 예약을 해야만 할인을 적용받을 수 있음
   - 모든 나라, 모든 지역에서 서비스를 받을 수 있는 것이 아니며 주요 국가(미국・캐나다・호주・유럽 등)에서 서비스를 지원함
   - 국제학생증 체크카드 수령 후 카드사용 등록을 해야 서비스 이용이 가능함

   ※ 기타사항에 대한 정보는 K은행 카드상담센터 또는 홈페이지에서 확인할 수 있음

① 해외일 경우 'VISA' 마크가 없는 곳에서는 할인 서비스를 이용할 수 없겠네.

② 긴급의료지원 서비스는 한국어로도 지원이 된다는 것을 알면 고객들이 안심할 수 있을 거야.

③ 국제학생증 체크카드는 수령 즉시 사용이 가능하구나.

④ 자세한 정보는 K은행 카드상담센터 또는 홈페이지에서 확인 가능하다고 설명해야겠구나.

07 다음 글을 읽고 알 수 있는 내용으로 가장 적절한 것은?

> 국내에서 벤처버블이 발생한 1999 ~ 2000년 동안 한국뿐 아니라 미국, 유럽 등 전세계 주요 국가에서 벤처버블이 나타났다. 미국 나스닥의 경우 1999년 초 이후에 주가가 급상승하여 2000년 3월을 전후해서 정점에 이르렀는데, 이는 한국의 주가 흐름과 거의 일치한다. 또한 한국에서는 1998년 5월부터 외국인의 종목별 투자한도를 완전 자유화하였는데, 외환위기 이후 해외투자를 유치하기 위한 이런 주식시장의 개방은 주가 상승에 영향을 미쳤다. 외국인 투자자들은 벤처버블이 정점에 이르렀던 1999년 12월에 벤처기업으로 구성되어 있는 코스닥 시장에서 투자금액을 이전 달의 1조 4천억 원에서 8조 원으로 늘렸으며, 투자비중도 늘렸다. 또한 벤처버블 당시 국내에서는 인터넷이 급속히 확산되고 있었다. 초고속 인터넷 서비스는 1998년 첫 해에 1만 3천 가구에 보급되었지만 1999년에는 34만 가구로 확대되었다. 또한 1997년 163만 명이던 인터넷 이용자는 1999년에 천만 명으로 폭발적으로 증가하였다. 이처럼 초고속 인터넷의 보급과 인터넷 사용인구의 급증은 뚜렷한 수익모델이 없는 업체라 할지라도 인터넷을 활용한 비즈니스를 내세우면 투자자들 사이에서 높은 잠재력을 가진 기업으로 인식되는 효과를 낳았다.
> 한편 1997년 8월에 시행된 벤처기업 육성에 관한 특별조치법은 다음과 같은 상황으로 인해 제정되었다. 법 제정 당시 우리 경제는 혁신적 기술이나 비즈니스 모델에 의한 성장보다는 설비확장에 토대한 외형성장에 주력해 왔다. 그러나 급격한 임금상승, 공장용지와 물류 및 금융 관련 비용 부담 증가, 후발국가의 추격 등은 우리 경제가 하루빨리 기술과 지식을 경쟁력의 기반으로 하는 구조로 변화해야 할 필요성을 높였다. 게다가 1997년 말 외환위기로 30대 재벌의 절반이 부도 또는 법정관리에 들어가게 되면서 재벌을 중심으로 하는 경제성장 방식의 한계가 지적되었고, 이에 따라 우리 경제는 고용창출과 경제성장을 주도할 새로운 기업군을 필요로 하게 되었다. 이로 인해 시행된 벤처기업 육성 정책은 벤처기업에 세제 혜택은 물론, 기술개발, 인력공급, 입지공급까지 다양한 지원을 제공하면서 벤처기업의 폭증에 많은 영향을 주게 되었다.

① 해외 주식시장의 주가 상승은 국내 벤처버블 발생의 주요 원인이 되었다.
② 벤처버블은 한국뿐 아니라 전세계 모든 국가에서 거의 비슷한 시기에 발생했다.
③ 국내의 벤처기업 육성책 실행은 한국 경제구조 변화의 필요성과 관련을 맺고 있다.
④ 국내 초고속 인터넷 서비스 확대는 벤처기업을 활성화시켰으나 대기업 침체의 요인이 되었다.

08 다음 글을 읽고 밑줄 친 ㉠과 같은 현상이 나타나게 된 이유를 추론할 때, 그 이유로 거리가 먼 것은?

> 고려와 조선은 국가적으로 금속화폐의 통용을 추진한 적이 있다. 화폐 주조권을 장악하여 세금을 효과적으로 징수하고 효율적으로 저장하려는 것이 그 목적이었다. 그러나 물품화폐에 익숙한 농민들은 금속화폐를 불편하게 여겼으므로 금속화폐의 유통 범위는 한정되고 끝내는 삼베를 비롯한 물품화폐에 압도당하고 말았다. ㉠ 조선 태종 때와 세종 때에도 동전의 유통을 시도하였지만 실패하였다. 조선 전기 은화(銀貨)는 서울을 중심으로 유통되었는데, 주로 왕실과 관청, 지배층과 상인, 역관(譯官) 등이 이용한 '돈'이었다. 그러나 은화(銀貨)는 고액 화폐였다. 그 때문에 서민의 경제생활에서는 여전히 무명 옷감이 화폐의 기능을 담당하였다. 그러한 가운데서도 농업생산력의 발전과 인구의 증가, 17세기 이후 지방시장의 성장은 금속화폐 통용을 위한 여건이 마련되었음을 뜻하였다. 17세기 전반 이미 개성에서는 모든 거래가 동전으로 이루어지고 있었다. 이러한 여건 아래에서 1678년(숙종 4년)부터 강력한 통용책이 추진되면서 금속화폐가 널리 보급될 수 있었다. 동전인 상평통보 1개는 1푼(分)이었다. 10푼이 1전(錢), 10전이 1냥(兩), 10냥이 1관(貫)이다. 대원군이 집권할 때 주조된 당백전(當百錢)과 1883년 주조된 당오전(當五錢)은 1개가 각각 100푼과 5푼의 가치를 가지는 동전이었다. 동전 주조가 늘면서 그 유통 범위가 경기, 충청지방으로부터 점차 확산되어 18세기 초에는 전국에 미칠 정도였다. 동전을 시전(市廛)에 무이자로 대출하고, 관리의 녹봉을 동전으로 지급하고, 일부 세금을 동전으로 거두어들이는 등의 국가 정책도 동전의 통용을 촉진하였다. 화폐경제의 성장은 상업적 동기를 촉진시키고 경제생활, 나아가 사회생활에 변화를 주었다.
>
> 이러한 가운데 일부 위정자들은 화폐경제로 인한 부작용을 우려했는데 특히 농촌 고리대금업(高利貸金業)의 성행을 가장 심각한 문제로 생각했다. 그래서 동전의 폐지를 주장하는 이도 있었다. 1724년 등극한 영조는 이 주장을 받아들여 동전 주조를 정지하였다. 그런데 당시에 동전은 이미 일상생활로 퍼졌기 때문에 동전의 수요에 비해 공급이 부족한 현상이 일어나 동전주조의 정지는 화폐 유통질서와 상품경제에 타격을 가하였다. 돈이 매우 귀하여 농민과 상인의 교역에 불편을 가져다준 것이다. 또한 소수의 부유한 상인이 동전을 집중적으로 소유하여 고리대금업(高利貸金業) 활동을 강화함에 따라서 오히려 농민 몰락이 조장되었다. 결국 영조 7년 이후 동전은 다시 주조되기 시작했다.

① 화폐가 통용될 시장이 발달하지 않았군.
② 화폐가 주로 일부 계층 위주로 통용되었군.
③ 백성들이 화폐보다 물품화폐를 선호하였군.
④ 국가가 화폐수요량에 맞추어 원활하게 공급하지 못했군.

09 **다음 제시된 문단을 읽고, 이어질 문단을 논리적 순서대로 바르게 나열한 것은?**

> 우리는 살아가면서 얼마나 많은 것들을 알고 배우는가? 우리는 주로 우리가 '아는 것'들에 초점을 맞추지만, 사실상 살아가면서 알고 있고, 알 수 있는 것보다는 알지 못하는 것들이 훨씬 더 많다. 그러나 대부분의 사람들이 평소에 자신이 얼마나 많은 것들을 모르고 있는지에 대해서는 그다지 의식하지 못한 채 살아가고 있다. 일상생활에서는 자신의 주변과 관련하여 아는 바와 이미 습득한 지식에 대해서 의심하는 일은 거의 없을 뿐더러, 그 지식체계에 변화를 주어야 할 계기도 거의 주어지지 않기 때문이다.

(가) 그러므로 어떤 지식을 안다는 것은 어떤 지식을 알지 못하는 것에서 출발하는 것이며, 때로는 '어떤 부분에 대하여 잘 알지 못한다는 것을 앎' 자체가 하나의 지식이 될 수 있다. 『논어』 위정편에서 공자는 "아는 것을 아는 것이라 하고, 알지 못하는 것을 알지 못하는 것이라고 하는 것이 곧 안다는 것이다(知之爲知之 不知爲不知 是知也)."라고 하였다. 비슷한 시기에 서양의 소크라테스는 무지(無知)를 아는 것이 신으로부터 받은 가장 큰 지혜라고 주장하였다. '무지에 대한 지'의 중요성을 인식한 것은 동서양의 학문이 크게 다르지 않았던 것이다.

(나) 우리는 더 발전된 미래로 나아가는 힘은 '무지에 대한 지'에 있음을 자각해야 한다. 무엇을 잘못 알고 있지는 않은지, 더 알아야 할 것은 무엇인지, 끊임없이 우리 자신의 지식에 대하여 질문하고 도전해야 한다. 아는 것과 모르는 것을 구분하고, '무지에 대한 지'를 통해 얻은 것들을 단순히 지식으로 아는 데 그치지 않고 아는 것들을 실천하는 것. 그것이 성공하는 사람이 되고 성공하는 사회로 나아가는 길일 것이다.

(다) 이러한 학문적 소견과 달리 역사는 때때로 '무지에 대한 지'를 철저히 배제하는 방향으로 흘러가기도 했다. 그리하여 제대로 검증되지도 않은 어떤 신념이나 원칙을 맹목적으로 좇은 결과, 불특정다수의 사람들이나 특정 집단을 희생시키고 발전을 저해한 사례들은 역사 가운데 수도 없이 많다. 가까운 과거에는 독재와 전체주의가 그랬고, 학문과 예술 분야에서 암흑의 시기였던 중세 시대가 그랬다.

(라) 그러나 예상치 못했던 일이 발생하거나 낯선 곳에 가는 등 일상적이지 않은 상황에 놓이게 되면, 이전에는 궁금하지 않았던 것들에 대하여 알고자 하는 욕구가 커진다. 또한 공부를 하거나 독서를 하는 경우, 자신이 몰랐던 많은 것들을 알게 되고 이를 해결하기 위해 치열하게 몰입한다. 이 과정에서 자신이 잘못 알고 있던 것들을 깨닫기도 함은 물론이다.

(마) 오늘날이라고 해서 크게 다르지는 않다. 정보의 홍수라고 할 만큼 사람들은 과거에 비하여 어떤 정보에 대해 접근하기가 쉬워졌지만, 쉽게 얻을 수 있는 만큼 깊게 알려고 하지 않는다. 그러면서도 사람들은 보거나 들은 것을 마치 자신이 알고 있는 것으로 생각하는 경향이 크다.

① (가) – (다) – (라) – (나) – (마)　　② (가) – (마) – (라) – (나) – (다)
③ (라) – (가) – (다) – (마) – (나)　　④ (라) – (마) – (가) – (다) – (나)

10 다음 글을 읽고 추론한 내용으로 적절하지 않은 것은?

> 선거 기간 동안 여론 조사 결과의 공표를 금지하는 것이 사회적 쟁점이 되고 있다. 조사 결과의 공표가 유권자 투표 의사에 영향을 미쳐 선거의 공정성을 훼손한다는 주장과 공표 금지가 선거 정보에 대한 언론의 접근을 제한하여 알 권리를 침해한다는 주장이 맞서고 있기 때문이다.
> 찬성론자들은 먼저 '밴드왜건 효과'와 '열세자 효과' 등의 이론을 내세워 여론 조사 공표의 부정적인 영향을 부각시킨다. 밴드왜건 효과에 의하면, 선거일 전에 여론 조사 결과가 공표되면 사표(死票) 방지 심리로 인해 표심이 지지도가 높은 후보 쪽으로 이동하게 된다. 이와 반대로 열세자 효과에 따르면, 열세에 있는 후보자에 대한 동정심이 발동하여 표심이 그쪽으로 움직이게 된다.
> 각각의 이론을 통해 알 수 있듯이, 여론 조사 결과의 공표가 어느 쪽으로든 투표 행위에 영향을 미치게 되고 선거일에 가까워질수록 공표가 갖는 부정적 효과가 극대화되기 때문에 이를 금지해야 한다는 것이다. 이들은 또한 공정한 여론 조사가 진행될 수 있는 제반 여건이 아직은 성숙되지 않았다는 점도 강조한다. 그리고 금권, 관권 부정 선거와 선거 운동의 과열 경쟁으로 인한 폐해가 많았다는 것이 경험적으로도 확인되었다는 사실을 그 이유로 든다.
> 이와 달리 반대론자들은 무엇보다 표현의 자유를 실현하는 수단으로서 알 권리의 중요성을 강조한다. 알 권리는 국민이 의사를 형성하는 데 전제가 되는 권리인 동시에 국민 주권 실천 과정에 참여하는 데 필요한 정보와 사상 및 의견을 자유롭게 구할 수 있음을 강조하는 권리이다. 그리고 이 권리는 언론 기관이 '공적 위탁 이론'에 근거해 국민들로부터 위임받아 행사하는 것이므로, 정보에 대한 언론의 접근이 보장되어야 충족된다. 후보자의 지지도나 당선 가능성 등에 관한 여론의 동향 등은 이 알 권리의 대상에 포함된다. 따라서 언론이 위임받은 알 권리를 국민의 뜻에 따라 대행하는 것이기 때문에, 여론 조사 결과의 공표를 금지하는 것은 결국 표현의 자유를 침해하여 위헌이라는 논리이다. 또 이들은 조사 결과의 공표가 선거의 공정성을 방해한다는 분명한 증거가 제시되지 않고 있기 때문에 조사 결과의 공표가 선거에 부정적인 영향을 미친다는 점이 확실하게 증명되지 않았음도 강조한다.
> 우리나라 현행 선거법은 선거일 전 6일부터 선거 당일까지 조사 결과의 공표를 금지하고 있다. 선거 기간 내내 공표를 제한했던 과거와 비교해 보면 금지 기간이 대폭 줄었음을 알 수 있다. 이점은 공표 금지에 대한 찬반 논쟁에 시사하는 바가 크다.

① 공표 금지 기간이 길어질수록 알 권리는 강화된다.
② 알 권리에는 정보 수집의 권리도 포함되어 있다.
③ 알 권리가 제한되면 표현의 자유가 약화된다.
④ 알 권리는 법률에 의해 제한되기도 한다.

※ 다음 글을 읽고 이어지는 질문에 답하시오. [11~12]

4차 산업혁명 열풍은 제조업을 넘어, 농축산업, 식품, 유통, 의료 서비스 등 업종에 관계없이 모든 곳으로 퍼져나가고 있다. 에너지 분야도 4차 산업혁명을 통해 기술의 진보와 새로운 비즈니스 영역 개척을 이룰 수 있으리라 기대된다.
사실 에너지는 모든 벨류체인에서 4차 산업혁명에 가장 근접해 있다. 자원개발에선 초음파 등을 이용한 탐지기술과 지리정보 빅데이터를 이용한 분석, 설비 건설에서는 다양한 설계 및 시뮬레이션 툴이 동원된다. 자원 채광 설비와 발전소, 석유화학 플랜트에 들어가는 수만 개의 장비들은 센서를 부착하고 산업용 네트워크를 통해 중앙제어실과 실시간으로 소통한다.
원자력 발전소를 사례로 들어보면 원자력 발전소에는 수백 km에 달하는 배관과 수만 개의 밸브, 계량기, 펌프, 전기기기들이 있다. 그리고 그 어느 시설보다 안전이 중요한 만큼 기기 및 인명 안전 관련 센서들도 셀 수 없다. 이를 사람이 모두 관리하고 제어하는 것은 사실상 불가능하다. 원전 종사자들이 매일 현장 순찰을 돌고 이상이 있을 시 정지 등 조치를 취하지만, 대다수의 경우 설비에 이상신호가 발생하면 기기들은 스스로 판단해 작동을 멈춘다.
원전 사례에서 볼 수 있듯이 에너지 설비 운영 부문은 이미 다양한 4차 산업혁명 기술이 사용되고 있다. 그런데도 에너지 4차 산업혁명이 계속 언급되고 있는 것은 그 분야를 설비관리를 넘어 새로운 서비스 창출로까지 확대하기 위함이다.
2017년 6월 나주 에너지밸리에서는 드론을 활용해 전신주 전선을 점검하는 모습이 시연됐다. 이 드론은 정부 사업인 '2016년 시장 창출형 로봇보급사업'으로 만들어진 것으로 드론과 광학기술을 접목해 산이나 하천 등 사람이 접근하기 힘든 곳의 전선 상태를 확인하기 위해 만들어졌다. 드론은 GPS 경로를 따라 전선 위를 자율비행하면서 고장 부위를 찾는다.
전선 점검 이외에도 드론은 에너지 분야에서 매우 광범위하게 사용되는 아이템이다. 발전소의 굴뚝과 같은 고소설비와 위험지역, 사각지대 등 사람이 쉽게 접근할 수 없는 곳을 직접 확인하고, 고성능·열화상 카메라를 달아 고장 및 화재 위험을 미리 파악하는 등 다양한 활용사례가 개발되고 있다.
가상현실은 엔지니어 교육 분야에서 각광받는 기술이다. 에너지 분야는 중장비와 전기설비 및 화학약품 등을 가까이 하다 보니 항상 사상사고의 위험을 안고 있다. 때문에 현장 작업자 교육에선 첫째도 둘째도 안전을 강조한다. 최근에는 현장 작업 시뮬레이션을 3D 가상현실 기술로 수행하려는 시도가 진행되고 있다. 발전소, 변전소 등 현장의 모습을 그대로 3D 모델링한 가상현실 체험으로 복잡한 도면을 해석하거나 숙지할 필요가 없어 훨씬 직관적으로 업무를 할 수 있다. 작업자들은 작업에 앞서 실제 현장에서 수행해야 할 일들을 미리 점검해 볼 수 있다.
에너지 4차 산업혁명은 큰 변화를 몰고 올 것으로 예상하고 있지만, 그 시작은 매우 사소한 일상생활의 아이디어에서 나올 수 있다. 지금 우리가 전기와 가스를 쓰면서 느끼는 불편함을 개선하려는 시도가 곧 4차 산업혁명의 시작이다.

11 에너지신사업처에 근무하는 A대리는 사보에 실릴 4차 산업혁명에 대한 원고를 청탁받아 윗글을 작성하였다. 해당 원고를 작성한 후 검수 과정에서 사보 담당자가 할 피드백으로 적절하지 않은 것은?

① 소제목을 이용해 문단을 구분해 줘도 좋을 것 같아요.
② 4차 산업혁명이 어떤 것인지 간단한 정의를 앞부분에 추가해 주세요.
③ 4차 산업혁명에 대한 긍정적인 입장만 있으니 반대로 이로 인해 야기되는 문제점도 언급하는 게 어떨까요?
④ 서비스 등 에너지와 엔지니어 분야를 제외한 업종에 관한 사례만 언급하고 있으니 관련된 사례를 주제에 맞게 추가해 주세요.

12 해당 기사는 사보 1면을 장식하고 회사 블로그에도 게재되었다. 이를 읽고 독자가 할 말로 적절하지 않은 것은?

① 4차 산업혁명이 현장에 적용되면 직관적으로 업무 진행이 가능하겠어요.
② 지금은 에너지 설비 운영 부문에 4차 산업혁명 기술이 도입되는 첫 단계군요.
③ 엔지니어 교육 분야에 4차 산업혁명을 적용하면 안전사고를 줄일 수 있겠어요.
④ 드론을 이용해 사람이 접근하기 힘든 곳을 점검하는 등 많은 활용을 할 수 있겠어요.

13 다음 글을 읽고 〈보기〉의 문장이 들어갈 위치로 가장 적절한 곳은?

> 자본주의 경제 체제는 이익을 추구하려는 인간의 욕구를 최대한 보장해 주고 있다. 기업 또한 이익 추구라는 목적에서 탄생하여, 생산의 주체로서 자본주의 체제의 핵심적 역할을 수행하고 있다. 곧, 이익은 기업가로 하여금 사업을 시작하게 하는 동기가 된다. (가) 이익에는 단기적으로 실현되는 이익과 장기간에 걸쳐 지속적으로 실현되는 이익이 있다. 기업이 장기적으로 존속, 성장하기 위해서는 단기 이익보다 장기 이익을 추구하는 것이 더 중요하다. 실제로 기업은 단기 이익의 극대화가 장기 이익의 극대화와 상충할 때에는 단기 이익을 과감히 포기하기도 한다. (나) 자본주의 초기에는 기업이 단기 이익과 장기 이익을 구별하여 추구할 필요가 없었다. 소자본끼리의 자유 경쟁 상태에서는 단기든 장기든 이익을 포기하는 순간에 경쟁에서 탈락하기 때문이다. 그에 따라 기업은 치열한 경쟁에서 살아남기 위해 주어진 자원을 최대한 효율적으로 활용하여 가장 저렴한 가격으로 좋은 품질의 상품을 소비자에게 공급하게 되었다. (다) 이 단계에서는 기업의 소유자가 곧 경영자였기 때문에 기업의 목적은 자본가의 이익을 추구하는 것으로 집중되었다.
> 그러나 기업의 규모가 점차 커지고 경영 활동이 복잡해지면서 전문적인 경영 능력을 갖춘 경영자가 필요하게 되었다. (라) 이에 따라 소유와 경영이 분리되어 경영의 효율성이 높아졌지만, 동시에 기업이 단기 이익과 장기 이익 사이에서 갈등을 겪게 되는 일도 발생하였다. 주주의 대리인으로 경영을 위임받은 전문 경영인은 기업의 장기적 전망보다 단기 이익에 치중하여 경영 능력을 과시하려는 경향이 있기 때문이다. 주주는 경영자의 이러한 비효율적 경영 활동을 감시함으로써 자신의 이익은 물론 기업의 장기 이익을 극대화하고자 하였다.

〈보기〉

> 이는 기업의 이익 추구가 결과적으로 사회 전체의 이익도 증진시켰다는 의미이다.

① (가)
② (나)
③ (다)
④ (라)

14 다음 글의 (가)와 (나)의 논점으로 적절하지 않은 것은?

(가) 좌절과 상실을 당하여 상대방에 대해 외향적 공격성을 보이는 원(怨)과 무력한 자아를 되돌아보고 자책하고 한탄하는 내향적 공격성인 탄(嘆)이 한국의 고유한 정서인 한(恨)의 기점이 되고 있다. 이러한 것들은 체념의 정서를 유발할 수 있다. 이른바 한국적 한에서 흔히 볼 수 있는 소극적·퇴영적인 자폐성과 허무주의, 패배주의 등은 이러한 체념적 정서의 부정적 측면이다. 그러나 체념에 부정적인 것만 있는 것은 아니다. 오히려 체념에 철저함으로써 달관의 경지에 나아갈 수 있다. 세상의 근원을 바라볼 수 있는 관조의 눈이 열리게 되는 것이다. 여기서 더욱 중요하게 보아야 하는 것이 한국적 한의 또 다른 내포다. 그것은 바로 '밝음'에 있다. 한이 세상과 자신에 대한 공격성을 갖는 것이 아니라 오히려 세계와 대상에 대하여 연민을 갖고, 공감할 수 있는 풍부한 감수성을 갖는 경우가 있다. 이를 '정(情)으로서의 한'이라고 할 수 있다. 또한 한은 간절한 소망과 연결되기도 한다. 결핍의 상황으로 인한 한이 그에 대한 강한 욕구 불만에 대한 반사적 정서로서의 간절한 소원을 드러내는 것이다. 이것이 '원(願)으로서의 한'이다.

(나) 한국 민요가 슬픈 노래라고 하는 것은 민요를 면밀하게 관찰하고 분석하여 내린 결론은 아니다. 겉으로 보아서는 슬프지만 슬픔과 함께 해학을 가지고 있어서 민요에서의 해학은 향유자들이 슬픔에 빠져 들어가지 않도록 차단하는 구실을 하고 있다. 예컨대 "나를 버리고 가시는 님은 십 리도 못 가서 발병 났네."라고 하는 아리랑 사설 같은 것은 이별의 슬픔을 말하면서도 "십 리도 못 가서 발병 났네."라는 해학적 표현을 삽입하여 이별의 슬픔을 차단하며 단순한 슬픔에 머무르지 않는 보다 복잡한 의미 구조를 창조한다. 아무리 비장한 민요라고 하더라도 해학의 계속적인 개입이 거의 예외 없이 이루어진다. 한국 민요의 특징이나 한국적 미의식의 특징을 한마디 말로 규정하겠다는 의도를 버리지 않는다면 차라리 해학을 드는 편이 무리가 적지 않을까 한다. 오히려 비애 또는 한이라고 하는 것을 대량으로 지니고 있는 것은 일부의 현대시와 일제하의 유행가이다. 김소월의 시도 그 예가 될 수 있고, '황성 옛터', '타향살이' 등의 유행가를 생각한다면 사태는 분명하다. 이런 것들에는 해학을 동반하지 않은 슬픔이 확대되어 있다.

① 한국 문화의 중요한 지표로 (가)는 한을, (나)는 해학을 들고 있다.
② (가)는 한을 한국 문화의 원류적인 것으로, (나)는 시대에 따른 현상으로 보고 있다.
③ (가)는 한의 긍정적 측면을 강조하였다면, (나)는 한의 부정적 측면을 전제하고 있다.
④ (가)는 한의 부정적 측면을 지양할 것을, (나)는 해학의 전통을 재평가할 것을 강조한다.

15 다음은 금융통화위원회의 구성에 관한 규정과 금융통화위원회 위원 현황이다. 이에 대한 설명으로 적절하지 않은 것은?

〈금융통화위원회의 구성에 관한 규정〉

- 금융통화위원회는 한국은행의 통화신용정책에 관한 주요 사항을 심의・의결하는 정책결정기구로서 한국은행 총재 및 부총재를 포함하여 총 7인의 위원으로 구성된다.
- 한국은행 총재는 금융통화위원회 의장을 겸임하며 국무회의 심의를 거쳐 대통령이 임명한다. 부총재는 총재의 추천에 의해 대통령이 임명하며, 다른 5인의 위원은 각각 기획재정부 장관, 한국은행 총재, 금융위원회 위원장, 대한상공회의소 회장, 전국은행연합회 회장 등의 추천을 받아 대통령이 임명한다.
- 총재의 임기는 4년이고 부총재는 3년으로 각각 1차에 한하여 연임할 수 있으며, 나머지 다른 5인의 위원의 임기는 1차에 한하여 4년으로 연임할 수 있다.

〈금융통화위원회 위원 현황〉

직위	성명	임기	선임절차
의장	A	2020.04.01. ~	한국은행 총재(당연직)
위원	B	2022.04.21. ~	추천기관의 추천
위원	C	2022.04.21. ~	추천기관의 추천
위원	D	2022.04.21. ~	추천기관의 추천
위원	E	2022.04.21. ~	추천기관의 추천
위원	F	2023.08.21. ~	한국은행 부총재(당연직)
위원	G	2024.05.17. ~	추천기관의 추천

① A가 한 번 더 연임한다면 A의 최대 임기는 2028년 3월 31일까지다.
② B가 이미 연임했다면 B의 임기는 2026년 4월 20일까지다.
③ C가 이번 임기가 끝난 후 부총재로 선임된다면 C의 임기는 2030년 4월 20일까지이다.
④ F가 연임하지 않는다면 F의 임기는 2026년 8월 20일까지다.

16 다음은 K은행의 송금 안내사항에 대한 자료이다. 이에 대한 설명으로 가장 적절한 것은?

〈K은행 송금 안내사항〉

구분		영업시간	영업시간 외
송금 종류		소액 송금, 증빙서류 미제출 송금, 해외유학생 송금, 해외체재자 송금, 외국인 또는 비거주자 급여 송금	
송금 가능 통화		USD, JPY, GBP, CAD, CHF, HKD, SEK, AUD, DKK, NOK, SAR, KWD, BHD, AED, SGD, NZD, THB, EUR	
송금 가능 시간		03:00 ~ 23:00(단, 외화계좌출금은 영업시간 09:10 ~ 23:00에 가능)	
인출 계좌		원화 또는 외화 인터넷뱅킹 등록계좌	
환율 우대		매매마진율의 30%	환율 우대 없음
송금 한도	소액 송금	건당 미화 3,000불 상당액 이하	
	증빙서류 미제출 송금	1일 미화 5만 불 상당액 이하, 연간 미화 5만 불 상당액 이하 (미화 3천 불 상당액 이상 송금 건만 합산)	
	해외유학생 송금	건당 미화 10만 불 상당액 이하	건당 미화 5만 불 상당액 이하
	해외체재자 송금	건당 미화 10만 불 상당액 이하	건당 미화 5만 불 상당액 이하
	외국인 또는 비거주자 급여 송금	건당 미화 5만 불 상당액 이하, 연간 5만 불 상당액 이하	
	※ 인터넷 해외송금은 최저 미화 100불 상당액 이상만 송금 가능함		
거래외국환은행 지정		영업시간 내에 인터넷뱅킹으로 증빙서류 미제출 송금할 경우는 지정이 가능합니다(유학생, 체재자, 외국인 또는 비거주자 급여 송금은 영업점 방문 후 지정 신청을 하셔야 하며 소액 송금은 지정하지 않습니다).	

① 가까운 일본으로 미화 200불의 소액 송금을 할 경우에는 하루 중 아무 때나 증빙서류를 제출하지 않고 송금할 수 있다.

② 미국에 유학생으로 가 있는 동생에게 05:00에 해외유학생 송금을 이용하여 10만 불을 송금할 것이다. 다만, 환율 우대를 받을 수 없는 것이 아쉽다.

③ 외국에 파견 나가 있는 사원(비거주자)에게 외국인 또는 비거주자 급여 송금을 이용하여 올해 상반기에 3만 불을 보냈고, 올해 하반기에 남은 3만 불을 마저 보낼 것이다.

④ 해외에 체류 중인 부모님에게 해외체재자 송금을 이용하여 생활비 5만 불을 송금하기 위해 10:00에 영업점에 도착했다. 외화계좌에서 출금할 것이고, 환율 우대를 받을 수 있다.

17 다음은 K공단의 해외취업연수 프로그램에 대한 자료이다. 이에 대한 설명으로 적절하지 않은 것은?

〈해외취업연수 프로그램〉

<table>
<tr><th>구분</th><th colspan="3">K-MOVE스쿨(장기 / 단기)</th></tr>
<tr><td>소개</td><td colspan="3">• 끼와 열정을 가진 청년이 해외에서 꿈과 비전을 펼칠 수 있도록 지원
• 글로벌 수준에 이르지 못한 직종을 발굴하여 특화된 맞춤형 연수를 통한 해외진출 지원</td></tr>
<tr><td rowspan="2">참여기준</td><td>민간</td><td colspan="2">• 대한민국 국민으로서 아래 요건 어느 하나에 해당하는 자
– 만 34세 이하로 해외취업에 결격사유가 없는 자(30% 범위 내에서 연령 초과하여 모집 가능)
– 구인업체가 요구한 채용조건(연령 등)에 부합하는 자</td></tr>
<tr><td>대학</td><td colspan="2">• 대한민국 국민으로서 만 34세 이하 미취업자로서 사업참여 학교의 졸업자 또는 최종학년 재학 중인 자로 연수 종료 후 졸업 및 해외취업이 가능한 자
• 최종학교(대학교 이하) 휴학생 참여 불가</td></tr>
<tr><td rowspan="3">연수비 지원</td><td>장기</td><td>1인당 최대 800만 원 지원</td><td rowspan="2">정부지원금의 20% 이내 구직자 비용 부담
(신흥시장의 경우 10%)</td></tr>
<tr><td>단기</td><td>1인당 최대 580만 원 지원</td></tr>
<tr><td>대학</td><td>800만 원 또는 580만 원</td><td>없음</td></tr>
<tr><td>연수기간</td><td colspan="3">• 장기 : 600시간 이상
• 단기 : 200시간 이상 600시간 미만</td></tr>
<tr><td>제한사항</td><td colspan="3">• 공단의 해외취업연수과정(공단 인턴 포함) 수료 후(중도탈락 포함) 연수 개시일 기준 최근 1년 이내에 있는 자 또는 참여 중에 있는 자
• 연수 종료 후 취업률 산정 기간 내 졸업 및 해외취업이 불가능한 자
• 연수참여(예정)일 기준 고용보험 가입 또는 개인사업자 등록 중인 자
※ 단, 이사장이 필요하다고 인정하는 경우 일용직 · 단시간근로자 · 시간제근로자 등 포함
• 해외연수 및 취업을 위한 비자 발급이 불가능한 자
• 연수참여(예정)일 기준 해외여행에 제한이 있는 자
• 연수개시일 1년 이내에 8개월 이상 연수, 취업국가에 해외체류 사실이 있는 자
※ 단, 해외 유학생 대상 연수과정에 대해서는 예외 인정</td></tr>
</table>

① K공단의 인턴으로 근무 중인 A는 현재 해외취업연수 프로그램을 신청할 수 없다.

② 해외취업에 결격사유가 없는 만 30세의 B는 해외취업연수 프로그램에 참여할 수 있다.

③ 사업참여 대학에 재학 중인 C는 휴학을 신청해야만 해외취업연수 프로그램에 참여할 수 있다.

④ 참여자격을 충족하여 장기 연수 프로그램을 신청한 D는 최대 800만 원의 연수비를 지원받을 수 있다.

18 다음은 K은행이 발표한 2025년 통화신용정책 운영방향의 일부이다. 이를 읽고 추론한 내용으로 가장 적절한 것은?

〈2025년 통화신용정책 운영방향〉

구분	내용
물가안정	• 2025년 이후 물가안정목표는 중장기적인 적정 인플레이션 수준, 주요 선진국 사례 등을 종합적으로 고려하여 종전과 같은 2.0%로 유지 • 2025년부터 물가안정목표의 적용기간을 특정하지 않음으로써 제도 운용의 안정성을 제고 • 국민들의 물가상황에 대한 이해도를 제고하기 위해 커뮤니케이션을 강화 – 물가상황에 대한 평가, 물가 전망 및 리스크 요인, 물가안정목표 달성을 위한 향후 정책방향 등을 포함한 물가안정목표 운영상황 점검 보고서를 연 2회 발간하고, 총재 기자간담회를 개최
경제성장	• 인플레이션을 보면 선진국에서는 유가하락 등에 따라 낮아지는 반면 신흥국에서는 통화가치 절하에 따른 수입물가 상승 등으로 소폭 높아질 전망 • 국내경제는 잠재성장률 수준에서 크게 벗어나지 않는 성장세를 이어갈 것으로 예상 – 세계경제 성장세 지속, 정부의 적극적 재정운용 등에 힘입어 수출 및 소비 중심의 성장세가 이어질 전망 – 설비투자가 IT부문을 중심으로 증가 전환하겠으나 건설투자는 착공물량 감소 등의 영향으로 부진이 지속될 것으로 예상 • 다만 향후 성장경로상에는 상·하방 리스크가 혼재 – 정부의 확장적 재정운용, 주요 대기업의 투자지출 확대 계획 등이 상방요인으로 작용하는 반면 글로벌 무역분쟁 심화, 중국 성장세 둔화, 고용여건 개선 지연 등이 하방요인으로 작용
금융시스템 안정 유지	• (금융시스템 안정에 대한 점검 강화) 국내외 금융·경제여건 변화에 대응하여 금융시스템 안정 상황을 면밀히 점검하고 잠재리스크 요인을 선제적으로 포착하여 대응방안을 제시 – 「금융안정회의」에서 금융시스템의 취약성과 복원력을 평가하고 「금융안정보고서」 등을 통해 위험요인을 조기 경보 – 대외 불확실성 요인, 국내 주택시장 상황 변화 등이 금융안정에 미치는 영향을 분석 – 리스크 측정·평가 기법의 고도화를 통해 금융안정 상황 분석의 정도를 제고하고 개별 금융기관 모니터링 및 부문검사를 통해 시스템리스크 요인의 조기 파악에 노력 – 핀테크 확산 등 디지털 혁신의 영향에 대한 연구를 강화하고 금융안정 관련 정책 대안을 모색 • (국내외 금융안정 유관기관과의 협력 강화) 국내외 금융안정 유관기관과 긴밀히 협조하여 금융안정 리스크에 효과적으로 대응할 수 있는 방안을 강구

① 물가안정목표 수준은 2025년 들어 전년 대비 상승하였다.

② 선진국에서 유가하락은 해당 국가의 통화가치 절상을 야기한다.

③ 중국의 성장세 둔화는 우리나라의 경제성장경로에 유리한 요인으로 작용한다.

④ 설비투자의 상승세 전환에 따라 건설투자도 상승세로 전환될 것으로 기대된다.

※ K기업은 음악회 주최를 위해 다음 〈조건〉에 따라 초대가수 후보 중 섭외하려고 한다. 이어지는 질문에 답하시오. **[19~20]**

• 음악회 예정일 : 9월 20 ~ 21일

〈음악회 초대가수 후보〉

구분	A	B	C	D	E
섭외 가능 기간	9월 18 ~ 20일	9월 19 ~ 23일	9월 20 ~ 22일	9월 21 ~ 23일	9월 18 ~ 21일
인지도	★★★★☆	★★★★☆	★★★☆☆	★★★★☆	★★★★★
섭외비용	155만 원/일	140만 원/일	135만 원/일	140만 원/일	160만 원/일

〈조건〉

• 일정 중 9월 20일이 취소될 가능성이 있어, 9월 21일에 가능한 가수로 섭외한다.
• 예산 300만 원 내에서 2팀을 초대하고, 인지도 높은 가수부터 우선 섭외한다.
• 인지도가 같을 경우, 음악회 예정일에서 섭외 가능 날짜가 많은 후보를 섭외한다.
• 초대가수는 이틀 중 하루에 2팀 모두 공연한다.

19 위 조건에 부합하는 초대가수 후보로 바르게 짝지어진 것은?

① A, E
② B, E
③ C, E
④ D, E

20 K기업 대표의 지시로 다음 〈조건〉만 고려하여 초대가수를 섭외하려고 한다. K기업이 섭외할 가수 2팀이 바르게 짝지어진 것은?

〈조건〉

• 인지도는 ★★★★☆ 이상이다.
• 9월 20일에 섭외가 가능해야 한다.
• 섭외비용을 최소로 한다.

① A, B
② B, C
③ C, D
④ D, E

※ 다음은 은행별 외화 송금 수수에 대한 자료이다. 이어지는 질문에 답하시오. **[21~22]**

〈은행별 외화 송금 수수료〉

<table>
<tr><th colspan="2">은행명</th><th colspan="2">A은행</th><th colspan="2">B은행</th><th colspan="2">C은행</th><th colspan="2">D은행</th><th colspan="2">E은행</th><th colspan="2">F은행</th></tr>
<tr><th colspan="2">구분</th><th>창구</th><th>인터넷</th><th>창구</th><th>인터넷</th><th>창구</th><th>인터넷</th><th>창구</th><th>인터넷</th><th>창구</th><th>인터넷</th><th>창구</th><th>인터넷</th></tr>
<tr><td rowspan="6">송금수수료</td><td>500달러 미만</td><td rowspan="2">1만 원</td><td rowspan="6">면제</td><td>5,000원</td><td rowspan="2">2,000원</td><td rowspan="2">7000원</td><td rowspan="3">3,500원</td><td rowspan="3">1.5만 원</td><td>2,500원</td><td>3,500원</td><td rowspan="6">면제</td><td>5,000원</td><td rowspan="3">4,000원</td></tr>
<tr><td>500 ~ 2,000달러 미만</td><td rowspan="2">1만 원</td><td rowspan="3">3,500원</td><td rowspan="3">1.5만 원</td><td>7,000원</td></tr>
<tr><td>2,000 ~ 5,000달러 미만</td><td>1.5만 원</td><td rowspan="3">4,000원</td><td rowspan="3">1.5만 원</td><td>1만 원</td></tr>
<tr><td>5,000 ~ 1만 달러 미만</td><td>2만 원</td><td rowspan="2">2만 원</td><td rowspan="3">5,000원</td><td rowspan="3">3만 원</td><td>1.5만 원</td><td rowspan="3">8,000원</td></tr>
<tr><td>1만 ~ 2만 달러 미만</td><td rowspan="2">2.5만 원</td><td rowspan="2">5,500원</td><td rowspan="2">2만 원</td><td>2만 원</td></tr>
<tr><td>2만 달러 이상</td><td>2.5만 원</td><td>6,000원</td><td>2.5만 원</td><td>3만 원</td></tr>
<tr><td colspan="2">전신료</td><td>7,000원</td><td>5,000원</td><td colspan="2">7,000원</td><td colspan="2">7,000원</td><td colspan="2">6,000원</td><td colspan="2">7,000원</td><td colspan="2">6,000원</td></tr>
</table>

※ (총수수료)=(송금 수수료)+(전신료)+(통화 수수료)

※ 송금 금액은 US($)를, 송금 수수료는 원화를 기준으로 함

※ 통화 수수료는 어떤 외화를 송금하느냐에 따라 다르며, 달러의 경우 송금 금액에 상관없이 원화 20,000원임

21 다음 중 위 자료에 대한 설명으로 옳지 않은 것은?

① 총수수료가 가장 비싸게 나올 수 있는 금액은 56,000원이다.

② 인터넷 이용 시 금액에 상관없이 A은행과 E은행의 송금 수수료가 가장 저렴하다.

③ 1만 달러를 창구를 통해 송금하는 경우 총수수료는 기준 C은행이 가장 저렴하다.

④ 1,500달러를 인터넷으로 송금하는 경우 가장 비싼 총수수료의 가격은 10,500원이다.

22 A ~ F은행은 해당 은행 관련 카드를 사용하면 송금 수수료 혜택을 주고 있으며, 다음은 은행별 수수료 혜택에 대한 자료이다. 각 은행의 카드를 사용하여 창구를 통해 7,000달러를 송금할 때, 총수수료가 가장 비싼 은행과 가장 싼 은행을 바르게 짝지은 것은?

〈은행별 수수료 혜택〉

- A은행 : 송금 수수료의 30% 면제
- B은행 : 혜택 없음
- C은행 : 통화 수수료의 50% 할인
- D은행 : 전신료의 20% 할인
- E은행 : 통화 수수료 면제
- F은행 : 수수료 4,000원 할인

	가장 비싼 은행	가장 싼 은행
①	B은행	A은행
②	D은행	C은행
③	B은행	E은행
④	D은행	E은행

23 A과장은 오후 2시 회의에 참석하기 위해 대중교통을 이용하여 총 10km를 이동해야 한다. 다음 〈조건〉을 고려했을 때, 모든 경우 중 비용이 두 번째로 많이 드는 것은?

〈조건〉

- 회의에 지각해서는 안 되며, 오후 1시 40분에 대중교통을 이용하기 시작한다.
- 회의가 시작되기 전에 먼저 도착하여 대기하는 시간을 비용으로 환산하면 1분당 200원이다.
- 이용가능한 대중교통은 버스, 지하철, 택시만 있고, 출발지에서 목적지까지는 모두 직선노선이다.
- 택시의 기본요금으로 갈 수 있는 거리는 2km이다.
- 택시의 기본요금은 2,000원이고 추가되는 2km마다 100원씩 증가하며, 2km를 1분에 간다.
- 지하철은 2km를 2분에 가고 버스는 2km를 3분에 간다. 버스와 지하철은 2km마다 정거장이 있고, 동일노선을 운행한다.
- 버스와 지하철요금은 1,000원이며 무료 환승이 가능하다.
- 환승은 버스와 지하철, 버스와 택시 간에만 가능하고, 환승에 필요한 시간은 2분이며 반드시 버스로 4정거장을 가야만 한다.
- 환승할 때 걸리는 시간을 비용으로 환산하면 1분당 450원이다.

① 택시만 이용해서 이동한다.
② 버스만 이용해서 이동한다.
③ 버스와 택시를 환승하여 이동한다.
④ 버스와 지하철을 환승하여 이동한다.

24 K사에 근무하고 있는 A ~ E 5명의 직원 중 1명이 오늘 지각하였고, 이들은 다음과 같이 진술하였다. 이들 중 1명의 진술이 거짓일 때, 지각한 사람은?

- A : 지각한 사람은 E이다.
- B : 나는 지각하지 않았다.
- C : B는 지각하지 않았다.
- D : 내가 지각했다.
- E : A의 말은 거짓말이다.

① A　② C
③ D　④ E

25 다음 명제들이 모두 참일 때, 금요일에 도서관에 가는 사람을 바르게 짝지은 것은?

- 정우는 금요일에 도서관에 간다.
- 연우는 화요일과 목요일에 도서관에 간다.
- 승우가 도서관에 가지 않으면 민우가 도서관에 간다.
- 민우가 도서관에 가면 견우도 도서관에 간다.
- 연우가 도서관에 가지 않으면 정우는 도서관에 간다.
- 정우가 도서관에 가면 승우는 도서관에 가지 않는다.

① 정우, 민우, 견우　② 정우, 승우, 연우
③ 정우, 승우, 견우　④ 정우, 민우, 연우

26 다음은 직원 A ~ G 7명의 인사이동에 대한 정보이다. 다음 중 반드시 참인 것은?

- A가 기획재무본부에서 건설기술본부로 이동하면, C는 스마트도시본부에서 기획재무본부로 이동하지 않는다.
- E가 건설기술본부에서 도시재생본부로 이동하지 않는 경우에만, D가 전략사업본부에서 스마트도시본부로 이동한다.
- B가 주거복지본부에서 전략사업본부로 이동하면, A는 기획재무본부에서 건설기술본부로 이동한다.
- C는 스마트도시본부에서 기획재무본부로 이동한다.
- 전략사업본부에서 스마트도시본부로의 D의 이동과, 도시재생본부에서 공공주택본부로의 F의 이동 중 하나의 이동만 일어난다.
- B가 주거복지본부에서 전략사업본부로 이동하거나, E가 건설기술본부에서 도시재생본부로 이동하거나, G가 공공주택본부에서 주거복지본부로 이동하는 일 중 두 가지 이상의 이동이 이루어졌다.

① A는 기획재무본부에서 건설기술본부로 이동한다.
② C와 E는 기획재무본부로 이동한다.
③ F는 도시재생본부에서 공공주택본부로 이동한다.
④ G는 이번 인사이동에서 이동하지 않는다.

27 **제시된 명제가 모두 참일 때, 다음 중 항상 참이 아닌 것은?**

- A ~ E제품 5개를 내구성, 효율성, 실용성 3개 영역에 대해 1 ~ 3등급으로 평가하였다.
- 모든 영역에서 3등급을 받은 제품이 있다.
- 모든 제품이 3등급을 받은 영역이 있다.
- A제품은 내구성 영역에서만 3등급을 받았다.
- B제품만 실용성 영역에서 3등급을 받았다.
- C, D제품만 효율성 영역에서 2등급을 받았다.
- E제품은 1개의 영역에서만 2등급을 받았다.
- A와 C제품이 3개의 영역에서 받은 등급의 총합은 서로 같다.

① A제품은 효율성 영역에서 1등급을 받았다.
② B제품은 내구성 영역에서 3등급을 받았다.
③ C제품은 내구성 영역에서 3등급을 받았다.
④ D제품은 실용성 영역에서 2등급을 받았다.

28 **K그룹 신입사원인 A ~ E 5명은 각각 영업팀, 기획팀, 홍보팀 중 한 곳에 속해있다. 각 팀은 모두 같은 날, 같은 시간에 회의가 있고, K그룹 건물에는 3층과 5층에 회의실이 2개씩 있다. 따라서 세 팀이 모두 한 층에서 회의를 할 수는 없다. 5명 중 2명은 참을 말하고 3명은 거짓을 말할 때, 〈보기〉에서 반드시 참인 것을 모두 고르면?**

- A사원 : 기획팀은 3층에서 회의를 한다.
- B사원 : 영업팀은 5층에서 회의를 한다.
- C사원 : 홍보팀은 5층에서 회의를 한다.
- D사원 : 나는 3층에서 회의를 한다.
- E사원 : 나는 3층에서 회의를 하지 않는다.

〈보기〉

㉠ 영업팀과 홍보팀이 같은 층에서 회의를 한다면 E는 기획팀이다.
㉡ 기획팀이 3층에서 회의를 한다면, D사원과 E사원은 같은 팀일 수 있다.
㉢ 두 팀이 5층에서 회의를 하는 경우가 3층에서 회의를 하는 경우보다 많다.

① ㉠　　② ㉡
③ ㉡, ㉢　　④ ㉠, ㉢

29 다음은 K은행의 계좌번호 생성 방법이다. 이를 바탕으로 생성한 계좌번호에 대한 설명으로 옳지 않은 것은?

〈계좌번호 생성 방법〉

000 - 00 - 000000

• 1 ~ 3번째 자리 : 지점번호
• 4 ~ 5번째 자리 : 계정과목
• 6 ~ 10번째 자리 : 일련번호(지점 내 발급 순서)
• 11번째 자리 : 체크기호(난수)

[지점번호]

지점	번호	지점	번호	지점	번호
국회	736	영등포	123	동대문	427
당산	486	삼성역	318	종로	553
여의도	583	신사동	271	보광동	110
신길동	954	청담동	152	신용산	294

[계정과목]

계정과목	보통예금	저축예금	적금	당좌예금	가계종합	기업자유
번호	01	02	04	05	06	07

① 271 - 04 - 540616 : 신사동지점에서 발행된 계좌번호이다.
② 294 - 05 - 004325 : 신용산지점에서 4,325번째로 개설된 당좌예금이다.
③ 553 - 01 - 480157 : 입금과 인출을 자유롭게 할 수 있는 통장을 개설하였다.
④ 954 - 04 - 126541 : 일정한 금액을 주기적으로 불입하는 조건으로 개설하였다.

30 A～E 5명이 순서대로 퀴즈게임을 해서 벌칙을 받을 사람 1명을 선정하고자 한다. 다음 게임 규칙과 결과에 근거할 때, 항상 참인 것을 〈보기〉에서 모두 고르면?

〈규칙〉

- A → B → C → D → E 순서대로 퀴즈를 1개씩 풀고, 모두 한 번씩 퀴즈를 풀고 나면 한 라운드가 끝난다.
- 퀴즈 2개를 맞힌 사람은 벌칙에서 제외되고, 다음 라운드부터는 게임에 참여하지 않는다.
- 라운드를 반복하여 맨 마지막까지 남는 한 사람이 벌칙을 받는다.
- 벌칙을 받을 사람이 결정되면 라운드 중이라도 더 이상 퀴즈를 출제하지 않는다.
- 게임 중 동일한 문제는 출제되지 않는다.

〈결과〉

3라운드에서 A는 참가자 중 처음으로 벌칙에서 제외되었고, 4라운드에서는 오직 B만 벌칙에서 제외되었으며, 벌칙을 받을 사람은 5라운드에서 결정되었다.

〈보기〉

㉠ 5라운드까지 참가자들이 정답을 맞힌 퀴즈는 총 9개이다.
㉡ 게임이 종료될 때까지 총 22개의 퀴즈가 출제되었다면, E는 5라운드에서 퀴즈의 정답을 맞혔다.
㉢ 게임이 종료될 때까지 총 21개의 퀴즈가 출제되었다면, 퀴즈를 푸는 순서가 벌칙을 받을 사람 선정에 영향을 미친 것으로 볼 수 있다.

① ㉠　② ㉡
③ ㉠, ㉢　④ ㉡, ㉢

31 K은행에 100만 원을 맡기면 다음 달에 104만 원을 받을 수 있다. 이번 달에 50만 원을 입금하여 다음 달에 30만 원을 출금했다면 그다음 달 찾을 수 있는 최대 금액은 얼마인가?

① 218,800원
② 228,800원
③ 238,800원
④ 248,800원

32 A씨는 지난 영국출장 때 사용하고 남은 1,400파운드를 주거래 은행인 K은행에서 환전해 이번 독일출장 때 가지고 가려고 한다. K은행에서 고시한 환율은 1파운드당 1,500원, 1유로당 1,200원일 때, A씨가 환전한 유로화는 얼마인가?(단, 국내 은행에서 파운드화에서 유로화로 환전 시 이중환전을 해야 하며, 환전 수수료는 고려하지 않는다)

① 1,700유로
② 1,750유로
③ 1,800유로
④ 1,850유로

33 연 실수령액을 다음과 같이 계산할 때, 연봉이 3,480만 원인 A씨의 연 실수령액은?(단, 십 원 단위 미만은 절사한다)

- (연 실수령액)=(월 실수령액)×12
- (월 실수령액)=(월 급여)−[(국민연금)+(건강보험료)+(고용보험료)+(장기요양보험료)+(소득세)+(지방세)]
- (국민연금)=(월 급여)×4.5%
- (건강보험료)=(월 급여)×3.12%
- (고용보험료)=(월 급여)×0.65%
- (장기요양보험료)=(건강보험료)×7.38%
- (소득세)=68,000원
- (지방세)=(소득세)×10%

① 30,944,400원
② 31,078,000원
③ 31,203,200원
④ 32,150,800원

34 K은행으로부터 신용담보로 가계 대출을 받은 A씨는 최근 사업이 잘되어 기존에 빌렸던 돈을 중간에 상환하려고 한다. 다음 〈조건〉에 따를 때, A씨가 K은행에 내야 할 중도상환수수료는 얼마인가?

〈조건〉

- 중도상환수수료 : 약정 만기 전에 대출금을 상환함에 따라 대출 취급 시 은행이 부담한 취급비용 등을 일부 보전하기 위해 수취하는 수수료이다.
- A씨가 K은행으로부터 빌린 대출금 정보
  ① 대출금액 : 2억 원
  ② 중도상환금액 : 3천만 원
  ③ 대출기간 : 4년 / 잔존기간 : 3년
  ④ (수수료금액)=(중도상환금액)×(요율)×(잔존기간)÷(대출기간)
- 요율 : 부동산담보 1.8%(가계, 기업), 신용 및 기타담보 0.7%(가계), 1.4%(기업)
  (개별 대출 종류 및 상품에 따라 별도 중도상환해약금 요율을 적용할 수 있음)

① 132,500원
② 144,500원
③ 155,500원
④ 157,500원

35 다음은 은행별 고객 만족도 조사 결과를 나타낸 자료이다. 이에 대한 설명으로 옳은 것은?

〈은행별 고객 만족도 조사 결과〉

(단위 : 점/5점 만점 기준)

구분	시설 및 직원 서비스	금융상품 다양성	지점·ATM 이용 편리성	이자율·수수료	서비스 호감도
A은행	3.73	3.29	3.53	3.57	3.58
B은행	3.71	3.28	3.56	3.56	3.57
C은행	3.67	3.22	3.55	3.48	3.56
D은행	3.67	3.28	3.59	3.52	3.55
E은행	3.63	3.22	3.57	3.51	3.56
F은행	3.64	3.23	3.50	3.55	3.53
G은행	3.67	3.19	3.53	3.51	3.51
H은행	3.60	3.21	3.46	3.54	3.51

① 금융상품 다양성 부분의 경우, A～H은행의 평균점수보다 점수가 높은 은행은 2개이다.
② 지점·ATM 이용 편리성 부분에서 가장 높은 점수의 은행은 이자율·수수료 부분의 점수도 가장 높다.
③ A은행은 평가항목 중 3개 부분에서 가장 높은 점수를 보이고 있다.
④ 시설 및 직원 서비스 부분에서 가장 낮은 점수의 은행은 지점·ATM 이용 편리성 부분의 점수도 가장 낮다.

※ 다음은 K은행 대출상품과 이용고객에 대한 자료이다. 이어지는 질문에 답하시오. **[36~38]**

〈대출상품 정보〉

구분	이자율	대출가능 신용등급	중도상환수수료 유무	중도상환 수수료율	중도상환수수료 면제대상
X상품	5,000만 원 이하 : 12.5%	5등급 이상	무	–	–
	5,000만 원 초과 : 16.9%				
Y상품	3,000만 원 이하 : 11.8%	6등급 이상	유	15.8%	총대출기간 1년 미만 또는 남은 대출기간 1년 미만
	3,000만 원 초과 : 19.4%				
Z상품	8,000만 원 이하 : 8.8%	4등급 이상	유	12.2%	없음
	8,000만 원 초과 : 14.4%				

〈대출고객 정보〉

구분	신용등급	대출상품	대출기간	대출금액
A고객	5등급	X상품	2022.8. ~ 2027.7.	4,000만 원
B고객	4등급	Y상품	2024.5. ~ 2027.4.	7,000만 원
C고객	6등급	Y상품	2023.12. ~ 2026.11.	3,000만 원
D고객	6등급	X상품	2023.4. ~ 2027.3.	6,000만 원

※ A ~ D고객 모두 원리금균등상환 방식임

※ 중도상환수수료율은 남은 대출원금에 대해서만 부과함

36 신입행원이 실수로 대출고객 정보를 잘못 기입했다. 다음 중 정보가 잘못 기입된 고객은?

① A고객
② B고객
③ C고객
④ D고객

37 2025년 9월을 기준으로, 총대출기간 중 절반 이상이 지난 고객은 당해 10월에 중도상환을 한다고 하였다. 다음 중 중도상환을 하지 않는 고객은?(단, D고객의 신용등급은 5등급이라고 가정한다)

① A고객
② B고객
③ C고객
④ D고객

38 2025년 9월을 기준으로, 모든 고객이 중도상환을 신청하였다. 예상되는 중도상환수수료의 총합은?(단, D고객의 신용등급은 5등급이라고 가정하며, 중도상환수수료 계산 시 만 원 미만에서 버림한다)

① 748만 원
② 811만 원
③ 993만 원
④ 1,014만 원

39 다음은 2024년 경제자유구역 입주 사업체 투자재원조달 실태조사 자료이다. 이에 대한 〈보기〉의 설명 중 옳은 것을 모두 고르면?

〈2024년 경제자유구역 입주 사업체 투자재원조달 실태조사〉

(단위 : 백만 원, %)

구분		전체		국내투자		해외투자	
		금액	비중	금액	비중	금액	비중
국내재원	자체	4,025	57.2	2,682	52.6	1,343	69.3
	정부	2,288	32.5	2,138	42.0	150	7.7
	기타	356	5.0	276	5.4	80	4.2
	소계	6,669	94.7	5,096	100.0	1,573	81.2
해외재원	소계	365	5.3	–	–	365	18.8
합계		7,034	100.0	5,096	100.0	1,938	100.0

〈보기〉

ㄱ. 자체 재원조달금액 중 국내투자에 사용되는 금액이 차지하는 비중은 60%를 초과한다.
ㄴ. 해외재원은 모두 해외투자에 사용되고 있다.
ㄷ. 국내재원 중 정부조달금액이 차지하는 비중은 40%를 초과한다.
ㄹ. 국내재원 중 국내투자금액은 해외투자금액의 3배 미만이다.

① ㄱ, ㄴ
② ㄱ, ㄷ
③ ㄴ, ㄹ
④ ㄷ, ㄹ

40 직장인 A씨가 업무 시간에는 은행에 갈 수 없어서 퇴근 후인 6시 30분에 회사 1층에 있는 K은행 자동화기기를 사용하여 거래하려고 한다. A씨는 K은행 카드로 10만 원을 우선 출금한 후 P은행 통장으로 5만 원을 이체한 후, 남은 5만 원을 본인이 가지고 있는 N은행 카드에 입금하려고 한다. 이때 A씨가 지불해야 하는 총수수료는?

〈자동화기기 거래〉

(단위 : 원)

<table>
<tr><th colspan="3" rowspan="2">구분</th><th colspan="3">영업시간 내</th><th colspan="3">영업시간 외</th></tr>
<tr><th>3만 원 이하</th><th>10만 원 이하</th><th>10만 원 초과</th><th>3만 원 이하</th><th>10만 원 이하</th><th>10만 원 초과</th></tr>
<tr><td rowspan="4">K은행 자동화기기 이용 시</td><td colspan="2">출금</td><td colspan="3">면제</td><td>250</td><td colspan="2">500</td></tr>
<tr><td rowspan="2">이체</td><td>K은행으로 보낼 때</td><td colspan="3">면제</td><td colspan="3">면제</td></tr>
<tr><td>타행으로 보낼 때</td><td>400</td><td>500</td><td>1,000</td><td>700</td><td>800</td><td>1,000</td></tr>
<tr><td colspan="2">타행카드 현금 입금</td><td colspan="3">700</td><td colspan="3">1,000</td></tr>
<tr><td rowspan="2">타행 자동화기기 이용 시</td><td colspan="2">출금</td><td colspan="3">800</td><td colspan="3">1,000</td></tr>
<tr><td colspan="2">이체</td><td colspan="2">500</td><td>1,000</td><td colspan="2">800</td><td>1,000</td></tr>
</table>

※ K은행 자동화기기 출금 시 수수료 감면 사항
- 만 65세 이상 예금주의 출금거래는 100원 추가 할인
- 당일 영업시간 외에 10만 원 초과 출금 시 2회차 거래부터 수수료 50% 감면

※ 영업시간 내 기준 : 평일 08:30 ~ 18:00, 토요일 08:30 ~ 14:00(공휴일 및 휴일은 영업시간 외 적용)

① 800원
② 1,300원
③ 1,600원
④ 2,300원

제2영역 직무심화지식

01 다음 중 고객의 예금을 투자하여 수익을 돌려주는 실적배당 금융상품으로, 어음관리계좌로도 불리는 것은?

① 신탁상품
② CMA
③ MMDA
④ 수익증권

02 다음 중 금융시장의 유형에 대한 설명으로 옳지 않은 것은?

① 거래되는 금융상품의 만기를 기준으로 단기금융시장과 화폐시장으로 구분된다.
② 단기금융시장은 일시적 여유자금을 운용하거나 부족자금을 조달하는 데 활용된다.
③ 금융시장은 전통적 금융시장과 외환시장, 파생금융상품시장으로 구분할 수 있다.
④ 자본시장은 기업, 정부 등 자금부족부문이 자금잉여부문으로부터 장기적으로 필요한 자금으로 조달하는 데 활용되며 주식시장과 채권시장을 포함한다.

03 다음 중 인플레이션을 억제하기 위해 한국은행이 주로 쓰는 정책은?

① 콜금리 목표 조정
② 지급준비율 조정
③ 공개시장 조작
④ 공공투자 정책

04 다음 중 '현금 없는 사회'의 결과로 보기 어려운 것은?

① 정부 재정수입 증가
② 마이너스 금리 적용
③ 금융기관 신용창출 증가
④ 불필요한 거래비용 감소

05 다음 중 주식을 갖고 있지 않은 상태에서 매도 주문을 내 매매 차익을 얻는 기법은?

① 공매도
② 서킷 브레이커
③ 사이드카
④ 숏커버링

06 다음 중 매년 특정한 시점에 주식시장이 일정한 흐름을 보이는 것을 뜻하는 용어는?

① 다이어리 효과
② 캘린더 효과
③ 순환 효과
④ 시제 효과

07 다음 중 해외투자자가 한국 채권·주식을 거래할 때 금융자산을 대신 보관하고 관리해 주는 서비스는?

① 커스터디
② 랩어카운트
③ 브로커리지
④ 백워데이션

08 다음 중 특정 저축은행들을 가리키는 88클럽에 대한 설명으로 옳은 것은?

① 저축은행을 강하게 규제하기 위한 제도이다.
② 저축은행의 재정 건전성을 판단하는 지표이다.
③ BIS 자기자본비율 8% 이하인 은행들에 해당한다.
④ 고정 이하 여신비율 8% 이상인 은행들에 해당한다.

09 다음 중 우리나라 8개 은행이 제공하는 자금조달 정보로 산출하는 자금조달비용지수는?

① 코픽스
② 콜금리
③ FVI
④ FCI

10 다음에서 제시하는 기능을 가진 국제은행은?

- 개발도상국에게 장기 경제개발자금을 지원
- 개발도상회원국의 경제개발계획 수립 및 집행 등에 대한 기술적 지원과 정책 권고를 제공
- 개발도상국으로의 재원 및 기술이전 지원

① 국제개발부흥은행
② 몬트리올은행
③ 유럽부흥개발은행
④ 국제통화기금

11 다음 중 국제수지와 환율에 대한 설명으로 옳지 않은 것은?

① 명목환율은 서로 다른 나라 간의 물가변동을 반영하여 구매력 변동을 나타내도록 조정한 환율을 말한다.
② 국제수지는 경제적 거래의 형태에 따라 크게 경상수지와 금융계정으로 구분된다.
③ 국민소득 항등식에 의하면 국내 저축이 국내 투자보다 크면 순수출은 항상 0보다 크다.
④ 개방경제의 총수요에는 순수출이 포함된다.

12 다음 중 달러와 원화 사이의 환율(원 · 달러 환율)이 하락할 때 이익을 보는 경우는?

① 달러 콜옵션을 매입해 놓은 경우
② 달러 풋옵션을 매입해 놓은 경우
③ 달러 콜옵션을 매각한 경우
④ 달러 풋옵션을 매각한 경우

13 다음 중 원화의 상대적인 가치를 상승시키는 요인이 아닌 것은?

① 물가의 상승
② 이자율의 상승
③ 긴축적 통화정책
④ 재정지출의 증가

14 **다음 중 이자율과 관련된 피셔효과(Fisher Effect)에 대한 설명으로 옳은 것은?**

① 기대인플레이션율이 상승하면 명목이자율은 상승한다.
② 피셔효과에 따르면 명목이자율은 실질이자율에 기대인플레이션율을 차감하여 구한다.
③ 통화량이 증가하면 이자율은 하락한다.
④ 소득이 증가하면 이자율은 상승한다.

15 **다음 중 통화승수에 대한 설명으로 옳지 않은 것은?**

① 지급준비율이 낮을수록 통화승수는 커진다.
② 현금통화비율이 클수록 통화승수는 작아진다.
③ 본원통화를 통화량으로 나눈 값이 통화승수이다.
④ 요구불예금에 대한 정부 예금 비율이 상승하면 통화승수는 증가한다.

16 **다음 중 경기부양을 위해 정부나 중앙은행이 쓸 수 있는 정책이 아닌 것은?**

① 기준금리 인하
② 적자재정 확대
③ 추가경정예산 편성
④ 부가가치세율 인상

17 **다음 중 통화량(M)이 증가했는데도 실질국민소득(Y)과 물가(P)에는 변화가 없음이 의미하는 것은?**

① 화폐유통속도(V)가 하락했음을 의미한다.
② 경제가 완전고용균형에 있음을 의미한다.
③ 화폐유통속도(V)가 상승했음을 의미한다.
④ 화폐유통속도(V)가 불변임을 의미한다.

18 **다음 중 통화량에 미치는 효과가 다른 것은?**

① 신용보증기금과 기술보증기금이 보증한도를 줄이기로 했다.
② 중앙은행이 기준금리를 인하했다.
③ 중앙은행이 은행에 대한 법정지급준비율을 인상했다.
④ 원화가치의 안정을 위해 달러화 매도개입을 시도하였다.

19 **다음 중 본원통화에 대한 설명으로 옳지 않은 것은?**

① 본원통화는 화폐발행액과 예금은행의 중앙은행에 대한 지급준비예치금의 합으로 나타낼 수 있다.
② 국제수지가 적자이면 본원통화가 줄어든다.
③ 중앙은행이 환율하락을 방지하기 위해 외환시장에 개입을 시작하면 본원통화는 감소한다.
④ 중앙은행이 공개시장에서 국공채를 매각하면 본원통화가 감소한다.

20 **다음 중 토빈의 q이론에 대한 설명으로 옳지 않은 것은?**

① q값이 1보다 크면 순투자가 이루어진다.
② 실질이자율이 상승하면 q값은 감소한다.
③ 자본의 한계생산이 증가하면 q값은 감소한다.
④ 토빈의 q값은 주식시장에서 평가된 기업의 시장가치를 기업의 실물자본 대체비용으로 나누어서 계산한다.

21 **다음 중 투자이론에 대한 설명으로 옳지 않은 것은?**

① 케인스의 이론에 의하면 이자율이 하락해도 내부수익률은 변하지 않는다.
② 투자는 변동성이 심하여 경기변동을 초래하는 중요한 요인으로 간주된다.
③ 어떤 투자안의 내부수익률이 이자율보다 높다면 순현재가치가 0보다 크다.
④ q이론에 의하면 기업의 수익전망이 호전되면 q값이 하락하므로 투자가 증가한다.

22 **올해 물가상승률이 4%, 실질국민소득성장률이 5%, 화폐유통속도의 증가율이 －3%로 예상될 때, 바람직한 통화량 증가율은 얼마인가?**

① 9%
② 10%
③ 11%
④ 12%

23 **다음 중 핫머니에 대한 설명으로 옳지 않은 것은?**

① 국제금융시장의 안정을 저해한다.
② 국제투기자본으로 급격하게 유출입되면 통화위기가 촉발된다.
③ 유동적인 형태를 취한다는 특징이 있다.
④ 자금의 이동이 장기간에 걸쳐 지속적으로 이루어진다.

24 **다음에서 설명하는 금융상품은?**

• 회사채의 일종이다. • 발행회사가 보유하고 있는 다른 기업의 주식으로 바꿀 수가 있다.

① RP
② CD
③ EB
④ 코코본드

25 **다음 중 인덱스펀드에 대한 설명으로 옳지 않은 것은?**

① 고위험 · 고수익을 추구하는 투기성 자본으로, 소수의 고액투자자를 대상으로 하는 사모 투자자본이다.
② 지수를 구성하는 여러 종목에 분산투자하는 효과가 있다.
③ 소극적 투자방식을 특징으로 하는 투자신탁(펀드)의 한 가지이다.
④ 시장의 평균수익을 실현하는 것을 목표로 설계되고 운용되는 펀드를 말한다.

26 다음 중 은행이나 보험사가 다른 금융부분의 판매채널을 이용하여 자사상품을 판매하는 마케팅 전략을 뜻하는 용어는?

① 랩어카운트
② 커버드 본드
③ 신디케이트론
④ 방카슈랑스

27 다음 중 역선택에 대한 설명으로 옳지 않은 것은?

① 역선택은 정보를 가지고 있는 자의 자기선택 과정에서 생기는 현상이다.
② 정부에 의한 품질인증은 역선택의 문제를 완화시킨다.
③ 자격증의 취득은 역선택에 대비한 행동이다.
④ 역선택 현상이 존재하는 상황에서 강제적인 보험프로그램의 도입은 후생을 악화시킨다.

28 다음 중 자산의 유동성을 가장 잘 설명하는 것은?

① 자산의 현금화 용이성
② 자산가격의 변동성
③ 자산가격의 예측가능성
④ 자산가격의 불변성

29 다음 글의 밑줄 친 펀드런(Fund Run)에 대한 설명으로 옳은 것은?

> 글로벌 금융시장이 다시 한 번 요동쳤다. 영국의 유럽연합(EU) 탈퇴(브렉시트, Brexit) 쇼크에서 벗어나는 듯 했던 금융시장의 위기는 단기에 끝나지 않을 것이라는 징조를 나타내기 시작했다. 지난 6일 일본 니케이지수는 한때 3.2%까지 급락했다가 전날보다 1.85% 하락한 1만 5,378.99에 장을 마쳤고, 대만 가권지수 역시 1.61%까지 하락했다.
> 브렉시트 결정 이후 런던의 일부 부동산 펀드들이 '<u>펀드런</u>' 조치를 취하자 이에 대한 불안감이 금융위기를 촉발할 거란 우려가 더욱 심해졌다.

① 펀드투자자들이 펀드수익률 악화를 우려하여 투자한 돈을 회수하기 위해 한꺼번에 대량의 펀드 환매를 요청하는 현상을 말한다.
② 은행에 돈을 예치한 사람들이 은행의 재정 상태를 우려해 대규모로 예금을 인출하는 것을 말한다.
③ 민간 기업이 공채, 사채 등을 받고도 계약대로 이자, 원리를 상환할 수 없어 정해진 기간 내에 갚지 못하는 경우를 말한다.
④ 한 국가가 외국에서 빌려 온 차관에 대해 일시적으로 상환을 연기하는 것을 대외적으로 선언하는 것을 말한다.

30 **다음 중 IPO에 대한 설명으로 옳지 않은 것은?**

① 주식공개나 기업공개를 의미한다.

② IPO 가격이 낮아지면 투자가의 투자수익이 줄어 자본조달 여건이 나빠진다.

③ 소유권 분산으로 경영에 주주들의 압력이 가해질 수 있다.

④ 발행회사는 주식 발행가격이 높을수록 IPO 가격도 높아진다.

31 **다음 중 시간의 경과에 따라 없어지거나 질이 떨어질 우려가 있는 정보들을 디지털화하여 보관하는 거대한 문서 저장고는?**

① 디지털 부머

② 디지털 아카이브

③ 디지털 컨버전스

④ 디지털 디바이드

32 **다음 글의 빈칸에 들어갈 용어에 대한 설명으로 옳은 것은?**

> 최근 ________ 서비스를 강화하는 기업들이 늘어나고 있다. 모바일이나 온라인 쇼핑몰에서 물건을 구매한 뒤 오프라인 매장에서 찾을 수 있도록 하는 등 온·오프라인, 모바일의 경계를 허무는 서비스를 제공하는 것이다.

① 쇼루밍, 역쇼루밍족의 등장과 관련이 있다.

② 기업 주도적으로 온·오프라인 채널을 확장하는 특징이 있다.

③ 위치 기반 서비스나 NFC를 활용한 서비스를 제공하기도 한다.

④ 젊은 층의 고객을 유치하는 데 더욱 유리하다.

33 **다음 중 메모리 반도체에 대한 설명으로 옳지 않은 것은?**

① M램(Magnetic RAM) : 정보 저장을 위해 자기(磁氣)를 사용하는 메모리이다.

② 원낸드(One NAND) : 다양한 형태의 메모리와 로직을 하나의 칩에 집적하고 시스템 규격에 적합한 소프트웨어까지 제공하는 퓨전 메모리로 주로 대용량 정보를 처리하는 슈퍼 컴퓨터에 사용된다.

③ V램(Video RAM) : D램(Dynamic RAM)에 기능을 부가하여 판독능력을 강화했으며 영상 데이터를 다루기에 적합하여 컴퓨터 그래픽스에 도움이 된다.

④ STT램(Spin-Transfer Torque RAM) : 전원이 끊겨도 저장된 데이터가 보존되는 플래시 메모리의 특성과 읽고 쓰는 속도가 빠른 D램의 장점을 겸비했다.

34 딥러닝 기술 중 적대관계생성신경망(GAN)을 이용한 기술로, 어떤 영상에 어떤 인물의 모습을 합성한 편집물은?

① GIS
② 딥페이크
③ 혼합현실
④ 메타버스

35 다음 중 IoT(Internet of Things)에 대한 특징으로 옳지 않은 것은?

① 사물에 부착된 센서를 통해 실시간으로 데이터를 주고받는다.
② 인터넷에 연결된 기기는 인간의 개입 없이도 서로 알아서 정보를 주고받는다.
③ 유형의 사물 외에 공간이나 결제 프로세스 등의 무형의 사물도 연결할 수 있다.
④ 사용자가 언제 어디서나 컴퓨터 자원을 활용할 수 있도록 정보통신 환경을 제공한다.

36 다음 글의 빈칸에 들어갈 용어로 옳은 것은?

> 마이데이터란 개인이 자신의 정보를 적극적으로 관리 및 통제하는 것은 물론이고, 이러한 정보를 신용이나 자산관리 등에 능동적으로 활용하는 일련의 과정을 말한다. 즉, 금융 데이터의 주인을 금융회사가 아닌 개인으로 정의하는 개념이다. 데이터 3법의 개정으로 2020년 8월부터 사업자들이 개인의 동의를 받아 금융정보를 통합관리해 주는 ___________이 가능해졌다.

① 마이데이터 산업
② 마이데이터 활용
③ 마이데이터 통합관리
④ 마이데이터 재사용

37 다음 중 인터넷상의 서버를 통하여 데이터 저장, 네트워크, 콘텐츠 사용 서비스를 한 번에 사용할 수 있는 컴퓨팅 환경을 뜻하는 말은?

① 그린 컴퓨팅
② 클라우드 컴퓨팅
③ 임베디드 컴퓨팅
④ 유비쿼터스 컴퓨팅

38 다음 중 암호화 기법인 RSA의 특징으로 옳지 않은 것은?

① 암호키와 복호키 값이 서로 다르다.

② 적은 수의 키만으로 보안 유지가 가능하다.

③ 키의 크기가 작고 알고리즘이 간단하여 경제적이다.

④ 데이터 통신 시 암호키를 전송할 필요가 없고, 메시지 부인 방지 기능이 있다.

39 다음 글의 빈칸에 공통으로 들어갈 용어는?

________로 이루어지는 경제활동을 디지털경제(Digital Economy)라 하는데, 실물경제와 디지털경제가 경제활동의 양대 축을 이루고 있다. ________는 정보통신기술과 정보시스템 개발기술의 발전으로 나타났으며, 이는 인간의 경제생활은 물론 의식구조와 사회구조의 변동을 초래하고 있다.

① 전자거래
② 디지털거래
③ 전자상거래
④ 디지털상거래

40 다음에서 설명하고 있는 것은?

은행의 송금과 결제망을 표준화시키고 이를 개방하여 하나의 어플리케이션으로 모든 은행의 계좌 조회, 결제, 송금 등의 금융 활동을 제공하는 서비스를 말한다. 2019년 12월 18일에 정식으로 서비스를 시작했으며, 은행권의 오픈 API에 따라 데이터를 전송한다. 개인이 이용하던 은행의 모바일 앱에 타행 계좌를 등록하고 이용 동의를 하면 서비스를 이용할 수 있다. 편리성이 증대되었다는 장점이 있지만, 일일 이체한도가 기존 은행 어플리케이션에 비해 낮다는 단점이 있다.

① 섭테크
② 레그테크
③ 테크핀
④ 오픈뱅킹

제3영역 상식

01 다음 중 4대 공적연금에 해당하지 않는 것은?

① 국민연금
② 사학연금
③ 기초연금
④ 공무원연금

02 다음 중 신종자본증권의 특징으로 옳은 것은?

① 만기 시 재연장이 불가능하다.
② 안정적인 자금 운용이 가능하다.
③ 신용등급과 관계없이 발행이 가능하다.
④ 자본조달 비용이 일반 회사채보다 낮다.

03 다음 중 경기가 침체되어 실업이 늘어날 때 채택되는 정부의 정책으로 옳지 않은 것은?

① 사회 간접자본에 대한 투자를 늘린다.
② 정부의 공공사업 투자 규모를 확대한다.
③ 지출보다 수입을 늘려 흑자 재정을 유지한다.
④ 금융기관의 각종 금리를 인상하여 대출을 억제한다.

04 다음 글을 읽고 현진이가 해당하는 소비자 유형으로 옳은 것은?

> 현진이는 일주일에 다섯 번 정도 라면을 먹는다. 매번 같은 회사의 제품만 먹던 현진이는 문득 '라면의 맛을 조금 색다르게 바꿔볼 수 없을까?'라는 생각이 들었고, 라면 포장지 뒷면에 적혀 있는 표준조리법이 아닌 독창적인 방법으로 라면을 끓여보기로 하였다. 뜨거운 불에 물 대신 우유를 끓인 후, 새우와 홍합, 바지락 등 온갖 해산물을 함께 넣어 라면을 만들었다. 결과는 대성공이었고, 그 후로 현진이는 자신만의 방식으로 라면을 끓여 먹고 있다.

① 앰비슈머
② 그린슈머
③ 모디슈머
④ 큐레이슈머

05 다음에서 설명하고 있는 시장을 가르키는 용어는?

> 원래 물건을 팔고 난 다음에 그 물품과 관련하여 발생하게 되는 여러 가지 수요가 증가하는 현상에 착안하여 이를 하나의 관련 시장으로 보면서 등장한 개념으로, 미국의 경우 1970년대 이후부터 시작되었다. 예를 들어 자동차의 정비나 액세서리 용품, 텔레매틱스, 중고차 매매 등이나 프린터의 경우 잉크・카트리지 판매나 유지・보수, 디지털카메라의 경우 메모리나 부속장비, 디지털 인화 서비스 등과 같은 경우이다.

① 니치마켓　　② 애프터마켓
③ 블랙마켓　　④ 오픈마켓

06 다음 중 자연실업률에 대한 설명으로 옳지 않은 것은?

① 인터넷의 발달은 자연실업률을 낮추는 역할을 한다.
② 일자리를 찾는 데 걸리는 시간 때문에 발생하는 실업은 자연실업률의 일부이다.
③ 최저임금제나 효율성임금, 노조 등은 마찰적 실업을 증가시켜 자연실업률을 높이는 요인으로 작용한다.
④ 새 케인스학파의 이력현상에 의하면 실제실업률이 자연실업률을 초과하게 되면 자연실업률 수준도 높아지게 된다.

07 다음에서 설명하고 있는 용어는?

> • 부실금융기관을 정리하기 위함이다.
> • 퇴출 금융기관이 보유하고 있던 자산・부채・계약 등을 이전받아 만기가 될 때까지 영업한다.
> • 모든 지급상품의 계약이 만기되고 자산부채의 정리절차가 끝나면 바로 청산한다.

① 브리지론　　② 가교금융기관
③ 비소구금융　　④ 금융중개기관

08 다음 〈보기〉 중 경제용어에 대한 설명으로 옳은 것을 모두 고르면?

〈보기〉

㉠ 립스틱 효과(Lipstick Effect) : 경제적 불황기에 나타나는 특이한 소비패턴으로, 소비자 만족도가 높으면서도 가격이 저렴한 사치품(기호품)의 판매량이 증가하는 현상
㉡ 링겔만 효과(Ringelmann Effect) : 어떤 집단에 속하는 구성원의 개인별 집단 공헌도(생산성)가 집단 크기가 커질수록 점점 낮아지는 경향을 가리키는 말
㉢ 메디치 효과(Medici Effect) : 서로 다른 분야의 요소들이 결합할 때 각 요소가 갖는 에너지의 합보다 더 큰 에너지를 분출하게 되는 효과
㉣ 세뇨리지 효과(Seigniorage Effect) : 중앙은행이 화폐를 발행함으로써 얻는 손해 또는 국제통화를 보유한 국가가 누리는 경제적 손해

① ㉠, ㉡
② ㉡, ㉢
③ ㉢, ㉣
④ ㉠, ㉡, ㉢

09 다음 중 경제고통지수에 대한 설명으로 옳지 않은 것은?

① 소비자물가 상승률과 실업률을 곱하여 계산한다.
② 한 나라의 1년간 경제성과를 가늠하는 척도로 널리 활용된다.
③ 국민들이 느끼는 경제적 고통을 계량화하여 수치로 나타낸 것이다.
④ 고통지수의 수치가 높다는 것은 경제적 어려움도 크다는 것을 의미한다.

10 다음 중 빠른 시대 변화에 대응하기 위해 비정규 프리랜서 근로형태가 확산되는 경제 현상을 일컫는 용어는?

① 긱 이코노미
② 온디맨드
③ ASP
④ SaaS

11 다음 중 활동성비율에 대한 설명으로 옳은 것은?

① 총자산 대비 매출액의 정도를 나타낸 비율을 매출채권회전율이라고 한다.

② 활동성비율은 기업 소유의 자본을 얼마나 효율적으로 사용하고 있는지를 나타내는 지표이다.

③ 총자산회전율은 매출액을 매출채권으로 나눈 값으로 영업활동으로 인해 매출채권이 얼마만큼 현금화되어 매출액으로 이어졌는지를 나타낸 비율이다.

④ 자기자본이익률(ROE)은 주주의 투자성과를 나타내주는 비율로 경영자가 기업에 투하된 자본을 활용하여 어느 정도의 이익을 올리고 있는지를 보여준다.

12 다음은 신문기사의 일부이다. 이를 잘못 이해한 사람은?

○○국 총리는 국내 경기 부양을 위해 양적완화 정책을 시행할 계획이라고 밝혔다.

① 희소 : '헬리콥터 머니'라고도 하는 정책이야.

② 준성 : ○○국과 거래를 하는 △△국의 통화가치는 상승할 거야.

③ 서경 : 이 정책으로 ○○국의 물가는 하락하고 사람들의 소비는 촉진될 거야.

④ 정현 : 최근 ○○국의 기준금리는 너무 낮아서 더 내릴 수도 없는 상황이었겠군.

13 다음 중 주식공개매수에 대한 설명으로 옳은 것은?

① 주식공개매수는 회사의 경영권을 확보하거나 강화하기 위하여 특정 다수인으로부터 주식을 장외에서 매수하는 형태이다.

② 주식취득의 경우에는 주식을 보유하고 있지만 기업경영에 직접 관여하지 않고 있는 주주들로부터 주식을 매입하여 기업을 인수한다.

③ 주식공개매수를 추진하는 인수기업은 대상기업의 주식 수, 매수기간, 매수가격 및 방법 등을 공개하지 않고, 이에 허락하는 주주에 한해 대상회사의 주식을 취득하게 된다.

④ 공개매수에서 매수가격은 대상기업의 주주들의 주식을 확보하기 위한 것이므로 현재의 시장가격보다 대부분 낮게 요구되는 것이 특징이다.

14 다음 글의 빈칸에 들어갈 용어를 순서대로 나열한 것은?

- 작년에는 상품을 오프라인 매장에서 구경하고 온라인으로 구매하는 소비형태가 유행한 반면 올해는 그 반대의 소비형태인 ＿＿＿＿＿＿이 유행하고 있다.
- 중국 소비자들이 인터넷으로 한국 물건을 구매하는 현상을 ＿＿＿＿＿＿(이)라고 한다.

① 쇼루밍, 병행수입
② 웹루밍, 역직구
③ 모루밍, 해외직판
④ 웹루밍, 해외직구

15 다음 글의 밑줄 친 '이것'에 대한 설명으로 옳지 않은 것은?

<u>이것</u>은 여러 가능성 중 한 가지를 선택했을 때 그 선택으로 인해 포기해야 하는 다른 선택의 가치로, 어떤 선택에 따라 포기하게 되는 가치 중 최대의 가치를 나타낸다. 또한 이는 경제의 영역을 넘어 사회나 정치적 행위의 타당성을 판단하는 기준으로도 활용될 수 있다.

① 생산가능곡선으로 설명이 가능하다.
② 자원의 희소성으로 인해 발생되는 문제이다.
③ 이미 지출되었기 때문에 회수가 불가능한 비용도 고려의 대상이다.
④ 자신이 선택하지 않고 포기하는 다른 기회의 잠재적 비용도 포함된다.

16 다음 중 테이퍼링(Tapering)에 대한 설명으로 옳지 않은 것은?

① 테이퍼링을 실시할 때는 일정 수준의 물가상승률과 고용목표 기준을 전제 조건으로 설정하는 것이 일반적이다.
② 테이퍼링은 긴축정책으로 인한 과도한 물가하락을 신속하게 해소하기 위해 가능한 한 빠르게 통화 유동성을 확대하는 전략이다.
③ 민간 경기주체가 테이퍼링을 금리 인상과 긴축정책의 신호로 인식할 경우에는 외화 유출 등으로 인해 외환위기가 발생할 가능성이 높아진다.
④ 미국에서 테이퍼링을 실시하면 세계 각국에 공급되는 달러의 양이 감소할 있으며, 통화량의 감소로 인해 주식시장에서도 자금이 유출될 수 있다.

17 다음에서 설명하고 있는 것은?

> • 미국의 중앙은행제도인 연방준비제도(FRS)에 있어서 연방준비제도이사회의 통화 · 금리 정책을 결정하는 기구이다.
> • 1년에 8차례 열리며, 금융정책과 시중 통화량을 조절한다.

① FOMC
② FRB
③ FRS
④ FDIC

18 다음 전략적 자산분배의 실행단계를 순서대로 바르게 나열한 것은?

> ㉠ 자산집단의 선택
> ㉡ 선택된 자산집단의 기대수익, 원금, 상관관계의 추정
> ㉢ 투자자의 투자목적과 투자제약조건을 파악
> ㉣ 효율적인 최적자산의 구성

① ㉠-㉢-㉡-㉣
② ㉠-㉢-㉣-㉡
③ ㉡-㉣-㉢-㉠
④ ㉢-㉠-㉡-㉣

19 다음과 관련 있는 국가에 대한 설명으로 옳은 것은?

> 제가들은 별도로 사출도를 주관하였다. …… 옛 풍속에 가뭄이나 장마가 계속되어 곡식이 영글지 않으면 그 허물을 왕에게 돌려 '왕을 마땅히 바꾸어야 한다.'고 하거나 '죽여야 한다.'고 하였다. …… 전쟁을 하게 되면 하늘에 제사를 지내고, 소를 잡아 발굽을 보고 길흉을 점쳤다.

① 가족 공동무덤인 큰 목곽에 뼈를 추려 안치하였다.
② 소도라 불리는 신성한 지역이 있었다.
③ 빈민을 구제하기 위하여 진대법을 시행하였다.
④ 12월에는 영고라는 제천 행사를 지냈다.

20 다음 설명에서 빈칸에 들어갈 내용으로 옳은 것은?

> • 서인이 남인인 허적과 윤휴를 제거하는 등 남인 100여 명이 죽임을 당하였다.
> • ____________________
> • 소론과 노론이 재집권하게 되었다.

① 원자 책봉에 반대하던 서인이 축출되었다.
② 인조의 계비인 조배비의 상례 문제를 둘러싸고 남인과 서인이 대립하였다.
③ 인허왕후 복위에 남인이 반대하였다.
④ 탕평책이 시행되었다.

제3회
KB국민은행 필기전형

제1영역 직업기초능력
제2영역 직무심화지식
제3영역 상식

〈문항 수 및 시험시간〉

NCS 기반 객관식 필기시험 : 총 100문항(100분)

구분(문항 수)	출제범위	배점	모바일 OMR 답안채점 / 성적분석 서비스
직업기초능력(40)	의사소통능력, 문제해결능력, 수리능력	40	
직무심화지식(40)	금융영업(30), 디지털 부문 활용능력(10)	40	
상식(20)	경제 / 금융 / 일반상식	20	

※ 문항 수 및 시험시간은 2025년 하반기 채용공고문을 참고하여 구성하였습니다.

KB국민은행 필기전형

제3회 모의고사

문항 수 : 100문항
시험시간 : 100분

제 1 영역 직업기초능력

01 다음은 국민연금법의 일부이다. 이에 대한 설명으로 가장 적절한 것은?

제3조(정의 등)

① 이 법에서 사용하는 용어의 뜻은 다음과 같다.

1. "근로자"란 직업의 종류가 무엇이든 사업장에서 노무를 제공하고 그 대가로 임금을 받아 생활하는 자(법인의 이사와 그 밖의 임원을 포함한다)를 말한다. 다만, 대통령령으로 정하는 자는 제외한다.
2. "사용자(使用者)"란 해당 근로자가 소속되어 있는 사업장의 사업주를 말한다.
3. "소득"이란 일정한 기간 근로를 제공하여 얻은 수입에서 대통령령으로 정하는 비과세소득을 제외한 금액 또는 사업 및 자산을 운영하여 얻는 수입에서 필요경비를 제외한 금액을 말한다.
4. "평균소득월액"이란 매년 사업장가입자 및 지역가입자 전원(全員)의 기준소득월액을 평균한 금액을 말한다.
5. "기준소득월액"이란 연금보험료와 급여를 산정하기 위하여 국민연금가입자(이하 "가입자"라 한다)의 소득월액을 기준으로 하여 정하는 금액을 말한다.
6. "사업장가입자"란 사업장에 고용된 근로자 및 사용자로서 국민연금에 가입된 자를 말한다.
7. "지역가입자"란 사업장가입자가 아닌 자로서 국민연금에 가입된 자를 말한다.
8. "임의가입자"란 사업장가입자 및 지역가입자 외의 자로서 국민연금에 가입된 자를 말한다.
9. "임의계속가입자"란 국민연금 가입자 또는 가입자였던 자가 제13조 제1항에 따라 가입자로 된 자를 말한다.
10. "연금보험료"란 국민연금사업에 필요한 비용으로서 사업장가입자의 경우에는 부담금 및 기여금의 합계액을, 지역가입자・임의가입자 및 임의계속가입자의 경우에는 본인이 내는 금액을 말한다.
11. "부담금"이란 사업장가입자의 사용자가 부담하는 금액을 말한다.
12. "기여금"이란 사업장가입자가 부담하는 금액을 말한다.
13. "사업장"이란 근로자를 사용하는 사업소 및 사무소를 말한다.
14. "수급권"이란 이 법에 따른 급여를 받을 권리를 말한다.
15. "수급권자"란 수급권을 가진 자를 말한다.
16. "수급자"란 이 법에 따른 급여를 받고 있는 자를 말한다.

① 사업장가입자란 근로자를 사용하는 사업소 및 사무소에 고용된 근로자 및 사용자로서 국민연금에 가입된 자를 말한다.
② 부담금과 기여금은 사업장가입자의 사용자가 부담한다.
③ 수급권자는 국민연금법에 따른 급여를 받고 있는 자를 말한다.
④ 소득은 일정한 기간 근로를 제공하여 얻거나 사업 및 자산을 운영하여 얻은 모든 수입을 말한다.

02 다음 글을 읽고 밑줄 친 (A), (B)의 사례로 적절하지 않은 것은?

> 상품과 서비스가 생산자로부터 소비자에게 판매, 전달되는 과정에서 일어나는 모든 활동을 마케팅이라고 한다. 즉, 마케팅은 소비자를 만족시키면서 최대한의 이익을 창출하는 기업의 경제 활동이다. 마케팅 활동의 궁극적인 목적은 소비자의 관심을 끌어 매출을 극대화하는 데 있기 때문에 마케팅은 기업의 활동을 존속하는 데 있어 무엇보다도 중요하다. 이러한 상황에서 오늘날 대중 매체를 통해 불특정 다수에게 무차별적으로 제품에 대한 정보를 전달하는 기존의 마케팅 방법은 소비자들의 구매욕을 자극하지 못하는 경우가 많기 때문에 비용 대비 효과가 떨어진다.
> 이처럼 기존의 마케팅 방법만으로는 소비자들의 관심을 만족스럽게 끌기 어려운 상황에서 새로운 마케팅 방법이 주목을 받고 있는데, 대표적인 것이 (A) <u>버즈 마케팅</u>과 (B) <u>넛지 마케팅</u>이다. 버즈 마케팅은 구전 마케팅의 일종으로 상품을 이용해 본 소비자가 자발적으로 주위 사람에게 그 상품에 대한 긍정적인 메시지를 전달함으로써 상품에 대한 좋은 평판이 확산되도록 하는 것이다. 이를 위해 버즈 마케팅에서는 여론 형성에 주도적인 역할을 할 수 있는 소수의 여론 선도자를 활용한다. 인터넷상의 버즈 마케팅은 블로그 및 온라인 커뮤니티 등 다양한 인터넷 채널을 통해 상품 및 서비스의 사용 후기, 정보 등을 교류하는 방법으로 이루어지는 경우가 많다. 최근 마케팅 담당자들의 높은 관심을 받고 있는 블로그 마케팅이 이에 해당하는데, 버즈 마케팅은 대중 매체를 이용한 기존의 마케팅 방법에 비해 비용이 적게 들면서 엄청난 효과를 내기도 한다.
> 넛지 마케팅은 '팔꿈치로 슬쩍 찌르다.'라는 뜻을 가지고 있는 '넛지(Nudge)'라는 단어에서 알 수 있듯이, 누군가에게 직접적으로 어떤 행동을 강요하기보다 우회적인 방법으로 행동의 변화를 유도하는 마케팅 전략을 말한다. 기존의 마케팅은 상품의 특성을 강조하여 소비자가 그 상품을 구매하도록 하는 데 집중하였다. 따라서 메시지의 전달이 일방적으로 이루어져 오히려 소비자들의 반감을 사 외면을 당하는 경우가 많았다. 그에 비해 넛지 마케팅은 특정 행동을 유도하지만 그 행동을 직접 요구하지는 않는다. 따라서 소비자들은 자신의 자발적 선택에 의해 제품을 구입했다는 생각을 가지게 되고 이로 인해 자신의 소비 행위에 정당성을 부여하게 되어 마케팅의 효과가 높아지는 것이다.

① (A) : A등산업체는 자신들의 등산제품에 대한 체험단의 진솔한 후기를 바탕으로 매력을 어필하였다.
② (A) : C화장품은 개인 방송을 하는 크리에이터들을 이용해 신제품 정보를 생생하게 전달하였다.
③ (B) : B약국은 한 질병에 관련된 의약품들을 한데 모아 진열하여 소비자들이 편하게 선택할 수 있게 하였다.
④ (B) : D의자회사는 광고를 통해 의자의 기능성을 강조하여 소비자들로 하여금 의자를 구매하도록 하였다.

03 K공사에 근무 중인 A사원은 고객 문의를 담당하고 있다. 고객들이 자주 묻는 질문의 답변을 모아 정리하고자 할 때, 다음 글을 통해 알 수 없는 것은?

〈생애주기별 맞춤지원이 가능한 '전세임대주택'〉

○ 전세임대주택은 주택도시기금을 재원으로 하는 수탁사업으로서, 입주 대상자가 입주할 주택을 물색하여 K공사에 계약 요청하면 전세금 지원한도액 범위 내에서 95 ~ 100% 해당액을 주택도시기금에서 지원합니다.

○ 수도권을 기준으로 8,500만 원의 전세주택을 물색하여 입주하게 되는 경우, 5% 해당액(425만 원)은 입주자가 계약금으로 부담하고, 95% 해당액(8,075만 원)은 주택도시기금에서 주택소유자에게 지급합니다.

공급유형	수도권	광역시	기타 지역
기존주택・신혼부부	8,500만 원	6,500만 원	5,500만 원
청년・소년소녀 등	8,000만 원	6,000만 원	5,000만 원

○ 전세임대주택은 K공사가 건설・매입한 주택에 입주하는 것이 아니라, 입주 대상자가 거주를 희망하는 주택을 직접 물색하여 입주합니다. 전용면적 $85m^2$ 이내(1인 가구는 전용면적 $60m^2$ 이하) 전세주택 또는 보증부 월세주택에 입주 가능하며, 현재 거주하고 있는 주택도 임대인의 동의가 있는 경우 전세임대주택으로 전환하여 계속 거주할 수 있습니다.

○ 최초 계약 이후 2년 단위로 재계약을 체결할 수 있어 재계약 시점에 입주 자격요건을 갖췄다면 최장 20년까지 거주가 가능합니다. 기존주택・신혼부부는 9회 재계약이 가능하고, 소년소녀 가정 등은 만 20세 이후부터 3회 재계약 가능, 청년 전세임대는 2회까지 재계약이 가능합니다.

○ 입주자 모집 공고 시 청년 전세임대는 K청약센터에서 인터넷 접수하며, 기존주택・신혼부부・소년소녀 가정 등은 지자체에 방문해 신청할 수 있습니다. 소년소녀 가정 등은 연중 상시 신청 가능하고 기존주택 전세임대 1순위 해당자에 한하여 연중 즉시 지원도 가능합니다.

① 전세금 지원액　　② 전세임대 신청방법

③ 전세임대주택 공급량　　④ 전세임대주택사업의 정의

04 다음은 K은행에서 여신거래 시 활용하는 기본약관의 일부이다. 약관의 내용을 적절하게 이해하지 못한 행원은?

> **제3조 이자 등과 지연배상금**
>
> ① 이자·보증료·수수료 등(이하 "이자 등"이라고 함)의 이율·계산방법·지급의 시기 및 방법에 관해, 은행은 법령이 허용하는 한도 내에서 정할 수 있으며 채무자가 해당사항을 계약 체결 전에 상품설명서 및 홈페이지 등에서 확인할 수 있도록 합니다.
>
> ② 이자 등의 율은 거래계약 시에 다음의 각 호 중 하나를 선택하여 적용할 수 있습니다.
> 1. 채무의 이행을 완료할 때까지 은행이 그 율을 변경할 수 없음을 원칙으로 하는 것
> 2. 채무의 이행을 완료할 때까지 은행이 그 율을 수시로 변경할 수 있는 것
>
> ③ 제2항 제1호를 선택한 경우에 채무이행 완료 전에 국가경제·금융사정의 급격한 변동 등으로 계약 당시에 예상할 수 없는 현저한 사정변경이 생긴 때에는 은행은 채무자에 대한 개별통지에 의하여 그 율을 인상·인하할 수 있기로 합니다. 이 경우 변경요인이 없어진 때에는 은행은 없어진 상황에 부합되도록 변경하여야 합니다.
>
> ④ 제2항 제2호를 선택한 경우에 이자 등의 율에 관한 은행의 인상·인하는 건전한 금융관행에 따라 합리적인 범위 내에서 이루어져야 합니다.
>
> ⑤ 채무자가 은행에 대한 채무의 이행을 지체한 경우에는 곧 지급하여야 할 금액에 대하여 법령이 정하는 제한 내에서 은행이 정한 율로, 1년을 365일(윤년은 366일)로 보고 1일 단위로 계산한 지체일수에 해당하는 지연배상금을 지급하기로 하되, 금융사정의 변화, 그 밖의 상당한 사유로 인하여 법령에 의하여 허용되는 한도 내에서 율을 변경할 수 있습니다. 다만, 외국환거래에 있어서는 국제관례·상관습 등에 따릅니다.
>
> ⑥ 은행이 이자 등과 지연배상금의 계산방법·지급의 시기 및 방법을 변경하는 경우에, 그것이 법령에 의하여 허용되는 한도 내이고 금융사정 및 그 밖의 여신거래에 영향을 미치는 상황의 변화로 인하여 필요한 것일 때에는 변경 후 최초로 이자를 납입하여야 할 날부터 그 변경된 사항이 적용됩니다.
>
> ⑦ 제4항, 제5항 및 제6항에 따라 변경하는 경우 은행은 그 변경 기준일로부터 1개월간 모든 영업점 및 은행이 정하는 전자매체 등에 이를 게시하여야 합니다. 다만, 특정 채무자에 대하여 개별적으로 변경하는 경우에는 개별통지를 해야 합니다.
>
> … 생략 …

① A행원 : 은행에서 율을 변경할 수 없는 것을 원칙으로 하는 것은 고정금리를, 수시로 변경할 수 있다고 하는 것은 변동금리를 적용한다는 의미야.

② B행원 : 은행이 율을 변경할 수 없는 조건으로 계약했다고 하더라도 국가경제가 급격하게 변화하면 율을 인상·인하할 수 있구나.

③ C행원 : 지연배상금이라 하면 보통 연체이자를 의미하는데, 1년을 365일로 보고 지체일수에 해당하는 만큼 은행에서 규정한 연체이자율에 의해 지급하도록 하고 있구나.

④ D행원 : 대출 취급 시 적용하는 이자 등과 지연배상금이 변경될 경우에는 변경 기준일로부터 40일간 모든 전자매체 등에 게시해야 하는구나.

05 다음은 K은행의 공정거래 자율준수 프로그램 운영수칙이다. 이에 대한 설명으로 가장 적절한 것은?

> **제5조(자율준수담당자의 역할)**
> ① 자율준수담당자의 역할은 각 부점 준법감시담당자가 수행한다.
> ② 자율준수담당자는 자율준수관리자 및 소속 부점장을 보좌하며 다음 각 호의 자율준수업무를 담당한다.
> 1. 부점 업무와 관련한 경쟁법규의 변경에 따른 내규의 정비 상태 및 일상 업무에 관한 사전심사 이행여부 점검(본점부서에 한한다)
> 2. 준법감시체크리스트에 의거 부점 업무수행 관련 경쟁법규 위반행위 여부 점검
> 3. 경쟁법규 및 자율준수제도 관련 소속부점 직원 교육 및 상담
> 4. 경쟁법규 위반사항 발견 시 보고
> 5. 제1호 내지 제4호 관련 내용의 기록, 유지
>
> ③ 자율준수담당자는 제2항 제1호 내지 제4호의 이행결과를 자율준수관리자에게 보고하여야 한다.
>
> **제6조(임직원의 의무)**
> ① 임직원은 담당 업무를 수행함에 있어 경쟁법규를 성실히 준수하여야 한다.
> ② 임직원은 담당 업무를 수행함에 있어 경쟁법규 위반사항을 발견한 경우에는 지체 없이 이를 자율준수관리자에게 통보 또는 보고하여야 하며, 이와 관련된 절차, 보고자 등의 보호는 내부고발제도 운영지침에 따른다.
> ③ 부점장은 업무수행과 관련하여 경쟁법규 위반가능성이 있다고 판단될 경우에는 자율준수관리자의 자문을 받아 처리하여야 한다.
>
> **제7조(자율준수편람)**
> ① 자율준수관리자는 경쟁법규 자율준수를 위한 매뉴얼인 자율준수편람을 제작, 배포하여야 한다.
> ② 경쟁법규의 변경이 있을 때에는 동 변경내용을 자율준수편람에 반영하여야 한다.
>
> **제8조(모니터링 및 결과보고)**
> ① 자율준수관리자는 연간 자율준수 활동계획을 수립하여 은행장에게 보고하여야 한다.
> ② 자율준수관리자는 다음 각 호에 해당하는 방법에 의하여 자율준수프로그램의 준수 여부를 점검하여야 한다.
> 1. 임직원 및 부점의 자율준수실태 등에 대한 점검, 조사
> 2. 자율준수관리자의 지시 또는 자문에 의하여 부점별로 작성한 각종 체크리스트의 검토 및 확인
> 3. 자율준수관리자의 요구에 의하여 제출된 신고서, 보고서, 각종 자료의 검토 및 확인
>
> ③ 자율준수관리자는 자율준수 프로그램의 준수 여부를 점검한 결과, 위반사항이 발견되는 등 필요한 경우 이사회에 보고하여야 한다. 다만, 위반사항이 경미한 경우 은행장에게 보고할 수 있다.
>
> **제9조(교육실시)**
> ① 자율준수관리자는 자율준수담당자 및 경쟁법규 위반 가능성이 높은 분야의 임직원을 대상으로 반기당 2시간 이상 경쟁법규 및 자율준수프로그램 등에 대한 교육을 실시하여야 한다.
> ② 자율준수관리자는 임직원의 자율준수 의지 제고 및 자율준수프로그램의 원활한 이행을 위하여 필요시 집합, 사이버, 기타 교육자료 제공 등 다양한 방법으로 교육을 실시할 수 있다.

제10조(경쟁법규 위반 임직원에 대한 제재)

① 경쟁법규 위반으로 경쟁당국으로부터 과징금 등 제재를 받은 경우, 당해 위반행위 관련 임직원의 제재에 대하여는 상벌세칙 등 관련 내규에서 정하는 바에 따른다.

② 자율준수관리자는 중대한 경쟁법규 위반 사항이 발견된 경우 관련 임직원에 대한 징계 등의 조치를 요구할 수 있다.

③ 자율준수관리자는 경쟁법규 위반사항에 대하여 당해 임직원 및 부점에 시정을 요구할 수 있으며, 경쟁법규 및 자율준수제도에 대한 교육이수의무를 부과할 수 있다.

제11조(문서관리)

① 자율준수관리자는 은행 전체의 자율준수에 관한 기본 문서들을 분류하고 5년간 보관하여야 한다.

② 자율준수 활동에 관한 모든 문서는 정확하게 기록되고 최신의 정보를 유지하여야 한다.

③ 자율준수담당자는 자율준수 운영 상황에 대한 검사 및 평가가 가능하도록 각 부점 자율준수 이행 관련자료(교육 및 모니터링 자료 등 포함)를 작성하여 5년간 보관하여야 한다.

① 임직원은 담당 업무 수행 중 경쟁법규 위반사항 발견 시, 지체 없이 자율준수관리자의 자문을 받아 처리하여야 한다.

② 자율준수관리자는 상황에 따라 자율준수편람을 제작하지 않을 수도 있다.

③ 자율준수관리자가 경쟁법규 위반 가능성이 높은 분야에 근무 중인 임직원을 대상으로 반기당 4시간의 교육을 실시하는 것은 세칙에 부합하는 행위이다.

④ 자율준수관리자는 중대한 경쟁법규 위반을 행한 임직원을 징계하고, 관련 규정 교육이수의무를 부과할 수 있다.

06 다음 글의 주제로 가장 적절한 것은?

인간과 자연환경의 운명이 순전히 시장 메커니즘 하나에 좌우된다면, 결국 사회는 폐허가 될 것이다. 구매력의 양과 사용을 시장 메커니즘에 따라 결정하는 것도 같은 결과를 낳는다. 이런 체제 아래에서 인간의 노동력을 소유자가 마음대로 처리하다 보면, 노동력이라는 꼬리표를 달고 있는 '인간'이라는 육체적·심리적·도덕적 실체마저 소유자가 마음대로 처리하게 된다. 인간들은 갖가지 문화적 제도라는 보호막이 모두 벗겨진 채 사회에 알몸으로 노출되고 결국 쇠락해 간다. 그들은 악덕, 범죄, 굶주림 등을 거치면서 격동하는 사회적 혼란의 희생물이 된다. 자연은 그 구성 원소들로 환원되어 버리고, 주거지와 경관은 더럽혀진다. 또 강이 오염되며, 군사적 안보는 위협당하고, 식량과 원자재를 생산하는 능력도 파괴된다.
마지막으로 구매력의 공급을 시장 기구의 관리에 맡기게 되면 영리 기업들은 주기적으로 파산하게 될 것이다. 원시 사회가 홍수나 가뭄으로 인해 피해를 보았던 것처럼 화폐 부족이나 과잉은 경기에 엄청난 재난을 가져올 수 있기 때문이다.
노동 시장, 토지 시장, 화폐 시장이 시장 경제에 필수적이라는 점은 의심할 여지가 없다. 하지만 인간과 자연이라는 사회의 실패와 경제 조직이 보호받지 못한 채 그 '악마의 맷돌'에 노출된다면, 어떤 사회도 무지막지한 상품 허구의 경제 체제가 몰고 올 결과를 한순간도 견뎌내지 못할 것이다.

① 무분별한 환경 파괴를 막기 위해 국가가 시장을 통제해야 한다.
② 구매력의 공급은 시장 기구의 관리에 맡기는 것이 합리적이다.
③ 시장 메커니즘은 인간의 존엄성을 파괴하는 제도이므로 철폐되어야 한다.
④ 시장 메커니즘을 맹신하기보다는 적절한 제도적 보호 장치를 마련하는 것이 바람직하다.

07 다음 피부양자 가입요건에 따라 직장가입자 A씨의 피부양자로 등재가 불가능한 사람은?

〈피부양자 대상〉

1. 직장가입자에 의하여 주로 생계를 유지하는 자
   가. 직장가입자의 배우자, 직계존속(배우자의 직계존속 포함), 직계비속(배우자의 직계비속 포함) 및 그 배우자, 형제・자매
   나. 부양요건에 충족하는 자 : 피부양자 인정기준 중 부양요건 참조(국민건강보험법 시행규칙 별표1)
   다. 재산세 과세표준의 합이 5억 4천만 원 이하인 경우 인정. 또는 재산세 과세표준의 합이 5억 4천만 원을 초과하면서 9억 원 이하인 경우는 연간소득 1천만 원 이하이면 인정
   라. 형제・자매의 경우에는 재산세 과세표준의 합이 1억 8천만 원 이하이어야 함(단, 65세 이상, 30세 미만, 장애인, 국가유공・보훈대상상이자만 인정)
2. 보수 또는 소득이 없는 자 : 피부양자 자격의 인정기준 중 소득 및 재산요건 참조(국민건강보험법 시행규칙 별표1의 2)

〈피부양자 자격의 인정기준 중 소득 및 재산요건〉

1. 직장가입자의 피부양자가 되려는 사람은 다음 각 목에서 정하는 소득요건을 모두 충족하여야 한다.
   가. 국민건강보험법 시행령(이하 "영"이라 한다) 제41조 제1항 각 호에 따른 소득의 합계액이 연간 3,400만 원 이하일 것
   나. 영 제41조 제1항 제3호의 사업소득(이하 "사업소득"이라 한다)이 없을 것. 다만, 피부양자가 되려는 사람이 다음의 어느 하나에 해당하는 경우 해당되는 사업소득 요건을 충족하면 사업소득이 없는 것으로 본다.
      1) 사업자등록이 되어 있지 않은 경우 사업소득의 합계액이 연간 500만 원 이하일 것
      2) 장애인복지법 제32조에 따라 장애인으로 등록한 사람, 국가유공자 등 예우 및 지원에 관한 법률 제4조・제73조 및 제74조에 따른 국가유공자 등(법률 제11041호로 개정되기 전의 국가유공자 등 예우 및 지원에 관한 법률 제73조의2에 따른 국가유공자 등을 포함한다)으로서 같은 법 제6조의4에 따른 상이등급 판정을 받은 사람과 보훈보상대상자 지원에 관한 법률 제2조에 따른 보훈보상대상자로서 같은 법 제6조에 따른 상이등급 판정을 받은 사람인 경우 사업소득의 합계액이 연간 500만 원 이하일 것
   다. 피부양자가 되려는 사람이 폐업 등에 따른 사업 중단 등의 사유로 소득이 발생하지 않게 된 경우, 도시 및 주거환경정비법에 따른 주택재건축사업으로 발생한 사업소득을 제외하면 가목 및 나목의 요건을 충족하는 경우 등 관계 자료에 의하여 공단이 인정한 경우에는 가목 및 나목의 요건을 충족하는 것으로 본다.
   라. 피부양자가 되려는 사람이 기혼자인 경우에는 부부 모두 가목부터 다목까지의 요건을 충족하여야 한다.

① 재산세 과세표준의 합이 5억 원인 어머니
② 사업소득과 연간소득이 전혀 없는 미성년자 아들
③ 재산세 과세표준의 합이 2억 원이며, 국가유공자인 형
④ 재산세 과세표준의 합이 8억 원이며, 연간소득이 800만 원인 아버지

08 **다음 제시된 문단을 읽고, 이어질 문단을 논리적 순서대로 바르게 나열한 것은?**

마그네틱 카드는 자기 면에 있는 데이터를 입력장치에 통과시키는 것만으로 데이터를 전산기기에 입력할 수 있다. 마그네틱 카드는 미국 IBM에서 자기 테이프의 원리를 카드에 응용한 것으로 자기 테이프 표면에 있는 자성 물질의 특성을 변화시켜 데이터를 기록하는 방식으로 개발되었다. 개발 이후 신용카드, 신분증 등 여러 방면으로 응용되었고, 현재도 사용되고 있다. 하지만 마그네틱 카드는 자기 테이프를 이용하였기 때문에 자석과 접촉하면 기능이 상실되는 단점을 가지고 있는데, 최근 마그네틱 카드의 단점을 보완한 IC카드가 만들어져 사용되고 있다.

(가) IC카드는 데이터를 여러 번 쓰거나 지울 수 있는 EEPROM이나 플래시메모리를 내장하고 있다. 개발 초기의 IC카드는 8KB 정도의 저장 공간을 가지고 있었으나, 2000년대 이후에는 1MB 이상의 데이터 저장이 가능하다.

(나) IC카드는 내부에 집적회로를 내장하였기 때문에 자석과 접촉해도 데이터가 손상되지 않으며, 마그네틱 카드에 비해 다양한 기능을 추가할 수 있고 보안성 및 내구성도 우수하다.

(다) 메모리 외에도 프로세서를 함께 내장한 것도 있다. 이러한 것들은 스마트카드로 불리며 현재 16비트 및 32비트급의 성능을 가진 카드도 등장했다. 프로세서를 탑재한 카드는 데이터의 저장뿐 아니라 데이터의 암호화나 특정 컴퓨터만이 호환되도록 하는 등의 프로그래밍이 가능해서 보안성이 향상되었다.

① (가) – (나) – (다)
② (가) – (다) – (나)
③ (나) – (가) – (다)
④ (다) – (가) – (나)

09 다음 글의 내용으로 적절하지 않은 것은?

리더는 자신이 가진 권위로 인해 쉽게 힘에 의존하는 경우가 있는데 이런 리더를 권위적이라 부른다. 대화나 공감보다는 힘을 앞세워 문제를 해결하려 하거나, 구성원들과 인간적인 측면의 교류보다는 권력을 가진 상위자로서 대접받고 싶어 한다는 말이다. 이는 개인의 성향과도 밀접한 관련이 있지만 그렇지 않은 사람도 분위기에 휩쓸리다 보면 자신도 모르는 사이에 권위주의적으로 바뀔 수 있다. 리더십은 개인의 스타일 외에 조직문화에 의해서도 영향을 받기 때문이다.

종종 신문 지상을 장식하는 기업들처럼 '시키면 시키는 대로 하는' 조직문화에서 리더의 명령은 절대적인 힘을 가질 수밖에 없다. 구성원들이 리더의 요구사항에 적절하게 대응하지 못하는 경우 리더는 권위에 대한 유혹을 느낀다. 이러한 과정에서 구성원들에게 욕설이나 협박, 인간적인 모욕감을 안겨주는 일이 일어날 수 있다. 그러다 보면 해야 할 말이 있어도 입을 꼭 다물고 말을 하지 않는 '침묵 효과'나 무엇을 해도 소용이 없을 것이라 여겨 저항 없이 시킨 일만 하는 '학습된 무기력'의 증상이 구성원들에게 나타날 수 있다.

조직에서 성과를 끌어내기 위한 가장 좋은 방법은 구성원들 스스로 목표를 인식하고 자발적으로 맡은 일에 전념함으로써 성과를 창출해내도록 만드는 것이다. 리더가 구성원들의 머리와 가슴을 사로잡아 스스로 업무에 헌신하도록 만들어야 하는데 그러자면 리더는 덕(德)을 베풀 줄 알아야 한다.

한비자는 '덕(德)은 득(得)이다.'라고 말했다. 이는 덕이 단순히 도덕적인 품성을 갖추는 것뿐만 아니라 덕을 갖추면 얻는 것이 있다는 것을 나타낸다. 여기에서 얻을 수 있는 것이란 무엇일까? 다름 아닌 '사람'이다. 리더가 덕을 베풀면 구성원들은 마음을 열고 리더의 편이 된다. 구성원들이 리더의 편이 되면 강압적인 지시나 욕설이 아니어도 스스로 해야 할 일을 찾아 가치를 창출할 수 있게 된다.

권위는 자신도 모르는 사이에 외부로 드러날 수 있지만 분명한 한계를 가질 수밖에 없다. 처음에는 구성원들의 복종을 가져올 수 있겠지만 그것에 익숙해지면 더욱 강력한 권위 없이는 그들을 통제할 수 없게 된다. 반발을 불러일으키고 일정 수준이 넘어서게 되면 더 이상 리더가 가진 권위는 통하지 않게 된다. 그렇게 되면 리더는 더욱 강력한 권위에 의지하고 싶은 욕망이 생기게 되고 그것이 욕설이나 인격적인 모욕 등의 형태로 표출될 수밖에 없다. 이러한 것이 조직의 문화로 굳어지게 되면 그 조직은 권위 없이 움직일 수 없는 비효율적인 집단이 되고 만다. 아이오와 대학의 연구에 따르면 권위적인 리더가 이끄는 조직의 생산성은 높은 편이지만 리더가 자리를 비우게 되면 생산성은 급격히 떨어진다고 한다. 그러므로 리더는 구성원을 다루는 데 있어 권위를 제한적으로 사용하지 않으면 안 된다.

① 리더가 덕을 바탕으로 행동하면 이는 리더에 대한 충성으로 이어지게 된다.
② 권위적인 행동은 구성원들의 생산성을 떨어뜨리므로 하지 않아야 한다.
③ 리더의 강압적인 행동이나 욕설은 구성원들의 침묵과 학습된 무기력을 초래할 수 있다.
④ 덕으로 조직을 이끌면 구성원들로부터 긍정적인 감정을 얻게 된다.

※ 다음 글을 읽고 이어지는 질문에 답하시오. [10~11]

A회사의 온라인 취업 사이트에 갑을 비롯한 수만 명의 가입자가 개인정보를 제공하였다. 누군가 A회사의 시스템 관리가 허술한 것을 알고 링크 파일을 만들어 자신의 블로그에 올렸다. 이를 통해 많은 이들이 가입자들의 정보를 자유롭게 열람하였다. 이 사실을 알게 된 갑은 A회사에 사이트 운영의 중지와 배상을 요구하였지만, A회사는 거부하였다. 갑은 소송을 검토하였는데, 받게 될 배상액에 비해 들어갈 비용이 적지 않다는 생각에 망설였다. 갑은 온라인 카페를 통해 소송할 사람들을 모았고 마침내 100명이 넘는 가입자들이 동참하게 되었다. 갑은 이들과 함께 공동소송을 하여 A회사에 사이트 운영의 중지와 피해의 배상을 청구하였다.
공동소송은 소송 당사자의 수가 여럿이 되는 소송을 말한다. 이는 저마다 개별적으로 수행할 수 있는 소송들을 하나의 절차에서 한꺼번에 심리하고 진행할 수 있도록 배려하는 것으로서, 경제적이고 효율적으로 일괄 구제할 수 있다는 장점이 있다. 하지만 당사자의 수가 지나치게 많으면 한꺼번에 소송을 진행하기에 번거롭다. 그래서 실제로는 대개 공동으로 변호사를 선임하여 그가 소송을 하도록 한다. 또한 선정 당사자 제도를 이용할 수도 있는데, 이는 갑과 같은 이를 선정 당사자로 삼아 그에게 모두의 소송을 맡기는 것이다. 위 사건에서 수만 명의 가입자가 손해를 입었지만, 배상받을 금액이 적은 탓에 대부분은 소송에 참여하지 않았다. 그리하여 전체 피해 규모가 엄청난 데 비하면, 승소해서 받게 될 배상금의 총액은 매우 적을 것이다. 이래서는 피해 구제도 미흡하고 기업에 시스템을 개선하도록 하는 동기를 부여하지 못한다. 이를 해결할 방안으로 다른 나라에서 시행되는 집단소송과 단체소송 제도의 도입이 논의됐다.
집단소송은 피해자들의 일부가 전체 피해자들의 이익을 대변하는 대표 당사자가 되어 기업을 상대로 손해 배상 청구 등의 소를 제기할 수 있도록 하는 방식이다. 만일 갑을 비롯한 피해자들이 공동소송을 하여 승소한다면 이들만 배상을 받게 된다. 그러나 집단소송에서 대표 당사자가 수행하여 이루어진 판결은 원칙적으로 소송에 참가하지 않은 사람들에게도 그 효력이 미친다. 그러나 대표 당사자는 초기에 고액의 소송비용을 내야 하는 등의 부담이 있어 소송의 개시가 쉽지만은 않다.
단체소송은 법률이 정한 전문성과 경험을 갖춘 단체가 기업을 상대로 침해 행위의 중지를 청구하는 소를 제기할 수 있도록 하는 제도이다. 위의 사례에서도 IT 관련 협회와 같은 전문 단체가 소송한다면 더 효과적일 수 있을 것이다. 하지만 단체소송은 공익적 이유에서 인정되는 것이어서 이를 통해 개인 피해자들을 위한 손해 배상 청구는 하지 못한다.
최근에 ㉠ <u>우리나라도 집단소송과 단체소송을 제한적으로 도입</u>하였다. 먼저 증권 관련 집단소송법이 제정되어 기업이 회계 내용을 허위로 공시하거나 조작하는 등의 사유로 주식 투자에서 피해를 당한 사람들은 집단소송을 할 수 있게 되었다. 이후에 단체소송도 도입되었는데, 소비자 분쟁과 개인정보 피해에 한하여 소비자기본법과 개인정보 보호법에 규정되었다.

10 다음 중 윗글의 내용으로 적절하지 않은 것은?

① 선정 당사자 제도는 소송 당사자들이 한꺼번에 절차를 진행해야 하는 부담을 덜어줄 수 있다.
② 공동소송은 다수의 피해자를 대신하여 대표 당사자가 소송을 한다는 점에서 공익적 성격을 지닌다.
③ 단체소송에서 기업이 일으키는 피해를 중지시키려고 소를 제기할 수 있는 단체의 자격은 법률이 정한다.
④ 일부 피해자들이 집단소송을 수행하여 승소하면 그런 소송이 진행되는지 몰랐던 피해자들도 배상받을 수 있다.

11 다음 중 윗글의 밑줄 친 ㉠의 결과로 보기에 가장 적절한 것은?

① 포털 사이트의 개인 정보 유출로 피해를 당한 가입자들이 소를 제기하여 단체소송을 할 수 있게 되었다.

② 기업의 허위 공시 때문에 증권 관련 피해를 당한 투자자들이 소를 제기하여 집단소송을 할 수 있게 되었다.

③ 증권과 관련된 사건에서 피해자들은 중립적인 단체를 대표 당사자로 내세워 집단소송을 수행할 수 있게 되었다.

④ 대기업이 출시한 제품이 지닌 결함 때문에 피해를 당한 소비자들이 소를 제기하여 집단소송을 할 수 있게 되었다.

12 다음 글의 빈칸에 들어갈 내용으로 가장 적절한 것은?

> 최근 경제·시사분야에서 빈번하게 등장하는 단어인 탄소배출권(CER; Certified Emission Reduction)에 대한 개념을 이해하기 위해서는 먼저 교토메커니즘(Kyoto Mechanism)과 탄소배출권거래제(Emission Trading)를 알아둘 필요가 있다.
> 교토메커니즘은 지구 온난화의 규제 및 방지를 위한 국제 협약인 기후변화협약의 수정안인 교토 의정서에서, 온실가스를 보다 효과적이고 경제적으로 줄이기 위해 도입한 세 유연성체제인 '공동이행제도', '청정개발체제', '탄소배출권거래제'를 묶어 부르는 것이다.
> 이 중 탄소배출권거래제는 교토의정서 6대 온실가스인 이산화탄소, 메테인, 아산화질소, 과불화탄소, 수소불화탄소, 육불화황의 배출량을 줄여야 하는 감축의무국가가 의무감축량을 초과 달성하였을 경우에 그 초과분을 다른 국가와 거래할 수 있는 제도로, ____________________
> 결국 탄소배출권이란 현금화가 가능한 일종의 자산이자 가시적인 자연보호성과인 셈이며, 이에 따라 많은 국가 및 기업에서 탄소배출을 줄임과 동시에 탄소감축활동을 통해 탄소배출권을 획득하기 위해 동분서주하고 있다. 특히 기업들은 탄소배출권을 확보하는 주요 수단인 청정개발체제 사업을 확대하는 추세인데, 청정개발체제 사업은 개발도상국에 기술과 자본을 투자해 탄소배출량을 줄였을 경우에 이를 탄소배출량 감축목표달성에 활용할 수 있도록 한 제도이다.

① 다른 국가를 도왔을 때, 그로 인해 줄어든 탄소배출량을 감축목표량에 더할 수 있는 것이 특징이다.

② 교토메커니즘의 세 유연성체제 중에서도 가장 핵심이 되는 제도라고 할 수 있다.

③ 6대 온실가스 중에서도 특히 이산화탄소를 줄이기 위해 만들어진 제도이다.

④ 의무감축량을 준수하지 못한 경우에도 다른 국가로부터 감축량을 구입할 수 있는 것이 특징이다.

※ 다음 글을 읽고 이어지는 질문에 답하시오. **[13~14]**

펀드(Fund)를 우리말로 바꾸면 '모금한 기금'을 뜻하지만, 경제 용어로는 '경제적 이익을 보기 위해 불특정 다수인으로부터 모금하여 운영하는 투자 기금'을 가리키는 말로 사용합니다. 펀드는 주로 주식이나 채권에 많이 투자를 하는데, 개인이 주식이나 채권에 투자하기 위해서는 어떤 회사의 채권을 사야 하는지, 언제 사야 하는지, 언제 팔아야 하는지, 어떻게 계약을 하고 세금을 얼마나 내야 하는지 등 알아야 할 게 너무 많아 복잡합니다. 이러한 여러 가지 일을 투자 전문 기관이 대행하고 일정 비율의 수수료를 받게 되는데, 이처럼 펀드에 가입한다는 것은 투자 전문 기관에게 대행 수수료를 주고 투자 활동에 참여하여 이익을 보는 일을 말합니다.

펀드는 크게 보아 주식 투자 펀드와 채권 투자 펀드로 나눌 수 있습니다. 주식 투자 펀드를 살펴보면 회사가 회사를 잘 꾸려서 영업 이익을 많이 만들면 주식 가격이 오릅니다. 그래서 그 회사의 주식을 가진 사람은 회사의 이익을 나누어 받습니다. 이처럼 주식 투자 펀드는 주식을 사서 번 이익에서 투자 기관의 수수료를 뺀 금액이 '펀드 가입자의 이익'이 되며 이 이익은 투자한 자금에 비례하여 분배받습니다. 그리고 투자자는 분배받는 금액에 따라 세금을 냅니다. 채권 투자 펀드는 회사, 지방자치단체, 국가가 자금을 조달하기 위해 이자를 지불할 것을 약속하면서 발행하는 채권을 사서 이익을 보는 것입니다. 채권을 사서 번 이익에서 투자 기관의 수수료를 뺀 금액이 수익이 됩니다. 이외에도 투자 대상에 따라 국내 펀드, 해외 펀드, 신흥국가 대상 펀드, 선진국 펀드, 중국 펀드, 원자재 펀드 등 펀드의 종류는 아주 다양합니다.

채권 투자 펀드는 회사나 지방자치단체 그리고 국가가 망하지 않는 이상 정해진 이자를 받을 수 있어 비교적 안정적입니다. 그런데 주식 투자 펀드는 일반 주식 가격의 변동에 따라 수익을 많이 볼 수도 있지만 손해를 보는 경우도 흔합니다. 예를 들어 어떤 펀드는 10년 후 누적 수익률이 원금의 열 배나 되지만 어떤 펀드는 수익률이 나빠져 1년 만에 원금의 절반이 되어버리는 일도 발생합니다. 이렇게 수익률 차이가 심하게 나는 것은 주식이 경기 변동의 영향을 많이 받기 때문입니다.

이로 인해 펀드와 관련하여 은행을 비롯한 투자 전문 기관에 가서 상담을 하면 상품에 대한 안내만 할 뿐, 가입 여부는 고객이 스스로 판단하도록 하고 있습니다. 합리적으로 안내를 한다고 해도 소비자의 투자 목적, 시장 상황, 투자 성향에 따라 맞는 펀드가 다르기 때문입니다. 그러므로 펀드에 가입하기 전에는 펀드의 종류를 잘 알아보고 결정해야 합니다. 또, 펀드에 가입을 해도 살 때와 팔 때를 잘 구분해야 합니다. 이것이 가장 어려운 일입니다. 그래서 주식이나 펀드는 사회 경험을 쌓고 경제 지식을 많이 알고 난 후에 하는 것이 좋다는 얘기를 많이 합니다.

13 다음 중 윗글을 통해 확인할 수 있는 질문으로 적절하지 않은 것은?

① 펀드에는 어떤 종류가 있는가?
② 펀드 가입 절차는 어떻게 되는가?
③ 펀드 가입 시 유의할 점은 무엇인가?
④ 펀드에 가입하면 돈을 벌 수 있는가?

14 다음 중 윗글의 내용으로 가장 적절한 것은?

① 주식 투자 펀드는 경기 변동의 영향을 많이 받게 된다.
② 주식 투자 펀드는 정해진 이자를 받을 수 있어 안정적이다.
③ 채권 투자 펀드는 투자 기관의 수수료를 더한 금액이 수익이 된다.
④ 주식 투자 펀드는 채권 투자 펀드와 달리 투자 기관의 수수료가 없다.

15 다음은 K은행에서 운영하고 있는 K직장인스마트론대출 상품설명서의 일부이다. 대출을 받고자 하는 A ~ D 4명의 정보가 다음 〈조건〉과 같을 때, 대출이 가능한 사람은?

〈K직장인스마트론대출〉

- 계약기간 : 일시상환 / 수시상환(마이너스 대출) 1년
  매월 원리금균등분할상환 : 최대 15년 이내 연 단위 선택(일부 대상 고객에 한함)
  ※ 신용등급, 연 소득에 따라 일시상환 / 수시상환 선택이 제한될 수 있음
- 이자 계산 방법 : 1년을 365일(윤년은 366일)로 보고 1일 단위로 계산
- 이자 지급 방법 : 이자 납입일을 정하여 매월마다 이자 납입
- 대출한도 : 최소 1백만 원 최대 150백만 원
  ※ 개인 신용 평점, 은행 내부 신용 등급, 기존 신용 대출 금액, 현금서비스에 따라 고객별로 다를 수 있음
- 대출금리(2025년 2월, 대출금액 1억 5천만 원, 대출기간 1년, 일시상환 기준)

구분	고정금리	변동금리
기준금리(+)	3.761%	3.760%
가산금리(+)	1.474 ~ 6.056%p	1.492 ~ 6.073%p
감면금리(−)	0.000 ~ 0.200%p	0.000 ~ 0.200%p
대출금리	최저 5.035% ~ 최고 9.500%	최저 5.034% ~ 최고 9.374%

※ 00 ~ 06시 중 대출 실행 시 일자별 금리 변동으로 인해 안내금리와 실행시점의 금리가 다를 수 있음

- 대출대상 : 다음 조건을 모두 충족하는 고객
  1. 현 직장에 6개월 이상 재직 중인 고객
  2. 개인 CB점수 KCB 520점 이상이고, NICE 600점 이상인 고객
  ※ 당행에 휴대폰 번호가 정상 등록되어 있어야 하며, 은행 내부 신용 등급 등의 사유에 따라 거절될 수 있음
- 대출신청 시기 : 영업일(휴·공휴일 제외) 01:00 ~ 24:00까지 가능
- 대출금 지급 : 신청 당일 고객 지정계좌로 지급
- 유의사항 : 본 상품은 최대 3건(동일인당)까지 실행이 가능하니, 대출신청 시 유의하시기 바랍니다.

〈조건〉

〈K직장인스마트론대출 신청자 현황(25.02.06.)〉

구분	비고
A	• L사 재직 중(2023년 6월 입사) • KCB 점수 500점, NICE 점수 550점 • 당행에 본인 명의의 휴대폰 번호 등록
B	• 10일 전 S사 퇴사 • KCB 점수 700점, NICE 점수 734점 • 당행에 본인 명의의 휴대폰 번호 등록
C	• H사 재직 중(2024년 7월 입사) • KCB 점수 820점, NICE 점수 857점 • 당행에 본인 명의의 휴대폰 번호 미등록
D	• J사 재직 중(2024년 6월 입사) • KCB 점수 650점, NICE 점수 697점 • 당행에 본인 명의의 휴대폰 번호 등록

① A ② B
③ C ④ D

※ 다음은 공무원 가족 국외여비 지급 기준표에 대한 자료이다. 이어지는 질문에 답하시오. [16~17]

〈공무원 가족 국외여비 지급 기준표〉

지급 사유	지급액
1. 부임 또는 전근하는 경우 소속 장관의 허가를 받아 가족을 근무지로부터 새로운 근무지까지 동반해야 할 때	가. 12세 이상의 가족에 대해서는 본인이 여행하는 때와 같은 등급의 철도운임·선박운임·항공운임 및 자동차 운임 및 준비금과 일비·숙박비 및 식비의 3분의 2에 상당하는 금액 나. 12세 미만의 가족에 대해서는 본인이 여행하는 때와 같은 등급의 철도운임·선박운임·항공운임 및 자동차 운임 및 준비금과 일비·숙박비 및 식비의 3분의 1에 상당하는 금액
2. 외국 근무 중 소속 장관의 허가를 받아 한 차례에 한정하여 가족을 그 근무지로 불러오거나 본국으로 귀국시킬 때	
3. 외국에서 4년 이상 계속 근무한 공무원이 소속 장관의 명에 따라 본국에서 재교육을 받기 위하여 배우자와 18세 미만 자녀와 함께 일시 귀국할 때(단, 4년마다 한 차례로 한정한다)	
4. 주재국의 급격한 정세변화로 인하여 동반 가족을 철수시킬 때	
5. 외국 근무 중 소속 장관의 허가를 받아 배우자를 동반한 공무여행을 할 때	
6. 소속 장관의 허가를 받아 본인을 대신하여 가족 중 1명 또는 본인과 동반하여 배우자가 일시 귀국할 때	
7. 근무조건이 매우 불리하다고 외교부장관이 인정하는 지역에서 근무 중인 공무원이 소속 장관의 허가를 받아 연간 한 차례만 가족 동반으로 다른 지역에서 휴양을 할 때 또는 의료검진을 받을 때	본인이 여행하는 때와 같은 등급의 철도운임·선박운임·항공운임 및 자동차운임 전액
8. 근무조건이 매우 불리하다고 외교부장관이 인정하는 고산지역에서 근무 중인 공무원이 소속 장관의 허가를 받아 연간 23일의 범위에서 분기별로 한 차례 가족동반으로 저지대(低地帶)에서 요양을 할 때	

※ 가족은 본인을 포함한 구성원을 지칭함
※ 취업 후 독립하여 생계를 유지하는 자녀 및 26세 이상 자녀는 특수한 경우를 제외하고 지급하지 아니함

16 **다음 중 운임 비용 전액을 국외여비로 받을 수 있는 상황은?(단, 모든 상황은 소속 장관의 허가 및 외교부장관의 인정을 받았으며 예외는 없다)**

① 근무지인 노르웨이로 6살 딸을 불러오려는 공무원 A씨
② 배우자 지인의 상(喪)으로 베이징에서 배우자와 급하게 귀국하려는 공무원 B씨
③ 출장 지역에서 내전으로 인해 근무환경에 위협을 받아 급하게 귀국하는 공무원 C씨
④ 해발 5,500m 지역에서 근무하다 1분기 휴가 때 가족과 함께 14일간 바닷가에서 쉬려는 공무원 D씨

17 해외로 발령받은 4명의 공무원은 소속 장관의 허가하에 가족을 동반하여 K항공을 이용해 근무지로 가고자 한다. 다음 〈조건〉을 참고할 때, 공무원과 지급받을 국외여비가 바르게 연결되지 않은 것은?(단, 천 원 단위에서 올림한다)

〈K항공 운임 및 기내식 비용〉

구분	운임 비용	기내식 비용
S CLASS	성인 : 1,200,000원 소인 : 성인의 80%	기내식 무료 제공
A CLASS	성인 : 900,000원 소인 : 성인의 80%	성인 : 15,000원 소인 : 무료 제공
B CLASS	성인 : 750,000원 소인 : 성인의 80%	20,000원 (소인 구분 없음)
C CLASS	700,000원	20,000원 (소인 구분 없음)

※ C CLASS의 운임 비용은 성인과 소인의 구분이 없음
※ 소인은 18세 미만의 청소년을 지칭함
※ 8세 미만의 어린이는 모든 CLASS에서 운임 비용을 받지 않음

〈조건〉

구분	동반가족 (공무원 본인 포함)	CLASS 신청사항	기내식 신청 여부
H부장	5인 (16세, 10세, 7세 자녀 있음)	A CLASS	신청
J과장	4인 (23세, 21세 자녀 있음 / 독립하지 않음)	S CLASS	신청
L대리	2인	B CLASS	미신청
P주임	4인 (6세, 4세 자녀 있음)	C CLASS	신청

공무원	지급여비
① H부장	1,940,000원
② J과장	3,200,000원
③ L대리	1,000,000원
④ P주임	1,440,000원

※ 다음은 2026년 K기업 신입사원 채용공고이다. 이어지는 질문에 답하시오. **[18~19]**

〈2026년 K기업 신입사원 채용공고〉

• 채용인원 및 선발분야 : 총 00명(기능직 00명, 행정직 00명)

• 지원자격

구분	주요내용
학력	• 기능직 : 해당 분야 전공자 또는 관련 자격 소지자 • 행정직 : 학력 및 전공 제한 없음
자격	• 기능직의 경우 관련 자격증 소지 여부 확인 • 외국어 능력 성적 보유자에 한해 성적표 제출
연령	만 18세 이상(채용공고일 2026.04.07. 기준)
병역	병역법에 명시한 병역기피 사실이 없는 자 (단, 현재 군복무 중인 경우 채용예정일 이전 전역 예정자 지원 가능)
기타	2026년 신입사원 채용부터 지역별 지원 제한 폐지

• 채용전형 순서 : 서류전형 – 필기전형 – 면접전형 – 건강검진 – 최종합격

• 채용예정일 : 2026년 8월 4일

18 K기업 채용 Q&A 게시판에 다음과 같은 질문이 올라왔다. 이에 대한 답변으로 가장 적절한 것은?

> 안녕하세요. 이번 K기업 채용공고를 확인하고 지원하려고 하는데 지원자격과 관련하여 여쭤보려고 합니다. 대학을 졸업하고 현재 군인 신분인 제가 이번 채용에 지원할 수 있는지 확인하고 싶어서요. 답변 부탁드립니다.

① 죄송하지만 이번 채용에서는 대학 졸업 예정자만을 대상으로 하고 있습니다.

② 채용예정일 이전 전역 예정자라면 지원 가능합니다.

③ 지역별로 지원 제한이 있으므로 확인하시고 지원하기 바랍니다.

④ 행정직의 경우 외국어 능력 성적 기준 제한이 있으므로 확인하시고 지원하기 바랍니다.

19 다음 중 K기업에 지원할 수 없는 사람은 누구인가?

① 최종학력이 고등학교 졸업인 A

② 관련 학과를 전공하고 기능직에 지원한 B

③ 2026년 5월 1일 기준으로 만 18세가 된 C

④ 외국어 능력 성적 유효 기간이 경과한 D

20 귀하는 K은행에 근무하며 여러 금융상품을 취급하고 있다. 다음과 같은 고객 조건을 참고할 때, 해당 고객에게 추천해 줄 상품으로 가장 적절한 것은?

〈K은행 금융상품〉

상품	특징
스마트 적금	• 가입기간 : 입금금액이 800만 원이 될 때까지 • 가입금액 : 월 1천 원 이상 100만 원 이하 • 복잡한 우대금리 조건이 없는 스마트폰 전용 적금
두배드림 적금	• 가입기간 : 36개월 • 가입금액 : 월 4만 원 이상 20만 원 이하 • 우대금리 : 입금실적이 본 은행의 12개월 이상
월복리 정기예금	• 가입기간 : 12 ~ 36개월 • 가입금액 : 월 300만 원 이상 3,000만 원 이하 • 우대금리 : 전월 실적이 50만 원 이상
DREAM 적금	• 가입기간 : 6개월 이상 60개월 이하 • 가입금액 : 월 1천 원 이상 • 우대금리 : 은행신규고객을 대상으로 하며, 통장에 3백만 원 이상 보유

〈고객 조건〉

이번에 목돈을 모으기 위해 적금에 가입하려 합니다. 매달 20만 원 정도 입금할 예정이며 우대금리를 받고 싶습니다. 상품에 3년 동안 가입할 예정이며, 현재 K은행에서 매달 50만 원씩 20개월 동안 이용하고 있습니다. 통장 예금은 현재 500만 원이 조금 넘습니다.

① 스마트 적금
② 두배드림 적금
③ 월복리 정기예금
④ DREAM 적금

21 A ~ E 5명 중 1명이 테이블 위에 놓여있던 사탕을 먹었다. 이들 중 1명의 진술만 거짓일 때, 거짓을 말하는 사람은 누구인가?

- A : D의 말은 거짓이다.
- B : A가 사탕을 먹었다.
- C : D의 말은 사실이다.
- D : B는 사탕을 먹지 않았다.
- E : D는 사탕을 먹지 않았다.

① A ② B
③ D ④ E

22 제시된 명제가 모두 참일 때, 다음 중 옳지 않은 것은?

- 비가 많이 내리면 습도가 높아진다.
- 겨울보다 여름에 비가 더 많이 내린다.
- 습도가 높으면 먼지가 잘 나지 않는다.
- 습도가 높으면 정전기가 잘 일어나지 않는다.

① 겨울은 여름보다 습도가 낮다.
② 먼지는 여름이 겨울보다 잘 난다.
③ 여름에는 겨울보다 정전기가 잘 일어나지 않는다.
④ 비가 많이 오면 정전기가 잘 일어나지 않는다.

23 김대리는 체육대회에 참여할 직원 명단을 작성하고자 한다. A ~ F 6명의 직원들이 다음 〈조건〉에 따라 참여한다고 할 때, 체육대회에 반드시 참여하는 직원의 수는?

〈조건〉

- A가 참여하면 F는 참여하지 않고, B는 체육대회에 참여한다.
- C가 체육대회에 참여하면 D는 체육대회에 참여하지 않는다.
- E가 체육대회에 참여하지 않으면 C는 체육대회에 참여한다.
- B와 E 중 1명만 체육대회에 참여한다.
- D는 체육대회에 참여한다.

① 2명 ② 3명
③ 5명 ④ 6명

24 김대리, 박과장, 최부장 중 1명은 점심으로 짬뽕을 먹었다. 다음 진술 중 2개의 진술만 참이고 나머지는 모두 거짓일 때, 짬뽕을 먹은 사람과 참인 진술을 바르게 연결한 것은?(단, 중국집에서만 짬뽕을 먹을 수 있고, 중국 음식은 짬뽕뿐이다)

- 김대리 : 박과장이 짬뽕을 먹었다. … ㉠
  나는 최부장과 중국집에 갔다. … ㉡
  나는 중국 음식을 먹지 않았다. … ㉢
- 박과장 : 김대리와 최부장은 중국집에 가지 않았다. … ㉣
  나는 점심으로 짬뽕을 먹었다. … ㉤
  김대리가 중국 음식을 먹지 않았다는 것은 거짓말이다. … ㉥
- 최부장 : 나와 김대리는 중국집에 가지 않았다. … ㉦
  김대리가 점심으로 짬뽕을 먹었다. … ㉧
  박과장의 마지막 말은 사실이다. … ㉨

① 김대리, ㉡·㉥
② 박과장, ㉠·㉤
③ 최부장, ㉡·㉢
④ 최부장, ㉡·㉦

25 K기업의 부서별 직원 수에 대한 정보가 다음과 같을 때, 총무부의 직원은 몇 명인가?

- 총무부의 직원은 기획부의 직원보다 많다.
- 홍보부의 직원은 인사부보다 많다.
- 홍보부, 인사부, 품질관리부의 직원을 모두 합하면 기획부의 직원 수와 같다.
- 총무부와 기획부 직원 수의 차이는 5명으로, 홍보부와 인사부 직원 수의 차이와 같다.
- 인사부의 직원 수는 품질관리부의 2배이다.
- 인사부의 직원 수는 12명이다.

① 37명
② 38명
③ 39명
④ 40명

26 A ~ E 5명이 〈조건〉에 따라 일렬로 나란히 자리에 앉는다고 할 때, 다음 중 반드시 참인 것은?

〈조건〉

- 자리의 순서는 왼쪽을 기준으로 첫 번째 자리로 한다.
- D는 A의 바로 왼쪽에 있다.
- B와 D 사이에 C가 있다.
- A는 마지막 자리가 아니다.
- A와 B 사이에 C가 있다.
- B는 E의 바로 오른쪽에 앉는다.

① B는 다섯 번째 자리에 앉을 수 없다.
② C는 두 번째 자리에 앉을 수 있다.
③ D는 두 번째 자리에 앉을 수 있다.
④ E는 네 번째 자리에 앉을 수 있다.

27 국민은행에서는 직원들에게 다양한 혜택이 있는 복지카드를 제공한다. 복지카드의 혜택사항과 국민은행의 행원인 K씨의 일과가 다음과 같을 때, ㉠ ~ ㉤ 중 복지카드로 혜택을 볼 수 없는 행동을 모두 고르면?

〈복지카드 혜택사항〉

구분	세부내용
교통	대중교통(버스, 지하철) 3 ~ 7% 할인
의료	병원 5% 할인(동물병원 포함, 약국 제외)
쇼핑	의류, 가구, 도서 구입 시 5% 할인
영화	영화관 최대 6천 원 할인

〈K씨의 일과〉

K씨는 오늘 친구와 백화점에서 만나 쇼핑을 하기로 약속을 했다. 집에서 ㉠ 지하철을 타고 약 20분이 걸려 백화점에 도착한 K씨는 어머니 생신 선물로 ㉡ 화장품과 옷을 산 후, 동생의 이사 선물로 줄 ㉢ 침구류도 구매하였다. 쇼핑이 끝난 후 K씨는 ㉣ 버스를 타고 집에 돌아와 자신이 키우는 반려견의 예방접종을 위해 ㉤ 병원에 가서 진료를 받았다.

① ㉡, ㉢
② ㉢, ㉤
③ ㉠, ㉡, ㉢
④ ㉠, ㉡, ㉣

28 다음은 K국 공무원 5명 갑 ~ 무의 국외 출장 현황과 출장 국가별 여비 기준에 대한 자료이다. 〈조건〉에 따라 출장 여비를 지급받을 때, 출장 여비를 많이 지급받는 순서대로 5명을 바르게 나열한 것은?

〈갑 ~ 무의 국외 출장 현황〉

구분	출장 국가	출장 기간	숙박비 지급 유형	1박 실지출 비용	출장 시 개인 마일리지 사용 여부
갑	A국	3박 4일	실비 지급	145달러	미사용
을	A국	3박 4일	정액 지급	130달러	사용
병	B국	3박 5일	실비 지급	110달러	사용
정	C국	4박 6일	정액 지급	75달러	미사용
무	D국	5박 6일	실비 지급	75달러	사용

※ 각 출장자의 출장 기간 중 매박 실지출 비용은 변동 없음

〈출장 국가별 1인당 여비 지급 기준액〉

구분	1박 숙박비 상한액	1일 식비
A국	170달러	72달러
B국	140달러	60달러
C국	100달러	45달러
D국	85달러	35달러

〈조건〉

- (출장 여비)=(숙박비)+(식비)
- 숙박비는 숙박 실지출 비용을 지급하는 실비 지급 유형과 출장 국가 숙박비 상한액의 80%를 지급하는 정액 지급 유형으로 구분
  - (실비 지급 숙박비)=(1박 실지출 비용)×(숙박 일수)
  - (정액 지급 숙박비)=(출장 국가 1박 숙박비 상한액)×(숙박 일수)×0.8
- 식비는 출장 시 개인 마일리지 사용 여부에 따라 출장 중 식비의 20% 추가 지급
  - (개인 마일리지 미사용 시 지급 식비)=(출장 국가 1일 식비)×(출장 일수)
  - (개인 마일리지 사용 시 지급 식비)=(출장 국가 1일 식비)×(출장 일수)×1.2

① 갑 – 을 – 병 – 정 – 무
② 갑 – 을 – 병 – 무 – 정
③ 을 – 갑 – 병 – 무 – 정
④ 을 – 갑 – 정 – 병 – 무

29 다음은 국민은행 체크카드별 할인 혜택에 대한 자료이다. 갑 ~ 정 4명의 이번 주 주말 지출 내역이 〈보기〉와 같을 때, 할인 금액이 가장 큰 사람은?

〈체크카드별 할인 혜택〉

구분	할인 혜택
A체크카드	• 소셜커머스, 대형 온라인몰, 점심식사 5% 할인 • 커피전문점 10% 할인 • 영화 3천 원 할인
B체크카드	• 대형마트, 전통시장, 유치원, 학원, 의료비 5% 할인 • 외식 주중 5%, 주말 10% 할인
C체크카드	• 커피전문점 20% 할인 • 어학원, 영화 10% 할인 • 대중교통 2천 원 할인
D체크카드	• 백화점, 대형 온라인몰, 편의점, 학원, 도서 5% 할인 • 커피전문점, 패밀리레스토랑 10% 할인

〈보기〉

- 갑 : C체크카드로 영화관람에 20,000원 결제하였고, 커피전문점에서 14,000원 결제하였다.
- 을 : B체크카드로 외식에 40,000원 결제하였고, 전통시장에서 20,000원 결제하였다.
- 병 : D체크카드로 커피전문점에서 25,000원 결제하였고, 17,000원 금액의 도서를 결제하였다.
- 정 : A체크카드로 영화관람에 20,000원 결제하였고, 커피전문점에서 15,000원 결제하였다.

① 갑　　② 을

③ 병　　④ 정

30 다음은 국민은행 체크카드의 할인 혜택에 대한 자료이다. 국민은행 체크카드의 할인 적용을 모두 받을 수 있는 사례로 옳은 것은?

〈국민은행 체크카드 할인 혜택〉

구분	할인	이용금액 기준
A영화관	35%	이용금액 건당 1~2만 원까지 할인 적용
B레스토랑, C레스토랑	20%	이용금액 건당 3~5만 원까지 할인 적용
D카페	20%	이용금액 건당 1~2만 원까지 할인 적용
E놀이공원, F놀이공원	50%	이용금액 건당 3~5만 원까지 할인 적용
G편의점	15%	이용금액 건당 1~2만 원까지 할인 적용
H서점	15%	이용금액 건당 2~5만 원까지 할인 적용
대중교통(버스·지하철)	10%	월 이용금액 2만 원까지 할인 적용
이동통신요금 자동이체	2,500원	이용금액 건당 5만 원 이상 시 할인(월 1회)

〈전월이용실적에 따른 월간 통합할인한도 적용〉

구분	20만 원 이상	30만 원 이상	50만 원 이상	100만 원 이상
월간 통합할인한도	1만 원	2만 원	3만 원	5만 원

- 국민은행 체크카드의 할인 서비스는 전월 이용실적 20만 원 이상 시 제공됩니다(단, 대중교통 / 이동통신요금 할인 서비스는 30만 원 이상 시 제공).
- 국민은행 체크카드의 할인 서비스는 전월 이용실적에 따라 월간 통합할인한도가 차등 적용됩니다.
- 월간 통합할인한도란 매월 할인받을 수 있는 최대금액을 의미하며, 월간 통합할인한도 잔여금액은 다음 달로 이월되지 않습니다.

① 전월 이용실적이 54만 원이며, E놀이공원에서 5만 원 사용(현재까지 할인받은 금액 : 7천 원)
② 전월 이용실적이 102만 원이며, H서점에서 4만 원 사용(현재까지 할인받은 금액 : 4만 3천 원)
③ 전월 이용실적이 35만 원이며, G편의점에서 2만 원 사용(현재까지 할인받은 금액 : 1만 8천 원)
④ 전월 이용실적이 24만 원이며, 대중교통 이용으로 1만 원 사용(현재까지 할인받은 금액 : 8천 원)

31 다음은 금융회사별 보험료 산출식과 그 구체적 사례에 대한 자료이다. 5개 회사가 납부해야 할 보험료 중 가장 많은 금액과 가장 적은 금액의 차이는?(단, 보험료 계산은 연간으로 한다)

〈금융회사별 보험료 산출 공식〉

구분	보험료 산출 공식
은행	• (분기별 보험료)=(예금 등의 분기별 평균잔액)$\times\frac{8}{10,000}$ • (연간 보험료)=(분기별 보험료)×4
투자매매업자·투자중개업자	(연간 보험료)=(예금 등의 연평균잔액)$\times\frac{15}{10,000}$
보험회사	(연간 보험료)=[(책임준비금)+(수입보험료)]÷2$\times\frac{15}{10,000}$
종합금융회사	(연간 보험료)=(예금 등의 연평균잔액)$\times\frac{15}{10,000}$
상호저축은행	(연간 보험료)=(예금 등의 연평균잔액)$\times\frac{40}{10,000}$

〈회사별 평균잔액〉

구분	비용
A종합금융회사	예금 등의 연평균잔액 : 2억 4천만 원
B보험회사	책임준비금 : 2억, 수입보험료 : 2천만 원
C상호저축은행	예금 등의 연평균잔액 : 5억 원
D은행	예금 등의 분기별 평균잔액 : 5천만 원
E투자중개업자	예금 등의 연평균잔액 : 3억 원

① 180만 원
② 182만 원
③ 184만 원
④ 186만 원

32 다음은 연도별 회사채 발행액과 용어에 대한 자료이다. 이에 대한 설명으로 옳지 않은 것은?(단, 소수점 둘째 자리에서 반올림한다)

〈연도별 회사채 발행액 현황〉

(단위 : 억 원, %)

구분	2023년		2024년		2025년	전년 동기 대비 2025년 상반기 증감률
	상반기	하반기	상반기	하반기	상반기	
보증사채	1,010	1,080	1,220	1,407	1,562	28.0
무보증사채	680	700	740	896	977	32.0
담보부사채	810	880	980	1,047	1,235	26.0
차환사채	180	202	220	226	231	5.0
전환사채	440	488	510	563	602	18.0

※ 전년 동기 대비 증감률은 2024년 상반기 대비 2025년 상반기 증감률임

〈보기〉

• 보증사채 : 사채의 원금상환 및 이자지급을 금융기관이 보증하는 사채로, 사채원리금 지급보증기관은 은행, 신용보증기금, 기술신용보증기금, 종합금융회사, 보증보험회사 등이 있다.

• 무보증사채 : 기업이 원리금 상환 및 이자 지급을 제3자의 보증이나 물적담보 없이 신용에 의해 발행하는 회사채로, 무보증사채 또는 일반사채라고도 한다. 원리금 회수에 대한 위험부담이 크기 때문에 제3자가 보증하는 보증사채나 담보여력 내에서 발행하는 담보부사채에 비해 이자율이 높고 기간이 단기인 것이 특징이다.

• 담보부사채 : 기업체가 회사채의 원금상환 및 이자지급을 물적으로 보증하기 위하여 물적담보가 붙여진 사채로, 부동산 등의 담보물을 신탁회사에 맡기고 이를 근거로 해서 발행하는 회사채를 말한다.

• 차환사채 : 기업이 이미 발행한 회사채의 원금과 이자를 갚기 위해 또 다시 발행하는 회사채로, 채권의 발행인은 채권의 만기가 도래하면 채권 소유자들에게 원금을 상환해야 하지만 자금 수요가 지속될 경우 상환시점에 맞추어 또 다시 채권을 발행, 상환자금을 조달하게 된다. 따라서 차환사채의 발행 규모를 보면 그 기업의 자금난의 정도를 알 수 있다.

• 전환사채 : 일정한 조건에 따라 채권을 발행한 회사의 주식으로 전환할 수 있는 권리가 부여된 채권으로서 전환 전에는 사채로서의 확정이자를 받을 수 있고 전환 후에는 주식으로서의 이익을 얻을 수 있는 사채와 주식의 중간형태의 채권이다.

① 2024년 하반기 대비 2025년 상반기 증감률은 보증사채가 무보증사채의 약 1.2배이다.

② 기업의 자금난을 파악할 수 있는 사채의 2023년 하반기 발행액은 2024년 하반기 발행액의 90% 이상이다.

③ 물적인 보증을 통해 발행하는 사채의 2024년 상반기 발행액과 2023년 하반기 발행액의 차이는 2024년 상반기 발행액과 2024년 하반기 발행액의 차이보다 크다.

④ 회사채 중 전년 동기 대비 2025년 상반기 증감률보다 전년 동기 대비 2024년 상반기 증감률이 더 높은 사채 종류는 한 가지이다.

33 K씨는 가격이 250만 원인 컴퓨터를 이달 초에 먼저 50만 원을 지불하고 남은 금액은 12개월 할부로 구매하고자 한다. 이자는 월이율 0.5%로 1개월마다 복리로 적용할 때, 남은 금액을 한 달 후부터 일정한 금액으로 갚는다면 K씨가 매월 내야 하는 금액은?(단, $1.005^{12}=1.062$로 계산하고, 십 원 단위에서 반올림한다)

① 147,600원　② 153,500원
③ 162,800원　④ 171,300원

34 K은행 행원인 귀하에게 A고객이 찾아와 2024년 말부터 매년 말에 일정한 금액을 적립하여 2043년 말에 1억 원이 되는 목돈을 만들려고 한다고 하였다. 이에 따라 귀하는 연이율 10%인 연복리 상품을 추천하였다. 이때 A고객이 매년 말에 얼마를 적립해야 되는지를 묻는다면, 귀하가 안내할 금액은 얼마인가?(단, 세금은 고려하지 않으며, $1.1^{20}=6.7$로 계산하고, 만 원 단위 미만은 절사한다)

① 160만 원　② 175만 원
③ 180만 원　④ 190만 원

35 A기업은 해외 기업으로부터 대리석을 수입하여 국내 건설업체에 납품하고 있다. 최근 파키스탄의 B기업과 대리석 1톤을 수입하는 거래를 체결하였다. 수입대금으로 내야 할 금액은 원화로 얼마인가?(단, 주어진 정보만 고려한다)

- 환율정보
  - 1달러=100루피
  - 1달러=1,160원
- 대리석 10kg당 가격 : 35,000루피

① 3,080만 원　② 3,810만 원
③ 4,060만 원　④ 4,600만 원

36 다음은 어느 국가의 연도별 알코올 관련 질환 사망자 수에 대한 자료이다. 이에 대한 설명으로 옳은 것은?

〈알코올 관련 질환 사망자 수〉

(단위 : 명)

구분	남성		여성		전체	
	사망자 수	인구 10만 명당 사망자 수	사망자 수	인구 10만 명당 사망자 수	사망자 수	인구 10만 명당 사망자 수
2011년	2,542	10.7	156	0.7	2,698	5.9
2012년	2,870	11.9	199	0.8	3,069	6.3
2013년	3,807	15.8	299	1.2	4,106	8.4
2014년	4,400	18.2	340	1.4	4,740	9.8
2015년	4,674	19.2	374	1.5	5,048	10.2
2016년	4,289	17.6	387	1.6	4,676	9.6
2017년	4,107	16.8	383	1.6	4,490	9.3
2018년	4,305	17.5	396	1.6	4,701	9.5
2019년	4,243	17.1	400	1.6	4,643	9.3
2020년	4,010	16.1	420	1.7	4,430	8.9
2021년	4,111	16.5	424	1.7	(　)	9.1
2022년	3,996	15.9	497	2.0	4,493	9.0
2023년	4,075	16.2	474	1.9	(　)	9.1
2024년	3,955	15.6	521	2.1	4,476	8.9

※ 인구 10만 명당 사망자 수는 소수점 둘째 자리에서 반올림한 값임

① 2021년과 2023년의 전체 사망자 수는 같다.

② 여성 사망자 수는 매년 증가한다.

③ 매년 남성 인구 10만 명당 사망자 수는 여성 인구 10만 명당 사망자 수의 8배 이상이다.

④ 남성 인구 10만 명당 사망자 수가 가장 많은 해의 전년 대비 남성 사망자 수 증가율은 5% 이상이다.

37 다음은 성별 · 연령별 기대여명 추이에 대한 자료이다. 이에 대한 설명으로 옳지 않은 것은?

〈성별 · 연령별 기대여명 추이〉

(단위 : 년)

구분	남자					여자				
	1970년	1995년	2010년	2024년	2025년	1970년	1995년	2010년	2024년	2025년
0세	58.7	69.7	74.9	78.6	79.0	65.8	77.9	81.6	85.0	85.2
1세	60.3	69.3	74.2	77.8	78.2	67.6	77.6	80.9	84.3	84.4
2～10세	52.8	60.7	65.4	68.9	69.3	60.2	68.9	72.1	75.3	75.5
11～20세	43.9	51.1	55.5	59.0	59.4	51.3	59.1	62.2	65.4	65.5
21～30세	35.4	41.7	45.9	49.3	49.7	43.0	49.4	52.4	55.6	55.7
31～40세	26.7	32.6	36.4	39.7	40.1	34.3	39.8	42.7	45.9	46.0
41～50세	19.0	24.2	27.5	30.5	30.8	26.0	30.5	33.2	36.3	36.4
51～60세	12.7	16.7	19.3	22.0	22.2	18.4	21.7	24.0	26.9	27.0
61～70세	8.2	10.5	12.2	14.1	14.3	11.7	13.7	15.4	17.9	17.9
71～80세	4.7	6.1	6.9	7.8	8.0	6.4	7.8	8.5	10.1	10.1
81～90세	2.8	3.3	3.6	4.0	4.1	3.4	4.2	4.2	4.9	4.8
100세 이상	1.7	1.8	1.9	2.1	2.1	1.9	2.2	2.2	2.4	2.3

※ 기대여명 : 특정 연도의 특정 연령의 사람이 생존할 것으로 기대되는 평균 생존연수를 말함

① 1970년 대비 2025년에 변동폭이 가장 적은 연령대는 100세 이상이다.

② 1970년 대비 2025년에 기대여명이 가장 많이 늘어난 것은 0세 남자이다.

③ 제시된 자료에서 남녀 모든 연령에서 기대여명은 2025년까지 유지되거나 증가했다.

④ 기대여명은 매해 동일 연령에서 여자가 항상 높았다.

38 다음은 K은행 2025년 1분기 민원 건수에 대한 자료이다. 신용카드 민원 건수를 제외한 K은행의 금분기 자체민원과 대외민원의 민원 건수 증감률이 전분기 대비 각각 80%, −40%라고 할 때, 빈칸 (가)와 (나)에 들어갈 수치의 합은?

〈K은행 2025년 1분기 민원 건수〉

(단위 : 건)

구분		민원 건수	
		금분기	전분기
자체민원	전체 민원 건수	99	71
	신용카드 민원 건수	9	(가)
대외민원	전체 민원 건수	8	13
	신용카드 민원 건수	(나)	3

① 23
② 24
③ 25
④ 26

39 다음은 K은행의 자동화기기 이용수수료에 대한 자료이다. 이에 대한 설명으로 옳은 것은?

〈자동화기기 이용수수료〉

구분			영업시간 내			영업시간 외		
			3만 원 이하	10만 원 이하	10만 원 초과	3만 원 이하	10만 원 이하	10만 원 초과
K은행 자동화기기 이용 시	출금		면제			250원	500원	
	이체	K은행계좌	면제			면제		
		타행계좌	400원	500원	900원	700원	800원	1,000원
	타행카드 입금		500원			1,000원		
타행 자동화기기 이용 시	출금		800원			1,000원		
	이체		500원		900원	800원		1,000원

※ 영업시간 : 평일 09 ~ 16시

① 평일 오후 8시에 K은행 자동화기기로 8만 원 출금 시 수수료는 면제된다.
② 토요일 오전 8시에 타행 자동화기기로 5만 원 출금 시 1,000원의 수수료가 적용된다.
③ 일요일 오후 1시에 타행 자동화기기로 12만 원을 이체할 경우 900원의 수수료가 적용된다.
④ 평일 오후 3시에 K은행 자동화기기로 13만 원을 K은행계좌로 이체할 경우 900원의 수수료가 적용된다.

40 다음은 은행별 해외송금수수료와 A씨가 1년간 해외유학 중인 아들에게 보낸 해외송금 내역에 대한 자료이다. A씨에게 부담되는 해외송금수수료는?(단, 해외송금수수료 계산 시 해외송금 건마다 전신료도 별도로 포함되어야 한다)

〈은행별 해외송금수수료〉

(단위 : 원)

구분	해외송금수수료					전신료
	$500 미만	$500 이상 $2,000 미만	$2,000 이상 $5,000 미만	$5,000 이상 $10,000 미만	$10,000 이상	
A은행	15,000	20,000	25,000	30,000	35,000원	10,000
B은행	12,000	17,000	22,000	27,000		7,000
C은행	18,000		23,000	28,000		8,000
D은행	12,000	14,000	19,000	24,000	29,000	7,500
E은행	14,500		19,500	27,500	32,500	7,000

〈A씨의 2025년 해외송금 내역〉

구분	송금 금액	이용 은행
2025.02.03	$720	D은행
2025.03.06	$5,200	A은행
2025.04.04	$2,500	B은행
2025.04.27	$1,300	A은행
2025.05.15	$2,300	C은행
2025.06.09	$1,520	D은행
2025.07.11	$5,500	E은행
2025.08.20	$800	D은행
2025.09.04	$1,320	A은행
2025.10.24	$2,300	D은행
2025.12.12	$800	D은행

① 263,000원
② 276,000원
③ 287,000원
④ 307,000원

제2영역 직무심화지식

01 다음 중 통화가치가 비교적 안정적인 주요 6개국의 통화 대비 미국 달러의 가치를 지수화한 지표를 나타내는 것은?

① 암스 인덱스
② 월드 인덱스
③ OITP 지수
④ 달러 인덱스

02 다음 중 세계 각국의 국제간 금융거래에서 기준금리로 활용되는 금리는?

① 리비드
② 코픽스
③ 콜금리
④ 리보금리

03 다음 중 핀테크에 대한 설명으로 옳지 않은 것은?

① 금융(Finance)과 기술(Technology)이 결합한 서비스를 가리키는 말이다.
② 새로운 IT기술의 등장을 그 배경으로 하고 있다.
③ 하드웨어, 앱 등을 기반으로 한 간편결제 서비스가 출시되고 있다.
④ 플랫폼과 관계없이 다양한 사업자들의 공정한 경쟁이 보장되고 있다.

04 한국은행에서 발표하는 금융시장의 평균적인 금리율로, 1996년부터 전체 금융시장의 금융상품을 고려해 발표하는 수치는 무엇인가?

① 가중평균금리
② 조달금리
③ 기준금리
④ 콜금리

05 다음 중 '위안화의 국제화'라는 주제를 중심으로 중국의 대외적 통화 전략을 다룬 책 등에서 다뤄지며 중국의 위안화 국제화 행보에 세계가 집중하면서 주목된 단어는?

① 레드머니
② 블루머니
③ 옐로우머니
④ 블랙머니

06 다음에서 설명하는 화폐의 기능으로 옳은 것은?

> 예를 들면 물물교환 경제에서 쌀을 가진 사람이 옷을 구하고자 할 때, 자신이 가진 쌀로 얼마만큼의 옷을 살 수 있는지를 알기 위해서는 다른 상품 간의 교환비율까지 모두 알아야 한다. 그러나 화폐경제에서는 모든 물건의 가치가 같은 화폐 단위로 표시되므로 모든 상품 간의 교환비율을 즉시 알 수 있다.

① 교환매개
② 가치저장
③ 가치척도
④ 지급수단

07 다음 중 디플레이션에 대한 설명으로 옳지 않은 것은?

① 채무자에게서 채권자로 부와 소득의 재분배가 발생한다.
② 금융자산의 명목가치는 불변이나 실질가치가 증가한다.
③ 부채의 실질가치가 낮아지는 현상이 나타난다.
④ 토지 등의 자산 가격이 하락하면 소비와 투자가 위축된다.

08 다음 중 기업이 주식을 신규로 거래소에 상장하기 위하여 주식을 발행하여 공모하는 것은 무엇인가?

① 액면분할
② 액면병합
③ 기업공개
④ 감자

09 다음 중 도덕적 해이에 대한 설명으로 옳지 않은 것은?

① 금융거래계약 후 차입자가 자금을 원래의 목적대로 이용하지 않을 경우 발생한다.
② 불완전하게 감시를 받고 있는 사람이 부정직하거나 바람직하지 못한 행위를 하는 경향을 말한다.
③ 보험시장에서 도덕적 해이를 방지하기 위한 방안으로는 공동보험을 들 수 있다.
④ 보험시장에서 대체로 건강상태가 나쁜 사람들이 보험에 가입하는 것은 도덕적 해이의 한 사례이다.

10 다음 중 특정 주권의 가격이나 주가지수의 수치에 연계한 증권은?

① ELS
② ELW
③ ELD
④ ETF

11 다음 중 금융시장에 대한 설명으로 옳지 않은 것은?

① 사모펀드는 주로 창업 초기 및 초기 성장 단계 투자를 말한다.
② 투자자는 자본공급의 대가로 투자 수익을 얻는다.
③ 공모(Public Market) 부문은 자본 시장의 자금조달, 자금투자·운용 등을 통해 수익을 얻는다.
④ 벤처 캐피탈은 주로 비상장기업에 투자를 한다.

12 다음 중 환매조건부채권에 대한 설명으로 옳지 않은 것은?

① 금융기관이 일정 기간 후 확정금리를 보태어 되사는 조건으로 발행하는 채권이다.
② 발행 목적에 따라 여러 가지 형태가 있는데, 흔히 중앙은행과 시중은행 사이의 유동성을 조절하는 수단으로 활용된다.
③ 한국은행에서도 시중에 풀린 통화량을 조절하거나 예금은행의 유동성 과부족을 막기 위해 수시로 발행하고 있다.
④ 은행이나 증권회사 등의 금융기관이 개인 수신 금융상품으로는 판매할 수 없다.

13 다음 중 두 거래 당사자가 계약일에 약정된 환율에 따라 해당 통화를 일정 시점에서 상호 교환하는 외환거래는 무엇인가?

① 통화옵션(Money Option)

② 금리스왑(Interest Rate Swap)

③ 통화스왑(Currency Swaps)

④ 외환스왑(Foreign Exchange Swap)

14 다음 중 BIS 비율에 대한 설명으로 옳은 것은?

① 위험자산을 자기자본으로 나눈 값이다.

② 은행의 건전성을 나타내는 지표이다.

③ 이 비율의 계산에 쓰이는 자기자본은 기본자본에서 보완자본을 뺀 것이다.

④ 이 비율이 8% 미만이면 우량은행으로 평가받는다.

15 다음 중 소득을 기준으로 대출금액을 제한하는 제도는 무엇인가?

① PBR ② BIS

③ DTI ④ LTV

16 다음 중 채권시장의 유용성이 아닌 것은?

① 장기자금의 조달 ② 경기예측기능

③ 통화정책에 활용 ④ 변동금리형 자산운용

17 **한 개의 금융기관에서 자금을 감당하기 어려울 때 위험을 분산하기 위해 두 개 이상의 은행이 은행단을 구성하여 공통조건으로 자금을 융자해 주는 것은 무엇인가?**

① 트러스트
② 콤비나트
③ 신디케이트론
④ 카르텔

18 **다음 중 채권가격의 변동요인에 대한 설명으로 옳지 않은 것은?**

① 채권가격과 채권수익률은 역의 방향으로 움직인다.
② 채권의 만기가 증가할수록 채권가격의 변동성도 커진다.
③ 일정한 수준의 채권수익률 변동에 따른 채권가격의 변화율은 만기까지의 기간에 비례하여 증가하지 않고 체감하면서 증가한다.
④ 채권가격의 변동은 채권의 만기와 함께 감소한다.

19 **다음 중 증권대위의 개념으로 옳은 것은?**

① 자기자본으로서 타 회사의 증권을 획득하여 지배하는 것
② 우선주를 일정한 기간 내에 보통주로 대체시키는 것
③ 사채를 주식으로 전환시킬 수 있는 주식매수권부 사채
④ 기업집중의 한 수단으로서 기업합동에 예치시키는 것

20 **다음 중 펀드의 종류와 그 내용이 잘못 연결된 것은?**

① 벌처펀드 – 고위험 고수익
② 인덱스펀드 – 주가지표 연동수익
③ 스폿펀드 – 장기 고수익
④ 뮤추얼펀드 – 회사형 투자신탁

21 **다음 중 주식과 채권의 중간적 성격을 띠는 신종자본증권은?**

① 하이브리드 채권
② 금융 채권
③ 연대 채권
④ 지역개발 채권

22 **다음 중 일정 기간을 사전에 정하여 만기까지는 환급을 받지 않는 예금은?**

① 저축성예금
② 요구불예금
③ 회전예금
④ 자유저축예금

23 **다음 중 고객의 투자금을 모아 금리가 높은 CD, CP 등 단기금융상품에 투자해 고수익을 내는 펀드는?**

① ELS
② ETF
③ MMF
④ CMA

24 **다음 중 트리플약세(Triple Weak)에 대한 설명으로 옳은 것은?**

① 가치가 낮은 악화와 가치가 높은 양화가 동일한 화폐가치를 가지고 함께 유통될 경우, 악화만이 그 명목가치로 유통되고 양화는 유통되지 않는 현상을 말한다.
② 물가상승률과 실업률을 합한 수치로, 높을수록 경제고통이 크다는 것을 의미한다.
③ 주식 및 채권 시장에서 빠져 나온 자금이 해외로 유출되어 주가・원화가치・채권가격이 동시에 하락하는 약세 금융현상을 말한다.
④ 경제에서 상승국면의 경기가 일시적인 후퇴로 어려움을 겪어 단기적으로 다소 불안하지만 그리 심각하지 않은 상황을 말한다.

25 다음 중 일정 기간 동안 소비자가 행한 계약을 취소해도 계약금을 다시 받을 수 있도록 한 제도는?

① 스핀오프　② 핸드오프
③ 체크오프　④ 쿨링오프

26 다음 중 주식 시장에서 일반적으로 쓰는 용어로, 주가가 단기간에 과다하게 급락하는 상황을 뜻하는 것은?

① 언더슈팅　② 오버슈팅
③ 언더제트　④ 오버제트

27 다음 중 금융회사로 하여금 내부통제와 법규 준수를 용이하게 하는 정보기술은?

① 인슈어테크　② 레그테크
③ 블록체인　④ 핀테크

28 다음 중 한 국가가 경제적 · 정치적인 이유로 외국에서 빌려온 차관에 대해 일시적으로 상환을 연기하는 것은?

① 디폴트　② 모라토리엄
③ 워크아웃　④ 법정 관리

29 다음 중 ETF(Exchange Traded Funds)에 대한 설명으로 옳은 것은?

① 일반 주식처럼 자유롭게 사고 팔 수 없다.
② 높은 거래비용과 낮은 투명성을 가지고 있다.
③ 실시간으로 직접매매가 불가능하다.
④ 인덱스펀드와 뮤추얼펀드의 특성을 결합한 상품이다.

30 다음 중 유동성 선호설에 의하면 화폐보유에 대한 거래적 동기는 주로 무엇에 대한 함수인가?

① 소득
② 이자율
③ 화폐공급
④ 자본의 한계효율

31 다음 중 상용 소프트웨어가 출시되기 전에 미리 고객들에게 프로그램에 대한 평가를 수행하고자 제작한 소프트웨어는?

① 알파(Alpha) 버전
② 베타(Beta) 버전
③ 데모(Demo) 버전
④ 패치(Patch) 버전

32 다음 중 여러 대의 컴퓨터를 일제히 동작시켜 대량의 데이터를 한 곳의 서버 컴퓨터에 집중적으로 전송시킴으로써 특정 서버가 정상적으로 동작하지 못하게 하는 공격방식은?

① 스니핑(Sniffing)
② 스푸핑(Spoofing)
③ 백도어(Back Door)
④ 분산서비스거부(DDoS)

33 다음 중 가상이동통신망사업자(MVNO)에 대한 설명으로 옳은 것은?

① 무선인터넷 게임에 등장하는 가상의 이동통신사업자이다.
② 원격으로 로봇을 조종하는 서비스를 제공하는 업체이다.
③ 가상의 이동통신망을 사용해 온라인게임서비스를 제공하는 사업자이다.
④ 이동통신업체의 통신망을 빌려 이동통신서비스를 제공하는 사업자이다.

34 다음 〈보기〉 중 데이터 마이닝에 대한 설명으로 옳은 것을 모두 고르면?

〈보기〉

㉠ 기대했던 정보뿐만 아니라 기대하지 않았던 정보를 찾아내는 기술을 의미한다.
㉡ 계획적으로 축적한 대용량의 데이터를 대상으로 한다.
㉢ 통계분석기술을 적용하여 유형한 패턴과 관계를 찾는다.
㉣ 선형 회귀분석이나 로지스틱 분석방법 등이 적용된다.

① ㉠
② ㉣
③ ㉠, ㉢
④ ㉡, ㉣

35 다음 중 교착상태의 예방 기법이 아닌 것은?

① 비선점 부정
② 환형 대기 부정
③ 은행원 알고리즘
④ 점유 및 대기 부정

36 다음 중 스케줄링 알고리즘을 평가하는 기준으로 옳지 않은 것은?

① 처리량(Throughput)
② 대기 시간(Waiting Time)
③ 바인딩 시간(Binding Time)
④ 반환 시간(Turn Around Time)

37 다음 중 단편화 현상에 대한 설명으로 옳지 않은 것은?

① 페이징 기법에서는 외부 단편화가 발생할 수 있다.
② 외부 단편화는 압축(Compaction)으로 해결할 수 있다.
③ 단편화의 종류에는 내부 단편화와 외부 단편화가 있다.
④ 파일이 커서 메모리에 기억시킬 수 없기 때문에 발생하는 단편화는 외부 단편화이다.

38 **다음 중 모든 컴퓨터 기기를 하나의 초고속 네트워크로 연결해 집중적으로 사용할 수 있게 하는 기술은?**

① 빅데이터
② 그리드락
③ 멀티태스킹
④ 그리드 컴퓨팅

39 **다음 중 페이지 교체 알고리즘 중에서 특정 프로세스에 더 많은 페이지 프레임을 할당해도 페이지 부재율이 증가하는 현상이 나타나는 알고리즘은?**

① Second Chance
② FIFO(First In First Out)
③ LRU(Least Recently Used)
④ LFU(Least Frequently Used)

40 **다음 중 블록체인의 특성으로 옳지 않은 것은?**

① 승인된 블록들을 되돌리기가 무척 어려우며 모든 변경 기록을 추적할 수 있다.
② 소스가 폐쇄되어 있기 때문에 네트워크에 참여하는 누구나 안전하게 거래가 가능하다.
③ 분산화된 네트워크 노드가 마이닝을 통해 거래를 검증하기 때문에 중개자가 필요 없다.
④ 블록체인 데이터는 수천 개의 분산화된 네트워크 노드에 저장되기 때문에 기술적 실패 또는 악의적 공격에 대한 저항력을 갖고 있다.

제3영역 상식

01 서로 다른 분야의 요소들이 결합할 때 창조와 혁신을 이뤄 각 요소가 갖는 에너지의 합보다 더 큰 에너지를 분출하게 되는 효과를 일컫는 경제용어는?

① 낙수 효과
② 링겔만 효과
③ 기저 효과
④ 메디치 효과

02 다음 중 중산층 소비자가 값이 저렴하면서도 만족감을 얻는 명품을 소비하는 경향은?

① 메세나
② 매스티지
③ 프라브족
④ 앰비슈머

03 다음 중 소비자가 선호하는 것에 깊이 파고드는 행동이 관련 제품의 소비로 이어지는 현상은?

① 디깅 소비
② 보복 소비
③ 윤리적 소비
④ 클라우드 소비

04 다음 중 혼합경제체제에 대한 설명으로 옳은 것은?

① 자본주의 경제체제와 사회주의 경제체제의 혼합체제이다.
② 경제발전계획을 추진하는 정부주도하의 경제운영체제이다.
③ 시장경제원리와 계획경제원리가 혼재하는 현대의 자본주의 경제체제이다.
④ 사유재산에 대한 국가의 통제를 인정하는 자본주의 경제체제이다.

05 A기업의 사적 생산비용 $TC=2Q^2+20Q$이다. 그러나 이 기업은 생산 과정에서 공해 물질을 배출하고 있으며, 공해 물질 배출에 따른 외부불경제를 비용으로 추산하면 추가로 10Q의 사회적 비용이 발생한다. 이 제품에 대한 시장수요가 $Q=60-P$일 때, 사회적 최적 생산량은?(단, Q는 생산량, P는 가격이다)

① 3
② 4
③ 5
④ 6

06 다음에서 설명하는 경제이론은?

> 사람이 살아가는 데 있어 반드시 필요한 식량과 물 등은 헐값에 제공되거나 무료로 제공되는 반면 거의 쓸모없는 다이아몬드와 같은 사치품은 비싼 가격에 팔린다.

① 코즈의 정리
② 테킬라효과
③ 그레셤의 법칙
④ 스미스의 역설

07 다음 중 소비자잉여와 생산자잉여에 대한 설명으로 옳지 않은 것은?

① 소비자잉여는 소비자의 선호 체계에 의존한다.
② 완전경쟁일 때보다 기업이 가격차별을 실시할 경우 소비자잉여가 줄어든다.
③ 완전경쟁시장에서는 소비자잉여와 생산자잉여의 합인 전체 잉여가 극대화된다.
④ 독점시장의 시장가격은 완전경쟁시장의 가격보다 높게 형성되지만 소비자잉여는 줄어들지 않는다.

08 다음에서 설명하고 있는 시장의 유형은?

> • 주변에서 가장 많이 볼 수 있는 시장의 유형이다.
> • 공급자의 수는 많지만, 상품의 질은 조금씩 다르다.
> • 소비자들은 상품의 차별성을 보고 기호에 따라 재화나 서비스를 소비하게 된다. 미용실, 약국 등이 속한다.

① 과점시장
② 독점적 경쟁시장
③ 생산요소시장
④ 완전경쟁시장

09 **다음 중 당기순이익을 감소시키는 거래가 아닌 것은?**

① 판매사원용 피복 구입 후 즉시 배분
② 토지(유형자산)에 대한 취득세 지출
③ 거래처 직원 접대 후 즉시 현금 지출
④ 영업용 건물에 대한 감가상각비 인식

10 **다음 중 고객 수요의 작은 변동이 제조업체에 전달되면서 정보가 왜곡되고 확대되는 현상을 나타내는 용어는?**

① 승수효과
② 채찍효과
③ 구축효과
④ 분수효과

11 **다음 〈보기〉에서 NFT(Non-Fungible Token)에 대한 설명으로 옳은 것을 모두 고르면?**

〈보기〉

㉠ 개개의 NFT에는 고유한 인식값이 부여되어 서로 대체할 수 없는 가치가 있기 때문에 교환할 수 없다.
㉡ 블록체인에 저장된 NFT는 최초 발행자, 소유권 이전 등 거래내역이 공개되기 때문에 위조가 불가능하다.
㉢ NFT는 소유권 거래가 가능하고 고유성·희소성이 있는 디지털 자산이므로 투자 대상으로 주목을 받고 있다.
㉣ 원저작자만이 원본이 되는 저작물을 NFT화할 수 있기 때문에 저작권·소유권 침해를 둘러싼 법적 분쟁 우려가 전혀 없다.
㉤ NFT 소유자는 NFT에 대한 소유권과 저작권을 모두 가지므로 저작권 침해 신고를 할 수 있다.

① ㉠, ㉡, ㉢
② ㉠, ㉡, ㉣
③ ㉡, ㉢, ㉣
④ ㉢, ㉣, ㉤

12 미국의 경제학자인 밀턴 프리드먼은 '공짜 점심은 없다(There is no such thing as a free lunch).'라는 말을 즐겨했다고 한다. 다음 중 이 말을 설명할 수 있는 경제 원리는?

① 기회비용
② 규모의 경제
③ 긍정적 외부성
④ 수요공급의 원리

13 다음 중 미래에 현금을 수취할 계약상 권리에 해당하는 금융자산과 이에 대응하여 미래에 현금을 지급할 계약상 의무에 해당하는 금융부채로 옳지 않은 것은?

① 대여금과 차입금
② 매출채권과 매입채무
③ 선급금과 선수금
④ 받을어음과 지급어음

14 다음 중 자국 통화의 가치를 상승시키는 사례가 아닌 것은?

① 수출의 증가
② 해외 투자에서 배당수익 발생
③ 국외 여행객의 국내 방문 증가
④ 외환보유액을 늘리기 위한 중앙은행의 시장 개입

15 다음 중 프로젝트 파이낸싱(Project Financing)에 대한 설명으로 옳지 않은 것은?

① SOC 개발, 부동산 개발 등 프로젝트 파이낸싱의 대상이 되는 사업은 대개는 규모가 방대해 거대한 소요자금이 요구될 뿐만 아니라 계획사업에 내재하는 위험이 매우 크다.
② 프로젝트 파이낸싱의 담보는 프로젝트의 미래 현금수지의 총화이기 때문에 프로젝트의 영업이 부진한 경우에도 프로젝트 자체 자산의 처분 외에는 다른 회수 수단이 없다.
③ 프로젝트 파이낸싱은 사업주 자신과는 법적·경제적으로 독립된 프로젝트 회사가 자금을 공여받아 프로젝트를 수행하게 되므로 사업주의 재무상태표에 관련 대출금이 계상되지 않아 사업주의 재무제표에 영향을 주지 않는 부외금융의 성격이 있다.
④ 프로젝트 파이낸싱은 특정한 프로젝트로부터 미래에 발생하는 현금흐름(Cash Flow)을 담보로 하여 당해 프로젝트의 수행에 필요한 자금을 조달하는 금융 기법을 총칭하는 개념으로, 금융비용이 낮다는 특징이 있다.

16 다음 중 총 가계지출액 중에서 식료품비가 차지하는 비율인 엥겔(Engel)지수에 대한 설명으로 옳지 않은 것은?

① 농산물 가격이 상승하면 엥겔지수가 올라간다.

② 엥겔지수를 구하는 식은 식료품비/총가계지출액×100이다.

③ 엥겔지수는 소득 수준이 높아짐에 따라 점차 증가하는 경향이 있다.

④ 엥겔지수 상승에 따른 부담은 저소득층이 상대적으로 더 커진다.

17 다음 중 너무 차갑지도 그렇다고 너무 뜨겁지도 않은 적당한 상태를 가리키는 말로서 이상적인 경제 상황을 나타내며, 영국 전래 동화에서 유래한 용어는?

① 뉴노멀

② 커플링

③ 골디락스

④ 윔블던 효과

18 다음 중 코즈의 정리(Coase's Theorem)에 대한 설명으로 옳지 않은 것은?

① 재산권이 명확하게 확립되어 있어야 한다.

② 정부의 직접적인 규제는 바람직하지 않다.

③ 재산권 부여는 외부성을 내부화하는 것과 동일한 효과가 있다.

④ 거래비용이 없다면 재산권이 어느 거래당사자에게 귀속되는지에 따라 자원배분의 효율이 결정된다.

19 다음 글의 (가)에 해당하는 단체는?

> 안창호 선생은 1908년에 평양에 대성 학교를 세우고 1913년 ___(가)___ 을/를 결성하였다. 1919년 대한민국 임시 정부 내무총장 겸 국무총리 대리 등을 역임하면서 독립을 위해 힘썼다. 1932년 일본 경찰에 체포되어 옥고를 치르다 병을 얻어 1938년에 순국하였다.

① 흥사단
② 대한 광복회
③ 신민회
④ 한인 애국단

20 다음 제시된 역사적 사건을 시대 순으로 바르게 나열한 것은?

> ㉠ 모스크바 3상 회의
> ㉡ 얄타 회담
> ㉢ 미·소 공동 위원회
> ㉣ 포츠담 선언
> ㉤ 카이로 회담

① ㉠－㉣－㉡－㉢－㉤
② ㉡－㉣－㉤－㉠－㉢
③ ㉤－㉡－㉣－㉠－㉢
④ ㉣－㉤－㉡－㉢－㉠

4권

제4회
KB국민은행 필기전형

제1영역 직업기초능력
제2영역 직무심화지식
제3영역 상식

〈문항 수 및 시험시간〉

NCS 기반 객관식 필기시험 : 총 100문항(100분)

구분(문항 수)	출제범위	배점	모바일 OMR 답안채점 / 성적분석 서비스
직업기초능력(40)	의사소통능력, 문제해결능력, 수리능력	40	
직무심화지식(40)	금융영업(30), 디지털 부문 활용능력(10)	40	
상식(20)	경제 / 금융 / 일반상식	20	

※ 문항 수 및 시험시간은 2025년 하반기 채용공고문을 참고하여 구성하였습니다.

KB국민은행 필기전형

제4회 모의고사

문항 수 : 100문항
시험시간 : 100분

제 1 영역 직업기초능력

01 다음 글의 내용으로 가장 적절한 것은?

개인의 합리성과 사회의 합리성은 병행할 수 있을까? 이 문제와 관련하여 고전 경제학에서는 개인이 합리적으로 행동하면 사회 전체적으로도 합리적인 결과를 얻을 수 있다고 말한다. 물론 여기에서 '합리성'이란 여러 가지 가능한 대안 가운데 효용의 극대화를 추구하는 방향으로 선택을 한다는 의미의 경제적 합리성을 의미한다. 따라서 개인이 최대한 자신의 이익에 충실하면 모든 자원이 효율적으로 분배되어 사회적으로도 이익이 극대화된다는 것이 고전 경제학의 주장이다.
그러나 개인의 합리적 선택이 반드시 사회적인 합리성으로 연결되지 못한다는 주장도 만만치 않다. 이른바 '죄수의 딜레마' 이론에서는 서로 의사소통을 할 수 없도록 격리된 두 용의자가 각각의 수준에서 가장 합리적으로 내린 선택이 오히려 집합적인 결과에서는 두 사람 모두에게 비합리적인 결과를 초래할 수 있다고 설명하고 있다. 즉, 다른 사람을 고려하지 않고 자신의 이익만을 추구하는 개인적 차원의 합리성만을 강조하면, 오히려 사회 전체적으로는 비합리적인 결과를 초래할 수 있다는 것이다. 죄수의 딜레마 이론을 지지하는 쪽에서는 심각한 환경오염 등 우리 사회에 존재하는 문제의 대부분을 이 이론으로 설명한다.
일부 경제학자들은 이러한 주장에 대하여 강하게 반발한다. 그들은 죄수의 딜레마 현상이 보편적인 현상이라면, 우리 주위에서 흔히 발견할 수 있는 협동은 어떻게 설명할 수 있느냐고 반문한다. 사실 우리 주위를 돌아보면, 사람들은 의외로 약간의 손해를 감수하더라도 협동을 하는 모습을 곧잘 보여주곤 한다. 그들은 이런 행동들도 합리성을 들어 설명한다. 안면이 있는 사이에서는 오히려 상대방과 협조를 하는 행동이 장기적으로는 이익이 된다는 것을 알기 때문에 협동을 한다는 것이다. 즉, 협동도 크게 보아 개인적 차원의 합리적 선택이 집합적으로 나타난 결과로 보는 것이다.
그러나 이런 해명에도 불구하고 우리 주변에서는 각종 난개발이 도처에서 자행되고 있으며, 환경오염은 이제 전 지구적으로 만연해 있는 것이 엄연한 현실이다. 자기 집 부근에 도로나 공원이 생기기를 원하면서도 정작 그 비용은 부담하려고 하지 않는다든지, 남에게 해를 끼치는 일인 줄 뻔히 알면서도 쓰레기를 무단 투기하는 등의 행위를 서슴지 않고 한다. '합리적인 개인'이 '비합리적인 사회'를 초래하고 있는 것이다.
그렇다면 죄수의 딜레마와 같은 현상을 극복하고 사회적인 합리성을 확보할 수 있는 방안은 무엇인가? 그것은 개인적으로는 도덕심을 고취하고, 사회적으로는 의사소통 과정을 원활하게 하는 것이라고 할 수 있다. 개인들이 자신의 욕망을 적절하게 통제하고 남을 배려하는 태도를 지니면 죄수의 딜레마 같은 현상에 빠지지 않고도 개인의 합리성을 추구할 수 있을 것이다. 아울러 서로 간의 원활한 의사소통을 통해 공감의 폭을 넓히고 신뢰감을 형성하며, 적절한 의사 수렴과정을 거친다면 개인의 합리성이 보다 쉽게 사회적 합리성으로 이어지는 길이 열릴 것이다.

① 사회적 합리성을 위해서는 개인의 노력만으로는 안 된다.

② 사람들은 이기심보다 협동심이 더 강하다.

③ 사회가 기계라면 사회를 이루는 개인은 그 기계의 부속품일 수밖에 없다.

④ 전체 사회를 위해 개인의 희생은 감수할 수밖에 없다.

02 다음 글의 밑줄 친 ㉠ ~ ㉣에 대한 설명으로 적절하지 않은 것은?

사법(私法)은 개인과 개인 사이의 재산, 가족 관계 등에 적용되는 법으로서 이 법의 영역에서는 ㉠ '계약 자유의 원칙'이 적용된다. 계약의 구체적인 내용 결정 등은 당사자들 스스로 정할 수 있다는 것이다. 따라서 당사자들이 사법에 속하는 법률의 규정과 어긋난 내용으로 계약을 체결한 경우에 계약 내용이 우선 적용된다. 이처럼 법률상으로 규정되어 있더라도 당사자가 자유롭게 계약 내용을 정할 수 있는 법률 규정을 ㉡ '임의 법규'라고 한다. 사법은 원칙적으로 임의 법규이므로, 사법으로 규정한 내용에 대해 당사자들이 계약으로 달리 정하지 않았다면 원칙적으로 법률의 규정이 적용된다.

그러나 법률로 정해진 내용과 어긋나게 계약을 하면 당사자들에게 벌금이나 과태료 같은 법적 불이익이 있거나 계약의 효력이 부정되는 예외적인 경우도 있다. 우선, 체결된 계약 내용이 법률에 정해진 내용과 어긋날 때 법적 불이익이 있지만 계약의 효력 자체는 그대로 두는 경우가 있다. 이에 해당하는 법조문을 ㉢ '단속 법규'라고 한다. 공인 중개사가 자신이 소유한 부동산을 고객에게 직접 파는 것을 금지하는 규정은 단속 법규에 해당한다. 따라서 이 규정을 위반하여 공인 중개사와 고객이 체결한 매매 계약의 경우 공인 중개사에게 벌금은 부과되지만 계약 자체는 유효이다. 이 경우 계약 내용에 따른 행동인 급부(給付)를 할 의무가 인정되어, 공인 중개사는 매물의 소유권을 넘겨주고 고객은 대금을 지급해야 하는 것이다.

한편 체결된 계약 내용이 법률에 정해진 내용과 어긋날 때 법적 불이익이 있을 뿐만 아니라 체결된 계약의 효력 자체도 인정되지 않아 급부 의무가 부정되는 경우가 있다. 이에 해당하는 법조문을 ㉣ '강행 법규'라고 한다. 이 경우 계약 당사자들은 상대에게 급부를 하라고 요구할 수는 없다. 이미 급부를 이행하여 재산적 이익을 넘겨주었다면 이 이익은 '부당 이득'에 해당하기 때문에 반환을 요구할 수 있다. 즉, '부당 이득 반환 청구권'이 인정된다. 의사와 의사 아닌 사람의 의료 기관 동업을 금지하는 법률 규정은 강행 법규이다. 따라서 의사와 의사 아닌 사람이 체결한 동업 계약은 계약의 효력이 부정된다. 다만 계약에 따라 이미 동업 자금을 건넸다면 이 돈을 반환하라고 요구하는 것은 가능하다.

그러나 강행 법규에 의해 계약의 효력이 부정되었을 때 부당이득 반환 청구권이 인정되지 않는 경우도 있다. 급부의 내용이 위조지폐 제작처럼 비도덕적이거나 반사회적인 행동이라면, 계약의 효력이 인정되지 않을 뿐 아니라 이미 넘겨준 이익을 돌려받을 권리도 부정되는 것이 원칙이다.

① ㉠ : 계약 당사자들 스스로 계약의 구체적인 내용을 결정할 수 있다.

② ㉡ : 법률상 규정되어 있더라도 ㉠이 적용될 수 있는 법률 규정을 의미한다.

③ ㉢ : 법적 불이익뿐만 아니라 체결된 계약의 효력 자체도 인정되지 않아 급부 의무가 부정된다.

④ ㉣ : 급부를 이행하여 재산적 이익을 넘겨주었다면 반환을 요구할 수 있다.

03 다음은 공공기관 갑질 근절 가이드라인이다. 이에 따라 갑질 유형과 그에 해당하는 사례를 바르게 연결한 것은?

> 〈공공기관 갑질 근절 가이드라인〉
>
> • 갑질이란?
> 사회 · 경제적 관계에서 우월적 지위에 있는 사람이 권한을 남용하거나, 우월적 지위에서 비롯되는 사실상의 영향력을 행사하여 상대방에게 행하는 부당한 요구나 처우를 의미한다.
>
> • 목적 : 공공분야에서 발생하는 갑질에 대한 최소한의 판단 기준, 갑질 행위에 대한 처리 절차, 갑질 예방대책 추진에 관한 사항 등을 제시하여 갑질을 근절하고, 상호 존중하는 사회적 풍토 조성을 목적으로 한다.
>
> • 적용 범위 : 중앙행정기관, 지방자치단체, 공공기관의 운영에 대한 법률에 따른 공공기관, 지방공기업법에 따른 지방공기업, 지방자치단체 출자 · 출연기관의 운영에 관한 법률에 따른 지방자치단체 출자 · 출연기관과 중앙행정기관, 지방자치단체, 공공기관 등으로부터 공무를 위탁받아 행하는 기관 · 개인 또는 법인과 공무원으로 의제 적용되는 사람
>
> • 주요 유형별 갑질 판단 기준
> – 법령 등 위반 : 법령, 규칙, 조례 등을 위반하여 자기 또는 타인의 부당한 이익을 추구하거나 불이익을 주었는지 여부
> – 사적 이익 요구 : 우월적 지위를 이용하여 금품 또는 향응 제공 등을 강요 · 유도하는지, 사적으로 이익을 추구하였는지 여부
> – 부당한 인사 : 특정인의 채용 · 승진 · 인사 등을 배려하기 위해 유 · 불리한 업무를 지시하였는지 여부
> – 비인격적 대우 : 외모와 신체를 비하하는 발언, 욕설 · 폭언 · 폭행 등 비인격적인 언행을 하였는지 여부
> – 업무 불이익 : 정당한 사유 없이 불필요한 휴일근무 · 근무시간 외 업무지시, 부당한 업무 배제 등을 하였는지 여부
> – 기타 : 의사에 반한 모임 참여를 강요하였는지, 부당한 차별행위를 하였는지 여부 등

① 법령 등 위반 : 공단에 막대한 손실을 입히고, 반성하는 태도조차 보이지 않는 김대리에게 A부장은 절차에 따라 해고를 통보하였다.

② 사적 이익 요구 : 공단에서 하청업체와의 계약을 담당하는 B대리는 하청업체 직원에게 계약을 하기 위한 조건으로 본인이 사용할 목적의 50만 원 상당의 금품을 요구하였다.

③ 부당한 인사 : 11월에는 업무량이 많아 휴가 통제 권고가 있었지만, C부장은 어머니의 병세가 악화된 이사원의 휴가를 승인해 주었고, 해외여행을 계획하고 있던 한사원의 휴가는 승인해 주지 않았다.

④ 업무 불이익 : 오후 6시에 퇴근하려던 D차장은 전산시스템에 오류가 발생했다는 보고를 받고, 주대리에게 업무 협조를 요청하여 오후 11시가 다 되어 오류를 해결하였다.

04 다음은 K공단의 임직원행동강령 제25조의 일부이다. 이에 대해 바르게 말한 사람을 〈보기〉에서 모두 고르면?

〈임직원행동강령〉

제25조 금품 등의 수수(收受) 금지

① 임직원은 직무 관련 여부 및 기부・후원・증여 등 그 명목에 관계없이 동일인으로부터 1회에 100만 원 또는 매 회계연도에 300만 원을 초과하는 금품 등을 받거나 요구 또는 약속해서는 아니 된다.

② 임직원은 직무와 관련하여 대가성 여부를 불문하고 제1항에서 정한 금액 이하의 금품 등을 받거나 요구 또는 약속해서는 아니 된다.

③ 제37조의 외부강의 등에 관한 사례금 또는 다음 각 호의 어느 하나에 해당하는 금품 등은 제1항 또는 제2항에서 수수(收受)를 금지하는 금품 등에 해당하지 아니한다.

1. 공공기관의 장이 소속 임직원이나 파견 임직원에게 지급하거나 상급자가 위로・격려・포상 등의 목적으로 하급자에게 제공하는 금품 등
2. 원활한 직무수행 또는 사교・의례 또는 부조의 목적으로 제공되는 음식물・경조사비・선물 등으로서 별표 2-2에서 정하는 가액 범위 안의 금품 등
3. 사적 거래(증여는 제외한다)로 인한 채무의 이행 등 정당한 권원(權原)에 의하여 제공되는 금품 등
4. 임직원의 친족(민법 제777조에 따른 친족을 말한다)이 제공하는 금품 등
5. 임직원과 관련된 직원상조회・동호인회・동창회・향우회・친목회・종교단체・사회단체 등이 정하는 기준에 따라 구성원에게 제공하는 금품 등 및 그 소속 구성원 등 임직원과 특별히 장기적・지속적인 친분관계를 맺고 있는 자가 질병・재난 등으로 어려운 처지에 있는 임직원에게 제공하는 금품 등
6. 임직원의 직무와 관련된 공식적인 행사에서 주최자가 참석자에게 통상적인 범위에서 일률적으로 제공하는 교통, 숙박, 음식물 등의 금품 등
7. 불특정 다수인에게 배포하기 위한 기념품 또는 홍보용품 등이나 경연・추첨을 통하여 받는 보상 또는 상품 등
8. 그 밖에 사회상규(社會常規)에 따라 허용되는 금품 등

④ 임직원은 제3항 제5호에도 불구하고 같은 호에 따라 특별히 장기적・지속적인 친분관계를 맺고 있는 자가 직무관련자 또는 직무관련임직원으로서 금품 등을 제공한 경우에는 그 수수 사실을 별지 제10호 서식에 따라 소속기관의 장에게 신고하여야 한다.

〈보기〉

A : 대가성 여부나 직무와 상관없이 매년 300만 원을 초과하는 금품을 받을 수 없어.

B : 장기적・지속적으로 친분관계를 맺고 있고, 같은 공단에 근무하는 친우로부터 개인 질병에 대한 지원금 400만 원을 받은 경우는 신고하지 않아도 돼.

C : 상업자 G씨에게 1년 동안 단 한 번, 150만 원을 받은 경우에는 문제가 되지 않아.

D : 작년에 같은 공단에 근무하는 사촌을 금전적으로 도와주었고, 지난달 사촌으로부터 200만 원을 받았어. 그러나 직무와 상관없어 신고하지는 않았어.

① A, B　　② A, D

③ B, D　　④ C, D

05 다음은 국민행복카드에 대한 자료이다. 이에 대한 설명으로 옳지 않은 것을 <보기>에서 모두 고르면?

〈국민행복카드〉

• 카드안내

'보육료', '유아학비', '건강보험 임신·출산 진료비 지원', '청소년산모 임신·출산 의료비 지원' 및 '사회서비스 전자바우처' 등 정부의 여러 바우처 지원을 공동으로 이용할 수 있는 통합카드입니다. 국민행복카드로 어린이집·유치원 어디서나 사용이 가능합니다.

• 발급방법

[온라인]

- 보조금 신청 : 정부 보조금을 신청하면 어린이집 보육료와 유치원 유아학비 인증이 가능합니다.
- 보조금 신청서 작성 및 제출 : 복지로 홈페이지
- 카드 발급 : 5개 카드사 중 원하시는 카드사를 선택해 발급받으시면 됩니다.
  ※ 연회비 무료
- 카드 발급처 : 복지로 홈페이지, 임신육아종합포털 아이사랑, 5개 제휴카드사 홈페이지

[오프라인]

- 보조금 신청 : 정부 보조금을 신청하면 어린이집 보육료와 유치원 유아학비 인증이 가능합니다.
- 보조금 신청서 작성 및 제출 : 읍면동 주민센터
- 카드 발급 : 5개 제휴카드사
  ※ 연회비 무료
- 카드 발급처 : 읍면동 주민센터, 해당 카드사 지점
  ※ 어린이집 ↔ 유치원으로 기관 변경 시에는 복지로 또는 읍면동 주민센터에서 반드시 보육료·유아학비 자격변경 신청이 필요함

〈보기〉

㉠ 국민행복카드 신청을 위한 보육료 및 학비 인증을 위해서는 별도 절차 없이 정부 보조금 신청을 하면 된다.

㉡ 온라인이나 오프라인 둘 중 어떤 발급경로를 선택하더라도 연회비는 무료이다.

㉢ 국민행복카드 신청을 위한 보조금 신청서는 읍면동 주민센터, 복지로 혹은 카드사의 홈페이지에서 작성할 수 있으며 작성처에 제출하면 된다.

㉣ 오프라인으로 신청한 경우, 카드를 발급받기 위해서는 읍면동 주민센터 혹은 전국 은행 지점을 방문하여야 한다.

① ㉠, ㉡　　② ㉠, ㉢

③ ㉡, ㉢　　④ ㉢, ㉣

06 다음은 개인정보보호법의 일부이다. 상법상 공공기관에 속하지 않는 기업에서 근무하는 개인정보처리자의 행위로 적법하다고 보기 어려운 것은?

> 〈개인정보보호법〉
>
> 제15조(개인정보의 수집 · 이용)
>
> ① 개인정보처리자는 다음 각 호의 어느 하나에 해당하는 경우에는 개인정보를 수집할 수 있으며 그 수집 목적의 범위에서 이용할 수 있다.
>
> 1. 정보주체의 동의를 받은 경우
> 2. 법률에 특별한 규정이 있거나 법령상 의무를 준수하기 위하여 불가피한 경우
> 3. 공공기관이 법령 등에서 정하는 소관 업무의 수행을 위하여 불가피한 경우
> 4. 정보주체와 체결한 계약을 이행하거나 계약을 체결하는 과정에서 정보주체의 요청에 따른 조치를 이행하기 위하여 필요한 경우
> 5. 명백히 정보주체 또는 제3자의 급박한 생명, 신체, 재산의 이익을 위하여 필요하다고 인정되는 경우
> 6. 개인정보처리자의 정당한 이익을 달성하기 위하여 필요한 경우로서 명백하게 정보주체의 권리보다 우선하는 경우. 이 경우 개인정보처리자의 정당한 이익과 상당한 관련이 있고 합리적인 범위를 초과하지 아니하는 경우에 한한다.
> 7. 공중위생 등 공공의 안전과 안녕을 위하여 긴급히 필요한 경우
>
> ② 개인정보처리자는 제1항 제1호에 따른 동의를 받을 때는 다음 각 호의 사항을 정보주체에게 알려야 한다. 다음 각 호의 어느 하나의 사항을 변경하는 경우에도 이를 알리고 동의를 받아야 한다.
>
> 1. 개인정보의 수집 · 이용 목적
> 2. 수집하려는 개인정보의 항목
> 3. 개인정보의 보유 및 이용 기간
> 4. 동의를 거부할 권리가 있다는 사실 및 동의 거부에 따른 불이익이 있는 경우에는 그 불이익의 내용
>
> ③ 개인정보처리자는 당초 수집 목적과 합리적으로 관련된 범위에서 정보주체에게 불이익이 발생하는지 여부, 암호화 등 안전성 확보에 필요한 조치를 하였는지 여부 등을 고려하여 대통령령으로 정하는 바에 따라 정보주체의 동의 없이 개인정보를 이용할 수 있다.

① 정보주체의 동의를 받아 개인정보를 수집한다.

② 공중위생 등 공공의 목적과 무관하지만 긴급히 필요하여 개인정보를 이용한다.

③ 법률에 따라 개인정보를 수집하고 이용한다.

④ 개인정보의 이용 목적이 변경된 경우 정보주체에게 알린다.

※ 다음은 허위표시 및 과대광고 관련 법조문의 일부이다. 이어지는 질문에 답하시오. **[7~8]**

〈허위표시 및 과대광고 관련 법조문〉

제00조

① 식품에 대한 허위표시 및 과대광고의 범위는 다음 각 호의 어느 하나에 해당하는 것으로 한다.

1. 질병의 치료와 예방에 효능이 있다는 내용의 표시·광고
2. 각종 감사장·상장 또는 체험기 등을 이용하거나 '인증'·'보증' 또는 '추천'을 받았다는 내용을 사용하거나 이와 유사한 내용을 표현하는 광고. 다만 중앙행정기관·특별지방행정기관 및 그 부속기관 또는 지방자치단체에서 '인증'·'보증'을 받았다는 내용의 광고는 제외한다.
3. 다른 업소의 제품을 비방하거나 비방하는 것으로 의심되는 광고나, 제품의 제조방법·품질·영양가·원재료·성분 또는 효과와 직접적인 관련이 적은 내용 또는 사용하지 않은 성분을 강조함으로써 다른 업소의 제품을 간접적으로 다르게 인식하게 하는 광고

② 제1항에도 불구하고 다음 각 호에 해당하는 경우에는 허위표시나 과대광고로 보지 않는다.

1. 일반음식점과 제과점에서 조리·제조·판매하는 식품에 대한 표시·광고
2. 신체조직과 기능의 일반적인 증진, 인체의 건전한 성장 및 발달과 건강한 활동을 유지하는 데 도움을 준다는 표시·광고
3. 제품에 함유된 영양성분의 기능 및 작용에 관하여 식품영양학적으로 공인된 사실

07 **법무팀에게서 위 법조문을 전달받은 귀하는 회사 계열사들이 허위표시 및 과대광고를 하고 있는지 알아보기 위해 계열사별 광고 문구를 확인하였다. 다음 〈보기〉 중 허위표시 및 과대광고를 하지 않은 곳을 모두 고르면?**

〈보기〉

㉠ (○○삼계탕 식당 광고) "고단백 식품인 닭고기와 스트레스 해소에 효과가 있는 인삼을 넣은 삼계탕은 인삼, 찹쌀, 밤, 대추 등의 유효성분이 어우러져 영양의 균형을 이룬 아주 훌륭한 보양식입니다."
㉡ (○○라면의 표시·광고) "우리 회사의 라면은 폐식용유를 사용하지 않습니다."
㉢ (○○두부의 표시·광고) "건강유지 및 영양보급에 만점인 단백질을 많이 함유한 ○○두부"
㉣ (○○녹차의 표시·광고) "변비와 당뇨병 예방에 탁월한 ○○녹차"
㉤ (○○소시지의 표시·광고) "식품의약품안전처에서 인증받은 ○○소시지"

① ㉠, ㉡
② ㉣, ㉤
③ ㉠, ㉡, ㉣
④ ㉠, ㉢, ㉤

08 귀하는 법조문을 읽은 후, 동료들과 점심식사를 하면서 허위표시 및 과대광고에 대한 주제로 대화를 하게 되었다. 다음 중 대화 내용으로 적절하지 않은 것은?

① 혈관성 질환에 확실히 효과가 있다고 광고하는 것도 과대광고구나.
② 얼마 전 어머니가 당뇨병에 좋다며 사온 건강식품도 허위표시로 봐야 하는구나.
③ 최근 인터넷 검색을 하면 체험후기가 많은데 그것도 모두 과대광고에 속하는 거지?
④ 어제 구매한 운동보조식품의 경우 신체의 건강한 발달에 도움이 된다고 광고한 것도 과대광고인거지?

09 다음 제시된 문단을 읽고, 이어질 문단을 논리적 순서대로 바르게 나열한 것은?

> 케인스학파에서는 시장에서 임금이나 물가 등의 가격 변수가 완전히 탄력적으로 작용하지는 않기 때문에 경기적 실업은 자연스럽게 해소될 수 없다고 주장한다.

> (가) 그래서 경기 침체에 의해 물가가 하락하더라도 화폐환상현상으로 인해 노동자들은 명목임금의 하락을 받아들이지 않게 되고, 결국 명목임금은 경기적 실업이 발생하기 이전의 수준과 비슷하게 유지된다. 이는 기업에서 노동의 수요량을 늘리지 못하는 결과로 이어지게 되고 실업은 지속된다. 따라서 케인스학파에서는 정부가 정책을 통해 노동의 수요를 늘리는 등의 경기적 실업을 감소시킬 수 있는 적극적인 역할을 해야 한다고 주장한다.
> (나) 이에 대해 케인스학파에서는 여러 가지 이유를 제시하는데 그중 하나가 화폐환상현상이다. 화폐환상현상이란 경기 침체로 인해 물가가 하락하고 이에 영향을 받아 명목임금이 하락하였을 때의 실질임금이, 명목임금의 하락 이전과 동일하다는 것을 노동자가 인식하지 못하는 현상을 의미한다.
> (다) 즉 명목임금이 변하지 않은 상태에서 경기 침체로 인한 물가 하락으로 실질임금이 상승하더라도, 고전학파에서 말하는 것처럼 명목임금이 탄력적으로 하락하는 현상은 일어나기 어렵다고 본 것이다.

① (가) – (나) – (다)
② (가) – (다) – (나)
③ (다) – (가) – (나)
④ (다) – (나) – (가)

10 다음 글의 내용으로 적절하지 않은 것은?

경제질서는 국가 간의 교역과 상호투자 등을 원활히 하기 위해 각 국가가 준수할 규범들을 제정하고 이를 이행시키면서 이루어진 질서이다. 경제질서는 교역 당사국 모두에 직접적인 이익을 가져다주기 때문에 비교적 잘 지켜지고 있다. 특히 1995년 WTO가 발족되어 안보질서보다도 더 정교한 질서로 자리를 잡고 있다. 경제질서를 준수하게 하는 힘은 준수하지 않았을 때 가해지는 불이익으로, 다른 나라들의 집단적 경제제재가 그에 해당된다. 자연보호질서는 경제 질서의 한 종류로, 자원보호질서와 환경보호질서로 나뉜다. 이 두 가지 질서는 다음과 같은 생각에서 제안된 범세계적 운동이다. 자원보호질서는 유한한 자원을 모두 소비하면 후세 사람들이 살아갈 수 없으므로 재생 가능한 자원을 많이 사용하고 가능한 한 자원을 재활용하자는 생각이다. 환경보호질서는 하나밖에 없는 지구의 원 모습을 지켜 후손에게 물려주어야 한다는 생각이다. 자원보호질서는 부존자원의 낭비를 막기 위해 사용 물질의 양에 대한 규제를 주도하는 질서이고, 환경보호질서는 글자 그대로 환경을 쾌적한 상태로 유지하려는 질서이다. 이 두 가지 질서는 서로 연관되어 있으나 지키려는 내용에서 다르다. 자원보호질서는 사람이 사용하는 물자의 양을 통제하기 위한 질서이고, 환경보호질서는 환경의 원형보존을 위한 질서이다.
경제질서와는 달리 공공질서는 일부가 아닌 모든 구성국들에 이익을 가져다주는 국제질서이다. 국가 간의 교류 및 협력을 위해서는 서로 간의 의사소통, 인적·물적 교류 등이 원활히 이루어져야 한다. 이러한 거래, 교류, 접촉 등을 원활하게 하는 공동규범들이 공공질서를 이룬다. 공공질서는 모든 구성국에 편익을 주는 공공재를 창출하고 유지하려는 구성국들의 공동노력으로 이루어진다.
가장 새롭게 등장한 국제질서가 인권보호질서이다. 웨스트팔리아체제라 부르는 주권국가 중심의 현 국제정치질서에서는 주권존중, 내정불간섭 원칙이 엄격히 지켜진다. 그래서 자국 정부에 의한 자국민 학살, 탄압, 인권유린 등이 국외에서는 외면되어 왔다. 그러나 정부에 의한 인민학살의 피해나, 다민족국가에서의 자국 내 소수민족 탄압이 용인될 수 없는 상태에까지 이르게 됨에 따라 점차로 인권보호를 위한 인도주의적 개입의 당위가 논의되기 시작하고 있다.
이러한 흐름 속에서 국제연합인권위원회 및 각종 NGO 등의 노력으로 국제사회에서 공동 개입하여 인권보호를 이루어내자는 운동이 일어나고 있다. 이러한 노력의 결과 하나의 새로운 국제질서인 인권보호질서가 자리를 잡아가고 있다. 인권보호질서는 아직 형성 과정에 있으며, 또한 주권국가 중심의 현 국제정치질서와 충돌하므로 앞으로도 쉽게 자리를 잡기는 어려우리라 예상된다. 그러나 21세기에 접어들면서 '세계시민의식'이 급속히 확산되고 있는 점을 감안한다면, 어떤 국가도 결코 무시할 수 없는 국제질서로 발전하리라 생각한다.

① 교역 당사국에 직접 이익을 주기 때문에 WTO에 의한 경제질서는 비교적 잘 유지되고 있다.
② 세계시민의식의 확산과 더불어 등장한 인권보호질서는 내정불간섭 원칙의 엄격한 준수를 요구한다.
③ 세계적 차원에서 유한한 자원의 낭비를 규제하고 자원을 재활용하기 위해 자원보호질서가 제안되었다.
④ 인적·물적 교류를 원활하게 하는 공동규범으로 이루어진 공공질서는 그 구성국들에 이익을 가져다준다.

11 다음 글의 내용으로 가장 적절한 것은?

> 세계관은 세계의 존재와 본성, 가치 등에 관한 신념들의 체계이다. 세계를 해석하고 평가하는 준거인 세계관은 곧 우리 사고와 행동의 토대가 되므로 우리는 최대한 정합성과 근거를 갖추도록 노력해야 한다. 모순되거나 일관되지 못한 신념은 우리의 사고와 행동을 혼란시킬 것이므로 세계관에 대한 관심과 검토는 중요하다. 세계관을 이루는 여러 신념 가운데 가장 근본적인 수준의 신념은 '세계는 존재한다.'이다. 이 신념이 성립해야만 세계에 관한 다른 신념, 이를테면 세계가 항상 변화한다든가 불변한다든가 하는 등의 신념이 성립하기 때문이다.
>
> 실재론은 이 근본적 신념에 덧붙여 세계가 '우리 정신과 독립적으로' 존재함을 주장한다. 내가 만들어 날린 종이비행기는 멀리 날아가 볼 수 없게 되었다 해도 여전히 존재한다. 이는 명확해서 논란의 여지가 없어 보이지만, 반실재론자는 이 상식에 도전한다. 유명한 반실재론자인 버클리는 세계의 독립적 존재를 부정한다. 그는 이를 바탕으로 세계에 관한 주장을 편다. 그에 의하면 '주관적' 성질인 색깔, 소리, 냄새, 맛 등은 물론, '객관적'으로 성립한다고 여겨지는 형태, 공간을 차지함, 딱딱함, 운동 등의 성질도 오로지 우리가 감각할 수 있을 때만 존재하는 주관적 속성이다. 세계 속의 대상과 현상이란 이런 속성으로 구성되므로 세계는 감각으로 인식될 때만 존재한다는 것이다.
>
> 버클리의 주장은 우리의 통념과 충돌한다. 당시 어떤 사람이 돌을 차면서 "나는 이렇게 버클리를 반박한다!"라고 외쳤다고 한다. 그는 날아간 돌이 엄연히 존재한다는 점을 근거로 버클리의 주장을 반박하고자 한 것이다. 그러나 버클리를 비롯한 반실재론자들이 부정한 것은 세계가 정신과 독립하여 그 자체로 존재한다는 신념이다. 따라서 돌을 찬 사람은 그들을 제대로 반박하지 못했다고 볼 수 있다.
>
> 최근까지도 새로운 형태의 반실재론이 제기되어 활발한 논의가 진행 중이다. 논증의 성패를 떠나 반실재론자는 타성에 젖은 실재론적 세계관의 토대에 대해 성찰할 기회를 제공한다. 또한 세계관에 대한 도전과 응전의 반복은 그 자체로 인간 지성이 상호 소통하면서 발전해가는 과정을 보여준다.

① 실재론자에게 있어서 세계는 감각할 수 있는 요소에 한정된다.

② 실재론이나 반실재론 모두 세계는 존재한다는 공통적인 전제를 깔고 있다.

③ 발로 찼을 때 날아간 돌은 실재론자의 주장이 옳다는 사실을 증명한다.

④ 형태나 운동 등이 객관적인 속성을 갖췄다는 사실은 실재론자나 반실재론자 모두 인정하는 부분이다.

12 다음 글을 근거로 판단할 때 옳지 않은 것은?

> 개발도상국으로 흘러드는 외국자본은 크게 원조, 부채, 투자가 있다. 원조는 다른 나라로부터 지원받는 돈으로, 흔히 해외 원조 혹은 공적개발원조라고 한다. 부채는 은행 융자와 정부 혹은 기업이 발행한 채권으로, 투자는 포트폴리오 투자와 외국인 직접투자로 이루어진다. 포트폴리오 투자는 경영에 대한 영향력보다는 경제적 수익을 추구하기 위한 투자이고, 외국인 직접투자는 회사 경영에 일상적으로 영향력을 행사하기 위한 투자이다.
>
> 개발도상국에 유입되는 이러한 외국자본은 여러 가지 문제점을 보이고 있다. 해외 원조는 개발도상국에 대한 경제적 효과가 있다고 여겨져 왔으나 최근 경제학자들 사이에서는 그러한 경제적 효과가 없다는 주장이 점차 힘을 얻고 있다.
>
> 부채는 변동성이 크다는 단점이 지적되고 있다. 특히 은행 융자는 변동성이 큰 것으로 유명하다. 예컨대 1998년 개발도상국에 대하여 이루어진 은행 융자 총액은 500억 달러였다. 하지만 1998년 러시아와 브라질, 2002년 아르헨티나에서 일어난 일련의 금융 위기가 개발도상국을 강타하여 1999 ~ 2002년의 4개년 동안에는 은행 융자 총액이 연평균 −65억 달러가 되었다가, 2005년에는 670억 달러가 되었다. 은행 융자만큼 변동성이 큰 것은 아니지만, 채권을 통한 자본 유입 역시 변동성이 크다. 외국인은 1997년에 380억 달러의 개발도상국 채권을 매수했다. 그러나 1998 ~ 2002년에는 연평균 230억 달러로 떨어졌고, 2003 ~ 2005년에는 연평균 440억 달러로 증가했다.
>
> 한편 포트폴리오 투자는 은행 융자만큼 변동성이 크지는 않지만 채권에 비하면 변동성이 크다. 개발도상국에 대한 포트폴리오 투자는 1997년의 310억 달러에서 1998 ~ 2002년에는 연평균 90억 달러로 떨어졌고, 2003 ~ 2005년에는 연평균 410억 달러에 달했다.

① 개발도상국에 대한 투자는 경제적 수익뿐만 아니라 회사 경영에 영향력을 행사하기 위해서도 이루어질 수 있다.

② 해외 원조는 개발도상국에 대한 경제적 효과가 없다고 주장하는 경제학자들이 있다.

③ 개발도상국에 유입되는 외국자본에는 해외 원조, 은행 융자, 채권, 포트폴리오 투자, 외국인 직접투자가 있다.

④ 개발도상국에 대한 2005년의 은행 융자 총액은 1998년의 수준을 회복하지 못하였다.

13 다음 기사에 대한 내용으로 적절하지 않은 것은?

> 요즘은 스마트폰이 은행원의 일을 한다. 송금도 스마트폰으로 할 수 있으며, 심지어 쉽다. 예를 들어, 핀테크 간편 송금 앱 '토스(Toss)'를 사용하면 1개의 비밀번호로 3단계만 거쳐도 송금 완료다. 토스 이전에 송금의 절차에는 평균적으로 5개의 암호와 약 37회의 클릭이 필요했지만 이제 다 사라졌다. 이것이 바로 핀테크다. 핀테크(FinTech)란 금융(Finance)과 기술(Technology)의 합성어로, 금융과 IT의 결합을 통한 금융서비스를 의미한다.
>
> 이처럼 핀테크의 가장 강력한 장점은 지급과 결제의 간편성으로 볼 수 있다. 그냥 앱을 열고 기기에 갖다 대기만 하면 된다. 스마트폰에 저장된 신용카드나 계좌정보가 NFC 결제 기기와 자연스럽게 반응하여 처리된다. 송금 서비스는 더 쉽다. 곧 사라지겠지만 '공인인증서'가 당신에게 선사했던 절망의 시간을 떠올려 보라. 핀테크의 물결 속에서 보수적이었던 금융권 역시 오픈 뱅킹으로 속속 전환하고 있다. 외환 송금 또한 무리 없다. 심지어 수수료도 절감할 수 있다. 여기에 우리나라 핀테크의 꽃이라고 할 수 있는 인터넷 전문은행도 있다. 가입부터 개설까지 10분도 걸리지 않는다. 조만간 핀테크는 지갑 속 신분증과 카드까지도 담아낼 것이다. 100년 후에 지갑이라는 물건은 조선 시대 상투처럼 사라질지도 모른다.
>
> 핀테크는 리스크 관리 수준 또한 끌어올리고 있다. 과거의 경우 통장을 만들기 위해서는 은행창구 방문이 필수였다. 신분증을 내밀고 본인 확인을 거쳐야만 했다. 지금은 어떤가? 비대면 실명 인증이라는 기술이 금융을 만나 핀테크로 완성되었다. 더 이상 은행에 가지 않아도 된다. 인터넷 전문은행 또한 비대면 실명 인증을 통해 실현된 핀테크다. 물론 여전히 보안 문제가 걱정이긴 하다. 개인정보를 캐내는 해킹 수법도 날이 갈수록 발전하고 있다. 하지만 핀테크는 기존의 방식을 넘어 발전하고 있다. 이미 스마트폰에는 지문 인식, 안면 인식을 통한 본인 인증 기술이 쓰이고 있다. 조만간 핀테크는 간편성을 넘어 보이스피싱과 같은 금융 범죄를 근본적으로 방지하는 형태로 발전할 것이다.
>
> 다음으로 핀테크는 이상적인 금융 플랫폼을 실현하고 있다. 과거에는 수수료를 당연하게 여기던 때가 있었다. 마치 문자 하나에 50원의 가격을 매기는 것처럼 말이다. 어떤 거래에 있어 은행이나 금융기관의 매개 비용은 당연한 대가였다. 이제 핀테크는 그 당연함을 지웠다. 또한 핀테크는 온라인 플랫폼을 통해 새로운 형태의 대출을 만들어냈다. 바로 P2P(Peer to Peer) 대출이다. P2P 대출은 공급자(투자)와 수요자(대출)가 금융기관의 개입 없이도 직접 자금을 주고받을 수 있게끔 만들었다. 크라우드 펀딩도 하나의 핀테크다. 크라우드 펀딩은 사업자 등이 익명의 다수(Crowd)로부터 SNS를 통해 후원을 받거나 특정 목적으로 인터넷과 같은 플랫폼을 통해 자금을 모으는 투자 방식이다. 실험적이고 번뜩이는 아이템을 가졌지만, 수익성을 이유로 투자받지 못했던 창업가에게는 기적 같은 통로가 생긴 것이다.

① 핀테크는 수수료 절감을 통해 이상적인 금융 플랫폼을 실현하고 있다.

② 핀테크의 크라우드 펀딩은 자금력이 부족한 창업자들에게 기회가 될 수 있다.

③ 핀테크는 비대면 실명 인증을 가능하게 하여, 고객들은 은행에 가지 않아도 된다.

④ 핀테크를 활용한 P2P 대출은 금융기관의 개입을 통한 투자와 대출을 가능하게 한다.

14 다음 글을 읽고 〈보기〉의 '노자'의 입장에서 '자산'을 비판한 내용으로 가장 적절한 것은?

거센 바람이 불고 화재가 잇따르자 정(鄭)나라의 재상 자산(子産)에게 측근 인사가 하늘에 제사를 지내라고 요청했지만, 자산은 "천도(天道)는 멀고, 인도(人道)는 가깝다."라며 거절했다. 그가 보기에 인간에게 일어나는 일은 더 이상 하늘의 뜻이 아니었고, 자연 변화 또한 인간의 화복(禍福)과는 거리가 멀었다. 인간이 자연 변화를 파악하면 얼마든지 재난을 대비할 수 있고, 인간사는 인간 스스로 해결할 문제라 생각한 것이다. 이러한 생각에 기초하여 그는 인간의 문제 해결 범위를 확대했고, 정나라의 현실 문제를 극복하고자 하였다. 그는 귀족이 독점하던 토지를 백성들도 소유할 수 있게 하였고, 이것을 문서화하여 세금을 부과하였다. 이에 따라 백성들은 개간(開墾)을 통해 경작지를 늘려 생산을 증대하였고, 국가는 경작지를 계량하고 등록함으로써 민부(民富)를 국부(國富)로 연결시켰다. 아울러 그는 중간 계급도 정치 득실을 논할 수 있도록 하여 귀족들의 정치 기반을 약화시키는 한편, 중국 역사상 처음으로 형법을 성문화하여 정(鼎, 발이 셋이고 귀가 둘 달린 솥)에 새김으로써 모든 백성이 법을 알고 법에 따라 처신하게 하는 법치의 체계를 세웠다. 성문법 도입은 귀족의 임의적인 법 제정과 집행을 막아 그들의 지배력을 약화시키는 조치였으므로 당시 귀족들은 이 개혁 조치에 반발하였다.

〈보기〉

노자(老子)는 만물의 생성과 변화는 자연스럽고 무의지적이지만 스스로의 작용에 의해 극대화된다고 보았다. 인간도 이러한 자연의 원리에 따라 삶을 영위해야 한다고 보아 통치자의 무위(無爲)를 강조했다. 또한 사회의 도덕, 법률, 제도 등은 모두 인간의 삶을 인위적으로 규정하는 허위라 파악하고, 그것의 해체를 주장했다.

① 사회 제도에 의거하는 정치 개혁은 사회 발전을 극대화할 것이다.
② 인간의 문제를 스스로 해결하려는 시도는 결국 현실 사회를 허위로 가득 차게 할 것이다.
③ 사회 규범의 법제화는 자발적인 도덕의 실현으로 이어질 것이다.
④ 현실주의적 개혁은 궁극적으로 백성들에게 안정과 혜택을 줄 것이다.

15 다음 글의 주제로 가장 적절한 것은?

경제학에서는 한 재화나 서비스 등의 공급이 기업에 집중되는 양상에 따라 시장 구조를 크게 독점시장, 과점시장, 경쟁시장으로 구분하고 있다. 소수의 기업이 공급의 대부분을 차지할수록 독점시장에 가까워지고, 다수의 기업이 공급을 나누어 가질수록 경쟁시장에 가까워진다. 이렇게 시장 구조를 구분하기 위해서 사용하는 지표 중의 하나가 바로 '시장집중률'이다.
시장집중률을 이해하기 위해서는 먼저 '시장점유율'에 대한 이해가 있어야 한다. 시장점유율이란 시장 안에서 특정 기업이 차지하고 있는 비중을 의미하는데, 생산량·매출액 등을 기준으로 측정할 수 있다. Y기업의 시장점유율을 생산량 기준으로 측정한다면 '(Y기업의 생산량)÷(시장 내 모든 기업의 생산량의 총합)×100%'로 나타낼 수 있다.
시장점유율이 시장 내 한 기업의 비중을 나타내 주는 수치라면, 시장집중률은 시장 내 일정 수의 상위 기업들이 차지하는 비중을 나타내 주는 수치, 즉 일정 수의 상위 기업의 시장점유율을 합한 값이다. 몇 개의 상위 기업을 기준으로 삼느냐는 나라마다 자율적으로 결정하고 있는데, 우리나라에서는 상위 3대 기업의 시장점유율을 합한 값을, 미국에서는 상위 4대 기업의 시장점유율을 합한 값을 시장집중률로 채택하여 사용하고 있다.
이렇게 산출된 시장집중률을 통해 시장 구조를 구분해 볼 수 있는데, 시장집중률이 높으면 그 시장은 공급이 소수의 기업에 집중되어 있는 독점시장으로 구분하고, 시장집중률이 낮으면 공급이 다수의 기업에 의해 분산되어 있는 경쟁시장으로 구분한다. 한국개발연구원에서는 어떤 산업에서의 시장집중률이 80% 이상이면 독점시장, 60% 이상 80% 미만이면 과점시장, 60% 미만이면 경쟁시장으로 구분하고 있다.
시장집중률을 측정하는 기준에는 여러 가지가 있기 때문에 어느 것을 기준으로 삼느냐에 따라 측정 결과에 차이가 생기며 이에 대한 경제학적인 해석도 달라진다. 어느 시장의 시장집중률을 '생산량' 기준으로 측정했을 때 A, B, C기업이 상위 3대 기업이고 시장집중률이 80%로 측정되었다고 하더라도, '매출액' 기준으로 측정했을 때는 D, E, F기업이 상위 3대 기업이 되고 시장집중률이 60%가 될 수도 있다. 이처럼 시장집중률은 시장 구조를 구분하는 데 매우 유용한 지표이며, 이를 통해 시장 내의 공급이 기업에 집중되는 양상을 파악해 볼 수 있다.

① 시장 구조의 변천사
② 시장집중률의 개념과 의의
③ 독점시장과 경쟁시장의 비교
④ 우리나라 시장점유율의 특성

※ 사회초년생 A씨는 가계부를 작성하던 중 신용카드 혜택을 받는 것이 유리하다는 판단을 내렸다. 다음은 A씨의 생활부문별 월 지출내역 및 신용카드별 혜택에 대한 자료이다. 이어지는 질문에 답하시오. **[16~17]**

〈A씨의 생활부문별 월 지출내역〉

생활부문	월 지출내역	비고
교통비	• 대중교통요금 : 60,000원 • 주유비 : 80,000원	–
공과금	• 수도세 : 20,000원 • 전기세 : 30,000원 • 도시가스비 : 20,000원 • 기타 공과금 : 30,000원	• K은행 계좌에서 자동이체
통신요금	• 60,000원	• R통신사 이용 • W은행 계좌에서 자동이체
보험료	• 손해보험료 : 100,000원 • 자동차보험료 : 80,000원	• K은행 계좌에서 자동이체
외식비	• 술 : 50,000원 • 커피 : 20,000원 • 식사 : 50,000원	• S커피 이용

〈신용카드별 혜택〉

구분	카드 혜택	연회비
Q카드	• K은행 계좌에서 R통신사 통신요금 자동이체 시 통신요금 10% 청구할인 • 대중교통요금 월 5% 청구할인 • K은행 계좌에서 도시가스비 자동이체 시 10% 청구할인 • K은행 계좌에서 손해보험료 자동이체 시 15% 청구할인	월 1,000원
L카드	• K은행 계좌에서 R통신사 통신요금 자동이체 시 통신요금 5% 청구할인 • K은행 계좌에서 수도세 자동이체 시 20% 청구할인 • S커피 이용요금 3,000원 정액할인 • 외식비 20,000원 정액할인	월 6,000원
U카드	• K은행 계좌에서 자동차보험료 자동이체 시 5% 청구할인 • 주유비 10% 청구할인 • K은행 계좌에서 손해보험료 자동이체 시 10% 청구할인 • K은행 계좌에서 기타 공과금 자동이체 시 10% 청구할인	월 13,000원

16 A씨는 연회비를 고려하지 않은 월 순수 할인 금액을 기준으로 카드를 선정하려고 한다. 할인 금액이 가장 많은 카드와 그 할인된 금액이 바르게 짝지어진 것은?(단, 전월 실적이나 기타 비용은 생략한다)

① Q카드, 23,000원
② L카드, 25,000원
③ L카드, 27,000원
④ U카드, 27,000원

17 A씨는 W은행 계좌에서 자동이체하던 통신요금을 K은행 계좌에서 자동이체하는 것으로 바꾸려고 한다. 이 경우 연회비까지 고려할 때 혜택 금액이 가장 많은 카드와 월 혜택 금액이 바르게 짝지어진 것은?(단, 전월 실적이나 기타 비용은 생략한다)

① Q카드, 21,000원
② Q카드, 25,000원
③ L카드, 20,000원
④ U카드, 21,000원

※ 다음은 K은행의 서민형 적금 상품 설명서 중 일부이다. 이어지는 질문에 답하시오. **[18~19]**

〈서민형 적금 상품 설명서〉

구분	내용
상품특징	서민 재산 형성을 돕기 위한 적립식 장기저축상품
가입대상	일반 재형저축 가입 자격을 충족하고 아래 항목 중 하나에 해당하는 경우 1) 직전 과세기간 총급여액 2,500만 원 이하 거주자 2) 직전 과세기간 종합소득금액 1,600만 원 이하 거주자 3) 중소기업에 재직하는 청년으로 1), 2)에 해당하지 않는 거주자
가입기간	7년(연장 시 최대 10년)
금리	기본(고정)금리 연 3.1%
세제혜택안내	가입일로부터 의무가입기간(3년) 경과 후 해지 시 이자소득세(15%)를 비과세 처리 ※ 단, 이자소득세 감면에 따라 농어촌특별세(1.5%)가 과세, 만기일 이후 발생하는 이자에 대해서는 일반과세
가입안내	[가입서류] - 서민형 재형저축(소득형) : 소득확인증명서 - 소득확인증명서는 세무서 또는 인터넷 홈텍스에서 발급 가능하며, 청년형 재형저축 가입요건 확인서는 재직회사에서 발급 ※ 서민형 재형저축(청년형) 가입은 영업점에서 가능(인터넷뱅킹에서는 가입 불가)
특별중도해지	고객의 사망, 해외이주 또는 해지 전 6개월 이내에 다음 중 하나의 사유에 해당하여 계약기간(연장기간 포함) 만료 전에 해지하는 경우 이자소득세(15%) 면제 혜택 유지(농어촌특별세 1.5% 부과) - 천재·지변 - 저축자의 퇴직 - 사업장의 폐업, 저축자의 3개월 이상 입원치료 또는 요양을 요하는 상해·질병의 발생 - 저축취급기관의 영업정지, 영업인·허가 취소, 해산결의 또는 파산선고

18 A사원은 고객 안내를 위해 위 상품을 분석하고 메모를 하였다. A사원의 메모 내용 중 서민형 적금 상품과 거리가 먼 것은?

① 예상소득이 2,500만 원 초과면 가입 불가
② 고정 확정 금리
③ 의무가입기간 있음
④ 일정 기간 이상 연장 불가

19 K은행의 서민형 적금 상품에 가입한 H고객과 L고객의 가입 정보가 다음과 같을 때, 적금을 해지하는 H고객과 L고객에게 입금될 이자금액(세후)을 바르게 연결한 것은?

〈가입 정보〉

- H고객
  - 가입유지기간 : 5년
  - 이자(세전) : 400,000원
  - 구분 : 중도해지
  - 해지사유 : 타 적금 상품 가입
- L고객
  - 가입유지기간 : 2년
  - 이자(세전) : 200,000원
  - 구분 : 중도해지
  - 해지사유(해지 1개월 전 교통사고로 인한 입원 – 전치 16주)

※ 단, 이자는 만기 또는 중도해지 시 일시 지급하며, 적용되는 세금 역시 만기 또는 중도해지 시 발생하는 이자 총금액에 적용함

	H고객	L고객
①	340,000원	170,000원
②	340,000원	197,000원
③	394,000원	170,000원
④	394,000원	197,000원

※ 다음은 대출에 관련된 금융 용어에 대한 설명이다. 이어지는 질문에 답하시오. [20~21]

〈금융 용어〉

1) 거치기간 : 대출을 받은 후 원금을 제외하고, 이자만 납입하는 기간
2) 거치식상환 : 거치기간 동안 이자만 지불하며, 거치기간이 종료되면 원금과 이자를 원하는 방식으로 상환
3) 만기일시상환 : 약정기간 동안 이자만 부담하고 만기에 대출금을 모두 상환
4) 원금균등상환 : 대출원금을 대출기간으로 균등하게 나누어 매월 일정한 금액을 상환하고 이자는 매월 원금의 상환으로 줄어든 대출 잔액에 대해서만 지급
5) 원리금균등상환 : 대출원금과 이자를 융자기간 동안 매달 같은 금액으로 나누어 상환

20 다음은 대출상환방식에 따른 납입 원금금액과 납입 이자금액 그래프이다. 대출상환방식과 그 방식에 맞는 그래프가 바르게 연결된 것을 〈보기〉에서 모두 고르면?(단, 7회차가 만기일이다)

〈원금금액 그래프〉

A.

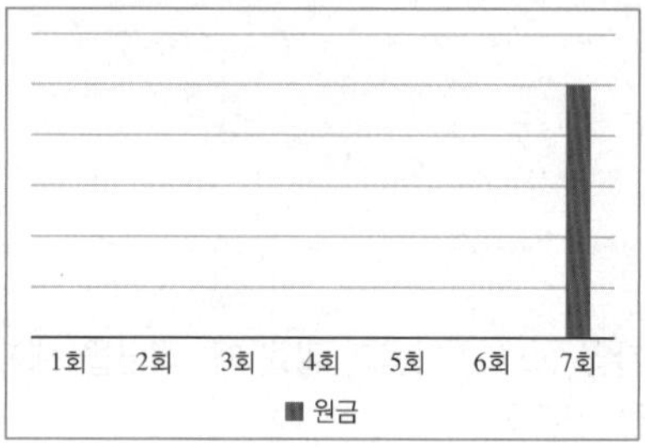

B.

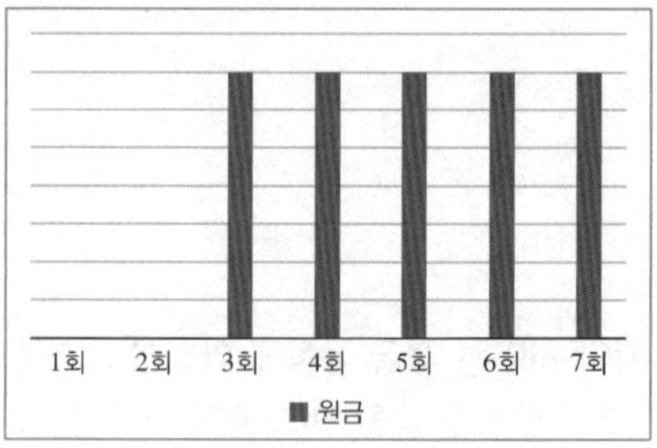

〈이자금액 그래프〉

C.

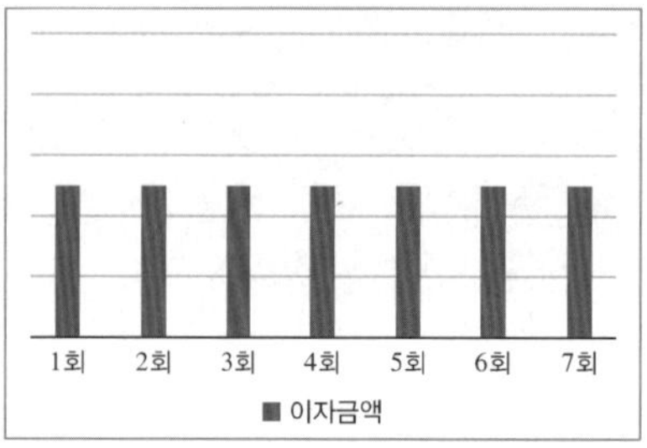

D.

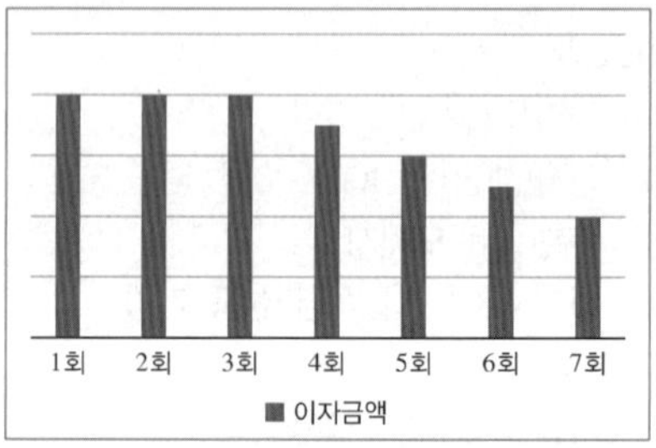

〈보기〉

㉠ A－C, 만기일시상환
㉡ A－D, 만기일시상환
㉢ B－C, 거치식원금균등상환
㉣ B－D, 거치식원금균등상환
㉤ B－D, 원금균등상환

① ㉠, ㉢
② ㉠, ㉣
③ ㉠, ㉤
④ ㉡, ㉢

21 다음은 갑 ~ 정 네 사람의 대출상환방식에 대한 요구사항이다. 이를 고려하여 대출상환방식을 정하려고 할 때, 네 사람이 각각 선택할 대출상환방식을 바르게 연결한 것은?(단, 모두 다른 대출상환방식을 택했다)

> 갑 : 저는 최대한 이자를 적게 내고 싶습니다.
> 을 : 저는 자금을 계획적으로 운영하고 있습니다. 이에 틀어지지 않도록 매달 상환금액이 동일했으면 좋겠습니다.
> 병 : 저는 전세자금 마련을 위해 큰 금액의 대출을 받아야 하기 때문에 원금과 이자를 매달 상환하는 것은 부담이 됩니다. 하지만 전세기간이 만료되면 원금 전액을 즉시 상환할 수 있습니다.
> 정 : 저는 갑작스러운 병원비로 목돈이 나가 생계가 곤란하여 대출을 받게 되었습니다. 대출은 필요하지만 현 상황에 있어서 상환은 부담이 됩니다. 하지만 매월 소득이 있기에 상황이 안정되면 매달 일정 금액의 원리금을 상환할 수 있습니다.

	거치식상환	만기일시상환	원금균등상환	원리금균등상환
①	병	정	갑	을
②	병	정	을	갑
③	병	을	갑	정
④	정	병	갑	을

22 A～D 네 팀이 참여하여 체육대회를 하고 있다. 다음 순위 결정 기준과 각 팀의 현재까지 득점 현황에 근거하여 판단할 때, 항상 옳은 추론을 〈보기〉에서 모두 고르면?

〈순위 결정 기준〉

- 각 종목의 1위에게는 4점, 2위에게는 3점, 3위에게는 2점, 4위에게는 1점을 준다.
- 각 종목에서 획득한 점수를 합산한 총점이 높은 순으로 종합 순위를 결정한다.
- 총점에서 동점이 나올 경우에는 1위를 한 종목이 많은 팀이 높은 순위를 차지한다.
  - 만약 1위 종목의 수가 같은 경우에는 2위 종목이 많은 팀이 높은 순위를 차지한다.
  - 만약 1위 종목의 수가 같고, 2위 종목의 수도 같은 경우에는 공동 순위로 결정한다.

〈득점 현황〉

(단위 : 점)

구분	A팀	B팀	C팀	D팀
종목 가	4	3	2	1
종목 나	2	1	3	4
종목 다	3	1	2	4
종목 라	2	4	1	3
종목 마	?	?	?	?
합계	?	?	?	?

※ 종목별 순위는 반드시 결정되고, 동순위는 나오지 않음

〈보기〉

㉠ A팀이 종목 마에서 1위를 한다면 종합 순위 1위가 확정된다.
㉡ B팀이 종목 마에서 C팀보다 순위가 낮으면 종합 순위에서도 C팀보다 낮게 된다.
㉢ C팀은 종목 마의 결과와 관계없이 종합 순위에서 최하위가 확정되었다.
㉣ D팀이 종목 마에서 2위를 한다면 종합 순위 1위가 확정된다.

① ㉠　② ㉣
③ ㉠, ㉡　④ ㉡, ㉢

23 다음은 K은행의 서비스 이용가능시간에 대한 자료이다. 〈보기〉 중 K은행 이용이 불가능한 경우는 총 몇 가지인가?

〈K은행 서비스 이용가능시간〉

서비스명		이용가능시간		
		평일	토요일	일요일 / 공휴일
계좌이체	타행이체	00:10 ~ 23:30		
	즉시이체	24시간 (단, 00:00 ~ 00:10 사이에는 시스템 점검으로 인하여 서비스 이용 불가)		
	여러계좌이체			
	이체결과 조회			
	예정이자 조회 / 입금			
	퇴직연금이체	09:00 ~ 19:00	이용 불가	이용 불가
자동 / 예약이체	자동이체 등록	00:10 ~ 24:00	이용 불가	이용 불가
	자동이체 조회 / 변경 / 해지			
	예약이체 등록	24시간 (단, 00:00 ~ 00:10 사이에는 시스템 점검으로 인하여 서비스 이용 불가)		
	예약이체 조회 / 변경 / 취소			
	이체결과 조회			
적금&펀드	적금&펀드 등록 / 해지	09:00 ~ 17:00	이용 불가	이용 불가
	적금&펀드 조회	24시간 (단, 00:00 ~ 00:10 사이에는 시스템 점검으로 인하여 서비스 이용 불가)		
증권 / 가상계좌 이체	K증권 계좌이체	08:30 ~ 21:00	08:30 ~ 13:00	이용 불가
	기타제휴증권 계좌이체	06:30 ~ 23:30		
	이체결과 조회	24시간 (단, 00:00 ~ 00:10 사이에는 시스템 점검으로 인하여 서비스 이용 불가)		
급여이체	급여이체 등록 / 실행	01:00 ~ 23:00		
	이체결과 조회	24시간 (단, 00:00 ~ 00:10 사이에는 시스템 점검으로 인하여 서비스 이용 불가)		
MMF계좌	개인 MMF 출금	09:00 ~ 17:00	이용 불가	이용 불가
	매수지정계좌 등록 / 해제	24시간 (단, 00:00 ~ 00:10 사이에는 시스템 점검으로 인하여 서비스 이용 불가)		
	매수지정계좌 조회			

〈보기〉

㉠ 토요일 오전 11시 32분에 K증권 계좌이체
㉡ 추석 오후 10시 45분에 적금&펀드 조회
㉢ 수요일 오전 8시 25분에 퇴직연금이체
㉣ 토요일 오전 11시 24분에 개인 MMF 출금
㉤ 월요일 오후 4시 05분에 적금&펀드 등록
㉥ 목요일 오후 11시 40분에 타행이체
㉦ 금요일 오전 12시 05분에 급여이체결과 조회
㉧ 일요일 오전 9시 52분에 자동이체 등록

① 2가지　　② 3가지
③ 4가지　　④ 5가지

24 **제시된 명제가 모두 참일 때, 다음 중 추론할 수 없는 것은?**

> • 운동을 좋아하는 사람은 담배를 좋아하지 않는다.
> • 커피를 좋아하는 사람은 담배를 좋아한다.
> • 커피를 좋아하지 않는 사람은 주스를 좋아한다.
> • 과일을 좋아하는 사람은 커피를 좋아하지 않는다.

① 운동을 좋아하는 사람은 커피를 좋아하지 않는다.
② 주스를 좋아하지 않는 사람은 담배를 좋아한다.
③ 과일을 좋아하는 사람은 담배를 좋아한다.
④ 운동을 좋아하는 사람은 주스를 좋아한다.

25 **K사의 A ~ D 4명은 각각 다른 팀에 근무하는데, 각 팀은 2층, 3층, 4층, 5층에 위치하고 있다. 다음 〈조건〉을 참고할 때, 다음 중 항상 참인 것은?**

〈조건〉

> • A, B, C, D 중 2명은 부장, 1명은 과장, 1명은 대리이다.
> • 대리의 사무실은 B보다 높은 층에 있다.
> • B는 과장이다.
> • A는 대리가 아니다.
> • A의 사무실이 가장 높다.

① 부장 중 1명은 반드시 2층에 근무한다.
② A는 부장이다.
③ 대리는 4층에 근무한다.
④ B는 2층에 근무한다.

26 **K회사에 근무 중인 사원 A ~ D 4명 중 1명이 주임으로 승진하였다. 다음 대화에서 A ~ D 중 1명만 진실을 말하고 있을 때, 주임으로 승진한 사람은 누구인가?**

> • A : B가 주임으로 승진하였어.
> • B : A가 주임으로 승진하였어.
> • C : D의 말은 참이야.
> • D : C와 B 중 1명 이상이 주임으로 승진하였어.

① A ② B
③ C ④ D

27 **다음 〈조건〉에 따라 K은행 영업팀의 부장, 과장, 대리, 주임, 사원이 농구, 축구, 야구, 테니스, 자전거, 영화 동호회에 참여할 때, 직급과 성별, 동호회가 바르게 연결되지 않은 것은?(단, 모든 직원은 반드시 동호회 1곳에 참여한다)**

〈조건〉

> • 남직원은 3명, 여직원은 2명이다.
> • 모든 동호회의 참여 가능 인원은 팀 내 최대 2명이다.
> • 모든 여직원은 자전거 동호회에 참여하지 않았다.
> • 여직원 중 1명은 농구, 축구, 야구, 테니스 동호회 중 하나에 참여하였다.
> • 대리, 주임, 사원은 자전거 동호회 또는 영화 동호회에 참여하지 않았다.
> • 참여 직원이 없는 동호회는 2개이다.
> • 야구, 자전거, 영화 동호회에 참여한 직원은 각각 1명이다.
> • 주임은 야구 동호회에 참여하였고, 부장은 영화 동호회에 참여하였다.
> • 축구 동호회에 참여한 직원은 남성뿐이다.

	직급	성별	참여 동호회
①	부장	여자	영화
②	과장	남자	자전거
③	대리	남자	축구
④	사원	남자	테니스

※ 다음은 국민슈퍼정기예금(개인)에 대한 자료이다. 이어지는 질문에 답하시오. **[28~30]**

〈국민슈퍼정기예금(개인)〉

가입자가 이율, 이자지급, 만기일 등을 직접 설계해 저축할 수 있는 다기능 맞춤식 정기예금

<table>
<tr><th>구분</th><th>내용</th></tr>
<tr><td>가입대상</td><td>제한 없음(단, 무기명으로는 가입 불가)</td></tr>
<tr><td>가입기간</td><td>• 고정금리형 : 1개월 ~ 3년 이내에서 월 또는 일 단위
• 단위기간 금리연동형 : 12 ~ 36개월 이내에서 월 단위로 정하고, 연동(회전) 단위기간은 1 ~ 6개월 이내 월 단위 또는 30 ~ 181일 이내 일 단위로 정할 수 있음</td></tr>
<tr><td>가입금액</td><td>• 신규 시 최저 100만 원 이상 원 단위로 예치
• 건별 10만 원 이상 원 단위로 추가입금 가능(신규 포함 30회까지 가능)</td></tr>
<tr><td>분할인출</td><td>• 대상계좌 : 가입일로부터 1개월 이상 경과된 고정금리형 계좌(단위기간 금리연동형은 불가)
• 분할인출 횟수 : 계좌별 3회(해지 포함) 이내에서 총 15회 한도
• 적용이율 : 가입 당시 예치기간별 고정금리형 국민슈퍼정기예금 기본이율
• 인출금액 : 제한 없음. 단, 분할인출 후 계좌별 잔액은 100만 원 이상 유지</td></tr>
<tr><td>거래방법</td><td>• 신규 : 은행창구 방문, 고객센터
• 해지 : 은행창구 방문, 고객센터, 인터넷뱅킹, KB스타뱅킹
※ 은행창구에서 신규가입한 미성년자 명의 예금의 해지는 은행창구에서만 가능
※ 고객센터 해지 시 만기해지만 가능하며, 미성년자 명의 예금은 해지 불가</td></tr>
<tr><td>유의사항</td><td>만기 전 해지할 경우 계약에서 정한 이율보다 낮은 중도해지이율이 적용됨</td></tr>
<tr><td>기본이율</td><td>• 고정금리형(조회일 기준, 세금공제 전, 연 %)
<table>
<tr><th>기간</th><th>만기지급식
(확정금리)</th><th>월이자지급식
(확정금리)</th><th>월이자복리식
(확정금리)</th></tr>
<tr><td>1개월 이상 3개월 미만</td><td>0.95%</td><td>-</td><td>-</td></tr>
<tr><td>3개월 이상 6개월 미만</td><td>1.35%</td><td>1.25%</td><td>1.25%</td></tr>
<tr><td>6개월 이상 1년 미만</td><td>1.60%</td><td>1.50%</td><td>1.50%</td></tr>
<tr><td>1년 이상 2년 미만</td><td>1.80%</td><td>1.70%</td><td>1.70%</td></tr>
<tr><td>2년 이상 3년 미만</td><td>1.90%</td><td>1.80%</td><td>1.80%</td></tr>
<tr><td>3년</td><td>1.95%</td><td>1.85%</td><td>1.85%</td></tr>
</table>
1. 월이자복리식은 고정금리형의 1년제 이상 가입 시 가능하며, 적용금리는 월이자지급식 금리와 같음
2. 추가입금분은 추가입금일 현재 영업점에 고시된 예치기간별 이율 적용
• 단위기간 금리연동형 적용금리(조회일 기준, 세금공제 전, 연 %)
<table>
<tr><th>연동(회전)
단위기간</th><th>1 ~ 2개월(30 ~ 90일)</th><th>3 ~ 5개월(91 ~ 180일)</th><th>6개월(181일)</th></tr>
<tr><td>이율</td><td>0.90%</td><td>1.15%</td><td>1.40%</td></tr>
</table>
- 보너스 금리 : 단위기간 금리연동형 가입 후 2회전(단위기간 1 ~ 2개월은 3회전) 이상 경과 후 해지 시 약정이율 외에 0.1%의 보너스 금리 추가 적용
- 단위기간 금리연동형은 KB-Star 클럽 고객 대상 우대금리 제공에 해당되지 않음</td></tr>
<tr><td>우대이율</td><td>• 고정금리형 또는 단위기간 금리연동형 신규 시(추가입금 제외) 아래에 해당하는 경우 우대이율 적용
- 비과세가계저축 및 중장기주택부금 만기계좌를 해지일로부터 2개월 이내에 본인이나 배우자 또는 직계존비속 명의로 계약기간 1년 이상 가입하는 계좌 : 연 0.1%p</td></tr>
</table>

최종이율

• 고정금리형(조회일 기준, 세금공제 전, 연 %)

기간	만기이자지급식	월이자지급식	월이자복리식
1개월 이상 3개월 미만	최저 0.95% 최고 1.05%	–	–
3개월 이상 6개월 미만	최저 1.35% 최고 1.45%	최저 1.25% 최고 1.35%	–
6개월 이상 1년 미만	최저 1.60% 최고 1.70%	최저 1.50% 최고 1.60%	–
1년 이상 2년 미만	최저 1.80% 최고 1.90%	최저 1.70% 최고 1.80%	최저 1.70% 최고 1.80%
2년 이상 3년 미만	최저 1.90% 최고 2.00%	최저 1.80% 최고 1.90%	최저 1.80% 최고 1.90%
3년	최저 1.95% 최고 2.05%	최저 1.85% 최고 1.95%	최저 1.85% 최고 1.95%

※ 최고이율은 우대이율 최대 0.1%p 적용 시

• 단위기간 금리연동형(조회일 기준, 세금공제 전, 연 %)

연동(회전) 단위기간	1 ~ 2개월(30 ~ 90일)	3 ~ 5개월(91 ~ 180일)	6개월(181일)
이율	1.00%	1.25%	1.50%

※ 금리 변경 시 기존 가입계좌에 대해서는 다음 단위기간부터 변경된 금리 적용

※ 최고이율은 우대이율 최대 0.1%p 적용 시

이자지급 시기

구분		내용
고정금리형	만기이자지급식	만기 시 이자를 단리 계산, 원금과 함께 지급
	월이자지급식	이자를 매월 단리 계산, 매월 약정일에 지급
	월이자복리식	이자를 매월 복리 계산, 만기 시 원금과 함께 지급
단위기간 금리연동형	이자지급식	연동 단위기간별로 이자를 단리 계산해 지급
	이자복리식	연동 단위기간별 이자를 복리로 계산해 만기 시 원금과 함께 지급

만기 후 이율

• 고정금리형(조회일 기준, 세금공제 전, 연 %)

경과기간	이율
만기 후 1개월 이내	(약정이율)×50%
만기 후 1개월 초과 3개월 이내	(약정이율)×30%
만기 후 3개월 초과	0.1%

1. 약정이율 : 신규가입일 당시 영업점에 고시된 가입기간별 이율(우대이율 제외)
2. 이율은 소수점 둘째 자리까지 표시(소수점 셋째 자리에서 절사)

• 단위기간 금리연동형(조회일 기준, 세금공제 전, 연 %)

– 경과기간 3개월 이내 : 0.2%

– 경과기간 3개월 초과 : 0.1%

28 다음 〈보기〉 중 국민슈퍼정기예금을 바르게 이해한 사람을 모두 고르면?

〈보기〉

A씨 : 고정금리형 계좌의 가입일로부터 2개월이 지났다면 분할인출이 가능하지만, 이때 잔액을 100만 원 이상 유지해야 해.

B씨 : 신규가입 시에는 최저 150만 원 이상 예치해야 하며, 건별로 20만 원 이상 추가입금이 가능해.

C씨 : 미성년자의 명의로 은행창구에서 신규가입한 계좌는 은행창구뿐만 아니라 고객센터에서도 해지할 수 있어.

D씨 : 고정금리형 계좌의 계약기간은 12 ~ 36개월 이내에서 월 단위로 정할 수 있어.

E씨 : 고정금리형과 단위기간 금리연동형 모두 일 단위 또는 월 단위 중 하나를 선택할 수 있어.

① A씨, B씨 ② A씨, C씨
③ A씨, E씨 ④ B씨, D씨

29 K씨(만 30세)는 단위기간 금리연동형으로 국민슈퍼정기예금에 가입하려고 은행창구에서 상담을 받고 있다. 이때 은행 직원이 안내할 사항으로 옳은 것은?

① 고객님께서 원하신다면 최대 15회까지 분할인출을 하실 수 있습니다.
② KB-Star 클럽 고객을 대상으로 하는 우대금리 적용 혜택을 받으실 수 있습니다.
③ 만기 후 이율은 경과기간이 3개월 이내인지 또는 초과인지를 불문하고 연 0.2%로 같습니다.
④ 연동(회전) 단위기간이 6개월인 경우에는 가입 후 2회전이 지나고 나서 해지하실 때 0.1%의 보너스 금리를 추가로 적용받으실 수 있습니다.

30 고정금리형 계좌에 만기지급식(확정금리)으로 신규가입해 100만 원을 예치한 후 3년의 만기가 지났다. 이때 우대이율을 추가 적용해 최종적으로 받게 되는 최대 이자금액은?(단, 세금공제 전을 기준으로 하며, 계산의 편리를 위해 이후 추가입금은 없었다고 가정한다)

① 59,600원 ② 60,500원
③ 61,500원 ④ 62,700원

31 K은행에 방문한 은경이는 목돈 5,000만 원을 정기예금에 맡기려고 한다. 은경이가 고른 상품은 월단리 예금 상품으로 월이율 0.6%이며, 기간은 15개월이다. 은경이가 이 상품에 가입했을 때, 만기 시 받는 이자는 얼마인가?(단, 정기예금은 만기일시지급식이다)

① 4,500,000원
② 5,000,000원
③ 5,500,000원
④ 6,000,000원

32 사회초년생인 K씨는 업무에 사용할 노트북을 신용카드로 3개월 할부를 적용하여 90만 원에 결제하였다. 다음의 할부수수료 부과 방식을 참고할 때, K씨가 지불할 할부수수료의 총액은?(단, 할부수수료는 회차별 할부금을 상환할 때 함께 부과되어 결제된다)

■ 신용카드 할부수수료율

할부기간	3개월 미만	3 ~ 5개월	6 ~ 9개월	10 ~ 12개월
수수료율(연)	8%	10%	15%	20%

■ 할부수수료 계산 관련 공식

- (할부수수료)=(할부잔액)×(할부수수료율)÷12
- (할부잔액)=(이용원금)−(기결제원금)
- 회차별 이용원금 상환금액은 균등

① 12,000원
② 15,000원
③ 22,500원
④ 30,000원

33 다음은 지난해 월 소득 200만 원대와 300만 원대 가구의 항목별 소비 지출 현황에 대한 자료이다. 이에 대한 설명으로 옳은 것은?

〈200만 원대 소득 가구 소비 지출 현황〉

(단위 : 만 원)

구분	전체 가구	근로자 가구	근로자 외 가구
식료품 · 비주류음료	491,020	207,890	283,130
주류 · 담배	64,064	35,383	28,681
의류 · 신발	164,583	81,586	82,997
주거 · 수도 · 광열	544,583	257,368	287,215
가정용품 · 가사서비스	137,250	66,614	70,636
보건	310,915	129,011	181,904
교통	350,677	170,898	179,779
통신	204,965	95,477	109,488
오락 · 문화	214,559	102,668	111,891
교육	155,301	72,379	82,922
음식 · 숙박	437,522	247,429	190,093
기타상품 · 서비스	255,140	121,947	133,193

〈300만 원대 소득 가구 소비 지출 현황〉

(단위 : 만 원)

구분	전체 가구	근로자 가구	근로자 외 가구
식료품 · 비주류음료	602,563	278,595	323,968
주류 · 담배	85,012	42,579	42,433
의류 · 신발	242,353	126,049	116,304
주거 · 수도 · 광열	586,090	260,655	325,435
가정용품 · 가사서비스	187,957	84,877	103,080
보건	379,972	170,230	209,742
교통	498,309	290,484	207,825
통신	258,345	132,191	126,154
오락 · 문화	295,122	146,620	148,502
교육	223,689	128,967	94,722
음식 · 숙박	581,430	320,855	260,575
기타상품 · 서비스	351,993	179,583	172,410

① 200만 원대와 300만 원대의 소득 가구에서 근로자 외 가구는 근로자 가구보다 주류·담배 품목에 소비가 더 많다.

② 300만 원대 소득 전체 가구는 200만 원대 소득 전체 가구보다 의류·신발 대비 교육 지출액 비율이 더 크다.

③ 200만 원대 소득 가구 대비 300만 원대 소득 가구의 음식·숙박 소비 지출 증가액은 근로자 가구가 근로자 외 가구보다 적다.

④ 항목 중 근로자 외 가구에서 지출 금액이 10억 원 미만인 항목 개수는 200만 원대 소득 가구가 300만 원대 소득 가구보다 2개 많다.

34 **K은행의 주택담보대출에 가입한 고객이 중도상환을 하고 대출금액을 정산하려고 한다. 고객의 가입 정보가 다음과 같을 때 고객에게 안내해야 할 중도상환수수료는 얼마인가?[단, 중도상환수수료는 (중도상환금액)×(중도상환수수료율)×(잔여기간)÷(대출기간)이고, 주어진 정보 외의 것은 무시한다]**

〈가입 정보〉

- 상품특징 : 금리상승기에 고객의 이자부담 완화와 안정적인 부채상환을 위해 일정 시점까지 대출금리가 고정되는 주택담보대출
- 대출금액 : 1억 원
- 중도상환금액 : 5천만 원
- 대출기간 : 5년
- 가입기간 : 3년
- 대출이율 : 4%
- 중도상환수수료율 : 2%

① 200,000원 ② 300,000원
③ 400,000원 ④ 500,000원

※ 다음은 K은행 인터넷뱅킹 및 스마트뱅킹을 이용하여 가입 가능한 e금리우대예금 상품설명서이다. 이어지는 질문에 답하시오. **[35~36]**

〈e금리우대예금〉

- 상품특징 : 영업점 창구에서 가입 시보다 높은 금리가 제공되는 인터넷 및 스마트뱅킹 전용 예금 상품
- 상품과목 : 정기예금
- 가입금액 : 50만 원 이상, 2억 원 이내(1인당)
- 적립방법 : 일시거치
- 이자과세 : 15.4%
- 우대금리 : 최고 0.4%p
  1) 카드이용실적 : 이 예금의 가입일 해당 월로부터 만기일 전월 말까지 당행 K채움 신용・체크카드 이용실적의 합이 150만 원 이상(이용실적은 매출승인 기준이며 현금서비스를 제외) 0.1%p
  2) 고객추천 : 이 예금의 가입고객이 타인에게 이 상품을 추천하고 그 타인이 이 상품에 신규 가입하여 중도해지를 하지 않은 경우
     – 추천계좌와 피추천계좌에 각각 0.1%p, 최대 0.3%p까지 우대금리를 제공
     – 추천 및 피추천 횟수는 중도해지를 포함하여 통합 5회까지 가능
- 가입기간별 기본금리

가입기간	12개월 이상 24개월 미만	24개월 이상 36개월 미만	36개월 이상
기본금리(%)	1.75	1.85	1.92

※ 우대조건 충족 시 (기본금리)+(우대금리) 제공

35 A씨는 K은행 스마트뱅킹으로 e금리우대예금 상품에 가입하여 가입기간을 2년으로 하고 1,500만 원을 예치하였다. A씨의 K은행 이용실적이 다음과 같을 때, A씨가 가입기간이 만료된 후 받을 수 있는 총수령액은 얼마인가?(단, 가입기간은 2023. 3. 14 ~ 2025. 3. 14이고, 총수령액은 세후금액이다)

〈A씨의 K은행 이용실적 내역〉

- 2022년 12월 8일에 K사랑 체크카드를 발급
  – 2022년 12월부터 2024년 5월까지 월 평균 15만 원씩 사용
- 2023년 6월 2일에 K채움 신용카드를 발급
  – 2024년 7월부터 2025년 2월까지 월 평균 17만 원씩 이용
  – 2024년 8월 현금서비스 15만 원 이용

① 15,315,300원　　② 15,423,840원

③ 15,469,530원　　④ 15,515,150원

36 A씨의 동료인 B씨가 A씨가 가입한 상품을 듣고는 A씨가 가입한 지 한 달 뒤인 2023년 4월 15일에 동일한 가입기간인 2년으로, 같은 금액인 1,500만 원을 예치하였으며, 이때 A씨를 추천인으로 등록하였다. 다음 제시된 B씨의 K은행 이용실적 을 참고할 때, A씨와의 총수령액의 차이는?(단, 총수령액은 세후금액이며, A씨의 우대금리를 적용한 총수령액과 비교한다)

〈B씨의 K은행 이용실적 내역〉

- 2023년 10월 24일에 교통카드 가능한 K채움 체크카드를 발급
  - 2023년 11월부터 2024년 12월까지 월 평균 6만 원씩 사용
- 2023년 12월 10일에 K채움 신용카드를 발급
  - 2024년 2월에 24만 원, 9월에 10만 원, 10월에 38만 원 사용

① 24,210원　　② 25,380원
③ 26,510원　　④ 27,540원

37 다음은 K씨의 외국환 거래 계산서의 내용이다. K씨가 지불한 현금수수료는 원화로 얼마인가?

〈K씨의 외국환 거래 계산서〉

(단위 : 원)

계좌번호	거래명		외화로 대체한 금액	입금한 원화 합계
123-456-789102	외화보통예금 출금		-	-
구분	**통화명**	**외화금액**	**환율**	**원화금액**
출금 외화보통예금 출금 외화대체금액	USD USD	2,000 2,000	-	-

내는 금액
외화현금금액 : 2,000.00　　현금수수료 : (　　　　)
수수료대상금액 : 1,800.00　　수수료적용환율 : 1,198.00　　수수료율 : 1%

① 18,000원　　② 18,154원
③ 21,564원　　④ 23,960원

38 다음은 2022년부터 2024년까지 우리나라의 시 · 도별 부도업체 수에 대한 자료이다. 다음 〈보기〉 중 이에 대한 설명으로 옳은 것을 모두 고르면?

〈시 · 도별 부도업체 수〉

(단위 : 개)

구분	2022년	2023년	2024년
전체	720	555	494
서울특별시	234	153	145
부산광역시	58	51	41
대구광역시	37	36	29
인천광역시	39	27	25
광주광역시	18	12	9
대전광역시	15	20	15
울산광역시	9	5	12
경기도	130	116	108
강원도	13	9	3
충청북도	16	11	5
충청남도	19	17	9
전라북도	34	15	26
전라남도	18	10	5
경상북도	31	27	18
경상남도	38	38	37
제주특별자치도	11	8	7

〈보기〉

ㄱ. 전라북도 부도업체 수는 2022년 대비 2024년에 30% 이상 감소하였다.
ㄴ. 2023년에 부도업체 수가 20곳을 초과하는 시 · 도는 8곳이다.
ㄷ. 경기도와 광주광역시의 2023년과 2024년 부도업체 수의 전년 대비 증감추이는 동일하다.
ㄹ. 2024년 부산광역시의 부도업체가 전체 부도업체 중 차지하는 비중은 15% 미만이다.

① ㄱ, ㄴ
② ㄱ, ㄷ
③ ㄴ, ㄷ
④ ㄷ, ㄹ

39 다음은 2022 ~ 2024년 행정구역별 인구에 대한 자료이다. 전년 대비 2024년 대구 지역의 인구 증가율은? (단, 소수점 둘째 자리에서 반올림한다)

〈행정구역별 인구〉

(단위 : 천 명)

구분	2022년	2023년	2024년
전국	20,726	21,012	21,291
서울	4,194	4,190	4,189
부산	1,423	1,438	1,451
대구	971	982	994
인천	1,136	1,154	1,171
광주	573	580	586
대전	592	597	606
울산	442	452	455
세종	63	82	94
경기	4,787	4,885	5,003
강원	674	685	692
충북	656	670	681
충남	871	886	902
전북	775	783	790
전남	824	834	843
경북	1,154	1,170	1,181
경남	1,344	1,367	1,386
제주	247	257	267

① 1.1%
② 1.2%
③ 1.3%
④ 1.4%

40 다음은 지난해 10월 K국의 자동차 매출에 대한 자료이다. 이에 대한 설명으로 옳은 것은?

〈10월 K국 월매출액 상위 10개 자동차의 매출 현황〉

(단위 : 억 원, %)

구분	순위	월매출액		
			시장점유율	전월 대비 증가율
A자동차	1	1,139	34.3	60
B자동차	2	1,097	33.0	40
C자동차	3	285	8.6	50
D자동차	4	196	5.9	50
E자동차	5	154	4.6	40
F자동차	6	149	4.5	20
G자동차	7	138	4.2	50
H자동차	8	40	1.2	30
I자동차	9	30	0.9	150
J자동차	10	27	0.8	40

※ (시장점유율)$=\frac{\text{(해당 자동차 월매출액)}}{\text{(전체 자동차 월매출 총액)}}\times 100$

〈지난해 I자동차 누적매출액〉

(단위 : 억 원)

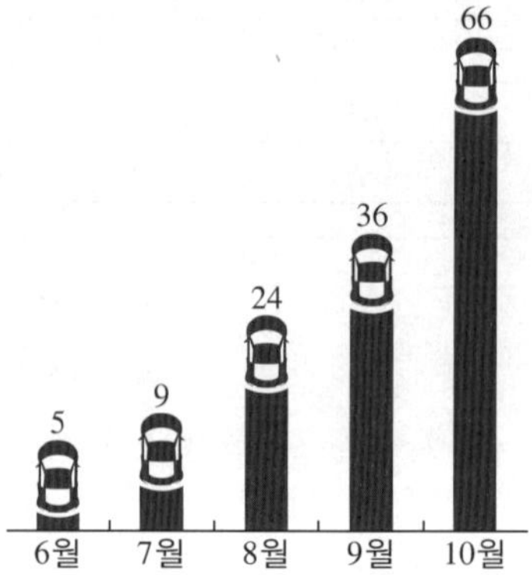

※ 월매출액은 해당 월말에 집계됨

① 9월 C자동차의 월매출액은 200억 원 이상이다.

② 10월 월매출액 상위 6개 자동차의 순위는 전월과 동일하다.

③ 6월부터 9월 중 I자동차의 월매출액이 가장 큰 달은 9월이다.

④ 10월 K국의 전체 자동차 월매출액 총액은 4,000억 원 미만이다.

제2영역 직무심화지식

01 다음 중 예산에 대한 설명으로 옳지 않은 것은?

① 수정예산 : 예산 성립 전에 본예산을 수정하기 위하여 제출되는 예산
② 추가경정예산 : 예산 성립 후에 생긴 사유로 변경을 가할 필요가 있을 때 편성·제출되는 예산
③ 순계예산 : 필요경비를 공제한 순세입·순세출만을 계산한 예산
④ 잠정예산 : 신회계연도 개시일까지 국회를 통과하지 못한 경우 지출이 허용되는 예산

02 다음 중 자산배분전략에 대한 설명으로 옳지 않은 것은?

① 단기적인 목표를 세우고 빠른 수익을 얻기 위해 투자목적을 달성하기 위한 의사결정 과정이다.
② 투자위험에 대한 관리와 투자목표의 달성을 위한 최적의 방안을 강구하는 과학적인 전략이다.
③ 위험수준이 다른 여러 자산에 투자자금을 배분하여 포트폴리오를 구성하는 투자과정을 의미한다.
④ 투자에 따른 기대수익률과 수반하게 될 위험에 대해 비교분석하는 것을 말한다.

03 다음 중 어음관리계좌(CMA)에 대한 설명으로 옳지 않은 것은?

① 종합금융회사가 발행 및 지급의 책임을 질 뿐 아니라 확정금리 고수익상품이다.
② 종합금융회사가 수신기반을 강화할 목적으로 도입한 상품이다.
③ 거래단위가 비교적 소액이며 입출금이 자유로워서 소규모 자금운용에 편리하다.
④ 만기 후 인출하지 않으면 원리금이 자동예치되는 방식으로 예탁기간이 연장된다.

04 다음 중 부동산신탁상품의 특징으로 옳은 것은?

① 신탁재산의 불안정성
② 국가의 재정부담 증대
③ 신탁에 따른 부동산관리의 불편성
④ 신탁재산의 취득세 면제

05 다음 중 자금공급기간에 따른 금융시장의 분류에 대한 설명으로 옳지 않은 것은?

① 금융시장은 크게 자본시장인 단기금융시장과 화폐시장인 장기금융시장으로 나눈다.
② 단기금융시장은 단기대부, 할인, 콜시장 등으로 구성된다.
③ 장기금융시장은 채권시장과 주식시장으로 나눈다.
④ 채권시장은 발행시장과 거래소, 장외의 유통시장, 주식시장은 발행시장과 거래소 · 코스닥 · 프리보드시장 등 유통시장으로 구성된다.

06 다음 중 금융시장의 기능이 아닌 것은?

① 자금중개기능
② 금융자산의 가격결정기능
③ 위험관리기능
④ 정보비용의 증가

07 다음 중 전환사채나 신주인수권부사채에 투자하는 것을 일컫는 용어는?

① 메자닌
② B2B
③ 스왑
④ CERs

08 다음 중 연기금, 보험사 등 기관투자자들이 투자 기업의 의사결정에 적극적으로 참여하여 투명경영을 이끌어내는 제도는?

① 리디노미네이션
② 신디케이트
③ 방카슈랑스
④ 스튜어드십 코드

09 다음 중 중앙은행이 금리를 인상하여도 시장의 금리가 오르지 않는 현상을 일컫는 말은?

① 그린스펀의 수수께끼
② 낙타의 코
③ 왝더독
④ 산타랠리

10 다음 중 주식을 공매도할 때 직전 거래가격 이상으로 매도호가를 제시하도록 한 규정은?

① 제로틱룰
② 섀도보팅
③ 숏커버링
④ 업틱룰

11 다음 중 ABS(자산유동화증권)에 대한 설명으로 옳지 않은 것은?

① 주택저당채권담보부채권(MBB)의 투자자는 대출금의 조기상환에 따른 위험을 부담한다.
② 다계층저당증권은 하나의 저당집합에서 만기와 이자율을 다양화하여 발행한 여러 종류의 채권을 의미한다.
③ 주택저당증권(MBS)의 주택소유자는 소자본으로 주택을 구입할 수 있는 이점이 있다.
④ ABS 발행으로 인해 자산보유자의 경우 신용위험 및 금리위험에 따른 자산손실 등의 위험을 회피할 수 있는 이점이 있다.

12 다음 〈보기〉 중 본원통화를 증가시키는 경우를 모두 고르면?

〈보기〉

ㄱ. 재정수지 적자로 인해 정부가 중앙은행으로부터의 차입규모를 늘렸다.
ㄴ. 중앙은행이 법정지급준비율을 인하하였다.
ㄷ. 중앙은행이 외환시장에서 외환을 매입하였다.
ㄹ. 중앙은행이 금융기관에 대한 대출규모를 늘렸다.

① ㄱ, ㄴ
② ㄴ, ㄹ
③ ㄱ, ㄴ, ㄷ
④ ㄱ, ㄷ, ㄹ

13 **다음 중 우리나라 금융시장에 대한 설명으로 옳지 않은 것은?**

① 주식발행은 공개, 유상증자, 무상증자, 주식배당 등의 형태로 이루어진다.
② 일반 기업도 기업어음을 발행하여 단기부족자금을 조달하고, 여유자금은 양도성예금증서 등에 운용할 수 있다.
③ 증권·보험회사들은 콜시장과 환매조건부매매 시장을 통해 부족자금을 조달하거나 운용할 수 있다.
④ 불확실성이 높아지는 시기에는 일반적으로 거래주체들이 장기 금융상품 보유를 늘린다.

14 **다음 중 어떤 나라의 경기가 매우 침체되어 있을 경우 이자율 상승 없이 경기를 회복시키는 경제정책으로 옳은 것은?**

① 정부지출을 증가시킨다.
② 소득세율을 인하한다.
③ 재할인율을 인상한다.
④ 법정지급준비율을 인하한다.

15 **다음 중 통화와 금리에 대한 설명으로 옳지 않은 것은?**

① 우리나라의 현행 통화지표에는 M1, M2, Lf, L 등이 있다.
② 통화는 교환매개, 가치저장, 회계단위, 가치의 측정단위 등의 기능을 한다.
③ 생명보험회사의 보험계약준비금은 금융기관유동성(Lf)에 포함된다.
④ 만기 2년 이상의 정기예적금은 M2에 포함된다.

16 다음 중 기업의 투자이론에 대한 설명으로 옳은 것은?

① 토빈의 q값은 기업의 실물자본의 대체비용을 주식시장에서 평가된 기업의 시장가치로 나누어서 계산한다.
② 토빈의 q이론은 이자율의 변화가 주요 투자요인이라고 설명한다.
③ 토빈의 q가 1보다 크면 기업이 투자를 확대한다고 주장한다.
④ 토빈의 q값은 자본의 상대적 효율성을 나타내는 지표이며, 신규투자의 변화와는 관련이 없어 거시경제지표로 활용하기 어렵다.

17 대부자금의 공급이 실질이자율의 증가함수이고 대부자금의 수요는 실질이자율의 감소함수인 대부자금시장 모형에서 정부가 조세삭감을 시행했을 때 소비자들이 조세삭감만큼 저축을 늘리는 경우에 대한 설명으로 옳은 것은?(단, 정부지출은 일정 수준으로 주어져 있다고 가정한다)

① 균형이자율은 변하지 않는다.
② 자금수요가 증가하고 균형이자율은 상승한다.
③ 자금수요가 감소하고 균형이자율은 하락한다.
④ 자금공급이 증가하고 균형이자율은 하락한다.

18 다음 중 저축과 투자에 대한 설명으로 옳지 않은 것은?

① 정부가 세금을 많이 걷으면 민간저축이 감소한다.
② 정부지출의 증가는 대부자금시장에서의 이자율 상승을 가져온다.
③ 경제의 총저축이 증가하면 국부가 감소한다.
④ 민간의 투자증가는 대부자금시장에서 대부자금의 수요로 나타난다.

19 다음 〈보기〉 중 명목금리와 실질금리에 대한 설명으로 옳은 것을 모두 고르면?

〈보기〉

ㄱ. 실물투자에 영향을 미치는 것은 실질금리보다 명목금리이다.
ㄴ. 실질금리와 명목금리는 상호 의존적인 관계를 가진다.
ㄷ. 명목금리는 실질금리에서 예상물가상승률과 실질경제성장률을 차감한 값이다.
ㄹ. 총수요 증가로 인한 물가상승이 발생한다면 명목금리가 고정적이라고 가정할 때 실질금리가 일시적으로 하락할 수 있다.
ㅁ. 소비, 투자 등 경제 내 총수요가 감소하면 물가와 명목금리는 하락하나 실질금리는 상승한다.

① ㄱ, ㄴ
② ㄱ, ㄷ
③ ㄴ, ㄹ
④ ㄹ, ㅁ

20 우리나라의 이자율은 연 5%이고, 미국의 이자율은 연 0%라고 한다. 현재 원화의 달러당 환율이 1,000원이라면 양국 사이에 자본의 이동이 발생하지 않을 것으로 예상되는 1년 후 환율은?

① 1,025원
② 1,050원
③ 1,075원
④ 1,100원

21 예금통화에 대한 현금통화의 비율이 0.2이고 예금지급준비율은 0.4일 때, 통화승수는?

① 1
② 2
③ 3
④ 4

22 다음 중 중국의 위안화 절상으로 인한 결과가 아닌 것은?

① 국내 소비자 물가 상승
② 국제 무역수지 악화
③ 중국의 핫머니 유입 증가
④ 위안화의 외환가치 상승

23 다음 중 아시아 개발도상국들이 도로, 학교와 같은 사회간접자본을 건설할 수 있도록 자금 등을 지원하는 중국 주도의 국제기구는?

① ADB
② AIIB
③ IDB
④ AFDB

24 다음 중 임금상승률과 실업률 사이에 있는 역의 상관관계를 나타낸 곡선은?

① 래퍼 곡선
② 로렌츠 곡선
③ 오퍼 곡선
④ 필립스 곡선

25 다음 중 중앙은행이 금리를 결정할 때 경제성장률과 물가상승률에 맞춰 조정하는 것으로서, 각 나라가 통화 정책을 평가하는 지표로 활용하는 것은 무엇인가?

① GDP gap
② 필립스 곡선
③ 오쿤의 법칙
④ 테일러의 준칙

26 다음 중 전환형 펀드의 일종으로 하나의 펀드 아래 유형이 다른 여러 개의 하위 펀드를 갖추고 있는 형태의 펀드로서 '카멜레온 펀드'라고도 불리는 '이것'은 무엇인가?

① 스폿 펀드
② 하이일드 펀드
③ 엄브렐러 펀드
④ 머니마켓 펀드

27 다음 중 증권을 사고 팔 때, 장외에서 매도자와 매수자 간에 주식을 대량으로 매매할 수 있는 이 제도는?

① 블록딜
② 오버행
③ 공매도
④ 숏커버

28 다음 중 콜시장에 대량의 자금을 공급하여 콜금리를 사실상 거의 0%에 가깝도록 유도하는 정책은 무엇인가?

① 제로금리 정책
② 우대금리 정책
③ 양적완화 정책
④ 출구전략

29 다음 중 환율이 상승했을 때의 현상으로 옳지 않은 것은?

① 원화가치가 하락한다.
② 수입에 불리하고, 수출에 유리하다.
③ 자국화폐 표시가격이 상승한다.
④ 국제수지의 적자가 늘어난다.

30 다음 글의 빈칸에 들어갈 내용이 바르게 연결된 것은?

은행과 보험회사, 은행과 증권회사 등 업종이 다른 금융기관들끼리의 업무제휴가 활발히 이루어지는 현상은 ___㉠___ 때문이다. 반면, 은행 간의 합병은 규모가 커짐에 따라 평균 비용이 낮아지는 효과인 ___㉡___ 때문이다.

	㉠	㉡
①	범위의 경제	규모의 경제
②	범위의 경제	네트워크의 외부성
③	규모의 경제	범위의 경제
④	규모의 경제	규모의 불경제

31 다음 중 오픈소스 하드웨어의 특징으로 옳지 않은 것은?

① 관련 정보를 공개하여 누구나 제작・수정・배포할 수 있다.
② 소스 공개를 통해 기술과 제품을 더욱 발전시키는 데 목적이 있다.
③ 하드웨어의 문서 전체가 공개되는 것이 아닌 경우, 공개된 것이 어느 부분인지를 명확하게 명시해야 한다.
④ 저작권자는 파생물을 배포할 때 파생된 문서, 장비와 관련된 저작권 표시를 요구할 수 없다.

32 다음 중 메칼프의 법칙(Metcalfe's Law)에 대한 설명으로 옳은 것은?

① 마이크로칩의 밀도는 24개월마다 2배로 늘어난다.
② 네트워크의 가치는 사용자 수의 제곱에 비례한다.
③ 조직은 거래 비용이 적게 드는 쪽으로 계속하여 변화한다.
④ 인터넷 이용자의 90%는 관망하며, 9%는 재전송이나 댓글로 확산에 기여하고, 1%만이 콘텐츠를 창출한다.

33 다음 중 로보어드바이저(Robo-advisor)에 대한 설명으로 옳지 않은 것은?

① 인간의 판단을 확인하고 검수하는 역할을 한다.
② 로봇(Robot)과 투자전문가(Advisor)의 합성어다.
③ 국내에서는 'DNA'라는 회사에서 최초로 로보어드바이저 기술을 개발했다.
④ 인간 프라이빗 뱅커(PB)를 대신하여 모바일 기기나 PC를 통해 포트폴리오 관리를 수행하는 온라인 자산관리 서비스를 말한다.

34 다음 중 토글 또는 보수 플립플롭으로서 JK 플립플롭의 J와 K를 묶어서 입력이 구성되며, 입력이 0일 경우에는 상태가 불변이고, 입력이 1인 경우에는 보수가 출력되는 것은?

① D 플립플롭
② RS 플립플롭
③ T 플립플롭
④ JK 플립플롭

35 다음 중 세그먼테이션 기법에 대한 설명으로 옳지 않은 것은?

① 기억장치 보호키가 필요하다.
② 세그먼트 맵 테이블이 필요하다.
③ 각 세그먼트는 고유한 이름과 크기를 갖는다.
④ 프로그램을 일정한 크기로 나눈 단위를 세그먼트(Segment)라고 한다.

36 다음 중 회선 교환 방식에 대한 설명으로 옳지 않은 것은?

① 송수신자 간의 실시간 데이터 전송에 적합하지 않다.
② 데이터 전송 전에 먼저 통신망을 통한 연결이 필요하다.
③ 일정한 데이터 전송률을 제공하므로 두 가입자가 동일한 전송 속도로 운영된다.
④ 전송된 데이터에 있어서의 에러 제어나 흐름 제어는 사용자에 의해 수행되어야 한다.

37 다음 중 5G 이동통신의 특성이 아닌 것은?

① 초망박(超網箔)
② 초연결(超連結)
③ 초고속(超高速)
④ 초저지연(超低遲延)

38 다음 중 가상화폐 제작자가 특정 가상화폐를 소유한 사람에게 새로운 코인을 무료로 배분하는 것을 의미하는 것은?

① 스냅샷
② 에어드랍
③ 이더리움
④ 가상화폐공개

39 다음 중 로봇의 보험 상담 업무 대행, 블록체인을 이용한 안전 결제 시스템 등 IT 기술을 활용한 혁신적 보험 서비스를 의미하는 것은?

① I-테크
② 블랙테크
③ 사이버테크
④ 인슈어테크

40 다음 중 랜섬웨어(Ransomware) 공격에 대한 설명으로 옳지 않은 것은?

① 랜섬웨어는 이메일, 웹사이트, P2P 서비스 등을 통해 주로 퍼진다.
② 랜섬웨어에 걸렸을 경우 컴퓨터 포맷은 가능하나 파일을 열거나 복구하기가 힘들다.
③ 랜섬웨어 예방법으로는 컴퓨터를 켜기 전에 랜선을 뽑아 두거나 와이파이를 꺼두는 방법이 효과적이다.
④ 랜섬웨어 예방을 위해서는 랜섬웨어가 생기기 전의 오래된 윈도우가 효과적이므로 오래된 운영체계로 변경하도록 한다.

01 다음 중 '자원의 저주'라고 불리기도 하며, 천연자원의 개발로 급성장한 국가가 자원수출에 따른 부작용으로 인해 경제가 침체되는 현상을 나타내는 용어는?

① 병목현상
② 경제공황
③ 에콰도르병
④ 네덜란드병

02 다음 중 금리 인하를 통한 경기 부양 효과가 한계에 봉착했을 때, 중앙은행이 국채 매입 등을 통해 유동성을 시중에 직접 공급함으로써 신용경색을 해소하고 경기를 부양시키는 통화 정책은?

① 양적완화
② 출구전략
③ 테이퍼링
④ 오퍼레이션 트위스트

03 다음 중 채권가격이 상승하는 조건으로 옳지 않은 것은?

① 시중금리가 높아지면 채권가격도 상승한다.
② 채권의 만기일이 가까워지면 채권가격이 상승한다.
③ 채권의 현재가치가 높아지면 채권가격도 상승한다.
④ 주식 투자를 통한 수익이 작아지면 상대적으로 채권가격이 상승한다.

04 다음 글이 설명하는 '이것'은 무엇인가?

> '이것'은 한 나라에서 사용하고 있는 모든 은행권 및 주화의 액면을 가치의 변동 없이 동일한 비율로 낮추어 표현하거나 이와 함께 화폐의 호칭을 새로운 통화 단위로 변경시키는 것을 뜻한다. '이것'은 경제성장과 인플레이션이 장기간 지속됨에 따라 화폐로 표시하는 금액이 점차 증가함으로 인해 발생하는 계산, 지급, 장부기재상의 불편함을 해소하기 위해 실시된다. 베네수엘라의 경우 2018년 실질적으로 화폐 기능을 상실한 볼리바르화 문제를 해결하기 위해 '이것'을 단행하기도 했다.

① 디커플링　　② 리디노미네이션
③ 양적완화　　④ 리니언시

05 다음 중 사채로 발행되었지만 일정한 기간이 지난 뒤 사채권자(소유자)의 청구가 있을 때 미리 결정된 조건대로 발행회사 주식(보통주식)으로 전환할 수 있는 특약이 있는 사채는?

① CB　　② EPS
③ BPS　　④ MOR

06 CMA 통장이란 일반 예금 통장과 달리 단기간에 자금을 모을 수 있는 통장으로, 은행이 아닌 증권사나 종합금융회사에서 만들 수 있는 상품이다. 다음 중 이러한 CMA 통장에 해당하지 않는 것은?

① RP형　　② MMF형
③ MMW형　　④ MMDA형

07 다음 〈보기〉에서 메타버스(Metaverse)에 대한 설명으로 옳은 것을 모두 고르면?

〈보기〉

㉠ 메타버스는 웹상에서 아바타를 이용해 현실세계에서처럼 사회・경제적 활동을 하는 등 가상세계와 현실세계가 혼재된 세계이다.
㉡ 메타버스가 보다 발전하려면 가상융합(XR) 기술과 사물인터넷・5G・클라우드 등 4차 산업혁명 기술의 발전이 필요하다.
㉢ 향후 여러 메타버스들이 상호 연결됨으로써 다중가상세계 시대가 출현할 가능성이 예상되기도 한다.
㉣ 현실의 법령으로 통제할 수 없는 신종 범죄의 출현 가능성, 과몰입으로 인한 높은 중독성 등은 메타버스의 확산에 앞서 해결해야 할 문제점으로 꼽힌다.

① ㉠, ㉢
② ㉡, ㉢
③ ㉡, ㉢, ㉣
④ ㉠, ㉡, ㉢, ㉣

08 다음 중 신제품 개발 문제에 자신의 의견을 내놓으며 적극적으로 참여하는 소비자를 일컫는 용어는?

① 크리슈머
② 아트슈머
③ 트랜슈머
④ 모디슈머

09 다음 중 국가가 인접한 다른 국가나 보편적인 세계 경제의 흐름과 달리 독자적인 경제 흐름을 보이는 현상을 일컫는 것은?

① 디커플링
② 윔블던 효과
③ 디드로 효과
④ 파노플리 효과

10 **다음에서 설명하고 있는 법칙을 순서대로 나열한 것은?**

> • 상위 20%의 사람들이 전체 부(富)의 80%를 차지하고 있다는 것, 즉 '핵심 소수'와 '사소한 다수' 이론은 이미 사회학과 경제학에서 유명한 논리이다. 이는 기업의 매출에도 적용되어 상위 20%의 고객이 기업 이윤의 80%를 창출한다는 결론을 가져온다. 이 법칙은 대인관계에서도 통한다고 할 수 있는데, 자신의 인맥 중에 결정적 역할을 하는 이들은 '핵심적 소수'이며, 그 외 80%는 그다지 중요하지 않은 사람들이라는 것이다. 따라서 우리는 '핵심적 소수'에 시간과 노력을 들여야 한다는 것이다.
>
> • S온라인 서점에서 올해 매출을 분석해 본 결과 수익의 80%를 차지하는 것은 잘 나가는 베스트셀러 몇 권이 아니라 그 밖의 나머지 책들이었다. 이는 인터넷의 발달로 구매 방법 및 소비문화가 바뀌면서 나타난 현상으로 보인다. 오프라인 서점에서는 공간의 한정성으로 진열할 수 있는 책의 양에 한계가 있었고, 따라서 사람들의 눈에 띌 수 있게 배치할 수 있었던 것은 기존의 인기도서 몇 권뿐이었다. 하지만 온라인 서점의 경우 이러한 공간적 제한을 극복할 수 있었고, 사람들이 자신의 취향을 살려 어떠한 책이든 검색을 통해 접할 수 있게 됨으로써 수많은 '비주류 도서'들이 도서 매출액에 일조할 수 있게 된 것이다.

① 하인리히 법칙, 파레토 법칙
② 파레토 법칙, 하인리히 법칙
③ 롱테일 법칙, 파레토 법칙
④ 파레토 법칙, 롱테일 법칙

11 **다음 중 상대방에게 다가가지 못하고 일정한 거리를 두며 자신을 방어하려는 심리를 뜻하는 용어는?**

① 고슴도치 딜레마
② 고독한 군중
③ 노모포비아
④ 노비즘

12 **다음 중 달러 대비 원화 환율이 상승했을 때, 빈칸 ㉠~㉢에 들어갈 단어를 바르게 연결한 것은?**

> • 부모님이 미국에 유학 중인 아들에게 송금하는 것은 __㉠__ 하다.
> • 외국인이 한국에 여행 오는 것은 __㉡__ 하다.
> • 한국의 원화 가치는 __㉢__ 한다.

	㉠	㉡	㉢
①	불리	유리	상승
②	불리	유리	하락
③	불리	불리	상승
④	유리	유리	하락

13 다음 글에 대한 설명으로 옳지 않은 것은?

> 옵션거래는 주식, 채권, 주가지수 등 특정 자산을 장래의 일정 시점에 미리 정한 가격으로 살 수 있는 권리와 팔 수 있는 권리를 매매하는 거래를 말한다. 시장에서 당일 형성된 가격으로 물건을 사고파는 현물거래나 미래의 가격을 매매하는 선물거래와는 달리 사고팔 수 있는 '권리'를 거래하는 것이 옵션 거래의 특징이다.

① 콜옵션은 가격이 예상보다 올랐으면 권리를 행사하고 값이 떨어지면 포기하면 된다.

② 풋옵션은 해당 상품의 시장 가격이 사전에 정한 가격보다 높은 경우는 권리를 행사하지 않을 권리도 있다.

③ 풋옵션은 거래 당사자들이 미리 정한 가격으로 장래의 특정 시점 또는 그 이전에 특정 대상물을 팔 수 있는 권리를 매매하는 계약이다.

④ 풋옵션을 매수한 사람은 시장에서 해당 상품이 사전에 정한 가격보다 낮은 가격에서 거래될 경우, 비싼 값에 상품을 팔 수 없다.

14 다음 〈보기〉에서 환율 상승에 따른 변화로 옳은 것을 모두 고르면?

〈보기〉

㉠ 우리나라에서 판매 중인 수입품의 가격이 하락한다.
㉡ 외국에 수출하고 있는 우리나라 제품의 가격이 하락한다.
㉢ 국내 여행을 오는 외국인 관광객이 증가한다.
㉣ 내국인의 외국 여행이 증가한다.

① ㉠, ㉡
② ㉠, ㉢
③ ㉡, ㉢
④ ㉡, ㉣

15 다음 〈보기〉에서 정부실패의 원인이 되는 것을 모두 고르면?

〈보기〉

㉠ 이익집단의 개입
㉡ 정책 당국의 제한된 정보
㉢ 정책 당국의 인지시차 존재
㉣ 민간 부문의 통제 불가능성
㉤ 정책 실행 시차의 부재

① ㉠, ㉡, ㉣
② ㉡, ㉢, ㉤
③ ㉠, ㉡, ㉢, ㉣
④ ㉠, ㉡, ㉣, ㉤

16 다음 〈보기〉에서 금융 · 경제에 대한 설명으로 옳지 않은 것을 모두 고르면?

〈보기〉

㉠ '클린빌'은 담보가 확실해 은행에서 매입할 가능성이 높은 외국환을 뜻한다.
㉡ '눔프족(族)'은 젊었을 때 극단적으로 절약한 후 노후자금을 빨리 모아 일찍 퇴직하려는 사람들을 뜻한다.
㉢ '모노컬처 경제'는 정부에서 경기를 부양하려고 어떠한 정책을 내놓아도 경제 주체들의 반응이 거의 없는 경제 상황을 뜻한다.
㉣ '자원의 저주'는 자연 자원이 풍부한 국가일수록 경제 성장이 둔해지고 1인당 국민소득이 낮아지는 현상을 뜻한다.
㉤ '달러쇼크'는 1970년대 미국 경제의 재건과 달러 가치의 회복을 위해 닉슨 대통령이 발표한 신경제 정책에 대해 각국이 받은 충격을 뜻한다.

① ㉠, ㉤
② ㉠, ㉡, ㉢
③ ㉡, ㉢, ㉣
④ ㉢, ㉣, ㉤

17 다음 중 빈칸 ㉠ ~ ㉢에 들어갈 단어를 바르게 연결한 것은?

• 우리나라 기업의 수출이 늘어나면 외화 공급이 ___㉠___ 한다.
• 외국에서 긴축재정정책을 실시하면 외화 공급이 ___㉡___ 한다.
• 해외여행을 떠나는 사람이 늘어나면 외화 수요가 ___㉢___ 한다.

	㉠	㉡	㉢
①	증가	증가	증가
②	증가	감소	증가
③	감소	증가	증가
④	감소	증가	감소

18 다음은 베이비붐 세대에 대한 기사이다. 밑줄 친 '이 상품'은 무엇인가?

> 베이비붐 세대는 전쟁 후 혹독한 불경기를 겪은 후 사회적 · 경제적 안정 속에서 태어난 세대로 우리나라의 경우 6 · 25 전쟁 이후인 1955 ~ 1963년에 태어난 세대를 말한다. 통계청에 따르면 우리나라에서 은퇴를 앞둔 이 세대의 부동산 비중은 71.3%이다. 구체적인 생활비를 마련할 방도가 없는 베이비붐 세대는 주택을 담보로 사망할 때까지 자택에 거주하면서 노후 생활자금을 연금형태로 지급받을 수 있는 이 상품에 높은 관심을 보이고 있다. <u>이 상품</u>은 주택 보유자가 사망하면 금융기관이 주택을 처분하여 그동안의 대출금 및 이자를 상환받는 방식이다. 경제활동을 하지 못하는 고령자가 노후 자금 등 매월 일정액의 돈이 필요할 때 신청할 수 있는 상품으로, 대출 대상은 주택 보유자에 한하며 기간은 최대 15 ~ 20년까지 가능하다.

① 역모기지론　　② 주택저당증권
③ 보금자리론　　④ 서브프라임 모기지론

19 다음 글의 밑줄 친 옛 땅에 해당하는 지역은?

> 서희가 말하길 "우리나라가 고구려를 계승한 나라다. 그래서 이름은 고려라 하고 평양에 도읍하였다. 만일 국토의 경계를 말하면 거란의 동경은 전부 우리 영토 안인데 어찌 우리가 침범했다는 것이냐? …… 만일 여진을 내쫓고 우리 <u>옛 땅</u>을 회복하여 그곳에 성과 보를 쌓아 길을 통할 수만 있다면 어찌 귀국과 국교를 맺지 않겠는가?"
>
> – 『고려사』

① 동북 9성　　② 요서 지역
③ 강동 6주　　④ 요동 지역

20 다음 글의 빈칸에 들어갈 사건에 대한 설명으로 옳은 것은?

> 조선왕조의궤는 _______ 사건 때, 약탈을 당했다. 조선왕조의궤는 조선의 중요한 행사를 글과 그림으로 기록한 것으로 왕실의 행사를 의궤 형식으로 남긴 것은 조선이 유일하였다. 그 가치를 인정받아 2007년 세계 기록 유산으로 등재되었으며, 우리나라 보물로 지정되어 있다.

① 프랑스 군대가 강화도를 침입하였다.
② 상선인 제너럴셔먼호가 불에 탔다.
③ 군함 운요호가 함포사격을 하였다.
④ 오페르트가 남연군묘를 도굴하려 하였다.

합격의공식
시대
에듀

www.sdedu.co.kr

특별부록
TOPCIT 테스트

〈문항 수 및 시험시간〉

TOPCIT 테스트 : 총 30문항(30분)

구분	출제범위
기술영역	• 데이터 이해와 활용
비즈니스영역	• IT비즈니스와 윤리 • 프로젝트관리와 테크니컬 커뮤니케이션

※ TOPCIT 테스트는 2025년 하반기 채용공고문을 참고하여 구성하였습니다.

KB국민은행 필기전형

TOPCIT 테스트

문항 수 : 30문항
시험시간 : 30분

※ 정답 및 해설은 TOPCIT 테스트 바로 뒤 p.012에 있습니다.

01 다음 중 데이터베이스의 특징으로 옳지 않은 것은?

① 실시간 접근성
② 계속적인 변화
③ 동시 공용
④ 일괄처리

02 다음 제시된 IT 비즈니스 수명주기를 순서대로 바르게 나열한 것은?

> ㉠ IT 비즈니스 전략 및 계획 수립
> ㉡ IT 비즈니스 성과평가
> ㉢ IT 비즈니스 도입
> ㉣ IT 비즈니스 최신 서비스
> ㉤ IT 비즈니스 프로세스 및 IT 비즈니스 서비스

① ㉠－㉢－㉤－㉡－㉣
② ㉠－㉢－㉤－㉣－㉡
③ ㉠－㉤－㉢－㉡－㉣
④ ㉠－㉤－㉣－㉢－㉡

03 다음에서 설명하는 주요 빅데이터 분석 방법은?

> 인간의 두뇌 자체를 모델로 하여 결정론적 이진 계산 모델에 기반해서 디지털 정보를 처리하는 방식이 아니고, 신경 세포들의 네트워크라는 생각에 기반하여 문제를 고도로 병렬적, 분산적, 확률적인 계산으로 처리하는 분석 방법

① 신경망 분석
② 로지스틱 회귀분석
③ 의사결정 트리
④ Opinion Mining

04 **다음 중 비즈니스 이메일의 작성 방법에 대한 설명으로 옳지 않은 것은?**

① 결론을 마지막에 기술하는 귀납법을 사용한다.
② 인사말을 넣어 긍정적인 커뮤니케이션을 유도한다.
③ 업무 범위를 고려하여 수신인·참조인을 지정한다.
④ 제목 앞에 '보고', '공유', '공지' 등의 머리말을 붙인다.

05 **다음 중 IT 비즈니스 도입 방식 중 인하우스(In House) 개발의 특징으로 옳지 않은 것은?**

① 도입 비용이 증가한다.
② 성공에 대한 불확실성이 거의 없다.
③ 정보시스템을 자체 인력으로 개발한다.
④ 시스템 도입에 따른 노하우(Know-How)가 축적된다.

06 **다음 중 ERP(Enterprise Resource Planning)에 대한 설명으로 옳지 않은 것은?**

① 전사적 자원관리를 위한 솔루션이다.
② 구축전략 중 빅뱅 방식은 ERP 모듈을 기능별, 단계적으로 구축한다.
③ 기업의 주요 업무 프로세스를 통합적으로 연계 관리하고 정보를 공유한다.
④ ERP 도입 시 기업이 국제회계기준(IFRS)을 적용받는지 여부를 판단하여야 한다.

07 **다음 중 엔티티(Entity)의 특징으로 옳지 않은 것은?**

① 반드시 속성이 있지 않아도 된다.

② 업무 프로세스에 의해 이용되어야 한다.

③ 유일한 식별자에 의해 식별이 가능해야 한다.

④ 영속적으로 존재하는 인스턴스의 집합이어야 한다.

08 **다음에서 설명하고 있는 분산 데이터베이스 관리 시스템의 데이터 투명성은?**

다수의 트랜잭션이 동시에 수행되어도 결과의 일관성은 유지되어야 한다.

① 분할 투명성 ② 중복 투명성

③ 장애 투명성 ④ 병행 투명성

09 **다음은 IT 비즈니스 환경 변화와 관련된 기업의 대응기법 중 IT 비즈니스 혁신 활동에 대한 설명이다. 빈칸 ㉠~㉢에 들어갈 단어를 바르게 연결한 것은?**

• ___㉠___이란 기존의 시장을 파괴하고 새로운 시장을 창출하는 기법이다. • ___㉡___은 기업 활동의 전 과정에 대중을 참여시키는 방법이다. • ___㉢___은 기업이 필요한 기술과 아이디어를 외부에서 조달하면서 내부자원을 외부와 공유하는 방법이다.

	㉠	㉡	㉢
①	파괴적 혁신	크라우드 소싱	오픈 이노베이션
②	파괴적 혁신	오픈 이노베이션	크라우드 소싱
③	크라우드 소싱	파괴적 혁신	오픈 이노베이션
④	크라우드 소싱	오픈 이노베이션	파괴적 혁신

10 다음 중 IT 지원시스템의 하나로 제품 설계도부터 최종 제품 생산에 이르는 전체 과정을 관리하여 부가가치는 높이고 원가는 줄이는 생산 프로세스는?

① ERP ② SCM
③ ITSM ④ PLM

11 다음 중 스키마(Schema)에 대한 설명으로 옳지 않은 것은?

① 데이터베이스 하나를 기술한 것이다.
② 자료를 처리할 응용 프로그램 구조를 표현한 것이다.
③ 데이터베이스 내에 있는 데이터의 논리적 단위 사이의 관계성을 표현한다.
④ 레코드 형태와 릴레이션 같은 모든 데이터의 논리적 단위에 명칭을 부여하고 의미를 기술한 것이다.

12 다음 글의 빈칸에 들어갈 용어로 옳은 것은?

______은/는 데이터 또는 정보의 가치가 생명주기에 따라 달라지는 것에 대응하여 저장매체를 분리하여 관리하는 일련의 프로세스로, 데이터 관리비용을 절감하고 데이터를 체계적으로 관리하기 위해 도입된다.

① IRM ② BPM
③ BRE ④ ILM

13 IT 비즈니스 환경 분석은 외부 환경 분석, 내부 환경 분석, 내부 및 외부 통합 환경 분석으로 나눌 수 있다. 다음 중 내부 환경 분석에 속하는 것은?

① 7S 분석
② SWOT 분석
③ PEST 분석
④ 5 Forces 분석

14 다음 중 자연어처리(NLP; Natural Language Processing)의 특징으로 옳지 않은 것은?

① 인간이 이해할 수 있는 언어로 표현하는 제반 기술이다.
② 전처리 – 형태소분석 – 구문분석 – 의미분석 – 담화분석의 순서로 전개된다.
③ 분석을 통한 기업의 마케팅 정책 혹은 사회여론 분석에 효율적으로 사용된다.
④ 컴퓨터를 이용하여 사람 언어의 이해, 생성, 및 분석을 다루는 인공지능 기술이다.

15 다음에서 설명하고 있는 결합도는?

- 모듈 간의 인터페이스가 자료 요소로만 구성될 때의 결합도이다.
- 어떤 모듈이 다른 모듈을 호출하면서 매개 변수나 인수로 데이터를 넘겨주고, 호출받은 모듈은 받은 데이터에 대한 처리결과를 다시 돌려주는 것이다.
- 모듈 간의 내용을 전혀 알 필요가 없는 상태로써 한 모듈의 내용을 변경하더라도 다른 모듈에는 전혀 영향을 미치지 않는 가장 바람직한 결합도이다.

① 자료 결합도
② 외부 결합도
③ 제어 결합도
④ 스탬프 결합도

16 **다음 중 창의적 사고기법의 하나로 독특한 아이디어가 나올 때까지 다양한 언어들을 제시하고, 그중 무작위로 단어를 선택 및 조합하여 단어의 유추를 통해 강제로 과제와 연결시켜 새로운 발상을 유도하는 기법은?**

① TRIZ
② 스캠퍼
③ 랜덤 워드
④ 브레인스토밍

17 **다음 중 정규화 과정에서 발생하는 이상(Anomaly)에 대한 설명으로 옳지 않은 것은?**

① 이상에는 삽입이상, 삭제이상, 갱신이상 등이 있다.
② 정규화는 이상을 제거하기 위해서 중복성 및 종속성을 배제시키는 방법으로 사용된다.
③ 속성들 간의 종속 관계를 분석하여 여러 개의 릴레이션을 하나로 결합하여 이상을 해결한다.
④ 이상은 속성들 간에 존재하는 여러 종류의 종속 관계를 하나의 릴레이션에 표현할 때 발생한다.

18 **다음 설명을 모두 만족하는 정규형은?**

- 테이블 R에서 모든 결정자가 후보키인 정규형이다.
- 일반적으로 후보키가 여러 개 존재하고, 이러한 후보키들이 서로 중첩되어 나타나는 경우에 적용 가능하다.

① 제1정규형
② 제2정규형
③ 제3정규형
④ BCNF

19 다음 중 데이터 제어어(DCL)의 역할로 옳지 않은 것은?

① 회복
② 병행 수행 제어
③ 무결성
④ 권한 부여 / 회수

20 다음에서 설명하고 있는 주식별자의 특징은?

주식별자가 한 번 특정 엔티티(Entity)에 지정되면 그 식별자의 값은 변하지 않아야 한다.

① 유일성
② 최소성
③ 불변성
④ 존재성

21 다음 대화의 빈칸에 공통으로 들어갈 용어는?

> 이과장 : ______은/는 핵심 성과지표입니다.
> 최부장 : 네, ______은/는 조직의 핵심 성공요소인 CSF를 반영하여 정량화한 것이지요.
> 오대리 : 그래서 ______은/는 조직의 목표를 정확하게 반영할 수 있어야 합니다.

① KPI
② MBO
③ BSC
④ VOC

22 다음 중 공간의 넓이, 음영 등을 직관적으로 보여주는 빅데이터 시각화 방법은?

① 공간 시각화
② 비교 시각화
③ 관계 시각화
④ 분포 시각화

23 프로젝트 수행과 관련된 조직구조 중 기업의 전통적인 조직으로 업무나 기능별로 조직이 구성되고, 다른 조직과 독립성을 유지하면서 프로젝트 관리자가 별도로 존재하지 않는 조직구조는?

① 라인 조직
② 기능 조직
③ 매트릭스 조직
④ 프로젝트 중심 조직

24 일반적으로 비즈니스 문제해결 프로세스는 문제정의, 원인 분석, 대안 개발 및 평가, 해결안 적용 및 피드백의 단계를 거친다. 다음 중 각 단계에 대한 설명으로 옳지 않은 것은?

① 문제정의 단계에서는 문제의 근본적인 해결이 가능한지 확인해야 한다.
② 원인 분석 단계에서는 식별된 문제 원인의 우선순위를 정하여 중요하지 않은 것들은 덜어내야 한다.
③ 대안 개발 및 평가 단계에서는 가장 큰 문제점부터 논리적인 순서에 따라 작은 단위로 분해하여 트리 형태로 정리하는 이슈 트리(로직 트리)를 사용한다.
④ 해결안 적용 및 피드백 단계에서는 수립된 대안을 효율적으로 검증할 수 있는 테스트베드와 방법을 찾고 이를 실행할 준비를 한다.

25 **다음 중 저작권에 대한 설명으로 옳지 않은 것은?**

① 저작권은 저작물의 창작과 동시에 발생한다.

② 법원의 판결·결정·명령 및 심판은 저작물로 보호받지 못한다.

③ 공동저작물의 저작권 만료기간은 최후 저작자가 사망한 다음 해부터 산정된다.

④ 단독저작물의 저작권 보호기간은 저작자가 생존하는 동안과 사망한 후 50년간이다.

26 **다음 중 링크드 데이터(Linked Data)에 대한 설명으로 옳지 않은 것은?**

① RDF 같은 트리플 모형으로 구조화된 데이터를 사용한다.

② 개별 URI로 데이터를 식별하고, 각 URI에 링크 정보를 부여한다.

③ 링크드 데이터는 재사용이 가능하고, 데이터 중복을 감소시킬 수 있다.

④ Open Data는 누구나 자유롭게 사용할 수 있으나, 재배포는 할 수 없다.

27 **다음은 일반적인 IT 비즈니스 전략 수립에서 기업 모델인 As－Is 모델과 To－Be 모델에 대한 설명이다. 이에 대한 설명으로 옳지 않은 것은?**

• 현재 상태(As－Is) 모델 : 사명, 기본 이념, 조력자, 방해자 • 미래 상태(To－Be) 모델 : 비전, 목표, 목적, 성과지표

① 목적은 목표 달성을 나타내는 정량화된 낮은 수준의 목표이다.

② 조력자는 기업의 능력을 촉진하는 외부 환경과 기업의 강점이다.

③ 기본 이념은 기업의 핵심가치로 기업의 전략을 형성하는 데 이용된다.

④ 사명은 기업이 추구하는 이상적인 모습으로 기업의 능력을 확장시킨다.

28 **다음 중 SCM(공급망 관리)과 ERP(전사적 자원관리)를 비교한 내용으로 옳지 않은 것은?**

① ERP는 주로 대기업 위주로 운영된다.
② SCM은 프로세스를 중심으로 데이터를 처리한다.
③ ERP의 주요 기능에는 구매, 생산, 자재, 회계, 영업, 인사 등이 있다.
④ SCM을 도입할 경우 업무 프로세스 단축과 인건비 감소의 효과를 얻을 수 있다.

29 **다음 중 EA(Enterprise Architecture)에 대한 설명으로 옳지 않은 것은?**

① 기업 비즈니스 전략과 IT 전략이 융합하여 탄생한 결과물이다.
② IT 거버넌스의 통제체계를 위임 또는 상속받아 IT 거버넌스를 통제하는 수단이 된다.
③ EA 프레임워크의 자크만 프레임워크는 기업 간 상호운용성에 초점을 맞추어 개발한 개방형 프레임워크이다.
④ 업무나 시스템을 지속적으로 개선하기 위해 조직의 업무 프로세스와 정보 시스템을 가시화한 정보화 종합 설계도이다.

30 **다음 중 IT 거버넌스의 5대 주요 관심 영역에 대한 설명으로 옳지 않은 것은?**

① 전략연계 : 기업의 전략에 대한 연계와 최적의 의사결정 방향성을 제시한다.
② 자원관리 : IT 비즈니스 요구사항에 빠르게 대응하기 위해 IT 자원을 체계적으로 관리한다.
③ IT 가치 제공 : 개별 비즈니스 프로세스와 IT의 접목 최적화를 통한 IT 비즈니스 목표 달성을 지원한다.
④ 리스크 관리 : IT 비즈니스 연속성 확보를 위한 리스크 요소를 관리하며, 주요 연계기법으로 Enterprise Architecture가 있다.

TOPCIT 테스트 정답 및 해설

01	02	03	04	05	06	07	08	09	10
④	①	①	①	②	②	①	④	①	④
11	12	13	14	15	16	17	18	19	20
②	④	①	③	①	③	③	④	④	③
21	22	23	24	25	26	27	28	29	30
①	②	②	③	④	④	④	④	③	④

01

정답 ④

데이터베이스의 특징

- 실시간 접근성 : 수시적이고 비정형적인 질의에 대하여 실시간으로 응답한다.
- 계속적인 변화 : 갱신, 삽입, 삭제의 변화 속에서 항상 현재의 상태를 정확히 유지한다.
- 동시 공용 : 동일 데이터를 여러 사람이 다른 방법으로 동시에 공용할 수 있도록 지원한다.
- 내용에 의한 참조 : 위치나 주소가 아닌, 사용자가 요구하는 데이터의 내용, 즉 값에 따라 참조한다.

02

정답 ①

IT 비즈니스는 IT 비즈니스 전략 및 계획 수립(㉠)을 통해 IT 비즈니스 도입(㉢) 단계로 진행되고, IT 비즈니스 도입을 통해 IT 비즈니스 프로세스가 구동되어 기업의 이윤을 만들 수 있는 IT 비즈니스 서비스가 탄생(㉤)한다. IT 비즈니스 서비스는 지속적인 성과평가(㉡)를 통해 수정 및 개선되어 IT 비즈니스 최신 서비스로 최적화(㉣)된다. 따라서 바르게 나열한 것은 ①이다.

03

정답 ①

오답분석

② 로지스틱 회귀분석 : 독립 변수의 선형 결합을 이용하여 사건의 발생 가능성을 예측하는 데 사용되는 통계기법이다.
③ 의사결정 트리 : 의사결정 규칙을 도표화하여 관심 대상이 되는 집단을 몇 개의 소집단으로 분류하거나 예측을 수행하는 계량적 분석 방법이다.
④ Opinion Mining : SNS, 댓글 등에서 대량의 비정형 리뷰로부터 사용자가 원하는 정보를 빠르게 분석해 주고, 유의미한 정보를 지능적으로 유추해 내는 기술이다.

04

정답 ①

비즈니스 이메일 작성 시 내용은 간결하고 명료하게 작성하고, 연역법을 사용하여 주요 내용을 먼저 기술하는 것이 효과적이다.

05

정답 ②

인하우스(In House) 개발은 도입 비용 증가와 성공에 대한 불확실성이 내포되어 있다. 반면, 패키지(Package) 도입은 많은 테스트와 도입검증을 거친 시스템을 도입함으로써 상대적으로 성공에 대한 불확실성을 제거할 수 있다.

06

정답 ②

빅뱅 방식은 ERP의 모든 모듈 및 기능을 기업에서 필요로 하는 모든 영역에 동시 도입하는 방식이다.
ERP 모듈을 기능별, 단계적으로 구축하는 방식은 기능별, 단계별 접근 방식이며, ERP 모듈을 사업장별, 단계적으로 구축하는 방식인 사업장별 접근 방식도 있다.

07

정답 ①

엔티티는 반드시 속성이 있어야 한다.

엔티티(Entity)의 특징

- 유일한 식별자에 의해 식별이 가능해야 한다.
- 영속적으로 존재하는 인스턴스의 집합이어야 한다.
- 엔티티는 반드시 속성이 있어야 한다.
- 엔티티는 다른 엔티티와 최소 한 개 이상의 관계가 있어야 한다.
- 엔티티는 업무 프로세스에 의해 이용되어야 한다.
- 반드시 해당 업무에서 필요하고 관리하고자 하는 정보여야 한다.

08
정답 ④

분산 데이터베이스는 데이터베이스가 네트워크상에서 여러 컴퓨터에 물리적으로 분산되어 있지만, 사용자가 하나의 데이터베이스처럼 인식할 수 있도록 논리적으로 통합되어 공유되는 데이터베이스를 의미한다. 이때, 여러 개의 물리적 데이터베이스를 논리적인 단일 데이터베이스로 인식하려면 사용자들이 데이터가 물리적으로 어디에 배치되어 있고, 어떻게 접근해야 하는지 알 필요가 없어야 하는데, 이를 데이터 투명성이라고 한다. 제시문이 설명하는 데이터 투명성은 병행 투명성에 해당한다.

데이터베이스 관리 시스템의 데이터 투명성

- 분할 투명성 : 사용자가 입력한 전역 질의를 여러 개의 단편 질의로 변환해 주므로 사용자는 전역 스키마가 어떻게 분할되어 있는지 알 필요가 없다.
- 위치 투명성 : 사용자나 애플리케이션에서 분산 데이터베이스상에 존재하는 데이터의 물리적인 위치를 알 필요가 없다.
- 중복 투명성 : 어떤 데이터가 중복되었는지 또는 어디에 중복 데이터를 보관하고 있는지 사용자가 알 필요가 없다.
- 장애 투명성 : 분산되어 있는 각 컴퓨터 시스템이나 네트워크에 장애가 발생하더라도 데이터의 무결성이 보장되어야 한다.
- 병행 투명성 : 다수 트랜잭션이 동시에 수행되어도 결과의 일관성이 유지되어야 한다.

09
정답 ①

㉠ 파괴적 혁신 : 기존의 시장을 파괴하고 새로운 시장을 창출하는 기법으로, '스마트폰'이 대표적 사례에 해당한다.
㉡ 크라우드 소싱 : 기업 활동의 전 과정에 대중을 참여시키는 방법으로, 대중의 참여로 수익 등이 향상되면 그 수익을 대중과 공유한다.
㉢ 오픈 이노베이션 : 기업이 필요한 기술과 아이디어를 외부에서 조달하면서 내부자원을 외부와 공유하여 새로운 제품 또는 서비스를 만들어 내는 방법이다.

10
정답 ④

PLM(Product Lifecycle Management)는 제품수명주기관리로, 제품 설계도부터 최종 제품 생산에 이르는 전체 과정을 일괄적으로 관리하는 생산 프로세스이다.

오답분석

① ERP(Enterprise Resource Planning) : 전사적 자원관리로, 기업 내 물류, 재무, 생산 등 경영 활동의 통합정보시스템을 의미한다.
② SCM(Supply Chain Management) : 공급망 관리로, 제품 생산을 위한 프로세스인 부품조달과 생산 계획, 납품, 재고관리 등을 효율적으로 처리할 수 있는 관리 솔루션을 의미한다.
③ ITSM(Information Technology Service Management) : IT 서비스 관리로 정보 시스템 사용자가 만족할 수 있는 서비스를 제공하고, 지속적인 관리를 통해 서비스의 품질을 유지·증진하기 위한 일련의 활동을 의미한다.

11
정답 ②

스키마(Schema)는 데이터베이스의 구조와 제약 조건에 관한 전반적인 명세를 기술한 메타데이터의 집합이다. 스키마에 자료를 처리할 응용 프로그램 구조를 표현하지는 않는다.

12
정답 ④

ILM(Information Lifecycle Management)에 대한 설명이다.

오답분석

① IRM(Information Resource Management) : 인력, 자본, 원료 등 모든 관련 IT 자원을 관리하는 시스템이다.
② BPM(Business Process Management) : IT 비즈니스 프로세스에 연관된 사람, 자원, 업무의 흐름을 통합적으로 관리하고 최적화하는 기법이다.
③ BRE(Business Rule Engine) : 기업의 복잡한 업무 규칙, 프로세스 흐름 등을 정형화하여 프로세스를 효과적으로 관리하기 위한 기법이다.

13
정답 ①

7S 분석은 맥킨지(McKinsey)사에서 만든 내부 환경 분석 기법으로 공유가치, 전략, 시스템, 조직구조, 구성원, 스타일, 관리기술 등 기업의 하드웨어적인 요소와 소프트웨어적인 요소를 함께 분석하는 것이다.

오답분석

② SWOT 분석 : 외부 시장 환경의 기회요인과 위협요인, 내부의 장점과 약점을 동시에 분석하는 내부 및 외부 통합 환경 분석이다.
③ PEST 분석 : 정치, 경제, 사회, 기술의 기회요인과 위협요인의 영향을 분석하는 외부 환경 분석이다.
④ 5 Forces 분석 : 신규 진입자, 구매자, 대체재, 공급자, 기존 경쟁자 관점에서 해당 산업의 구조를 분석하는 외부 환경 분석이다.

14
정답 ③

③은 Opinion Mining의 특징이다. Opinion Mining은 SNS, 댓글 등에서 대량의 비정형 리뷰로부터 사용자가 원하는 정보를 빠르게 분석해 주고, 유의미한 정보를 지능적으로 유추해 내는 기술이다.

15
정답 ①

결합도는 모듈 사이의 상호 연관성의 복잡도를 의미하며, 제시된 설명은 자료 결합도에 대한 것이다. 소프트웨어 설계 시 최대한 결합도를 낮추는 것이 필요하며, 자료 결합도, 스탬프 결합도, 제어 결합도, 외부 결합도, 공통 결합도, 내용 결합도 순으로 결합도가 약하다.

16
정답 ③

랜덤 워드(Random Word)에 대한 설명이다.

오답분석

① TRIZ : 문제 상황에 관한 최선의 결과를 상정하고 그러한 결과를 얻는 데 방해가 되는 모순을 탐색하여 그것을 해결할 수 있는 방안을 생각하는 방법이다.
② 스캠퍼(SCAMPER) : 대체, 결합, 응용, 변형(확대), 다르게 활용, 제거, 재배열(뒤집기) 등의 질문으로 새로운 아이디어를 떠올리는 방법이다.
④ 브레인스토밍(Brainstorming) : 구성원의 자유 발언을 통한 아이디어의 제시를 요구하여 발상을 찾아내려는 방법이다.

17
정답 ③

정규화는 하나의 종속성이 하나의 릴레이션에 표현될 수 있도록 분해하는 과정이다. 정규화에서는 속성들 간의 종속 관계를 분석하여 하나의 릴레이션을 여러 개의 릴레이션으로 분해하여 이상을 해결한다.

18
정답 ④

BCNF에 대한 설명이다.

정규형의 종류
- 제1정규형 : 도메인이 원자값
- 제2정규형 : 부분적 함수 종속 제거
- 제3정규형 : 이행적 함수 종속 제거
- BCNF : 결정자이면서 후보키가 아닌 것 제거
- 제4정규형 : 다치 종속
- 제5정규형 : 조인 종속성 이용

19
정답 ④

권한 부여 / 회수는 데이터 제어어의 종류인 GRANT와 REVOKE의 기능이다.

데이터 제어어(DCL)의 역할
- 회복 : 시스템 장애에 대비
- 병행 수행 제어 : 여러 사용자가 DB에 동시 접근 가능
- 무결성 : 데이터의 정확성 유지
- 데이터 보안 : 불법적인 사용자로부터 데이터를 보호

20
정답 ③

제시문은 불변성에 대한 설명이다.

오답분석

① 유일성 : 주식별자에 의해 엔티티 내의 모든 인스턴스는 유일하게 구분되어야 한다.
② 최소성 : 주식별자를 구성하는 속성의 수는 유일성을 만족하는 최소의 수가 되어야 한다.
④ 존재성 : 주식별자가 지정되면 반드시 데이터 값이 존재해야 한다.

21
정답 ①

KPI(Key Performance Indicator)는 핵심 성과지표로, 조직의 핵심 성공요소인 CSF(Critical Success Factor)를 반영하여 정량화한 지표이다. KPI에 따라 조직 구성원의 행동 양식이 달라질 수 있으므로 조직의 목표를 정확하게 반영할 수 있어야 한다.

오답분석

② MBO(Management By Objective) : 기업의 구성원이 목표를 결정한 후 목표가 달성된 정도를 측정하고 평가하는 경영관리 기법이다.
③ BSC(Balanced Score Card) : 재무, 고객, 내부 프로세스, 학습과 성장 4가지 관점에서 균형적인 성과를 관리하는 기법이다.
④ VOC(Voice of Customer) : 접수되는 고객 불만 사항을 접수부터 처리가 완료될 때까지 처리상황을 실시간으로 관리하고, 처리 결과를 관서별로 지표화하여 관리 · 평가함으로써 고객의 체감서비스를 향상시키는 고객관리시스템이다.

22
정답 ②

비교 시각화는 공간의 넓이, 음영 등을 직관적으로 보여준다.

오답분석

① 공간 시각화 : 지도상에 정보를 매핑하여 보여준다.
③ 관계 시각화 : 2개 이상의 변수 간 관계를 보여준다.
④ 분포 시각화 : 전체와 부분의 관계, 비율을 보여준다.

23
정답 ②

기능 조직에 대한 설명이다.

오답분석

① 라인 조직 : 기업의 관리 조직의 하나로, 각 종업원은 자기가 속한 명령 계통에서 바로 위의 한 사람으로부터 명령을 받는 조직구조이다.
③ 매트릭스 조직 : 기존 기능 부서 상태를 유지하면서 특정한 프로젝트를 위해 서로 다른 부서의 인력이 함께 일하는 조직구조이다.
④ 프로젝트 중심 조직 : 프로젝트 관리자가 프로젝트 수행의 전체 권한과 의사결정 권한을 가지는 조직구조이다.

24
정답 ③

가장 큰 문제점부터 논리적인 순서에 따라 작은 단위로 분해하여 트리 형태로 정리하는 이슈 트리(로직 트리)는 원인 분석 단계에서 사용한다.
대안 개발 및 평가 단계에서는 원인 분석 단계에서 최종 도출된 문제의 원인을 해결하기 위한 다양한 측면의 대안을 개발한다.

25
정답 ④

단독저작물의 경우 저작자가 생존하는 동안과 사망한 후 70년간 저작권이 보호된다.

26
정답 ④

Open Data는 누구나 자유롭게 사용할 수 있으며, 재배포도 할 수 있다. 단, 상업적, 비상업적 이용에 대한 제한 등이 없어야 한다.

27
정답 ④

기업이 추구하는 이상적인 미래 모습으로, 기업의 능력을 확장시키는 것은 미래 상태 모델 중 비전이다.
사명은 기업의 목적 또는 주요 사업으로 시간적으로 제한되지 않는 목표이다.

28
정답 ④

SCM을 도입할 경우 생산 수요 예측이 가능하고 재고를 효과적으로 관리할 수 있다. 반면, ERP를 도입할 경우 업무 프로세스 단축과 인건비 감소의 효과를 얻을 수 있다.

오답분석

① SCM의 도입은 영세 제조업체의 경우에도 효과적이지만, ERP는 주로 대기업 위주로 운영되며 중소기업의 경우 도입 시 효과를 고려해야 한다.
② SCM은 프로세스를 중심으로, ERP는 트랜잭션을 중심으로 데이터를 처리한다.
③ SCM의 주요 기능에는 수요 예측, 주문 관리 및 계획, 물류 관리 등이 있고, ERP의 주요 기능에는 구매, 생산, 자재, 회계, 영업 등이 있다.

29
정답 ③

자크만 프레임워크는 EA 수립 시 가장 많이 사용하는 프레임워크로 VIEW와 관점을 이용하여 매트릭스 형태로 정의한다. 기업 간 상호 운용성에 초점을 맞추어 개발한 개방형 프레임워크는 TOGAF(The Open Group Architecture Framework)이다.

30
정답 ④

리스크 관리의 연계기법으로는 DRS, BCP 등이 있으며, Enterprise Architecture는 전략연계의 연계기법으로 사용된다.

6권

KB국민은행 필기전형 정답 및 해설

KB국민은행 필기전형

제1회 모의고사 정답 및 해설

제 1 영역 직업기초능력

01	02	03	04	05	06	07	08	09	10
④	④	④	③	④	②	②	④	④	②
11	12	13	14	15	16	17	18	19	20
④	③	④	②	④	②	③	④	④	④
21	22	23	24	25	26	27	28	29	30
③	③	①	③	④	④	④	④	④	③
31	32	33	34	35	36	37	38	39	40
①	②	③	①	②	④	③	③	②	②

01
정답 ④

제4조 제4항의 개인정보 보호 원칙에 따르면 개인정보 처리자는 개인정보 처리방침 등 개인정보의 처리에 관한 사항을 일반적으로 공개하여야 하며, 열람 청구권 등 정보 주체의 권리가 보장될 수 있도록 합리적인 절차를 마련하여야 한다.

오답분석

① 제3조 제2항에 따르면 처리되는 정보에 의하여 알아볼 수 있는 사람으로서 그 정보의 주체가 되는 사람을 '정보 주체'라고 한다.
② 제3조 제3항에 따르면 '개인정보 파일'은 개인정보를 쉽게 검색할 수 있도록 일정한 규칙에 따라 배열하거나 구성한 개인정보의 집합물이다.
③ 제3조 제9항에 따르면 '주민등록번호', '여권번호', '운전면허의 면허번호', '외국인등록번호'는 고유식별정보에 해당하지만 '생년월일'은 고유식별정보에 해당하지 않는다.

02
정답 ④

제78조 제1항과 제2항에 따르면 가입자는 지급받은 반환일시금에 이자를 더한 금액을 공단에 낼 수 있으며, 이때 분할하여 납부하려면 반환일시금에 대통령령으로 정하는 이자를 더하여야 한다.

오답분석

① 제77조 제1항 제3호에서 확인할 수 있다.
② 제77조 제1항 제2호에서 확인할 수 있다.
③ 제79조 제1호에서 확인할 수 있다.

03
정답 ④

제13조에 따르면 모든 임직원은 고객의 자산, 지적재산권, 영업비밀, 고객 정보 등을 보호해야 하고, 고객이 알아야 하거나 고객에게 마땅히 알려야 하는 사실은 정확하고 신속하게 제공해야 한다.

04
정답 ③

네 번째 문단에 따르면 공급자가 소수 기업에 의해 지배되는 경우, 즉 독과점에 해당하는 경우나 공급자가 공급하는 상품이 업계에서 중요한 부품인 경우와 같이 공급자의 힘이 커지면 산업 매력도는 떨어지게 된다.

05
정답 ④

비트코인의 거래 조작이 불가능한 이유는 연결된 모든 블록을 조작하기 위한 컴퓨팅 비용을 감당하고 모든 조작을 10분 안에 끝내는 것이 이론적으로 불가능하기 때문이다. 이는 조작하기 위한 비용을 개인이 감당하기 어려운 것과는 다른 문제라고 할 수 있다.

오답분석

① 첫 번째 문단에서 일반적인 가상화폐는 중앙관리기관이 발행 및 통제한다고 하였고, 두 번째 문단에서 비트코인의 발행은 사용자들의 채굴을 통해 이루어진다고 하였다.
② 두 번째 문단의 마지막 문장을 통해 알 수 있다.
③ 마지막 문단의 두 번째 ~ 네 번째 문장을 통해 알 수 있다.

06
정답 ②

제시문은 파레토 법칙의 개념과 적용된 사례를 설명한 후, 파레토 법칙이 잘못 적용된 사례를 통해 함부로 다양한 사례에 적용하는 것이 잘못된 해석을 낳을 수 있음을 지적하고 있다. 따라서 주제로 가장 적절한 것은 ②이다.

07

정답 ②

제시문은 상품 생산자와 상품의 관계를 제시하며, 시장 안에서 사람이 아닌 상품이 주체가 되고 사람과 사람 간의 관계가 사물과 사물 간의 관계에 가려 보이지 않게 되면서 인간과 인간들 간의 관계가 소외됨을 설명하는 글이다. 따라서 (가) 상품이 시장에서 생산자의 통제를 벗어남 – (다) 그 결과 상품이 주체가 되어 인간 소외 현상이 일어남 – (라) 시장 법칙으로 인해 인간관계가 사물 간 관계에 가려짐 – (나) 앞의 내용을 정리해 인간소외 현상을 규정함 순으로 나열하는 것이 적절하다.

08

정답 ④

최저소득보장제가 저소득층의 생계를 지원하나, 성장 또한 제한할 수 있다는 점을 한계로 지적할 수 있다. 따라서 반론으로 ④가 가장 적절하다.

오답분석

①·②·③ 제시문과 동일한 내용이므로 반론으로 적절하지 않다.

09

정답 ④

제시문의 전통적인 경제학에서는 미시 건전성 정책에 집중하는데, 이러한 미시 건전성 정책은 가격이 본질적 가치를 초과하여 폭등하는 버블이 존재하지 않는다는 효율적 시장 가설을 바탕으로 한다. 따라서 비판으로 가장 적절한 것은 이러한 효율적 시장 가설에 대해 반박하는 ④이다.

10

정답 ②

세 번째 문단의 첫 문장에서 '전자 감시는 파놉티콘의 감시 능력을 전 사회로 확장'했다고 말하고 있으므로, 정보 파놉티콘은 발전된 감시 체계라고 할 수 있다. 따라서 종국에는 감시 체계 자체를 소멸시킬 것이라는 추론인 ②는 적절하지 않다.

11

정답 ④

제시문은 '휴리스틱'의 개념 설명을 시작으로 휴리스틱을 이용하는 방법인 '이용가능성 휴리스틱'에 대한 설명과 휴리스틱의 문제점인 '바이어스'의 개념을 연이어서 설명하며 '휴리스틱'에 대한 정보의 폭을 넓혀가고 있다.

12

정답 ③

첫 번째 문단에서 엔테크랩이 개발한 감정인식 기술은 모스크바시 경찰 당국에 공급할 계획이라고 하였으므로 아직 도입되어 활용되고 있는 것은 아니다.

13

정답 ④

빈칸 앞에서는 감정인식 기술을 수사기관에 도입할 경우 새로운 차원의 수사가 가능하다고 하였고, 빈칸 뒤에서는 이 기술이 어느 부서에서 어떻게 이용될 것인지 밝히지 않았고 결정된 것이 없다고 하였다. 따라서 빈칸에는 앞의 내용과 뒤의 내용이 상반될 때 쓰는 접속 부사인 '그러나'가 오는 것이 가장 적절하다.

14

정답 ②

우리가 지구환경 속에서 쾌적하게 살아갈 수 있는 이유는 대기 중 이산화탄소 등의 온실가스가 온실의 유리처럼 작용하여 지구표면의 온도를 일정하게 유지하기 때문이다. 지난 100년에 걸쳐 이 온실가스가 계속적으로 증가하여 기후변화라는 문제에 직면하게 되었다.

15

정답 ④

온실효과 매커니즘을 순서대로 나열하면, 태양 → 빛에너지 → 지구(빛에너지 44% 도달) → 적외선으로 방출 → 온실가스(적외선 파장의 일부 흡수) → 안정상태 유지 위해 에너지 방출 → 에너지를 통해 지구가 따뜻해짐 순이다. 따라서 온실효과 메커니즘에서 흡수하는 에너지의 종류를 바르게 짝지은 것은 ④이다.

16

정답 ②

고객은 Zgm·고향사랑기부제 특화 카드를 해외에서 이용할 때보다 국내에서 이용할 때 더 많은 포인트가 적립되는지의 여부 및 우대서비스를 적용받기 위한 전월 실적의 필요 여부에 대해 문의하고 있다.

첫 번째 문의는 평일에는 적립률이 국내와 해외 모두 동일하고, 주말에는 국내에서 이용하는 경우가 해외에서 이용하는 경우보다 0.3%p 더 많이 적립됨을 안내하면 된다.

두 번째 문의는 우대서비스를 적용받으려면 전월 실적 40만 원 이상이 필요하지만, 카드 사용 등록일로부터 그다음 달 말일까지는 전월 실적을 충족하지 않아도 서비스가 제공됨을 안내하면 된다. 따라서 답변으로 ②가 가장 적절하다.

17
정답 ③

1천만 원을 1년 만기로 최고 금액을 구하려고 하므로, 적용금리는 기본이율(1.2%)과 최대 우대금리(0.4%)를 합한 1.6%로 계산한다. 총금액(세전)은 10,160,000원이고, 세율이 1%이므로 세금은 10,160,000×0.01=101,600원이 된다.

따라서 1년 만기 시 고객이 받을 수 있는 최고 금액을 계산하면 10,160,000−101,600=10,058,400원(세후)이다.

오답분석

① 예금자보호는 1인당 최고 1억 원으로 전액 예금자보호에 해당한다.

② 가입과 해지는 '스마트폰 또는 인터넷뱅킹(창구거래, 통장발행 불가)'을 이용해야 한다.

④ 40대가 38%, 30대가 34%로 가장 많은 사람들이 신청하였고, 1천만 원 이하 금액을 예금하는 사람들이 43%로 가장 높은 비율을 차지하고 있다.

18
정답 ④

신용카드별 김대리가 받을 수 있는 할인 혜택 금액은 각각 다음과 같다.

- A카드 : 외식 부문에서 할인을 적용받고, 페이 결제분에 대한 할인은 제외되므로 적용받는 할인 금액은 540,000−350,000=190,000원이다. 이때, 총결제액이 100만 원을 초과했으므로 할인율은 15%이다. 그러므로 할인 혜택 금액은 190,000×0.15=28,500원이지만, 할인한도가 28,000원이므로 총 28,000원을 할인받는다.
- B카드 : 쇼핑 부문에서 할인을 적용받고, N사 페이 결제에 대하여 5% 추가 할인이 적용된다. 이때, 총결제액이 100만 원을 초과했으므로 기본으로 적용되는 할인율은 15%이고, N사 페이 결제금액에 적용되는 할인율은 15+5=20%이다. 그러므로 할인 혜택 금액은 150,000×0.2+(290,000−150,000)×0.15=30,000+21,000=51,000원이지만, 할인한도가 25,000원이므로 총 25,000원을 할인받는다.
- C카드 : 공과금 부문에서 할인을 적용받는다. 이때, 총결제액이 100만 원을 초과했으므로 기본으로 적용되는 할인율은 15%이고 공과금을 자동이체로 설정하였으므로 3% 추가 할인이 적용되므로 할인율은 15+3=18%이다. 그러므로 할인 혜택 금액은 150,000×0.18=27,000원이다.
- D카드 : 총결제액의 3%를 할인받는다. 그러므로 할인 혜택 금액은 1,210,000×0.03=36,300원이지만, 할인한도가 30,000원이므로 총 30,000원을 할인받는다.

따라서 김대리는 할인 혜택 금액이 가장 큰 D카드를 선택할 것이다.

19
정답 ④

예산이 가장 많이 드는 B사업과 E사업은 사업기간이 3년이므로 최소 1년은 겹쳐야 한다는 것을 기반으로 연도별 가용예산을 참고하여 다음과 같이 정리할 수 있다.

(단위 : 조 원)

구분	1년	2년	3년	4년	5년
	20조	24조	28.8조	34.5조	41.5조
A사업	−	1	4	−	−
B사업	−	15	18	21	−
C사업	−	−	−	−	15
D사업	15	8	−	−	−
E사업	−	−	6	12	24
실질사용예산 합계	15	24	28	33	39

따라서 연도별 가용예산에 맞는 D사업을 첫해에 시작한다.

20
정답 ④

먼저 이름의 첫 글자만 이용하여 명제를 도식화한다.

- 재 ○ → 서 or 지 ○
- 재 × → 종 ○
- 종 × → 지 ×
- 종 ×

세 번째와 네 번째 명제에 의해 종열이와 지훈이는 춤을 추지 않았다(종 × → 지 ×).

또한, 두 번째 명제의 대우(종 × → 재 ○)에 의해 재현이가 춤을 추었다.

마지막으로 첫 번째 명제에 따라 서현이가 춤을 추었다.

따라서 재현이와 서현이 모두 춤을 추었다.

21
정답 ③

먼저 세 번째 ~ 여섯 번째 조건을 기호화하면 다음과 같다.

- A or B → D, A and B → D
- C → ~E and ~F
- D → G
- G → E

세 번째 조건의 대우 ~D → ~A and ~B에 따라 D사원이 출장을 가지 않으면 A사원과 B사원 모두 출장을 가지 않는 것을 알 수 있다. 결국 D사원이 출장을 가지 않으면 C사원과 E, F, G대리가 모두 출장을 가야 한다. 그러나 이는 대리 중 적어도 한 사람은 출장을 가지 않는다는 두 번째 조건과 모순되므로 성립하지 않는다. 그러므로 D사원은 반드시 출장을 가야 한다.

D사원이 출장을 가면 다섯 번째, 여섯 번째 조건을 통해 D → G → E가 성립하므로 G대리와 E대리도 출장을 가는 것을 알 수 있다. 이때, 네 번째 조건의 대우에 따라 E대리와 F대리 중 적어도 한 사람이 출장을 가면 C사원은 출장을 갈 수 없으며, 두 번째 조건에 따라 E, F, G대리는 모두 함께 출장을 갈 수 없다. 결국 D사원, G대리, E대리와 함께 출장을 갈 수 있는 사람은 A사원 또는 B사원이다.

따라서 항상 참인 것은 'C사원은 출장을 가지 않는다.'이다.

22
정답 ③

을과 정은 상반된 이야기를 하고 있다. 만일 을이 참이고 정이 거짓이라면 합격자는 병, 정이 되는데 합격자는 1명이어야 하므로 모순이다. 따라서 을은 거짓말을 했으며, 합격자는 병이다.

23
정답 ①

세 가지 조건을 종합해 보면 A상자에는 테니스공과 축구공이, B상자에는 럭비공이, C상자에는 야구공이 들어가게 된다. 그러므로 B상자에는 럭비공과 배구공 또는 럭비공과 농구공이 들어갈 수 있으며, C상자에는 야구공과 배구공 또는 야구공과 농구공이 들어갈 수 있다. 따라서 럭비공은 배구공과 같은 상자에 들어갈 수도 있고 아닐 수도 있다.

오답분석

② 세 가지 조건을 종합해 보면 테니스공과 축구공이 들어갈 수 있는 상자는 A밖에 남지 않음을 알 수 있다.
③ A상자는 이미 꽉 찼고 남은 상자는 B와 C인데, 이 두 상자에도 각각 공이 하나씩 들어가 있으므로 배구공과 농구공은 각각 두 상자에 나누어져 들어가야 한다. 따라서 두 공은 같은 상자에 들어갈 수 없다.
④ B상자에 배구공을 넣으면 농구공을 넣을 수 있는 상자는 C밖에 남지 않게 된다. 따라서 농구공과 야구공은 함께 C상자에 들어가게 된다.

24
정답 ③

C업체 정보가 참일 경우 나머지 미국과 서부지역 설비를 다른 업체가 맡아야 한다. 이때, 두 번째 정보에서 B업체의 설비 구축지역은 거짓이 되고, 첫 번째 정보와 같이 A업체가 맡게 되면 4개의 설비를 구축해야 하므로 A업체의 설비 구축계획은 참이 된다. 따라서 '장대리'의 말은 참이 됨을 알 수 있다.

오답분석

- 이사원 : A업체 정보가 참일 경우에 A업체가 설비를 3개만 맡는다고 하면, B나 C업체가 5개의 설비를 맡아야 하므로 나머지 정보는 거짓이 된다. 하지만 A업체가 B업체와 같은 곳의 설비 4개를 맡는다고 할 때, B업체 정보는 참이 될 수 있어 옳지 않다.
- 김주임 : B업체 정보가 거짓일 경우에 만약 6개의 설비를 맡는다고 하면, A업체는 나머지 2개를 맡게 되므로 거짓이 될 수 있다. 또한 B업체 정보가 참일 경우 똑같은 곳의 설비 하나씩 4개를 A업체가 구축해야 하므로 참이 된다.

25
정답 ④

i) 창업을 할 경우
- 예상매출 : 3,500원×180개×25일×12개월
  =1억 8천 9백만 원(연 매출)
- 예상비용 : (이자비용)+(월세)+(매출원가)
  =1억 7천 4백만 원(연 비용)
  1) 이자비용 : 6천만 원×대출이율 5%=300만 원
  2) 월세 : 1,200만 원×12개월=1억 4천 4백만 원
  3) 매출원가 : 500원×180개×25일×12개월
     =2,700만 원

∴ (예상매출)−(예상비용)
  =1억 8천 9백만−1억 7천 4백만=1,500만 원

ii) 회사를 다닐 경우
∴ 연봉 3,600만+180만(∵ 저축 이자수익)=3,780만 원

따라서 기존 회사를 다니는 것이 연간 2,280만 원 더 이익이다.

26
정답 ④

출산장려금 지급 시기의 가장 우선순위인 임신일이 가장 긴 임산부는 B, D임산부이다. 이 중에서 만 19세 미만인 자녀 수가 많은 임산부는 D임산부이고, 소득 수준이 더 낮은 임산부도 D임산부이다. 따라서 D임산부가 가장 먼저 출산장려금을 받을 수 있다.

27
정답 ④

다섯 번째 조건에 의해 나타날 수 있는 경우는 다음과 같다.

구분	1순위	2순위	3순위
경우 1	A	B	C
경우 2	B	A	C
경우 3	A	C	B
경우 4	B	C	A

- 두 번째 조건 : 경우 1+경우 3=11명
- 세 번째 조건 : 경우 1+경우 2+경우 4=14명
- 네 번째 조건 : 경우 4=6명

따라서 C에 3순위를 부여한 사람의 수는 14−6=8명이다.

28
정답 ④

현재 아르바이트생의 월 급여는 평일+주말=(3×9×4×9,000)+(2×9×4×12,000)=1,836,000원이므로, 월급여는 정직원>아르바이트생>계약직원 순서이다. 따라서 전체 인원을 줄일 수 없으므로 현 상황에서 인건비를 가장 많이 줄일 수 있는 방법은 아르바이트생을 계약직원으로 전환하는 것이다.

29
정답 ④

표준편차는 변량의 분산 정도를 표시하는 척도이다. 부가서비스별로 선호하는 비중은 남성의 경우 7 ~ 19% 사이에 위치하고, 여성의 경우 6 ~ 21%에 위치하고 있다. 평균이 약 11.1%(=100%÷9항목)인 것을 감안했을 때, 여성의 비중이 평균에 비해 더 멀리 떨어져 있으므로 표준편차의 값은 남성보다 여성이 더 큰 것을 알 수 있다.

오답분석

① 성별 비율이 각각 50%라면, 포인트 적립 항목의 경우 전체 비율이 19×0.5+21×0.5=20%가 되어야 한다. 하지만 제시된 자료에서는 19.8%라고 하였으므로 P대리가 설명한 내용은 옳지 않다. 바르게 설명하려면 남성의 비율은 60%, 여성은 40%라고 언급해야 한다.

② 무응답한 비율은 전체 8.4%이므로 1,000×0.084=84명이 맞다. 하지만 남녀 비율이 6 : 4이므로 남성은 600×0.1=60명, 여성은 400×0.06=24명이라고 언급해야 한다.

③ 남성이 두 번째로 선호하는 부가서비스는 무이자 할부(17%)이다.

30
정답 ③

원화를 기준으로 국가별 환율을 적용한 농구화 가격은 각각 다음과 같다.

- 미국 : 210달러×1,100원=231,000원
- 중국 : 1,300위안×160원=208,000원
- 일본 : 21,000엔×960원÷100=201,600원
- 프랑스 : 200유로×1,200원=240,000원

따라서 일본에서 농구화를 구입하는 것이 가장 저렴하다.

31
정답 ①

철수는 이번 달 ○○체크카드의 할인 혜택을 받지 않은 상태이며, 전월 실적은 32만 원이기 때문에 최대 1만 원까지 할인 혜택을 받을 수 있다. 철수의 혜택 금액을 살펴보면 다음과 같다.

- 5,000원 금액의 액세서리 결제(카카오페이를 통해 모바일 앱 이용) → 1만 원 이상 결제 시 할인되므로 할인되지 않는다.
- 온라인으로 TOEIC 시험 응시료 결제 → 2천 원 할인
- 온라인으로 메가박스에서 영화 예매 → CGV일 때 할인되므로 할인되지 않는다.
- 20,000원 티셔츠 결제(네이버페이를 통해 모바일 앱 이용) → 1천 원 할인

따라서 철수는 ○○체크카드로 3,000원을 할인받을 수 있다.

32
정답 ②

현재 빌릴 돈을 x만 원이라고 하자. 4년 후 갚아야 할 돈이 2,000만 원이므로, 이율을 $r\%$, 개월 수를 n개월이라고 할 때, 복리와 단리일 때의 금액을 계산하면 다음과 같다.

- 복리 : (원금)$\times(1+r)^{\frac{n}{12}}=x\times1.08^4=2{,}000$

  $\therefore x=\frac{2{,}000}{1.08^4}=\frac{2{,}000}{1.36}\fallingdotseq1{,}471$만 원

- 단리 : (원금)$\times\left(1+\frac{r}{12}\times n\right)=x\times(1+0.08\times4)=2{,}000$

  $\rightarrow x\times1.32=2{,}000$

  $\therefore x=\frac{2{,}000}{1.32}\fallingdotseq1{,}515$만 원

따라서 금액의 차이는 1,515−1,471=44만 원이다.

33
정답 ③

- 단리 예금에 가입할 경우
  이자는 원금에 대해서만 붙으므로 3년 후, 1,000×0.1×3=300만 원이 되며, 원리합계는 1,000+300=1,300만 원이다.
- 연복리 예금에 가입할 경우
  원리합계는 $1{,}000\times(1.1)^3=1{,}000\times1.331=1{,}331$만 원이다.

따라서 두 가지 경우의 원리합계의 합은 1,300+1,331=2,631만 원이다.

34
정답 ①

현찰을 팔 때의 환율은 (매매기준율)−(환전수수료)이고, 송금을 할 때의 환율은 (매매기준율)+(환전수수료)이다.
이를 적용하여 계산하면 다음과 같다.

1) 12월 31일 K은행에서 현찰을 팔 때
   - 매매기준율 : 1월 2일의 매매기준율은 전일 대비 6.5원/달러 증가했으므로 12월 31일의 매매기준율은 1,222.5−6.5=1,216.0원/달러이다.
   - 환전수수료 : 1,216.0−1,106.0=110원이고, A씨의 경우 50% 할인을 받으므로 110×0.5=55원/달러가 적용된다.

   그러므로 1,216.0−55=1,161.0원/달러의 판매 환율이 적용되어 A씨는 1,000×1,161.0=1,161,000원을 받았다.

2) 1월 2일 K은행에서 송금할 때
   - 매매준율 : 1,222.50원/달러
   - 환전수수료 : 매매기준율과 송금 환율이 동일하므로 환전수수료는 0원이다.

   그러므로 A씨가 1,000달러를 보낼 때는 1,222원/달러(∵ 소수점 이하에서 버림)의 송금 환율이 적용되어 1,000×1,222=1,222,000원의 금액이 필요하다.

따라서 1)과 2)에 따라 A씨가 지인에게 송금할 때 추가로 필요한 금액은 1,222,000−1,161,000=61,000원이다.

35
정답 ②

A씨가 원화로 환전했다고 했으므로 현찰을 팔 때의 환율로 계산해야 한다. 엔화 환율 차이로 얻은 수익은 다음과 같다.

$(1{,}004.02-998)\times800{,}000\times\frac{1}{100}=6.02\times8{,}000=48{,}160$원

미국 USD 달러도 똑같은 수익이 났다고 했으므로, 2주 전 현찰을 살 때의 환율(x)에 대해 다음과 같은 식이 성립한다.

$(1,110.90-x)\times7,000=48,160$

$\rightarrow 1,110.90-x=6.88$

$\therefore\ x=1,104.02$원/달러

따라서 2주 전 미국 USD 환율은 1,104.02원/달러이다.

36

정답 ④

은행별 감축률을 구하면 다음과 같다.

- A은행 : $\frac{1,170-1,009}{1,170}\times100 \fallingdotseq 13.8\%$
- B은행 : $\frac{1,695-1,332}{1,695}\times100 \fallingdotseq 21.4\%$
- C은행 : $\frac{980-950}{980}\times100 \fallingdotseq 3.1\%$
- D은행 : $\frac{1,530-1,078}{1,530}\times100 \fallingdotseq 29.5\%$

따라서 D－B－A－C 순서로 우수하다.

오답분석

① 제시된 자료에서 2023년 대비 2024년에 모든 은행의 민원 건수가 감소한 것을 확인할 수 있다.

② C은행의 2024년 금융 민원 건수는 950건으로 가장 적지만, 감축률은 3.1%로 다른 은행과 비교해 미비한 수준이다.

③ 각 은행의 고객 수는 '(전체 민원 건수)÷(고객 십만 명당 민원 건수)×(십만 명)'으로 구할 수 있다. B은행이 약 29,865,471명으로 가장 많으며, 2024년 금융 민원 건수도 1,332건으로 가장 많다.

37

정답 ③

기타를 제외하고 전년 대비 지출액이 동일한 해가 있는 분야는 2023년 SOC, 2024년 산업·중소기업 분야 2개이다.

오답분석

① 2020년의 총지출에 대한 기금의 비중을 계산하면 $\frac{59}{196.2}\times100 \fallingdotseq 30\%$이고, 2021년의 총지출에 대한 기금의 비중을 계산하면 $\frac{70.4}{224.1}\times100 \fallingdotseq 31\%$이다. 따라서 2020년이 가장 크지 않다.

② 2021년의 교육 분야 전년 대비 증가율을 계산하면 $\frac{27.6-24.5}{24.5}\times100 \fallingdotseq 12.7\%$이고, 2024년의 교육 분야 전년 대비 증가율을 계산하면 $\frac{35.7-31.4}{31.4}\times100 \fallingdotseq 13.7\%$이다. 따라서 2021년이 가장 높지 않다.

④ 2020년에는 기타 분야가 차지하는 비율이 가장 높았으므로 옳지 않다.

38

정답 ③

국가유공자 손자는 할인 해당이 안 된다. 따라서 5,400(공인인증서)+80×5(전화승인서비스 5건)=5,800원으로 가장 많은 수수료를 지불한다.

오답분석

① 창구송금 100만 원 이하 금액이 3,000원이다. 만 65세 이상이므로 여기서 50% 할인이 되어 1,500원의 수수료를 지불한다.

② 월 정액형 SMS통지서비스 800원과 5만 원 이하 K은행 ATM에서 현금 인출 시 250원에 18세 미만 50% 할인을 적용하여 125원이므로 총 800+125=925원의 수수료를 지불한다.

④ 창구송금 타행 간 가운데 10만 원 이하는 건당 600원으로 두 번 타 은행으로 송금했으므로 총 600+600=1,200원의 수수료를 지불한다.

39

정답 ②

임대보증금 전환은 연 1회 가능하므로 다음 해에 전환할 수 있다. 1년 동안 A대학생이 내는 월 임대료는 500,000×12=6,000,000원이고, 이 금액에서 최대 56%까지 보증금으로 전환이 가능하므로 6,000,000×0.56=3,360,000원을 보증금으로 전환할 수 있다. 보증금에 전환이율 6.72%를 적용하여 환산한 환산보증금은 3,360,000÷0.0672=50,000,000원이 된다.

따라서 월세를 최대로 낮췄을 때의 월세는 500,000×(1－0.56)=220,000원이며, 보증금은 기존 보증금 3천만 원에 환산보증금 5천만 원을 추가한 8천만 원이다.

40

정답 ②

㉠ • (2021년 전년 이월건수)=(2020년 처리대상건수)－(2020년 처리건수)=8,278－6,444=1,834건

• (2021년 처리대상건수)=1,834+7,883=9,717건

따라서 처리대상건수가 가장 적은 연도는 2024년이고, 2024년의 처리율은 $\frac{6,628}{8,226}\times100 \fallingdotseq 80.57\%$로, 75% 이상이다.

㉣ • 2020년의 인용률 : $\frac{1,767}{346+4,214+1,767}\times100 \fallingdotseq 27.93\%$

• 2022년의 인용률 : $\frac{1,440}{482+6,200+1,440}\times100 \fallingdotseq 17.73\%$

따라서 2020년의 인용률이 2022년의 인용률보다 높다.

오답분석

㉡ 2021 ~ 2024년 취하건수와 기각건수의 전년 대비 증감 추이는 다음과 같다.

• 취하건수의 증감 추이 : 증가－증가－증가－감소

• 기각건수의 증감 추이 : 증가－증가－감소－감소

따라서 2021 ~ 2024년 취하건수와 기각건수의 전년 대비 증감 추이는 동일하지 않다.

㉢ 2021년의 처리대상건수는 9,717건이고, 2021년의 처리건수는 7,314건이다.

따라서 2021년의 처리율은 $\frac{7,314}{9,717}\times100 \fallingdotseq 75.27\%$이다.

제2영역 직무심화지식

01	02	03	04	05	06	07	08	09	10
①	②	②	③	②	②	②	④	②	④
11	12	13	14	15	16	17	18	19	20
①	③	④	②	④	④	①	④	④	②
21	22	23	24	25	26	27	28	29	30
①	③	②	①	④	④	①	④	④	①
31	32	33	34	35	36	37	38	39	40
③	②	③	②	②	②	④	③	②	④

01
정답 ①

공매도란 주식이나 채권을 가지고 있지 않은 상태에서 매도 주문을 내는 것으로, 주가의 하락이 예상될 때 시세차익을 노리는 방식이다. 공매도한 투자자가 예상한 대로 주가가 하락하게 되면 많은 시세차익을 낼 수 있으나, 주가가 상승하게 되면 오히려 손해를 보게 된다. 공매도는 증권시장의 유동성을 높이는 역할을 하는 반면, 시세조종과 채무불이행을 유발할 수 있어 현재 한국에서는 무차입공매도가 금지되고 있다.

02
정답 ②

신 파일러(Thin Filer)는 서류가 얇은 사람이란 뜻으로 신용을 평가할 수 없을 정도로 금융거래 정보가 거의 없는 사람을 지칭하는 말이다. 엄밀하게는 최근 2년간 신용카드 사용 내역이 없고, 3년간 대출 실적이 없는 이들로, 20대 사회초년생이나 60대 이상 고령층이 주로 해당되며 낮은 신용등급으로 평가되어 대출 금리를 낮게 적용받기 어렵다.

03
정답 ②

오답분석

① 크라우드소싱(Crowdsourcing) : 대중(Crowd)과 외부발주(Out-sourcing)의 합성어로, 생산·서비스 등 기업활동 일부 과정에 대중을 참여시키는 것이다.
③ 아웃소싱(Outsourcing) : 기업 업무의 일부 프로세스를 경영 효과 및 효율의 극대화를 위한 방안으로 제3자에게 위탁해 처리하는 것이다.
④ 엔젤 투자(Angel Investment) : 개인들이 돈을 모아 창업하는 벤처기업에 필요한 자금을 대고 그 대가를 주식으로 받는 투자형태이다.

04
정답 ③

오답분석

① CMA(Cash Management Account) : 고객이 맡긴 예금을 어음이나 채권에 투자하여 그 수익을 고객에게 돌려주는 실적배당 금융상품이다.
② 사모펀드(Private Equity Fund) : 투자자로부터 모은 자금을 주식·채권 등에 운용하는 펀드이다.
④ ETF(Exchange Traded Funds) : 상장지수펀드로 특정 지수를 모방한 포트폴리오를 구성하여 산출된 가격을 상장시킴으로써 주식처럼 자유롭게 거래되도록 설계된 지수상품이다.

05
정답 ②

알트코인은 대체(Alternative)와 코인(Coin)의 합성어로, 리플·이더리움·라이트코인 등 비트코인 이외의 모든 암호화폐를 통틀어 부르는 말이다.

06
정답 ②

제1금융권은 우리나라의 금융기관 중 예금은행을 지칭한다.

오답분석

① 통화금융정책의 사용권은 한국은행만이 가지고 있다.
③ 산업은행은 장기자금의 공급을 위해 설립된 기관이다.
④ 자금중개기능은 간접금융시장의 은행이 하는 것이며, 증권회사는 유가증권의 매매, 인수, 매출 등을 취급하며 자금을 전환시키는 직접금융시장에 속한다.

07
정답 ②

여신전문금융회사는 예금업무를 취급하지 않고 여신업무만을 취급하는 금융기관이다. 여신전문금융회사가 취급하는 여신업무는 다른 금융기관이 거의 취급하지 않는 소비자금융, 리스, 벤처금융 등이며, 재원은 채권발행, 금융기관 차입금으로 주로 조달한다. 여신전문금융회사에는 리스회사, 신용카드회사, 할부금융회사, 신기술사업금융회사 등이 있다.

08
정답 ④

단기금융상품으로는 양도성 예금증서, 환매조건부채권, 상업어음 일반매출, 무역어음 일반매출, 소액채권저축, 표지어음 등이 있다. 노후생활연금신탁은 일정 금액을 금융기관에 맡기고 그에 대하여 연금으로 지급받을 수 있는 상품으로 5년 이상 가입해야 한다.

09
정답 ②

금융채는 예금 비보호 금융상품으로 원칙적으로 중도환매는 되지 않으나 일부 상품의 경우 가능하며, 증권회사에 매각을 통해 현금화할 수 있다.

10

정답 ④

은행에서 취급하는 노후생활연금신탁은 실적배당상품으로 원금 이하로 운용될 경우 원금을 보전해 주는 예금자보호상품이다.

11

정답 ①

사모펀드가 투자를 위해 모금한 투자금 가운데 아직 투자를 진행하지 않은 자금을 뜻하는 용어는 드라이 파우더(Dry Powder)이다. 원래 드라이 파우더는 과거 전쟁에서 군인들이 바로 사용할 수 있게 마른 상태로 비축한 실탄이나 화약을 의미했다. 흔히 즉각적으로 사용할 수 있는 현금을 '실탄'에 비유하는 것과 같은 이치이다.

12

정답 ③

자산담보부기업어음(ABCP; Asset-Backed Commercial Paper)은 자사담보부증권의 일종으로 유동화 전문회사인 SPC(Special Purpose Company)가 매출채권, 부동산 등의 자산을 담보로 발행하는 기업어음이다. 기업은 비교적 만기가 짧은 자산을 담보로 잡기 때문에 자금조달비용을 줄일 수 있다.

13

정답 ④

오답분석

① 볼커룰(Volcker Rule) : 은행이 손실 위험이 큰 투자에 뛰어들어 경제 전반으로 위험이 확대되는 것을 막기 위해 위험이 큰 투자를 제한하는 것은 물론 금융기관의 대형화를 막기 위한 금융기관 규제책이다.

② 리베이트(Rebate) : 지급한 상품이나 용역의 대가 일부를 다시금 지급자에게 되돌려주는 행위 또는 금액을 말한다.

③ 커버링(Covering) : 외화표시채권이나 채무의 결제일에 맞추어 외환시장에서 동종 외화로 동액의 선물환매도 또는 선물환매입계약을 체결하여 스퀘어포지션을 유지함으로써 환율변동 위험을 제거하려는 것이다.

14

정답 ②

윔블던 효과(Wimbledon Effect)는 금융시장에서 자주 사용하는 개념으로, 자국 금융시장이 외국 금융기관에 의해 지배되는 현상을 뜻한다. 영국의 테니스 대회인 윔블던에서 우승자는 정작 영국인이 아닌 대부분 외국 선수라는 데서 유래했다.

오답분석

① 피셔 효과(Fisher Effect) : 1920년대 미국의 경제학자 어빙 피셔의 주장으로 인플레이션이 심해지면 금리 역시 따라서 올라간다는 이론이다.

③ 베블런 효과(Veblen Effect) : 가격이 오르는데도 오히려 수요가 증가하는 현상으로 가격은 가치를 반영한다는 의미이다.

④ 디드로 효과(Diderot Effect) : 새로운 물건을 갖게 되면 그것과 어울리는 다른 물건도 원하는 효과이다.

15

정답 ④

매트리스머니(Mattress Money)

금융기관이 아닌 이불 밑바닥이나 장롱 등 집안 구석에 비밀스럽게 보관하는 여유자금으로, '장롱머니', '볼머니(Bowl Money)'라고도 부르며, 여기에는 금이나 사용하지 않는 신용카드·통장도 해당한다.

16

정답 ④

오답분석

① 리플(Ripple) : 발행될 수 있는 코인 양이 1,000억 개로 한정돼 있으며 채굴 방식을 사용하지 않는 가상화폐이다.

② 이더리움(Ethereum) : 2014년 캐나다인 비탕리크 부테린이 개발한 가상화폐이다.

③ 비트코인(Bitcoin) : 나가모토 사토시가 창시한 것으로 지폐나 동전과 달리 물리적인 형태가 없는 온라인 가상화폐(디지털 통화)이자 디지털 결제 시스템이다.

17

정답 ①

오답분석

② 지급여력제도 : 보험회사가 파산 등으로 인해 보험금 지급의무를 이행하지 못할 경우에 대비하여 보험계약자를 보호하기 위한 제도이다.

③ 화의제도 : 법원의 중재하에 파산에 직면한 기업의 채권자들과 채무변제협정을 체결하여 기업을 회생시키려는 제도이다.

④ 개인회생제도 : 재정적 어려움으로 인해 파탄에 직면한 개인채무자의 채무를 법원이 강제로 재조정해 파산을 구제하는 제도이다.

18

정답 ④

제시문은 블랙머니(Black Money)에 대한 설명이다. 자금의 과소공급·과대투자·소비수요로 인해 경기가 만성적으로 불안한 상태에서는 공인된 금융기관이 자금을 저렴하게 공급하기가 곤란하기 때문에 기업가·소비자 모두 사채시장에서 자금액의 다과를 불문하고 자금을 융통받는다. 이처럼 현재의 금융환경에서는 사채시장이 불가결하고 이에 따라 검은 돈이 유통될 수 있는 구조를 형성하게 된다.

19

정답 ④

화폐수량설은 화폐공급량의 증감이 물가수준의 등락을 정비례적으로 변화시킨다고 하는 경제이론이다. 피셔는 MV=PT라는 교환방정식으로 유통속도(V)와 총거래량(T)은 일정하다고 전제되므로 물가(P)는 화폐량(M)에 의해 결정된다고 하였다.

20
정답 ②

케인스의 유동성선호이론에 의하면 거래적·예비적 잔고는 소득의 증가함수이고, 투기적 잔고는 이자율의 감소함수이다. 따라서 소득이 증가하고 이자율이 하락하는 경우에는 화폐수요가 증가한다.

21
정답 ①

포트폴리오 구성 종목 수가 증가할수록 비체계적 위험은 감소하지만, 체계적 위험은 감소하지 않는다.

22
정답 ③

자산의 수익률 간에 완전 정의 상관관계가 존재할 경우에만 두 자산에 분산투자하여도 위험감소 효과가 없다.

23
정답 ②

특정 자산의 초과수익보다 자신이 가지고 있는 시장수익률을 최적의 자산배분을 통해 얻고자 하는 것이 자산배분전략이다.

24
정답 ①

오답분석

② 자산집단은 분산가능성(Diversification)을 충족해야 한다.
③ 자산집단은 독립성(Degree of Independence)을 갖추어야 한다.
④ 자산집단의 종류에는 국내 및 해외주식, 채권, 예금 등에 투자할 수 있다.

25
정답 ④

주가연계증권 특징

- 다양성 : 다양한 원금보장수준(100%, 95%, 90%, 비보장 등)의 상품설계가 가능
- 안정성 : 기초자산 하락 시에도 원금 또는 원금의 일정 부분 보장이 가능
- 수익성 : 기초자산 실적과 연계, 초과수익 향유 가능
- 확정성 : 주가지수 움직임에 따라 사전에 약정된 수익률 확보

26
정답 ④

랩어카운트(Wrap Account)의 장점

구분	장점
금융투자회사	• 안정적인 수익기반 • 이익상충이 적어 고객의 신뢰획득 가능 • 투자상담사의 소속의식 강화 • 고객과의 친밀감 증가
영업직원	• 이익상충의 가능성이 없음
고객	• 이익상충의 가능성이 적음 • 소액의 전문가 서비스 제공 가능 • 대량거래에도 단일수수료 부과 • 영업직원에 대한 의존도 탈피
투자자문업자	• 고객 저변의 확대 • 수수료로부터 자유로운 운용 가능 • 사무비용의 절감

27
정답 ①

MMF는 CD, CP와 달리 거래금액에 제한 없이 시장금리를 반영하여 수익이 가능한 장점이 있다.

28
정답 ④

금융투자상품은 현재 또는 장래의 특정 시점에 금전, 그 밖의 재산적 가치가 있는 것을 지급하기로 약속하는 상품으로, 금전 등의 지급시점이 현재이면 증권, 지급시점이 장래의 특정 시점이면 파생상품으로 구분한다.

29
정답 ④

2024년 3월 일본은 17년 만에 금리인상을 단행하여 기존 −0.1%의 마이너스 금리를 종료하였다.

오답분석

①·② 글로벌 고금리와 일본의 저금리 기조가 맞물리며 엔화가치 하락이 지속되고 이로 인해 환차익을 기대한 투자수요가 증가하면서 엔화예금 잔액이 지속하여 증가하고 있다.
③ 디플레이션이 지속됨에 따라 소비와 투자가 모두 줄어들면서 경제가 위축될 것에 대한 우려가 있다.

30
정답 ①

구축효과는 정부의 확대 재정정책으로 인해 오히려 총수요가 줄어드는 현상으로, 정부 지출 증가가 이자율 상승을 통해 민간부문의 투자를 위축시키는 것을 의미한다. 정부의 실제 지출금액보다 총수요가 더 크게 증가하는 현상은 승수효과이다.

31
정답 ③

에지 컴퓨팅(Edge Computing)은 분산 컴퓨팅 모델에 적합하다.

오답분석

① 데이터를 중앙으로 보내지 않고 데이터가 생긴 곳 또는 근거리에서 처리하기 때문에 데이터 처리 시간이 단축되고, 인터넷 대역폭 사용량이 감소한다.
② 데이터를 실시간으로 빠르게 대응하는 점 등을 이용하여 자율주행자동차 등에 사용된다.
④ 클라우드 환경의 일부로 보기 때문에 클라우드렛, 중앙이 아닌 주변에서 처리되기 때문에 포그 컴퓨팅이라고도 불린다.

32
정답 ②

로킹 단위(Locking Granularity)는 잠금(Locking) 연산의 대상으로, 전체 데이터베이스로부터 데이터베이스를 구성하는 최소 단위 속성(필드)까지 다양하다. 로킹의 단위가 작을수록 구현이 복잡(로킹 오버헤드가 증가)한 반면, 강력한 동시성(병행성, 공유도 증가)이 이루어진다.

33
정답 ③

- 인트라넷 : 기업 내부의 정보망을 인터넷에 흡수하여 경영의 합리화와 효율성 증대를 추구한다.
- 엑스트라넷 : 인트라넷의 적용 범위를 확대해서 기업 대 기업을 대상으로 하는 정보 시스템이다.
- VPN(가상 사설망) : 인터넷과 같은 공중망을 마치 전용선으로 사설망을 구축한 것처럼 사용하는 방식이다.

34
정답 ②

카드 결제 시스템에 특수 장치를 설치하여 불법으로 카드 정보를 복사하는 방식은 스키밍(Skimming)이다. 폼재킹(Formjacking)은 사용자의 결제 정보 양식을 중간에서 납치한다는 의미의 합성어로, 해커들이 온라인 쇼핑몰 등의 웹 사이트를 악성코드로 미리 감염시키고, 구매자가 물건을 구입할 때 신용카드 등의 금융정보를 입력하면 이를 탈취하는 것이다.

35
정답 ②

분산 컴퓨팅이란 여러 대의 컴퓨터를 연결하여 상호 협력하게 함으로써 컴퓨터의 성능과 효율을 높이는 것을 말한다. 데이터의 증가에 따라 이를 저장하고 처리하기 위해 컴퓨터 용량이 지속적으로 확대되어야 한다. 시스템의 확장성과 가용성을 제공하는 기술인 분산 컴퓨팅 기술의 기본적인 목적은 성능 확대와 높은 가용성으로, 빅데이터 활용을 지원하기 위한 가장 중요한 기반 기술이다. 또한 컴퓨터의 성능을 확대시키기 위한 방식에는 수직적 성능 확대와 수평적 성능 확대가 있다.

36
정답 ②

㉠ 블록체인이란 다수의 거래 데이터를 묶어 블록을 구성하고, 여러 블록들을 체인처럼 연결한 뒤, 모든 참여자가 복사하여 분산 저장하는 알고리즘을 말한다. 기존의 금융거래가 은행 등 중간 매개자의 존재를 필요로 했다면, 블록체인 기술은 정보를 모든 참여자가 나누어 저장하므로 중앙 관리자가 필요하지 않다.
㉢ 다수의 참여자들이 동일한 데이터를 분산하여 저장하는 방식이므로, 모든 네트워크가 동시에 공격받지 않는 한 해킹으로부터 안전하다. 그리고 블록체인에 참여하는 전 세계 모든 네트워크를 일시에 공격하는 것은 매우 큰 전력과 연산처리능력이 필요하므로 사실상 불가능한 일이다.

오답분석

㉡ 블록에 저장된 거래내역은 모든 참여자가 열람할 수 있도록 설계되어 있다. 또한 누락된 정보 등을 검사하기 위해 모든 사용자가 소지하는 거래내역을 비교하고, 오류가 발견되면 정상적인 거래내역을 복제하여 대체하는 방식이다. 이를테면, 블록체인 기술을 이용하는 대표적인 암호화폐인 비트코인은 10분에 한 번씩 블록을 구성하고 거래내역을 검사한다.
㉣ 블록에 기록되는 거래내역은 해시함수(다양한 데이터를 고정된 길이의 데이터로 변환하는 함수)에 의해 암호화되어 저장된다. 만일 해커가 해당 내역을 변조하려고 한다면, 해시값이 변경되어 곧바로 변조 여부를 파악할 수 있다.
㉤ 기존의 거래방식인 서버 – 클라이언트 구조에서는 서버로 데이터가 집중되기 때문에 서버가 의사결정권한을 가지는 형태였다. 블록체인은 중앙 관리자가 존재하지 않으므로 의사결정에 있어서도 모든 사용자가 참여한다. 특정 거래의 진위 여부, 유효성 등을 판별함에 있어 '작업증명'이라는 방식이 사용되기도 한다. 작업증명이란 특정한 일련의 연산을 계속 반복함으로서 해당 작업에 참여했음을 증명하는 방식이다. 참여자는 이 대가로 암호화폐를 받게 되고, 이것을 '채굴'이라고 한다.

37
정답 ④

EVRC(Enhanced Variable Rate Codec)는 음성의 정보량에 따라 가변적으로 음성 정보를 부호화하는 방식이다. 따라서 클라우드 서버 내에 고객 정보, 문서 등이 유출되지 않도록 막는 클라우드 보안과는 거리가 멀다.

오답분석

① CASB(Cloud Access Security Broker) : 기업이 이용하는 클라우드 및 애플리케이션에 대해 가시화, 데이터 보호 및 거버넌스를 실현하는 서비스이다.
② CWPP(Cloud Workload Protection Platform) : 클라우드 서버 워크로드 중심의 보안 방어를 위해 특별히 설계된 제품이다.
③ CSPM(Cloud Security Posture Management) : 클라우드 서비스의 구성 위험 평가 및 관리를 의미한다.

38

정답 ③

차이니즈월(Chinese Wall)은 중국의 만리장성을 뜻하며, 만리장성이 구획을 구분하는 견고한 벽인 것처럼 기업 내 정보교환을 철저히 금지하는 장치나 제도를 의미한다.

오답분석

① 열 차단벽 : 열을 차단하기 위한 내열 소재의 차폐막이나 문을 말한다.
② 해킹 방지 방화벽 : 허가받지 않은 컴퓨터통신 사용자가 기업 내 통신망(LAN)에 뚫고 들어오는 것을 막기 위해 설치해둔 소프트웨어나 장비를 의미한다.
④ 방화벽 : 기업이나 조직의 모든 정보가 컴퓨터에 저장되면서, 컴퓨터의 정보 보안을 위해 외부에서 내부, 내부에서 외부의 정보통신망에 불법으로 접근하는 것을 차단하는 시스템이다.

39

정답 ②

싱귤래리티(Singularity)는 '특이성'을 의미하는 영어 단어로, 미래학자이자 구글의 인공지능 연구자인 레이 커즈와일은 인공지능이 인류의 지능을 넘어서는 순간을 싱귤래리티로 정의하였다.

40

정답 ④

㉠ 제로 트러스트 모델(Zero Trust Model)이란 '아무도 신뢰하지 않는다.'는 뜻으로 내·외부를 막론하고 적절한 인증 절차 없이는 그 누구도 신뢰하지 않는다는 원칙을 적용한 보안 모델이다.
㉢ 기업 내부에서 IT 인프라 시스템에 대한 접근 권한이 있는 내부인에 의해 보안 사고가 발생함에 따라 만들어진 IT 보안 모델이다.
㉣ MFA(Multi-Factor Authentication)란 사용자 다중 인증으로, 패스워드 강화 및 추가적인 인증 절차를 통해 접근 권한을 부여하는 것이다. IAM(Identity and Access Management)은 식별과 접근 관리를 말하는 것으로, ID와 패스워드를 종합적으로 관리해 주는 역할 기반의 사용자 계정 관리 솔루션이다.

오답분석

㉡ 네트워크 설계의 방향은 내부에서 외부로 설정한다.

제3영역 상식

01	02	03	04	05	06	07	08	09	10
①	①	④	④	①	④	④	③	④	③
11	12	13	14	15	16	17	18	19	20
②	③	③	④	③	③	②	③	③	④

01

정답 ①

피딩족(FEEDing族)은 경제적(Financial)으로 여유가 있고, 육아를 즐기며(Enjoy), 활동적(Energetic)이고, 헌신적(Devoted)인 장년층 이상을 가리키는 용어이다. 손자와 손녀를 위해 서슴없이 비싼 선물을 사주는 경제력 있는 노년층을 뜻하기도 한다.

오답분석

② 노노족(No老族) : 나이는 노년층이지만 건강을 유지하며 젊은이들처럼 왕성하게 활동을 하는 사람들을 가리키는 용어이다. 의학의 발전, 평균수명의 연장, 건강에 대한 사회적 관심의 증가 등으로 인한 노노족의 증가는 이들을 겨냥한 실버산업의 호재로 이어진다.
③ 코쿤족(Cocoon族) : 외부 세계로 나가기보다는 자신만의 안락한 공간에서 자신의 생활을 즐기려는 사람들을 가리키는 용어이다.
④ 슬로비족(Slobbie族) : 'Slower but Better working people', 즉 천천히 그러나 훌륭하게 일하는 사람들을 가리키는 용어이다. 급변하는 현대 생활의 속도를 조금 늦춰 여유롭게 살아가려는 사람들로, 물질보다는 마음을, 출세보다는 자녀를 중시하는 경향이 있다.

02

정답 ①

특정 상품의 수입 급증이 수입국의 경제 또는 국내 산업에 심각한 타격을 줄 우려가 있는 경우 세이프가드를 발동한다.

오답분석

② 선샤인액트(Sunshine Act) : 제약사와 의료기기 제조업체가 의료인에게 경제적 이익을 제공할 경우 해당 내역에 대한 지출 보고서 작성을 의무화한 제도이다.
③ 리쇼어링(Reshoring) : 해외로 진출했던 기업들이 본국으로 회귀하는 현상이다.
④ 테이퍼링(Tapering) : 양적완화 정책의 규모를 점차 축소해가는 출구전략이다.

03

정답 ④

프로토콜 경제(Protocol Economy)는 블록체인 기술을 핵심으로 탈중앙화·탈독점화를 통해 여러 경제주체를 연결하는 새로운 형태의 경제 모델이다. 플랫폼 경제가 정보를 가진 플랫폼(중개업자)이 주도하는 경제라면, 프로토콜 경제는 블록에 분산된 데이터 기술을 체인 형태로 연결해 수많은 컴퓨터에 복제·저장해 여러 상품을 빠르고 안전하게 연결한다. 즉, 경제 참여자들이 일정 규칙(프로토콜)을 통해 공정하게 참여 가능한 체제이다.

04

정답 ④

오답분석

① 보호관세 : 국내 산업을 보호하고 육성하기 위해 여러 산업의 제품과 동일한 외국 수입품에 높은 관세를 부과하는 것이다.
② 조정관세 : 국민경제에 부정적인 영향을 미칠 우려가 있을 경우에 일시적으로 일정 기간 세율을 조정하여 부과하는 것이다.
③ 탄력관세 : 국내 산업을 보호하고 물가를 안정시킬 목적으로 정부가 국회의 위임을 받아 일정 범위 내에서 관세율을 가감할 수 있는 권한을 갖는 것이다.

05

정답 ①

유동성 함정이란 가계나 기업 등의 경제주체들이 돈을 시장에 내놓지 않는 상황, 즉 시장에 현금이 많은데도 기업의 생산, 투자와 가계의 소비가 늘지 않아 경기가 나아지지 않고 마치 경제가 함정(Trap)에 빠진 것처럼 보이는 상황을 의미한다.

06

정답 ④

변동환율제도에서는 중앙은행이 외환시장에 개입하여 환율을 유지할 필요가 없고, 외환시장의 수급 상황이 국내 통화량에 영향을 미치지 않으므로 독자적인 통화정책의 운용이 가능하다.

07

정답 ④

공리주의 관점에서 가장 바람직한 소득분배상태는 사회구성원 전체의 효용의 곱이 아닌 합이 최대가 되는 것이다.

08

정답 ③

오답분석

① 코커스(Caucus) : 미국의 공화·민주 양당이 대통령 후보를 지명하는 전당대회에 보낼 각 주(州) 대의원을 뽑는 일종의 지구당 대회이다.
② 아그레망(Agrement) : 파견국이 특명전권대사 등의 외교사절단의 장을 파견하기 위해 사전에 얻어야 하는 접수국의 동의를 뜻한다.
④ 서브프라임 모기지(Subprime Mortgage) : 우리말로는 '비우량주택담보대출'이라고 하며, 신용등급이 낮은 저소득층을 대상으로 주택자금을 빌려주는 미국의 주택담보대출상품을 말한다.

09

정답 ④

광공업 생산지수는 경기동행지수에 속하는 변수이다.

10

정답 ③

레임덕(Lame Duck)이란 현직에 있던 대통령의 임기 만료를 앞두고 나타나는 일종의 권력누수 현상이다. 즉, 대통령의 권위나 명령이 제대로 시행되지 않거나 먹혀들지 않아서 국정 수행에 차질이 생기는 현상을 말한다. 절름발이 오리라는 뜻이며, 레임덕(Lame Duck)이란 표현이 처음 등장한 곳은 18세기 영국 런던이었다. 이 당시 레임덕은 주식 투자 실패로 파산한 증권 투자자를 가리키는 말로 쓰였다. 레임덕을 증권시장이 아니라 정치 용어로 쓰기 시작한 시기는 미국 남북전쟁 무렵이다.

오답분석

① 소진 증후군(Burn-out Syndrome)에 대한 설명이다.
② 필리버스터(Filibuster)에 대한 설명이다.
④ 게리맨더링(Gerrymandering)에 대한 설명이다.

11

정답 ②

배당평가모형은 영속적인 미래의 배당 흐름을 요구수익률로 할인하여 현재 가치로 나타낸 모형이다.

12

정답 ③

오답분석

① 투자가치가 증대되는 효과를 낸다.
② 가중치가 동일하지 않기 때문에 두 연평균수익률 모두 시간가중수익률이라고 한다.
④ 해당 투자안의 현재가치를 '0'으로 만드는 할인율이다.

13

정답 ③

화폐의 가장 본원적인 기능은 재화 간의 교환을 활성화시키는 교환매개의 기능이다. 이외에도 구매력을 이전시키는 가치저장의 기능과 재화 간의 가격단위를 통일시켜 거래를 원활하게 하는 회계단위의 기능이 있다.

14

정답 ④

통화승수(m)란 중앙은행이 늘려 공급한 본원통화와 은행의 예금 창조 과정을 거쳐 궁극적으로 증가한 통화량 사이의 비율을 나타낸다. 민간에서는 현금을 모두 예금하고 은행은 법정지급준비율만큼 지급준비금을 보유한다고 가정한다면, 통화승수는 법정지급준비율의 역수가 된다. 따라서 중앙은행이 지급준비율을 낮추면 본원통화량의 변화가 없어도 통화승수 상승으로 인해 시중 통화량이 증가한다.

15

정답 ③

㉠ 사전적으로 '4'를 뜻하는 쿼드(Quad)는 미국, 인도, 호주, 일본 등의 4개국이 2007년에 시작한 4자 안보 대화(Quadrilateral Security Dialogue)를 가리킨다. 영문 첫 글자를 따서 'QSD'라고 표현하기도 한다.

㉡ 쿼드는 2004년 동남아시아 쓰나미 발생 이후 복구·원조를 논의하기 위해 미국, 인도, 호주, 일본이 결성한 쓰나미 코어 그룹에서 비롯되었다.

㉢ 2017년 미국 트럼프 정부가 인도 – 태평양 지역 내에서 중국의 영향력을 억제하기 위해 인도 – 태평양 전략을 본격적으로 추진하면서 쿼드가 재결성된 것은 쿼드에 참여하는 4개국 모두 중국의 세력 확장으로 인해 군사적·경제적으로 큰 위기의식을 느꼈기 때문인 것으로 분석된다.

오답분석

㉣ 비공식 안보회의체였던 쿼드는 2020년 군사적 다자 안보 동맹으로 공식화되었으며, 2021년부터 국가 정상회담으로 격상되었다.

16

정답 ③

총수요의 구성요인으로서 투자에는 새로운 생산설비와 건축물에 대한 지출, 상품재고의 증가, 신축주택의 구입 등이 포함되지만 기업의 부동산 매입은 GDP 증가에 기여하지 않으므로 포함되지 않는다.

17

정답 ②

물가상승이 통제를 벗어난 상태에서 수백퍼센트의 인플레이션율을 기록하는 상황을 말하는 경제용어는 하이퍼인플레이션이다. 하이퍼인플레이션이 일어나는 시기는 대부분 전쟁이나 혁명 등 사회가 크게 혼란한 상황 또는 정부가 재정을 지나치게 방만하게 운용해 통화량을 대규모로 공급할 때 등이다.

인플레이션의 종류

- 하이퍼인플레이션 : 인플레이션의 범위를 초과하여 경제학적 통제를 벗어난 인플레이션으로, 최근 짐바브웨의 사례가 해당된다.
- 스태그플레이션 : 경기침체기에서의 인플레이션으로, 저성장 고물가의 상태를 의미한다.
- 애그플레이션 : 농산물 상품의 가격 급등으로 일반 물가도 덩달아 상승하는 현상이다.
- 디노미네이션 : 화폐 가치에 대한 변동 없이 화폐 액면단위를 낮추는 것을 의미한다.
- 보틀넥인플레이션 : 생산요소(노동·토지·자본)의 일부가 부족하여, 생산의 증가속도가 수요의 증가속도를 따르지 못해 발생하는 물가상승을 의미한다.
- 디맨드풀인플레이션 : 초과수요로 인하여 일어나는 인플레이션을 의미한다.
- 디스인플레이션 : 인플레이션을 극복하기 위해 통화증발을 억제하고 재정·금융긴축을 주축으로 하는 경제조정정책을 의미한다.

18

정답 ③

스텔스 세금은 부가가치세, 판매세 등과 같이 납세자들이 인식하지 않고 내는 세금을 레이더에 포착되지 않고 적진에 침투하는 스텔스 전투기에 빗대어 표현한 것이다.

19

정답 ③

신석기 시대에 농경이 시작되었지만 사냥과 고기잡이는 그대로 행해져 생계를 유지하였다.

20

정답 ④

박은식은 대한제국 말기와 일제강점기의 대표적 민족사학자이자 언론인이다. 『황성신문』 주필로 활동하며 국권 수호와 민족계몽을 위한 강력한 논설을 전개했다. 이후 중국으로 망명해 상하이를 거점으로 독립운동을 하고, 『한국통사』와 『한국독립운동지혈사』 등 국혼(國魂) 보존을 위한 역사서를 집필했다. 대한민국 임시정부에서는 국무총리를 거쳐 제2대 대통령을 지냈다.

KB국민은행 필기전형

제2회 모의고사 정답 및 해설

제 1 영역 직업기초능력

01	02	03	04	05	06	07	08	09	10
④	④	②	③	④	③	③	④	③	①
11	12	13	14	15	16	17	18	19	20
④	②	③	④	③	④	③	②	②	①
21	22	23	24	25	26	27	28	29	30
④	④	③	③	①	③	④	①	②	④
31	32	33	34	35	36	37	38	39	40
②	②	①	④	④	④	②	②	①	④

01 정답 ④

금리 인하, 재할인율 인하, 지급준비율 인하는 시장의 통화량을 늘리려는 방법이므로 통화량과 서로 반비례 관계이다. 즉, 중앙은행이 금리, 재할인율, 지급준비율을 인하하면 시장의 통화량은 늘고, 반대로 인상할 경우에는 시장의 통화량이 줄어든다.

02 정답 ④

제36조 제1항 제1호에 따르면 ④의 신규 투자는 총사업비는 1,000억 원을 초과하지만 당사 부담금액이 500억 원 미만이므로 투자심의위원회의 심의를 반드시 거칠 필요는 없다.

오답분석

① 제20조 제1항에 따르면 예산 운영계획안은 예산안과 동시에 수립한다.
② 제20조 제3항에 따르면 예산 운영계획은 공정거래위원장이 아닌 산업통상부장관에게 보고해야 한다.
③ 제23조 제2항에 따르면 탄력적 예산운영을 위해 예산을 조정할 수 있는 것은 예산운영부서가 아닌 예산관리부서이다.

03 정답 ②

훈련시간은 훈련 실시 신고 변경 불가사항에 해당하므로 변경예정일과 관계없이 승인 요청이나 신고를 통한 변경이 불가능하다.

오답분석

① 변경예정일 4일 전까지 변경 승인을 요청할 수 있다.
③ 변경예정일 전일까지 변경 신고를 할 수 있다.
④ 변경예정일 전일까지 변경 승인을 요청할 수 있다.

04 정답 ③

제5조 제1항에 제시되어 있다.

오답분석

① 인지세는 본인과 은행이 50%씩 부담한다.
② 원금의 일부 또는 전액상환 시 은행에 직접 납입해야 한다.
④ 이자를 기일에 상환하지 아니한 때에는 납입해야 할 금액에 대하여 즉시 지연배상금(연체이자)을 납입해야 한다.

05 정답 ④

제2조 제7호에 따르면 '결제 비밀번호'란 서비스 부정사용 및 부정 접근을 방지하기 위하여 사용되는 회원 인증 암호로 서비스 이용을 위하여 가입 고객이 별도로 설정한 서비스 비밀번호(숫자 6자리)를 말한다. 따라서 결제 비밀번호는 숫자 6자리로 설정해야 한다.

06 정답 ③

국제학생증 체크카드는 수령 후 카드사용 등록을 해야 서비스 이용이 가능하다.

07
정답 ③

혁신적 기술 등에 의한 성장이 아닌 외형성장에 주력해 온 국내 경제의 구조를 변화시키기 위해 벤처기업 육성에 관한 특별조치법이 제정되었다고 하는 부분을 통해 알 수 있다.

오답분석

① 해외 주식시장의 주가 상승과 국내 벤처버블 발생이 비슷한 시기에 일어난 것은 알 수 있으나 전자가 후자의 원인이라는 것은 제시문을 통해서는 알 수 없다.
② 벤처버블이 1999 ~ 2000년 동안 국내뿐 아니라 미국, 유럽 등 전세계 주요 국가에서 나타난 것은 알 수 있으나 전세계 모든 국가에서 일어났는지는 알 수 없다.
④ 뚜렷한 수익모델이 없다고 하더라도 인터넷을 활용한 비즈니스를 내세우면 높은 잠재력을 가진 기업으로 인식되었다는 부분을 통해 벤처기업이 활성화되었으리라는 것을 유추할 수는 있다. 하지만 그것이 대기업과 어떠한 연관을 가지는지는 제시문을 통해서는 알 수 없다.

08
정답 ④

화폐 통용을 위해서는 화폐가 유통될 수 있는 시장이 성장해야 하고, 농업생산력이 발전해야 한다. 그러나 서민들은 물품화폐를 더 선호하였고, 일부 계층에서만 화폐가 유통되었으므로 광범위한 동전 유통이 실패하였다. 반면, 화폐의 수요량에 따른 공급은 화폐가 유통된 이후의 조선 후기에 해당하는 내용이다.

09
정답 ③

제시문은 '무지에 대한 앎'을 설명하면서 과거와 현재의 사례를 통해 이에 대한 중요성을 주장하는 글이다. 제시된 첫 문단에서는 대부분의 사람들이 자신의 무지에 대해 무관심하다는 상황에 대한 언급이므로, 다음으로는 역접 기능의 접속 부사 '그러나'로 시작하는 문단이 오는 것이 적절하다. 따라서 (라) 무지의 영역에 대한 지식 확장이 필요한 경우 – (가) 무지에 대한 앎의 중요성과 이와 관련된 성인들의 주장 – (다) 무지에 대한 앎을 배제하는 방향으로 흘러간 경우의 예시 – (마) 현대 사회에서 나타나는 무지에 대한 앎이 배제되는 경우의 예시 – (나) 무지에 대한 앎의 중요성 순으로 나열하는 것이 적절하다.

10
정답 ①

마지막 문단의 설명처럼 선거 기간 중 여론 조사 결과의 공표 금지 기간이 과거에 비해 대폭 줄어든 것은 국민들의 알 권리를 보장하기 위한 것이다. 따라서 공표 금지 기간이 길어질수록 알 권리는 약화됨을 추론할 수 있다.

11
정답 ④

제시문은 에너지와 엔지니어 분야에 관련된 다양한 사례들을 언급하고 있으며, 이외에 다른 분야에 관한 사례는 설명하지 않고 있다. 따라서 사보 담당자가 할 피드백으로 ④는 적절하지 않다.

12
정답 ②

원자력 발전소에서 설비에 이상신호가 발생하면 스스로 위험을 판단하고 작동을 멈추는 등 에너지 설비 운영 부문에는 이미 다양한 4차 산업혁명 기술이 사용되고 있으므로 첫 단계로 보기 어렵다.

13
정답 ③

보기에서 '이'는 앞 문장의 내용을 가리키므로, 기업의 이익 추구가 사회 전체의 이익과 관련된 결과를 가져왔다는 내용이 보기의 앞에 와야 한다. (다) 앞의 '가장 저렴한 가격으로 상품 공급'이 '사회 전체의 이익'과 연관되므로 보기는 (다)에 들어가는 것이 가장 적절하다.

14
정답 ④

(가)는 한(恨)이 체념적 정서의 부정적 측면과 '밝음'이나 '간절한 소망'과 연결된 긍정적인 측면을 내포하고 있음을 설명하고 있으나, 부정적인 측면을 지양할 것을 강조하고 있지는 않다.

15
정답 ③

C의 위원 임기는 2026년 4월 20일까지이고 부총재로 선임되면 3년의 임기를 더 가지므로 C의 임기는 2029년 4월 20일까지이다.

오답분석

① A가 한 번 더 연임한다면 A는 최대 8년의 임기를 유지할 수 있으므로 2028년 3월 31일까지이다.
② B가 일반위원으로 이미 연임했다면 B의 임기는 2026년 4월 20일까지이다.
④ F가 연임하지 않는다면 F는 부총재로서 3년의 임기를 가지므로 2026년 8월 20일까지이다.

16
정답 ④

오답분석

① 송금 가능 시간은 03:00 ~ 23:00이다.
② 05:00은 영업시간 외로 건당 미화 5만 불 상당액 이하만 송금이 가능하다.
③ 외국인 또는 비거주자 급여 송금은 연간 5만 불 상당액 이하만 가능하다.

17 정답 ③

해외취업연수 프로그램의 참여기준에 따르면 대학교 이하의 최종학교 휴학생은 프로그램 참여가 불가능하므로 ③은 적절하지 않다.

18 정답 ②

경제성장 부분에 따르면 선진국에서는 유가하락 등으로 인해 인플레이션이 하락했다는 것을 알 수 있다. 신흥국에서는 통화가치 절하로 인해 인플레이션이 상승하였으므로, 반대로 인플레이션이 하락한 선진국의 경우 통화가치가 절상되었음을 알 수 있다.

오답분석

① 물가안정 부분에 따르면 2025년 이후 물가안정목표는 2.0%로 종전과 같은 수준이므로 적절하지 않다.
③ 경제성장 부분에 따르면 중국 성장세 둔화가 성장경로상 하방요인으로 작용한다고 설명되어 있으므로 적절하지 않다.
④ 경제성장 부분에 따르면 설비투자는 증가 전환될 것이나, 건설투자는 계속 부진할 것으로 예상되므로 적절하지 않다.

19 정답 ②

A는 9월 21일에 불가능하고, 남은 4팀 중 임의의 2팀을 섭외할 경우 예산 내에 모두 가능하다. 인지도 순위는 E>(B, D)>C이므로 E를 섭외하고, 나머지 1팀은 초대가수 후보 B, D 중 섭외 가능 날짜가 많은 가수로 섭외한다. 후보 B는 예정일 모두 가능하므로, 조건에 부합하는 섭외가수는 B, E이다.

20 정답 ①

인지도 조건에서 C는 제외되고, 9월 20일에 섭외가 불가능한 D도 제외된다. 섭외비용을 최소로 하므로 A, B, E 중 섭외비용이 제일 높은 E를 제외하고 A, B를 섭외해야 한다.

21 정답 ④

통화 수수료를 제외한 수수료는 C은행이 3,500+7,000=10,500원으로 가장 비싼 것은 맞지만 통화 수수료를 고려하지 않은 금액이기 때문에 옳지 않다. C은행의 총수수료는 30,500원이다.

오답분석

① D은행과 F은행에서 창구에서 송금할 경우 최댓값이 나온다. D은행과 F은행 모두 3만 원의 송금 수수료, 6천 원의 전신료, 2만 원의 통화 수수료를 합치면 56,000원이 나온다.
② A은행과 E은행 모두 면제로 가장 저렴하다.
③ 통화 수수료를 고려하지 않을 때 다른 은행의 송금 수수료는 2~3만 원이며, C은행이 1.5만으로 가장 저렴하다. 전신료는 차이가 최대 1,000원이므로 C은행이 가장 저렴하다.

22 정답 ④

각 은행의 카드를 사용하여 7,000달러를 창구 송금할 경우 은행별 총수수료를 계산하면 다음과 같다.

(단위 : 만 원)

구분	A은행	B은행	C은행	D은행	E은행	F은행
송금 수수료	2	2	1.5	3	1.5	1.5
전신료	0.7	0.7	0.7	0.6	0.7	0.6
통화 수수료	2	2	2	2	2	2
할인액	−0.60	−	−1	−0.12	−2	−0.4
총 수수료	4.1	4.7	3.2	5.48	2.2	3.7

따라서 D은행이 가장 비싸고 E은행이 가장 저렴하다.

23 정답 ③

A과장이 회의 장소까지 대중교통을 이용해 이동할 수 있는 경우는 각각 버스·지하철·택시만 이용하는 경우와, 버스 – 지하철을 이용하는 경우, 버스 – 택시를 이용하는 경우 총 5가지이다.

- 버스만 이용할 경우
  - 교통비 : 1,000원
  - 대기요금(5분) : 200×5=1,000원
  - ∴ 1,000+1,000=2,000원
- 택시만 이용할 경우
  - 교통비 : 2,000+400=2,400원
  - 대기요금(15분) : 200×15=3,000원
  - ∴ 2,400+3,000=5,400원
- 지하철만 이용할 경우
  - 교통비 : 1,000원
  - 대기요금(10분) : 200×10=2,000원
  - ∴ 1,000+2,000=3,000원
- 버스와 지하철을 환승하여 이동할 경우
  - 교통비 : 1,000원
  - 환승요금(2분) : 450×2=900원
  - 대기요금(4분) : 200×4=800원
  - ∴ 1,000+900+800=2,700원
- 버스와 택시를 환승하여 이동할 경우
  - 교통비 : 1,000+2,000=3,000원
  - 환승요금(2분) : 450×2=900원
  - 대기요금(5분) : 200×5=1,000원
  - ∴ 3,000+900+1,000=4,900원

따라서 버스와 택시를 환승하여 이동하는 경우가 두 번째로 많은 비용이 든다.

24

정답 ③

A와 E의 진술이 상반되므로 둘 중 1명이 거짓을 말하고 있음을 알 수 있다.

i) E의 진술이 거짓인 경우 : 지각한 사람이 D와 E 2명이 되므로 성립하지 않는다.

ii) A의 진술이 거짓인 경우 : B, C, D, E의 진술이 모두 참이 되며, 지각한 사람은 D이다.

따라서 거짓을 말하는 사람은 A이며, 지각한 사람은 D이다.

25

정답 ①

'승우가 도서관에 간다.'를 A, '민우가 도서관에 간다.'를 B, '견우가 도서관에 간다.'를 C, '연우가 도서관에 간다.'를 D, '정우가 도서관에 간다.'를 E라고 하면 '~D → E → ~A → B → C'이므로 정우가 금요일에 도서관에 가면 민우와 견우도 도서관에 간다. 따라서 금요일에 도서관에 가는 사람은 정우, 민우, 견우이다.

26

정답 ③

우선 이 문제는 일반 논리 문제들과 다르게 각 명제가 길다. 하지만 자세히 보면, 각 직원에 대한 명제에서 모두 기존부서와 이동부서가 동일하다. 즉, 직원의 이름을 기준으로 하나의 명제로 보면 되는 것이지, 굳이 기존부서, 이동부서까지 나눌 필요가 없음을 알아차려야 한다. 그러므로 각 직원이 '○부서에서 □부서로 이동하였다.'는 것을 '이동하였다.'라고 줄여서 생각하면 된다.

네 번째 정보에 따르면 C는 이동하며, 첫 번째 정보의 대우 명제에 따라 A는 이동하지 않는다.

그러면 세 번째 정보의 대우 명제에 따라 B도 이동하지 않는다.

여섯 번째 정보에 따라 E, G는 이동한다.

두 번째 정보에서 '□하는 경우에만 ○한다.'는 명제의 경우, '○ → □'으로 기호화할 수 있으므로 D는 이동하지 않음을 알 수 있다.

그리고 다섯 번째 정보에 따라 F는 이동한다.

따라서 이동하는 직원은 C, E, F, G이고, E는 기획재무본부가 아닌 도시재생본부로 이동한다.

27

정답 ④

다섯 번째와 여섯 번째 조건을 통해 실용성 영역과 효율성 영역에서는 모든 제품이 같은 등급을 받지 않았음을 알 수 있으므로 두 번째 조건에 나타난 영역은 내구성 영역이다.

구분	A제품	B제품	C제품	D제품	E제품
내구성	3	3	3	3	3
효율성			2	2	
실용성		3			

내구성과 효율성 영역에서 서로 다른 등급을 받은 C, D제품과 내구성 영역에서만 3등급을 받은 A제품, 1개의 영역에서만 2등급을 받은 E제품은 두 번째 조건에 나타난 제품에 해당하지 않으므로 결국 모든 영역에서 3등급을 받은 제품은 B제품임을 알 수 있다.

여섯 번째 조건에 따르면 효율성 영역에서 2등급을 받은 제품은 C, D제품뿐이므로 E제품은 실용성 영역에서 2등급을 받았음을 알 수 있다. 또한 A제품은 효율성 영역에서 2등급과 3등급을 받을 수 없으므로 1등급을 받았음을 알 수 있다.

구분	A제품	B제품	C제품	D제품	E제품
내구성	3	3	3	3	3
효율성	1	3	2	2	
실용성		3			2

이때, A와 C제품이 받은 등급의 총합은 서로 같으므로 결국 A와 C제품은 실용성 영역에서 각각 2등급과 1등급을 받았음을 알 수 있다.

구분	A제품	B제품	C제품	D제품	E제품
내구성	3	3	3	3	3
효율성	1	3	2	2	1 또는 3
실용성	2	3	1	1 또는 2	2
총합	6	9	6	6 또는 7	6 또는 8

따라서 D제품은 실용성 영역에서 1등급 또는 2등급을 받을 수 있으므로 항상 참이 아닌 것은 ④이다.

28

정답 ①

B, C의 진술이 모두 참이거나 거짓일 때 영업팀과 홍보팀이 같은 층에서 회의를 할 수 있다. 그러나 B, C의 진술은 동시에 참이 될 수 없으므로, A, B, C 진술 모두 거짓이 되어야 한다. 따라서 기획팀은 5층, 영업팀과 홍보팀은 3층에서 회의를 진행하고, E는 5층에서 회의를 하는 기획팀에 속하게 되므로 ㉠은 항상 참이 된다.

오답분석

㉡ 기획팀이 3층에서 회의를 한다면 A의 진술은 항상 참이 되어야 한다. 이때 B와 C의 진술은 동시에 거짓이 될 수 없으므로, 둘 중 하나는 반드시 참이어야 한다. 또한 2명만 진실을 말하므로 D와 E의 진술은 거짓이 된다. 따라서 D와 E는 같은 팀이 될 수 없으므로 ㉡은 참이 될 수 없다.

㉢ • 두 팀이 5층에서 회의를 하는 경우 : (A・B 거짓, C 참), (A・C 거짓, B 참)

• 두 팀이 3층에서 회의를 하는 경우 : (A・B 참, C 거짓), (A・C 참, B 거짓), (A・B・C 거짓)

따라서 두 팀이 5층보다 3층에서 회의를 하는 경우가 더 많으므로 ㉢은 참이 될 수 없다.

29

정답 ②

마지막 11번째 자리는 체크기호로 난수이다. 따라서 ②는 신용산 지점에서 432번째 개설된 당좌예금이다.

30

정답 ④

게임 규칙과 결과를 토대로 경우의 수를 정리하면 다음과 같다.

라운드	벌칙 제외	총 퀴즈 개수
3	A	15개
4	B	19개
5	C	21개
	D	
	C	22개
	E	
	D	22개
	E	

㉡ 총 22개의 퀴즈가 출제되었다면, E는 정답을 맞혀 벌칙에서 제외된 것이다.

㉢ 게임이 종료될 때까지 총 21개의 퀴즈가 출제되었다면 C, D가 벌칙에서 제외된 경우로 5라운드에서 E에게는 정답을 맞힐 기회가 주어지지 않았다. 따라서 퀴즈를 푸는 순서가 벌칙을 받을 사람 선정에 영향을 미친다.

오답분석

㉠ 5라운드까지 4명의 참가자가 벌칙에서 제외되었으므로 정답을 맞힌 퀴즈는 8개, 벌칙을 받을 사람이 5라운드까지 정답을 맞힌 퀴즈는 0개나 1개이므로 총 정답을 맞힌 퀴즈는 8개나 9개이다.

31

정답 ②

100만 원을 맡겨서 다음 달 104만 원이 된다는 것은 이자율이 4%라는 것을 의미한다.

50만 원을 입금하면 다음 달에는 (원금)+(이자액)=52만 원이 된다. 따라서 다음 달 잔액은 52−30=22만 원이고, 그다음 달 총 잔액은 220,000×1.04=228,800원이 된다.

32

정답 ②

파운드화를 유로화로 환전할 때 이중환전을 해야 하므로 파운드화에서 원화, 원화에서 유로화로 두 번 환전해야 한다.

- 파운드화를 원화로 환전 : 1,400×1,500=2,100,000원
- 원화를 유로화로 환전 : 2,100,000÷1,200=1,750유로

따라서 A씨가 환전한 유로화는 1,750유로이다.

33

정답 ①

A씨의 월 급여는 3,480÷12=290만 원이다.

- 국민연금, 건강보험료, 고용보험료를 제외한 금액
  : 2,900,000−[2,900,000×(0.045+0.0312+0.0065)]
  =2,900,000−(2,900,000×0.0827)
  =2,900,000−239,830=2,660,170원
- 장기요양보험료 : (2,900,000×0.0312)×0.0738≒6,670원
  (∵ 십 원 단위 미만 절사)
- 지방세 : 68,000×0.1=6,800원
- 월 실수령액 : 2,660,170−(6,670+68,000+6,800)=2,578,700원

따라서 A씨의 연 실수령액은 2,578,700×12=30,944,400원이다.

34

정답 ④

(수수료금액)=(중도상환금액)×(요율)×(잔존기간)÷(대출기간)이고, 문제에서 A씨는 신용담보(가계)로 대출을 받았기 때문에 해당 요율은 0.7%가 된다.

중도상환금액 3천만 원, 요율 0.7%, 잔존기간 3년, 대출기간 4년을 제시된 식에 대입하면 수수료를 구할 수 있다.

따라서 A씨가 K은행에 내야 할 중도상환수수료를 계산하면

$30,000,000\times0.007\times\frac{3}{4}=157,500$원이다.

35

정답 ④

H은행은 시설 및 직원 서비스 부분과 지점·ATM 이용 편리성 부분에서 가장 낮은 점수를 보이고 있다.

오답분석

① A ~ H은행의 금융상품 다양성 부분의 평균점수는 3.24점이며, A, B, D은행 3개가 평균점수보다 높다.

② 지점·ATM 이용 편리성 부분에서 가장 높은 점수의 은행은 D은행(3.59점)이며, 이자율·수수료 부분의 점수가 가장 높은 은행은 A은행(3.57점)이다.

③ A은행은 평가항목 중 시설 및 직원 서비스, 금융상품 다양성, 이자율·수수료, 서비스 호감도 4개 부분에서 가장 높은 점수를 보이고 있다.

36

정답 ④

X상품은 신용등급 5등급 이상(1 ~ 5등급)일 경우 대출 가능한 상품이다. 따라서 D고객의 신용등급 또는 대출상품 정보가 잘못 입력되었을 것이다.

37

정답 ②

고객별 대출기간이 $\frac{1}{2}$이 지났을 때 날짜는 다음과 같다.

- A고객 : 2022년 8월부터 5년 대출이므로 2년 6개월 경과 후 날짜는 2025년 2월이다.
- B고객 : 2024년 5월부터 3년 대출이므로 1년 6개월 경과 후 날짜는 2025년 11월이다.
- C고객 : 2023년 12월부터 3년 대출이므로 1년 6개월 경과 후 날짜는 2025년 6월이다.
- D고객 : 2023년 4월부터 4년 대출이므로 2년 경과 후 날짜는 2025년 4월이다.

따라서 중도상환을 하지 않는 고객은 B고객이다.

38

정답 ②

X상품의 경우 중도상환수수료가 없으므로 A, D고객은 중도상환수수료가 없다.

Y상품의 경우 총대출기간이 1년 미만이거나 남은 대출기간이 1년 미만일 경우 중도상환수수료를 면제받는다. B고객은 2027년 4월이 최종 대출상환월로 남은 기간이 1년 이상이고, C고객도 2026년 11월이 최종 대출상환월로 남은 기간이 1년 이상이므로 중도상환수수료를 내야 한다. B, C고객의 중도상환수수료를 계산하면 다음과 같다.

- B고객 : $7{,}000\times\frac{20}{36}\times 0.158 ≒ 614$만 원
- C고객 : $3{,}000\times\frac{15}{36}\times 0.158 ≒ 197$만 원

따라서 모든 고객의 중도상환수수료는 총 811만 원이다.

39

정답 ①

ㄱ. 자체 재원조달금액 중 국내투자에 사용되는 금액이 차지하는 비중은 $\frac{2{,}682}{4{,}025}\times 100 ≒ 66.6\%$이므로 옳다.

ㄴ. 해외재원은 국내투자와 해외투자로 양분되나 국내투자분이 없으므로 옳다.

오답분석

ㄷ. 국내재원 중 정부조달금액이 차지하는 비중은 $\frac{2{,}288}{6{,}669}\times 100 ≒ 34.3\%$이므로 40% 미만이다.

ㄹ. 국내재원 중 해외투자금액 대비 국내투자금액의 비율은 $\frac{5{,}096}{1{,}573}\times 100 ≒ 323.9\%$이므로 3배 이상이다.

40

정답 ④

i) 출금 : K은행 자동화기기 이용 · 영업시간 외 10만 원 이하 → 500원

ii) 이체 : K은행 자동화기기 이용 · 타행으로 송금 · 영업시간 외 10만 원 이하 → 800원

iii) 현금 입금 : K은행 자동화기기 이용 · 영업시간 외 타행카드 현금 입금 → 1,000원

따라서 A씨가 지불해야 하는 총수수료는 2,300원이다.

제2영역 직무심화지식

01	02	03	04	05	06	07	08	09	10
②	①	③	③	①	②	①	②	①	①
11	12	13	14	15	16	17	18	19	20
①	②	①	①	③	④	①	②	③	③
21	22	23	24	25	26	27	28	29	30
④	④	④	③	①	④	④	①	①	④
31	32	33	34	35	36	37	38	39	40
②	②	②	②	④	①	②	③	③	④

01
정답 ②

CMA(Cash Management Account)는 예탁금을 어음이나 채권에 투자하여 그 수익을 고객에게 돌려주는 실적배당 금융상품으로 어음관리계좌 또는 종합자산관리계정이라고도 한다. 고객이 예치한 자금을 기업어음(CP)이나 양도성 예금증서(CD), 국공채 등의 채권에 투자하여 그 수익을 고객에게 돌려주는 금융상품이다.

02
정답 ①

단기금융시장은 화폐시장이다. 거래되는 금융상품의 만기(1년)를 기준으로 단기금융시장(화폐시장)과 장기금융시장(자본시장)으로 구분된다.

03
정답 ③

공개시장 조작은 중앙은행이 공개된 시장에서 통안채(통화안정증권)나 RP(환매조건부 채권, 한국은행이 나중에 다시 사들일 것을 약속하고 시중은행에 판매하는 채권)를 팔아서 통화량이나 금리를 조절하는 것을 말한다.

04
정답 ③

금융기관의 신용창출은 예금을 통한 현금 유입이 선행되어야 가능하다. 그러나 현금 없는 사회에서 마이너스 금리가 적용되면 오히려 사람들의 예금이 줄어들기 때문에 금융기관의 신용창출도 감소할 것이다.

현금 없는 사회

현금 없는 사회에서는 전자 정보 처리 시스템화에 따라 모든 거래 내역을 확인할 수 있어 투명하고 효율적인 시장을 형성할 수 있다. 이를 통해 탈세를 사전에 방지할 수 있으므로, 결국 정부의 재정수입은 증가하게 될 것이다. 또한 지급결제수단의 차이에 따른 불필요한 거래비용이 감소하며, 은행에 예금하면 오히려 보관비용을 지불해야 하는 마이너스 금리 정책을 효과적으로 적용할 수 있다.

05
정답 ①

공매도(空賣渡, Short Stock Selling)는 주식이나 채권을 가지고 있지 않은 상태에서 행사하는 매도 주문을 말한다. 향후 주가 하락이 예상되는 종목의 주식을 빌려서 판 뒤 실제로 주가가 내려가면 싼 값에 다시 사들여 빌린 주식을 갚아 시세 차익을 남기는 투자기법이다. 투기성이 짙은 데다 주가를 떨어뜨리는 방향으로 시장 조작이 이뤄질 가능성이 커 국가별로 엄격한 제한을 두는 경우가 많다.

06
정답 ②

캘린더 효과(Calender Effect)는 매년 특정한 기간에 주식시장이 일정한 흐름을 보여주는 것을 말한다. '산타랠리, 1월 효과, 서머랠리' 등이 이에 해당한다. 산타랠리는 성탄절 즈음 소비 심리가 상승하면서 이것이 주가에 영향을 끼친다는 것이고, 이 흐름이 이듬해 1월까지 이어진다는 것이 1월 효과다. 서머랠리는 사람들이 여름철 휴가를 떠나기 전에 미리 주식을 매입하면서 주가에 변동이 발생한다는 의미이다.

07
정답 ①

커스터디(Custody)는 '수탁, 양육, 보호'라는 의미로, 금융 자산을 대신 보관하고 관리해 주는 서비스를 일컫는다. 해외투자자들이 우리나라의 주식 등을 매수할 때 자금과 주식을 관리해주고, 한편으로는 환전이나 주식 매매를 대행하기도 한다. 최근에 암호화폐 시장이 팽창하면서 은행권에서는 가상자산에 대한 커스터디로까지 서비스의 영역을 넓히고 있다.

08
정답 ②

88클럽은 국제결제은행(BIS) 기준 자기자본비율이 8% 이상이면서, 고정 이하 여신비율이 8% 이하인 우량 저축은행들을 말한다. 저축은행들에게 인센티브를 주기 위해 2005년에 만들어진 제도다. 88클럽은 해당 저축은행이 재정적으로 건전한지 판단하는 기준이 된다.

09
정답 ①

코픽스(COFIX)는 2010년에 도입된 대출기준금리로, 우리나라 8개 은행사가 제공하는 자금조달 관련 정보를 기반으로 산출한 자금조달비용지수를 말한다. 은행연합회가 산출하여 발표하며, 코픽스의 종류에는 잔액기준코픽스, 신규취급액기준 코픽스, 단기코픽스 등이 있다.

10
정답 ①

제시된 기능을 가진 국제은행은 국제개발부흥은행(IBRD)이다. 국제개발부흥은행의 본부는 워싱턴에 있으며 당초 설립목적은 제2차 세계대전 후의 세계경제부흥과 경제개발원조에 있다. 현재는 주로 개발도상국에 대한 원조기관의 역할을 하고 있다.

11
정답 ①

명목환율은 서로 다른 나라 화폐 간의 교환비율을 의미하며, 실질환율은 명목환율에 서로 다른 나라 간의 물가변동을 반영하여 구매력 변동을 나타내도록 조정한 환율을 말한다.

12
정답 ②

원·달러 환율이 하락할 때에는 달러의 가치가 하락하므로 달러를 시장가격보다 높게 매도할 수 있는 풋옵션을 매입해 놓은 경우 이익을 볼 수 있다.

13
정답 ①

물가가 상승하면 수출이 감소하고, 수출이 감소하면 외화유입이 감소한다. 따라서 원화의 상대적 가치는 하락한다.

14
정답 ①

피셔효과에 따르면 명목이자율은 실질이자율과 기대인플레이션율의 합이다. 따라서 피셔효과가 성립한다면 기대인플레이션율이 상승할 때 명목이자율이 비례적으로 상승하게 된다.

15
정답 ③

통화승수는 통화량을 본원통화로 나눈 값으로 통화량이 본원통화의 몇 배인가를 보여주는 지표이다.

16
정답 ④

부가가치세율을 인상하게 되면 실질소득이 줄어들어 소비가 감소하게 된다. 침체된 경기를 활성화시키기 위해서는 기준금리를 인하하거나 추가경정예산을 편성하여 적자재정을 확대시켜야 한다.

17
정답 ①

고전학파 화폐수량설의 교환방정식에 따르면 MV=PY라는 식이 성립한다. 고전학파는 화폐유통속도(V)는 거래관습이나 제도 등에 의해 결정되기 때문에 단기에 변하지 않고 안정적이라 가정하였으며, 실질국민소득(Y)도 단기에는 일정하다고 가정하였다. 하지만 화폐의 유통속도(V)는 고정되어 있는 값을 의미하는 것은 아니고 안정적인 상태를 의미하는 것이므로 통화량(M) 증가할 때 명목임금(PY)이 일정하다면 화폐유통속도는 감소했음을 의미한다.

18
정답 ②

중앙은행이 기준금리를 인하하게 되면 시중은행들도 뒤따라 시중금리를 내리게 된다. 시중금리가 내려가면 저축이 감소하고 대출은 증가하기 때문에 통화량은 증가한다.

오답분석

①·③·④ 통화량을 감소시키는 경우에 해당한다.

19
정답 ③

환율하락을 방지하기 위해 중앙은행이 외환시장에 개입하는 경우 달러는 매입하고 원화를 매도하기 때문에 본원통화는 증가하게 된다.

20
정답 ③

자본의 한계생산이 증가하면 기업의 수익성이 높아지고 주가가 상승하여 q값이 증가할 것이다.

21
정답 ④

기업의 수익전망이 호전되면 q값이 상승한다.

22
정답 ④

교환방정식 MV=PY를 증가율로 나타내면 다음과 같다.

$$\frac{\Delta M}{M} + \frac{\Delta V}{V} = \frac{\Delta P}{P} + \frac{\Delta Y}{Y}$$

제시된 값 $\frac{\Delta P}{P} = 4\%$, $\frac{\Delta Y}{Y} = 5\%$, $\frac{\Delta V}{V} = -3\%$를 대입하면

$\frac{\Delta M}{M} = 12\%$ 상승한다.

23
정답 ④

핫머니는 장기간 이동이 아니라 국제금융시장에서의 단기적 이동을 말한다.

오답분석

①·②·③ 핫머니는 국제금융시장에서, 유리한 금융시장을 찾아 투기적으로 유동하는 단기 자금으로, 사회적, 정치적 이슈나 환율 변동, 국제정세의 급격한 변화에 맞춰 금리 차익을 노리며 이동하여 국가의 경제균형을 파괴하는 결과를 낳기도 한다.

24

정답 ③

교환사채(EB)는 발행회사가 보유하고 있는 다른 기업 주식과 교환할 수 있는 권리가 주어진 회사채이다. 채권을 발행한 회사의 주식이 아닌 다른 회사의 주식으로 바꿀 수 있다는 점에서 전환사채(CB)와 차이가 있다.

오답분석

① 환매조건부채권(RP) : 일정 기간 후 되사는 조건으로 발행하는 채권이다. 주로 금융회사들이 보유한 국공채나 특수채, 우량 채권 등을 담보로 발행되므로 환금성이 보장되는 장점이 있다. 한국은행이 시중의 유동성을 조절하는 수단으로 활용하기도 한다.

② 양도성예금증서(CD) : 은행의 정기예금에 매매가 가능하도록 양도성을 부여한 증서로, 주식이나 채권처럼 일종의 유가증권이다.

④ 코코본드 : 일정한 조건 아래 다른 증권으로 전환할 수 있는 채권으로 평소에는 채권이지만 자기자본비율이 일정 수준 이하로 떨어지거나 공적자금 투입이 불가피할 정도로 은행이 부실해지면 주식으로 전환되거나 상각된다.

25

정답 ①

①은 헤지펀드에 대한 설명이다.

인덱스펀드

증권시장의 장기적 성장 추세를 전제로 하여 특정주가지수의 수익률과 동일하거나 유사한 수익률을 달성할 수 있도록 포트폴리오를 구성·운용함으로써 시장의 평균 수익을 실현하는 것을 목표로 설계되고 운용되는 펀드를 말한다. 인덱스펀드의 목표수익률은 시장수익률 자체가 주된 목적이며, 이런 특성으로 인하여 인덱스펀드를 지수추종형펀드 또는 패시브형펀드라고도 한다.

26

정답 ④

오답분석

① 랩어카운트(Wrap Account) : 증권사가 다양한 금융상품을 투자고객의 성향에 맞게 한 계좌에 담아 운용해 주는 '종합자산관리계좌'를 말한다.

② 커버드 본드(Covered Bond) : 주택담보대출 등의 자산을 담보로 발행되는 채권의 일종으로, 발행회사에 문제가 생기더라도 담보자산에서 우선적으로 변제받을 수 있어 안전성이 보장되어 있다.

③ 신디케이트론(Syndicated Loan) : 다수의 은행으로 구성된 차관단이 공통의 조건으로 차주에게 일정액을 융자하는 중장기 대출 방식을 말한다.

27

정답 ④

역선택이 존재하는 상황에서 정부가 공적인 보험제도를 도입하여 강제로 가입하도록 하면 역선택 문제가 해소될 수 있다. 모든 대상자의 가입을 의무화하는 공적인 보험제도가 도입되면 사회후생이 증가할 가능성이 높다.

28

정답 ①

자산의 유동성이란 다른 자산으로 가치의 손실 없이 쉽게 교환할 수 있는 가능성을 의미하며, 가장 유동성이 높은 자산은 화폐이다.

29

정답 ①

오답분석

② 뱅크런(Bank Run)에 대한 설명이다.

③ 디폴트(Default)에 대한 설명으로 채무불이행(Non Payment)이라고도 한다.

④ 모라토리엄(Moratorium)에 대한 설명이다.

30

정답 ④

발행회사는 주식 발행가격이 높을수록 IPO 가격이 낮아진다. 그러므로 투자가의 투자수익은 줄어 추가공모 등을 통한 자본 조달 여건이 나빠진다. 성공적인 IPO를 위해서는 적정수준에서 기업을 공개하는 것이 중요하며 투자자들의 관심을 끄는 것이 필요하다.

31

정답 ②

디지털 아카이브(Digital Archive)는 단순히 콘텐츠 저장뿐만 아니라 영상이 담고 있는 내용과 정보를 디지털화해 보관한다. 이로 인해 비용 절감은 물론 제작 환경까지 극대화시킬 수 있는 차세대 방송 시스템이다.

32

정답 ②

빈칸에 들어갈 용어는 옴니채널(Omni-Channel)이다. 옴니채널은 고객 중심으로 모든 온·오프라인상의 채널과 관련된 체계를 통합하는 것에 초점을 맞춘 서비스이다.

33

정답 ②

원낸드(One NAND)는 메모리와 로직의 융합을 통해 기존 메모리 기능의 한계를 극복함으로써 모바일 기기에 주로 사용되고 있는 퓨전 메모리 반도체이다.

34

정답 ②

딥러닝은 컴퓨터가 마치 사람처럼 학습하는 기술로, 이를 활용한 기술 중 딥페이크는 영상에 특정 인물을 합성한 편집물이다. 최근 딥페이크를 악용한 범죄로 인해 피해자들이 생기면서 사회적 문제가 되고 있다.

오답분석

① GIS : 지리정보를 디지털화해 분석과 가공을 할 수 있는 기술을 말한다.
③ 혼합현실 : 증강현실(AR)과 가상현실(VR)의 장점을 이용한 기술로, 현실세계와 가상의 정보를 결합한 것이다.
④ 메타버스 : 3차원에서 실제 생활과 법적으로 인정되는 활동인 직업, 금융, 학습 등이 연결된 가상 세계를 말한다.

35

정답 ④

④는 유비쿼터스에 대한 설명이다. 유비쿼터스는 사용자를 중심으로 네트워크나 컴퓨터를 의식하지 않고 장소에 상관없이 자유롭게 네트워크에 접속할 수 있는 정보통신 환경을 말한다.

36

정답 ①

마이데이터 산업에 대한 설명이다. 마이데이터를 이용하면 각종 기관과 기업 등에 분산돼 있는 자신의 정보를 한꺼번에 확인할 수 있으며, 업체에 자신의 정보를 제공해 맞춤 상품이나 서비스를 추천받을 수 있다.

37

정답 ②

클라우드 컴퓨팅(Cloud Computing)은 정보처리를 자신의 컴퓨터가 아닌 인터넷으로 연결된 다른 컴퓨터로 처리하는 기술로, 하드웨어나 소프트웨어와 같은 컴퓨터 자산을 구매하는 대신 빌려 쓰는 개념이다. 어떤 요소를 빌리느냐에 따라 소프트웨어 서비스, 플랫폼 서비스, 인프라 서비스 등으로 구분한다.

오답분석

① 그린 컴퓨팅(Green Computing) : 컴퓨팅에 이용되는 에너지를 절약하자는 운동을 말한다.
③ 임베디드 컴퓨팅(Embedded Computing) : 일반 PC가 아닌 여러 가지 환경에서의 컴퓨팅 환경으로, 항공기, 냉장고, 세탁기, 휴대폰 등 다양한 부분에 임베디드 프로세서가 사용된다.
④ 유비쿼터스 컴퓨팅(Ubiquitous Computing) : 언제, 어디서나 무슨 기기를 통해서도 컴퓨터를 이용할 수 있는 것을 의미하는 용어이다.

38

정답 ③

③은 DES의 특징이다.

DES(대칭키)

- 암호키와 복호키 값이 서로 동일하며, 암호문 작성과 해독 과정에서 개인키를 사용한다.
- 여러 사람과 정보 교환 시 다수의 키를 유지하며, 사용자 증가에 따른 키의 수가 많다.
- 알고리즘이 간단하여 암호화 속도가 빠르고, 파일의 크기가 작아 경제적이다.

39

정답 ③

전자상거래는 종이에 의한 문서를 사용하지 않고 표준 전자문서를 컴퓨터 간에 교환해 즉시 업무에 활용하도록 하는 전자문서교환, 팩시밀리, 전자게시판, 전자우편(E-mail), 전자자금이체 등과 같이 전자 매체를 이용한 상거래이다.

40

정답 ④

제시문은 오픈뱅킹(Open Banking)에 대한 설명이다. 오픈뱅킹은 하나의 어플리케이션만으로 여러 은행의 계좌를 관리할 수 있도록 제공하는 서비스를 말한다.

오답분석

① 섭테크(SupTech) : 금융감독(Supervision)과 기술(Technology)의 합성어로, 최신기술을 활용하여 금융감독 업무를 효율적으로 수행하기 위한 기법을 말한다.
② 레크테크(RegTech) : 레귤레이션(Regulation)과 기술(Technology)의 합성어로, 최신기술을 활용하여 기업들이 금융규제를 쉽고 효율적으로 수행하기 위한 기법을 말한다.
③ 테크핀(Techfin) : 중국 빅테크 기업인 알리바바의 마윈 회장이 고안한 개념으로 IT 기술을 기반으로 새로운 금융 서비스를 제공하는 것으로 금융사가 IT 서비스를 제공하는 핀테크와는 차이가 있다.

제3영역 상식

01	02	03	04	05	06	07	08	09	10
③	②	③	③	②	③	②	④	①	①
11	12	13	14	15	16	17	18	19	20
④	③	②	②	③	②	①	④	④	①

01
정답 ③

공적연금은 국민이 소득상실 또는 저하로 생활의 위기에 빠질 가능성을 해소하기 위해 국가가 지급하는 연금이다. 우리나라의 공적연금으로는 국민연금, 공무원연금, 군인연금, 사립학교교직원연금(사학연금)이 운영되고 있다.

02
정답 ②

신종자본증권은 주식과 채권의 성격을 동시에 가진 증권으로, 만기가 없거나 만기에 재연장이 가능하여 안정적인 자금 운용이 가능하다. 그러나 자본조달 비용이 일반 회사채보다 높고, 상대적으로 신용등급이 높은 기업만 발행이 가능하며, 채권보다 이자가 높은 단점이 있다.

03
정답 ③

실업을 구제하기 위해서는 수입보다 지출을 늘리는 적자 재정을 유지해야 한다.

04
정답 ③

모디슈머(Modisumer)는 Modify(수정하다)와 Consumer(소비자)의 합성어로, 제품을 제조사에서 제시한 방법이 아닌 자신만의 방식으로 사용하는 소비자를 말한다.

오답분석

① 앰비슈머(Ambisumer) : Ambivalent(양면적인)와 Consumer(소비자)의 합성어로 이들은 자신의 가치관에 부합하는 것에는 소비를 망설이지 않는 반면, 그 외의 것들에 대해서는 굉장히 절약하는 상반된 소비 행태를 보인다.

② 그린슈머(Greensumer) : 자연을 상징하는 Green(녹색)과 Consumer(소비자)의 합성어로 친환경 제품을 구매하는 소비자를 가리킨다. 이들은 기본적으로 환경문제에 관심이 많고 생활 속에서 환경보호를 실천하고자 하기 때문에 식품 · 의류 · 생활용품 등을 구입할 때 재활용 소재를 활용한 제품이나 환경 유해물질이 포함되지 않은 제품, 탄소배출량이 적은 제품, 대기전력 절감 제품 등 환경오염 방지에 기여할 수 있는 것을 선택한다.

④ 큐레이슈머(Curasumer) : Curator(큐레이터)와 Consumer(소비자)의 합성어로 마치 큐레이터가 전시회를 기획하듯 기존 제품을 꾸미고 다양하게 활용하여 자신에게 맞게 구성하는 데 능수능란한 편집형 소비자를 말한다. 스마트폰 사용자 중 배경화면과 앱의 배치를 자신의 스타일에 맞게 재구성하는 사람들이 있는데, 이들이 바로 큐레이슈머에 해당한다.

05
정답 ②

오답분석

① 니치마켓 : 적소(틈새)시장으로, 특정 분야의 소규모 시장을 의미한다.

③ 블랙마켓 : 암시장으로, 넓은 의미로는 불법적인 거래가 이루어지는 시장을 의미한다.

④ 오픈마켓 : 판매자와 구매자에게 모두 열려 있는 인터넷 중개몰(온라인 장터)을 의미한다.

06
정답 ③

자연실업률은 경제 내에 마찰적 실업과 구조적 실업만 있고 경기적 실업이 없는 완전고용상태를 의미한다. 최저임금제, 효율성임금, 노조 등은 비자발적 실업을 유발하여 자연실업률을 높이는 요인으로 작용한다.

07
정답 ②

오답분석

① 브리지론 : 자금이 급히 필요할 때 일시적으로 조달하기 위해 도입되는 자금을 말한다.

③ 비소구금융 : 사업주의 모기업과 법적으로 별개인 독립적인 사업으로 프로젝트를 운영하고 프로젝트로부터의 현금흐름을 모기업의 그것과 완전히 분리시켜서 프로젝트의 소요 자금을 조달하는 기법이다.

④ 금융중개기관 : 저축자 일반으로부터 자금을 예입받아 그 자금을 차용인에게 대부하는 금융기관을 말한다.

08
정답 ④

오답분석

㉣ 세뇨리지 효과 : 중앙은행이 화폐를 발행함으로써 얻는 이익 또는 국제통화를 보유한 국가가 누리는 경제적 이익을 말한다.

09

정답 ①

경제고통지수(Misery Index)란 국민들이 느끼는 경제적 삶의 어려움을 계량화해서 수치로 나타낸 것이다. 특정 기간 동안의 물가 상승률과 실업률의 합에서 소득증가율을 빼서 나타낸다. 수치가 높다는 것은 국민이 느끼는 경제적 어려움도 그만큼 크다는 것이며, 수치가 낮다는 것은 경제적 어려움이 적다는 의미다.

10

정답 ①

긱 이코노미(Gig Economy)는 기업이 상시 고용을 줄이고, 필요할 때마다 단기 프로젝트 기반으로 인력을 활용하는 경제 구조를 말한다. 즉, 일감을 건당(Gig)으로 받아 일하는 방식이 확산된 경제 형태이다.

오답분석

② 온디맨드(On-demand) : 공급 중심이 아니라 수요가 모든 것을 결정하는 시스템이나 전략 등을 총칭하는 용어이다.
③ ASP(Application Service Provider) : 애플리케이션 서비스 임대를 뜻하며, 네트워크를 통해 각종 응용 프로그램을 공급하는 사업을 말한다.
④ SaaS(Software as a Service) : 소프트웨어의 기능 중 유저가 필요로 하는 것만을 서비스로 배포해 이용이 가능하도록 한 소프트웨어의 배포형태를 말한다.

11

정답 ④

오답분석

① 매출채권회전율이 아닌 총자산회전율에 대한 설명이다.
② 활동성비율은 자본이 아닌 자산을 얼마나 효율적으로 사용하고 있는지 나타내는 지표이다.
③ 총자산회전율이 아닌 매출채권회전율에 대한 설명이다.

12

정답 ③

양적완화는 중앙은행이 시중에 통화를 풀어 경기를 부양하는 정책이다. 통화량이 늘어나면 통화가치가 떨어지고, 원자재 가격이 상승하면서 물가도 상승한다. 따라서 소비는 위축될 것이다.

오답분석

① 양적완화를 '하늘에서 돈을 흩뿌린다.'라는 의미로 '헬리콥터 머니'라고도 한다.
② 통화가치가 하락한 ○○국의 수출경쟁력은 상승하고, 반대로 ○○국과 거래하는 △△국의 통화가치는 평가절상된다.
④ 금리가 너무 낮아 더 내리는 것이 불가능한 비상 상황에서 중앙은행이 직접 국채나 금융자산을 매입하여 통화를 푼다.

13

정답 ②

오답분석

① 불특정 다수인으로부터 주식을 장외에서 매수하는 형태이다.
③ 대상기업의 주식 수, 매수기간, 매수가격 및 방법 등을 공개하고, 이에 허락하는 주주에 한해 대상회사의 주식을 취득하게 된다.
④ 현재의 시장가격보다 대부분 높게 요구되는 것이 특징이다.

14

정답 ②

- 웹루밍(Webrooming) : 온라인에서 얻은 정보를 바탕으로 저렴한 오프라인 매장을 찾아 제품을 구매하는 소비 형태이다.
- 역직구 : 해외 소비자가 국내 인터넷 쇼핑몰에서 상품을 구입하는 형태로, 한국에서만 구입할 수 있는 상품들이 주요 구매 대상이다.

오답분석

- 쇼루밍(Showrooming) : 오프라인 매장에서 제품을 구경하고 실제 구매는 온라인 등 다른 유통 경로로 하는 것을 말한다.
- 모루밍(Morooming) : 모바일(Mobile)과 쇼루밍을 합쳐 만든 신조어로, 쇼루밍과 같은 의미로 쓰인다.
- 해외직구 : 외국의 인터넷 쇼핑몰에서 제품을 직접 주문해 구매하는 것이다.
- 해외직판 : 국내 판매자가 해외에 인터넷 쇼핑몰을 개설하여 직접 판매하는 방식이다.
- 병행수입 : 같은 상표의 상품을 여러 업자가 수입하여 국내에서 판매할 수 있게 한 제도이다.

15

정답 ③

제시문의 밑줄 친 '이것'은 기회비용(Opportunity Cost)이다. 기회비용은 한정된 자원을 효율적으로 사용하기 위한 선택을 하는 가운데 발생하고, 이러한 선택의 기준이 된다. 이를 설명하는 경제학 개념으로는 생산가능곡선이 있으며, 기회비용을 계산할 때에는 다른 사람들이 가진 생산요소를 사용하는 대가로 지불하는 비용인 명시적 비용(Explicit Cost)과 자신이 선택하지 않고 포기하는 다른 기회의 잠재적 비용으로 눈에 보이지 않는 비용인 암묵적 비용(Implicit Cost)이 포함된다. 그러나 이미 지출되어 회수가 불가능한 비용인 매몰비용(Sunk Cost)은 고려되지 않는다.

16

정답 ②

테이퍼링(Tapering)은 물가상승 등 양적완화(QE)로 인한 부작용을 해소하기 위해 중앙은행이 국채 등의 자산 매입 규모를 단계적·점진적으로 줄임으로써 시중에 풀리는 자금의 규모로, 유동성의 양을 감소시키는 전략이다.

오답분석

① 테이퍼링은 양적완화 정책의 효과로 금융시장 안정과 실물경제 회복 등이 나타날 때 실시되며, 이때 일정 수준의 물가상승률과 고용목표 기준을 테이퍼링의 전제 조건으로 설정한다.
③ 테이퍼링이 본격화되면 투자자들은 금리가 오른다고 예상해 자산을 매각하며, 신흥국에서 자금(달러) 유출의 증가해 외환위기를 맞을 가능성이 높아진다.
④ 실제로 2013년에 연준 벤 버냉키 의장이 테이퍼링 시행 가능성을 언급한 이후 시장이 테이퍼링에 대해 발작적으로 반응하는 테이퍼 탠트럼(Taper Tantrum)이 튀르키예와 아르헨티나, 인도 등에서 나타나 대규모 자금 유출이 일어났었다.

17

정답 ①

제시문은 FOMC(Federal Open Market Committee)에 대한 설명이다.

오답분석

② FRB(Federal Reserve Board of Governors) : 미국 연방준비제도의 중추적 기관으로, 12개 연방준비은행을 관할하는 역할 등을 한다.
③ FRS(Federal Reserve System) : 1913년에 제정된 연방준비법(Federal Reserve Act)에 의해서 창설된 미국의 중앙은행 제도를 일컫는다.
④ FDIC(Federal Deposit Insurance Corporation) : 미국연방예금보험공사로, 은행이 중대한 금융난에 빠졌을 때 예금자에 대한 예금지불을 보증하는 동시에 휴업한 국립은행이나 주법은행의 관재인이 된다.

18

정답 ④

전략적 자산분배는 먼저 투자자의 투자목적과 투자제약조건을 파악하는 것으로 시작되며, 이에 적합한 자산집단을 선택하게 된다. 다음으로 선택된 자산집단의 기대수익, 원금, 상관관계를 추정한 후 효율적인 최적자산의 구성이 이루어진다. 따라서 전략적 자산분배의 실행단계는 ㉢-㉠-㉡-㉣ 순이다.

19

정답 ④

사출도의 지배, 우제점법 등을 통해 설명하고 있는 국가가 부여임을 알 수 있다. 부여는 12월에 제천 행사인 영고를 시행하였다.

오답분석

① 옥저에 대한 설명이다.
② 삼한에 대한 설명이다.
③ 고구려에 대한 설명이다.

20

정답 ①

제시문은 조선 시대 숙종이 일으킨 3대 환국에 대한 설명이다. 숙종은 특정 붕당에 권력이 집중되는 것을 견제하기 위해 의도적으로 정국을 뒤집어 다른 붕당을 끌어올리는 방식인 '환국(換局)'을 반복했다.
서인이 남인인 허적과 윤휴 등을 제거한 것은 경신환국(1680)이고, 소론과 노론이 재집권한 것은 갑술환국(1694)이므로 그 사이에 있었던 사건은 기사환국(1689)이다. 기사환국 때는 남인이 장희빈의 소생인 원자를 세자로 책봉하는 서인을 제거하고 재집권한 사건이다.

오답분석

② 현종 때 예송논쟁에 대한 내용이다.
③ 갑술환국 때 있었던 사건이다.
④ 탕평책은 1728년 영조 때 시행되어 정조 때도 이어졌다.

KB국민은행 필기전형

제3회 모의고사 정답 및 해설

제 1 영역 직업기초능력

01	02	03	04	05	06	07	08	09	10
①	④	③	④	③	④	③	③	②	②
11	12	13	14	15	16	17	18	19	20
②	④	②	①	④	④	④	②	③	②
21	22	23	24	25	26	27	28	29	30
①	②	①	③	④	④	①	③	②	②
31	32	33	34	35	36	37	38	39	40
③	②	④	②	③	④	③	①	②	④

01

정답 ①

제6호와 제13호에 따르면 사업장가입자는 근로자를 사용하는 사업소 및 사무소인 사업장에 고용된 근로자 및 사용자로서 국민연금에 가입된 자를 말한다.

오답분석

② 제11호에 따르면 부담금은 사업장가입자의 사용자가 부담하는 금액이며, 제12호에 따르면 기여금은 사업장가입자가 부담하는 금액이다.

③ 제15호에 따르면 수급권자는 국민연금법에 따른 급여를 받을 권리(수급권)를 가진 자를 말하고, 제16호에 따르면 급여를 받고 있는 자는 수급자이다. 국민연금법에 따라 급여를 받을 권리는 갖고 있지만, 현재 급여를 받고 있지 않다면 수급자가 아닌 수급권자에만 해당한다.

④ 제3호에 따르면 소득은 일정한 기간 근로를 제공하여 얻은 수입에서 대통령령으로 정하는 비과세소득을 제외한 금액 또는 사업 및 자산을 운영하여 얻는 수입에서 필요경비를 제외한 금액을 말한다.

02

정답 ④

광고를 통해 상품의 특성을 강조하여 소비자가 그 상품을 구매하도록 하는 것은 넛지 마케팅의 사례로 적절하지 않다.

오답분석

①·② 체험단의 진솔한 후기, 정보 공유 모두 긍정적인 메시지를 전달하여 좋은 평판이 확산되도록 하는 버즈 마케팅의 사례로 적절하다.

③ 소비자들에게 구매를 직접 요구하지 않고 자발적으로 선택할 수 있도록 유도했다는 점에서 넛지 마케팅의 사례로 적절하다.

03

정답 ③

오답분석

① 두 번째 문단에서 공급유형·지역별 전세금 지원액을 알 수 있다.

② 마지막 문단에서 전세임대주택의 유형별 신청방법을 알 수 있다.

④ 첫 번째 문단에서 전세임대주택의 정의를 알 수 있다.

04

정답 ④

제시문의 제7항을 살펴보면 '변경 기준일로부터 1개월간'이라고 제시되어 있다.

05

정답 ③

제9조 제1항에 따르면 자율준수관리자는 경쟁법규 위반 가능성이 높은 분야의 임직원을 대상으로 반기당 2시간 이상의 교육을 실시하여야 한다. 따라서 반기당 4시간의 교육을 실시하는 것은 세칙에 부합한다.

오답분석

① 제6조 제2항에 따르면 임직원은 담당 업무 수행 중 경쟁법규 위반사항 발견 시 지체 없이 이를 자율준수관리자에게 보고하여야 한다.

② 제7조 제1항에 따르면 자율준수관리자는 경쟁법규 자율준수를 위한 매뉴얼인 자율준수 편람을 제작 및 배포하는 의무를 지닌다.

④ 제10조 제2항과 제3항에 따르면 자율준수관리자는 경쟁법규 위반을 행한 임직원에 대하여 관련 규정 교육이수의무를 부과할 수 있으나, 직접 징계를 할 수는 없고 징계 등의 조치를 요구할 수 있다.

06 정답 ④

제시문은 시장 메커니즘의 부정적인 면을 강조하면서 인간과 자연이 어떠한 보호도 받지 못한 채 시장 메커니즘에 좌우된다면 사회가 견뎌낼 수 없을 것이라고 주장한다. 따라서 주제로 가장 적절한 것은 시장 메커니즘에 대한 적절한 제도적 보호 장치를 마련해야 한다는 내용의 ④이다.

오답분석

① 필자는 무분별한 환경 파괴보다는 인간과 자연이라는 사회의 실패를 막기 위한 보호가 필요하다고 주장한다.
② 필자는 구매력의 공급을 시장 기구의 관리에 맡기게 되면 영리 기업들은 주기적으로 파산하게 될 것이라고 주장하므로 적절하지 않다.
③ 필자는 시장 메커니즘이 인간의 존엄성을 파괴할 수 있다고 주장하지만, 한편으로는 시장 경제에 필수적인 존재임을 인정하므로 철폐되어야 한다는 주장은 적절하지 않다.

07 정답 ③

피부양자 대상 1번 항목인 '직장가입자에 의하여 주로 생계를 유지하는 자'의 라목에 따르면 65세 이상 또는 30세 미만이거나 장애인, 국가유공・보훈대상상이자에 해당하는 형제・자매의 경우에는 재산세 과세표준의 합이 1억 8천만 원 이하이어야 피부양자가 될 수 있다. 따라서 국가유공자이지만 재산세 과세표준의 합이 2억 원인 형은 A씨의 피부양자가 될 수 없다.

오답분석

① 피부양자 대상 1번 항목의 다목 재산세 과세표준의 합이 5억 원 이하인 경우에 해당하므로 재산세 과세표준의 합이 5억 원인 직계존속 어머니는 A씨의 피부양자가 될 수 있다.
② 피부양자 대상 2번 항목의 보수 또는 소득이 없는 자에 해당하며 어떠한 소득도 없는 미성년자 아들은 직계비속으로 A씨의 피부양자가 될 수 있다.
④ 피부양자 대상 1번 항목의 다목 재산세 과세표준의 합이 5억 4천만 원을 초과하면서 9억 원 이하인 경우는 연간소득이 1천만 원 이하이어야 하므로 연간소득이 800만 원인 직계존속 아버지는 A씨의 피부양자가 될 수 있다.

08 정답 ③

제시문은 IC카드의 개발 및 원리에 대한 글이다. 제시된 문단에서는 자석 접촉 시 데이터가 손상되는 마그네틱 카드의 단점과 이를 보완한 것이 IC카드라고 설명하였다. 따라서 (나) 데이터 손상의 방지 및 여러 기능의 추가가 가능한 IC 카드 – (가) EEPROM이나 플래시메모리를 내장한 IC카드 – (다) 메모리 외에 프로세서 기능이 추가된 IC카드 순으로 나열하는 것이 적절하다.

09 정답 ②

권위를 제한적으로 사용한다면 구성원들의 자발적인 복종을 가져올 수 있다. 따라서 권위를 전혀 사용하지 않는 것은 적절하지 않다.

오답분석

① 리더가 덕을 바탕으로 행동하면 구성원들은 마음을 열고 리더의 편이 된다.
③ 리더의 강압적인 행동이나 욕설은 구성원들의 '침묵 효과'나 무엇을 해도 소용이 없을 것이라 여겨 저항 없이 시키는 일만 하는 '학습된 무기력'의 증상을 야기할 수 있다.
④ 덕으로 조직을 이끄는 것은 구성원들의 행동에 긍정적인 효과를 미친다.

10 정답 ②

단체소송만이 공익적 성격을 지닌다.

오답분석

① 다수의 소액 피해가 발생한 사건이라도 피해자들은 개별적으로 소송을 할 수 있지만, 공동으로 변호사를 선임하거나 선정당사자 제도를 이용하여 경제적이고 효율적으로 일괄 구제할 수 있다.
③ 네 번째 문단에서 확인할 수 있다.
④ 세 번째 문단에서 확인할 수 있다.

11 정답 ②

오답분석

① 단체소송은 법률이 정한 전문성과 경험을 갖춘 단체가 소를 제기할 수 있다.
③ 집단소송은 피해자들의 일부가 전체 피해자들의 이익을 대변하는 대표 당사자가 되어야 한다.
④ 집단소송은 기업이 회계 내용을 허위로 공시하거나 조작하는 등의 사유로 주식 투자에서 피해를 당한 사람들만 할 수 있다.

12 정답 ④

탄소배출권거래제는 의무감축량을 초과 달성했을 경우 초과분을 거래할 수 있는 제도이다. 그러므로 온실가스의 초과 달성분을 구입 혹은 매매할 수 있음을 추측할 수 있으며, 빈칸 이후 문단에서도 탄소배출권을 일종의 현금화가 가능한 자산으로 언급함으로써 이러한 추측을 돕고 있다. 따라서 빈칸에 들어갈 내용으로 ④가 가장 적절하다.

오답분석

① 청정개발체제에 대한 설명이다.
② 제시문에는 탄소배출권거래제가 가장 핵심적인 유연성체제라고는 언급되어 있지 않다.
③ 제시문에서 탄소배출권거래제가 6대 온실가스 중 이산화탄소를 줄이는 것을 특히 중요시한다는 내용은 확인할 수 없다.

13 정답 ②

제시문에서 펀드 가입 절차에 대한 내용은 찾아볼 수 없다.

오답분석

① 주식 투자 펀드와 채권 투자 펀드에 대한 내용으로 확인할 수 있다.
③ 마지막 문단을 통해 확인할 수 있다.
④ 펀드에 가입하면 돈을 벌 수도 손해를 볼 수 도 있다고 세 번째 문단을 통해 확인할 수 있다.

14 정답 ①

주식 투자 펀드의 수익률 차이가 심하게 나는 것은 주식이 경기변동의 영향을 많이 받기 때문이다.

오답분석

② 채권 투자 펀드에 대한 설명이다.
③ 채권을 사서 번 이익에서 투자 기관의 수수료를 뺀 금액이 수익이 된다.
④ 주식 투자 펀드와 채권 투자 펀드 모두 투자 기관의 수수료가 존재한다.

15 정답 ④

오답분석

① KCB 점수와 NICE 점수 모두 기준 점수 미달이다.
② 신청일 기준 재직 상태가 아니다.
③ 당행에 본인 명의의 휴대폰 번호가 등록되어 있지 않다.

16 정답 ④

고산지대에 근무하는 공무원이 한 분기에 23일 이내인 14일간 저지대에서 가족동반으로 요양을 할 때 8번 지급 사유에 따라 발생한 비용 전액을 국외여비로 지급받을 수 있다.

오답분석

① 2번 지급 사유에 따라 발생한 비용의 일부만 국외여비로 받을 수 있다.
② 6번 지급 사유에 따라 발생한 비용의 일부만 국외여비로 받을 수 있다.
③ 4번 지급 사유에 따라 발생한 비용의 일부만 국외여비로 받을 수 있다.

17 정답 ④

P주임이 지급받을 국외여비를 구하면 다음과 같다.

- 12세 이상 가족 구성원의 가족 국외여비

: $\left\{(700,000\times2+20,000\times2)\times\frac{2}{3}\right\}=960,000$원

- 12세 미만 가족 구성원의 가족 국외여비

: $\left\{(0\times2+20,000\times2)\times\frac{1}{3}\right\}\fallingdotseq13,333\fallingdotseq20,000$원

∴ 총국외여비 : $960,000+20,000=980,000$원

오답분석

① • 12세 이상 가족 구성원의 가족 국외여비

: $\{900,000+900,000+(900,000\times0.8)+15,000+15,000\}\times\frac{2}{3}=1,700,000$원

• 12세 미만 가족 구성원의 가족 국외여비

: $\{(900,000\times0.8)+0\}\times\frac{1}{3}=240,000$원

∴ 총국외여비 : $1,700,000+240,000=1,940,000$원

② • 12세 이상 가족 구성원의 가족 국외여비

: $1,200,000\times4\times\frac{2}{3}=3,200,000$원

• 12세 미만 가족 구성원의 가족 국외여비 : 0원

∴ 총국외여비 : 3,200,000원

③ • 12세 이상 가족 구성원의 가족 국외여비

: $750,000\times2\times\frac{2}{3}=1,000,000$원

• 12세 미만 가족 구성원의 가족 국외여비 : 0원

∴ 총국외여비 : 1,000,000원

18 정답 ②

병역부문에서 채용예정일 이전 전역 예정자는 지원이 가능하다고 제시되어 있다.

오답분석

① 이번 채용에서 행정직에는 학력상의 제한이 없다.
③ 지역별 지원 제한은 2026년 신입사원 채용부터 폐지되었다.
④ 채용공고에서 외국어 능력 성적 기준 제한에 관한 사항은 없다.

19 정답 ③

채용공고일(2026.04.07.) 기준으로 만 18세 이상이어야 지원자격이 주어진다.

오답분석

① 행정직에는 학력 제한이 없으므로 A는 지원 가능하다.
② 기능직 관련 학과 전공자이므로 B는 지원 가능하다.
④ 외국어 능력 성적 보유자에 한해 성적표 제출이므로 현재 외국어 성적을 보유하지 않은 D도 지원 가능하다.

20 정답 ②

두배드림 적금의 가입기간은 36개월로 상품가입 3년에 해당하며, 가입금액인 월 20만 원과 우대금리 조건인 입금실적이 본 은행의 12개월 이상이어야 한다는 조건에 모두 부합하기 때문에 두배드림 적금을 추천하는 것이 가장 적절하다.

오답분석

① 스마트 적금 : 스마트 적금은 가입기간이 입금금액이 800만 원이 될 때까지이므로, 월 20만 원씩 3년 동안 가입할 고객의 조건과 부합하지 않는다.
③ 월복리 정기예금 : 적금에 가입한다고 하였으므로, 예금 상품은 해당하지 않는다.

④ DREAM 적금 : 우대금리의 대상이 은행신규고객이기 때문에 기존에 20개월 동안 이용한 고객의 조건과 부합하지 않는다.

21

정답 ①

D의 진술에 대한 A와 C의 진술이 상반되므로 둘 중 1명이 거짓을 말하고 있음을 알 수 있다.

- C의 진술이 거짓인 경우 : C와 D 2명의 진술이 거짓이 되므로 성립하지 않는다.
- A의 진술이 거짓인 경우 : B, C, D, E의 진술이 모두 참이 되며, 사탕을 먹은 사람은 A이다.

따라서 거짓을 말하는 사람은 A이다.

22

정답 ②

여름은 겨울보다 비가 많이 내림 → 비가 많이 내리면 습도가 높음 → 습도가 높으면 먼지와 정전기가 잘 일어나지 않음

비가 많이 내리면 습도가 높고 습도가 높으면 먼지가 잘 나지 않으므로 비가 많이 오지 않는 겨울이 여름보다 먼지가 잘 난다.

오답분석

④ 첫 번째 명제와 네 번째 명제로 추론할 수 있다.

23

정답 ①

제시된 조건을 기호화하여 나타내면 다음과 같다.

- A → ~F & B
- C → ~D
- ~E → C
- B or E
- D

다섯 번째 조건에 의해 D가 참여하므로 두 번째 조건의 대우인 D → ~C에 의해 C는 참여하지 않고, 세 번째 조건의 대우인 ~C → E에 의해 E는 참여한다. E가 참여하므로 네 번째 조건에 의해 B는 참여하지 않는다. 또한 첫 번째 조건의 대우인 F or ~B → ~A에 의해 A는 참여하지 않는다. 그리고 F는 제시된 조건으로는 반드시 참여하는지 알 수 없다.

따라서 반드시 체육대회에 참여하는 직원은 D, E 2명이다.

24

정답 ③

㉡과 ㉣·㉦은 상반되며, ㉢과 ㉥·㉧·㉨ 역시 상반된다.

i) 김대리가 짬뽕을 먹은 경우

㉥·㉧·㉨ 3개의 진술이 참이 되므로 성립하지 않는다.

ii) 박과장이 짬뽕을 먹은 경우

㉠·㉢·㉤ 3개의 진술이 참이 되므로 성립하지 않는다.

iii) 최부장이 짬뽕을 먹은 경우

최부장이 짬뽕을 먹었으므로 ㉠·㉤·㉧은 반드시 거짓이 된다. 이때, ㉢은 반드시 참이 되므로 상반되는 ㉥·㉨은 반드시 거짓이 되고, ㉣·㉦ 또한 반드시 거짓이 되므로 상반되는 ㉡이 참이 되는 것을 알 수 있다.

따라서 짬뽕을 먹은 사람은 최부장이고, 참인 진술은 ㉡·㉢이다.

25

정답 ④

인사부의 직원 수는 12명이고 인사부의 직원 수는 품질관리부의 2배이므로 품질관리부의 직원 수는 6명이다. 홍보부와 인사부 직원 수의 차이는 5명이므로 홍보부 직원 수는 17명이다. 홍보부, 인사부, 품질관리부의 직원을 모두 합하면 기획부의 직원 수와 같으므로 기획부는 35명이다. 따라서 총무부의 직원은 35+5=40명이다.

26

정답 ④

두 번째 조건에서 D는 A의 바로 왼쪽에 앉으며, 마지막 조건에서 B는 E의 바로 오른쪽에 앉으므로 'D－A', 'E－B'를 각각 한 묶음으로 생각할 수 있다. 세 번째 조건에서 C는 세 번째 자리에 앉아야 하며, 네 번째 조건에 의해 'D－A'는 각각 첫 번째, 두 번째 자리에 앉아야 한다. 이를 정리하면 다음과 같다.

첫 번째	두 번째	세 번째	네 번째	다섯 번째
D	A	C	E	B

따라서 반드시 참인 것은 ④이다.

오답분석

① B는 다섯 번째 자리에 앉는다.
② C는 세 번째 자리에 앉는다.
③ D는 첫 번째 자리에 앉는다.

27

정답 ①

㉡ 화장품은 할인 혜택에 포함되지 않는다.
㉢ 침구류는 가구가 아니므로 할인 혜택에 포함되지 않는다.

28

정답 ③

제시된 자료와 조건을 이용해 갑～무의 출장 여비를 구하면 다음과 같다.

- 갑의 출장 여비
  - 숙박비 : 145×3=435달러(∵ 실비 지급)
  - 식비 : 72×4=288달러(∵ 마일리지 미사용)

  ∴ 갑의 출장 여비는 435+288=723달러이다.
- 을의 출장 여비
  - 숙박비 : 170×3×0.8=408달러(∵ 정액 지급)
  - 식비 : 72×4×1.2=345.6달러(∵ 마일리지 사용)

  ∴ 을의 출장 여비는 408+345.6=753.6달러이다.
- 병의 출장 여비
  - 숙박비 : 110×3=330달러(∵ 실비 지급)
  - 식비 : 60×5×1.2=360달러(∵ 마일리지 사용)

  ∴ 병의 출장 여비는 330+360=690달러이다.
- 정의 출장 여비
  - 숙박비 : 100×4×0.8=320달러(∵ 정액 지급)
  - 식비 : 45×6=270달러(∵ 마일리지 미사용)

  ∴ 정의 출장 여비는 320+270=590달러이다.

• 무의 출장 여비

 - 숙박비 : 75×5=375달러(∵ 실비 지급)

 - 식비 : 35×6×1.2=252달러(∵ 마일리지 사용)

 ∴ 무의 출장 여비는 375+252=627달러이다.

따라서 출장 여비를 많이 지급받는 순서대로 나열하면 을 – 갑 – 병 – 무 – 정 순이다.

29

정답 ②

갑~정의 할인 금액을 계산하면 다음과 같다.

• 갑(C체크카드) : 20,000×0.1+14,000×0.2=4,800원
• 을(B체크카드) : 40,000×0.1(주말)+20,000×0.05=5,000원
• 병(D체크카드) : 25,000×0.1+17,000×0.05=3,350원
• 정(A체크카드) : 3,000+15,000×0.1=4,500원

따라서 할인 금액이 가장 큰 사람은 을이다.

30

정답 ②

전월 이용실적이 102만 원인 경우는 월간 통합할인한도가 5만 원이며, 현재까지 할인받은 금액이 4만 3천 원이므로 7천 원까지 할인받을 수 있다. H서점에서 4만 원 사용 시 6,000원(15%) 할인되므로 모두 할인을 적용받을 수 있다.

오답분석

① 현재 할인 가능 금액은 30,000−7,000=23,000원이며, E놀이공원에서 5만 원 사용 시 할인 금액은 25,000원(50%)이다.
③ 현재 할인 가능 금액은 20,000−18,000=2,000원이며, G편의점에서 2만 원 사용 시 할인 금액은 3,000원(15%)이다.
④ 대중교통 할인 서비스는 전월 이용실적이 30만 원 이상이어야 적용 가능하다.

31

정답 ③

은행의 연간 보험료는 분기별 보험료에 4를 곱해야 하므로 (예금등의 분기별 평균잔액)$\times\frac{32}{10,000}$임을 알 수 있다.

다음으로 X를 천만 원이라고 하고 회사별 비율과 보험료를 구하면 다음과 같다.

회사	비용	비율	보험료(만 원)
A종합 금융회사	24X	$\frac{15}{10,000}$	$24X\times\frac{15}{10,000}=36$
B보험 회사	22X÷2	$\frac{15}{10,000}$	$11X\times\frac{15}{10,000}=16.5$
C상호 저축은행	50X	$\frac{40}{10,000}$	$50X\times\frac{40}{10,000}=200$
D은행	5X	$\frac{32}{10,000}$	$5X\times\frac{32}{10,000}=16$
E투자 중개업자	30X	$\frac{15}{10,000}$	$30X\times\frac{15}{10,000}=45$

보험료는 C상호저축은행이 200만 원으로 가장 많은 금액을 내고, D은행이 16만 원으로 가장 적은 금액을 낸다.

따라서 두 곳이 납부할 보험료 차이는 200−16=184만 원이다.

32

정답 ②

기업의 자금난을 파악할 수 있는 사채는 차환사채로, 2023년 하반기 발행액은 202억 원이며, 2024년 하반기 발행액의 90%인 226×0.9=203.4억 원보다 적다.

오답분석

① 보증사채와 무보증사채의 2024년 하반기 대비 2025년 상반기 증감률은 각각 다음과 같다.

 • 보증사채 : $\frac{1,562-1,407}{1,407}\times100 \fallingdotseq 11.0\%$

 • 무보증사채 : $\frac{977-896}{896}\times100 \fallingdotseq 9.0\%$

 따라서 보증사채 증가율이 무보증사채 증가율의 11÷9≒1.2배이다.

③ 물적인 보증을 통해 발행하는 사채는 담보부사채이다.

 • 2024년 상반기 발행액과 2023년 하반기 발행액의 차이 : 980−880=100억 원

 • 2024년 상반기 발행액과 2024년 하반기 발행액의 차이 : 1,047−980=67억 원

 따라서 2024년 상반기 발행액과 2023년 하반기 발행액의 차이가 더 크다.

④ 사채별 전년 동기 대비 2025년 상반기 증감률과 전년 동기 대비 2024년 상반기 증감률은 각각 다음과 같다.

(단위 : %)

구분	전년 동기 대비 2024년 상반기 증감률	전년 동기 대비 2025년 상반기 증감률
보증사채	$\frac{1,220-1,010}{1,010}\times100 \fallingdotseq 20.8$	28.0
무보증사채	$\frac{740-680}{680}\times100 \fallingdotseq 8.8$	32.0
담보부사채	$\frac{980-810}{810}\times100 \fallingdotseq 21.0$	26.0
차환사채	$\frac{220-180}{180}\times100 \fallingdotseq 22.2$	5.0
전환사채	$\frac{510-440}{440}\times100 \fallingdotseq 15.9$	18.0

따라서 전년 동기 대비 2025년 상반기 증감률보다 전년 동기 대비 2024년 상반기 증감률이 더 높은 사채는 차환사채 한 가지이다.

33

정답 ④

50만 원을 먼저 지불하였으므로 남은 금액은 250−50=200만 원이다.

매월 a만 원을 갚을 때 남은 금액은 다음과 같다.

- 1개월 후 : $(200\times1.005-a)$만 원
- 2개월 후 : $(200\times1.005^2-a\times1.005-a)$만 원
- 3개월 후 : $(200\times1.005^3-a\times1.005^2-a\times1.005-a)$만 원

⋮

- 12개월 후 : $(200\times1.005^{12}-a\times1.005^{11}-a\times1.005^{10}-\cdots-a)$만 원

12개월 후 남은 금액이 0원이므로 $200\times1.005^{12}-a\times1.005^{11}-a\times1.005^{10}-\cdots-a=0$이다.

$200\times1.005^{12}=a\times1.005^{11}+a\times1.005^{10}+\cdots+a$

$=\frac{a(1.005^{12}-1)}{1.005-1}$이므로 다음과 같다.

$$a=\frac{200\times0.005\times1.005^{12}}{1.005^{12}-1}=\frac{200\times0.005\times1.062}{1.062-1}\fallingdotseq17.13$$

따라서 K씨가 매월 내야 하는 금액은 171,300원이다.

34

정답 ②

매년 말에 일정 금액(x억 원)을 n번 일정한 이자율(r)로 은행에 적립하였을 때 금액의 합(S)은 다음과 같다.

$$S=\frac{x\{(1+r)^n-1\}}{r}$$

2024년 말부터 2043년 말까지 20번 적립하였고, 연이율 r은 10%이며, 복리 합인 S는 1억 원이므로 다음 식이 성립한다.

$$1=\frac{x(1.1^{20}-1)}{0.1}\rightarrow x=\frac{1\times0.1}{5.7}=\frac{1}{57}\fallingdotseq0.01754\text{억 원}$$

만 원 단위 미만은 절사하므로 A고객이 매년 말에 적립해야 하는 금액은 175만 원이다.

35

정답 ③

대리석 10kg당 가격은 달러로 35,000÷100=350달러이며, 원화로 바꾸면 350×1,160=406,000원이다.

따라서 대리석 1톤의 수입대금은 원화로 406,000×1,000÷10=4,060만 원이다.

36

정답 ④

남성 인구 10만 명당 사망자 수가 가장 많은 해는 2015년이다. 따라서 전년 대비 2015년 남성 사망자 수 증가율을 계산하면 $\frac{4,674-4,400}{4,400}\times100\fallingdotseq6.23\%$이다.

오답분석

① • 2021년 전체 사망자 수 : 4,111+424=4,535명
  • 2023년 전체 사망자 수 : 4,075+474=4,549명
  따라서 2021년과 2023년의 전체 사망자 수는 같지 않다.

② 제시된 자료를 보면 2017년과 2023년 여성 사망자 수는 전년보다 감소했다.

③ 2022년, 2024년 남성 인구 10만 명당 사망자 수는 각각 15.9명, 15.6명이고 여성 인구 10만 명당 사망자 수는 각각 2.0명, 2.1명이다. 15.9<2×8=16, 15.6<2.1×8=16.8이므로 옳지 않다.

37

정답 ③

2024 ~ 2025년에 여자 중 81 ~ 90세와 100세 이상의 기대여명은 감소했다.

오답분석

① 1970년 대비 2025년에 변동이 가장 적은 연령대는 남녀 모두 변동폭이 0.4년인 100세 이상이다.

② 1970년대 대비 2025년에 기대여명이 가장 많이 늘어난 것은 20.3년 증가한 0세 남자이다.

④ 제시된 자료를 통해 확인할 수 있다.

38

정답 ①

신용카드 민원 건수를 제외한 자체민원의 전분기 민원 건수[71−(가)]를 a라고 하면, 전분기 대비 금분기 자체민원의 민원 건수 증감률에 대해 다음과 같은 식이 성립한다.

$\frac{90-a}{a}\times100=80$

$\rightarrow 9,000-100a=80a$

$\rightarrow 180a=9,000$

$\therefore a=50$

50=71−(가)이므로 (가)=21이다.

신용카드 민원 건수를 제외한 대외민원의 금분기 민원 건수[8−(나)]를 b라 할 때, 전분기와 비교하여 금분기 대외민원의 민원 건수 증감률에 대해 다음과 같은 식이 성립한다.

$\frac{b-10}{10}\times100=-40$

$\rightarrow 100b-1,000=-400$

$\rightarrow 100b=600$

$\therefore b=6$

6=8−(나)이므로 (나)=2이다.

따라서 (가)+(나)=23이다.

39

정답 ②

토요일 오전 8시는 영업시간 외이므로 타행 자동화기기로 5만 원 출금 시 1,000원의 수수료가 적용된다.

오답분석

① 평일 오후 8시는 영업시간 외이므로 K은행 자동화기기로 8만 원 출금 시 500원의 수수료가 적용된다.
③ 일요일은 영업시간 외이므로 타행 자동화기기로 12만 원을 이체할 경우 1,000원의 수수료가 적용된다.
④ 평일 오후 3시는 영업시간 내이므로 K은행 자동화기기를 이용하여 K은행계좌로 이체 시 수수료는 면제된다.

40

정답 ④

A씨의 2025년 해외송금수수료를 구하면 다음과 같다.

구분	송금 금액	이용 은행	해외송금 수수료	전신료
2025.02.03	$720	D은행	14,000원	7,500원
2025.03.06	$5,200	A은행	30,000원	10,000원
2025.04.04	$2,500	B은행	22,000원	7,000원
2025.04.27	$1,300	A은행	20,000원	10,000원
2025.05.15	$2,300	C은행	23,000원	8,000원
2025.06.09	$1,520	D은행	14,000원	7,500원
2025.07.11	$5,500	E은행	27,500원	7,000원
2025.08.20	$800	D은행	14,000원	7,500원
2025.09.04	$1,320	A은행	20,000원	10,000원
2025.10.24	$2,300	D은행	19,000원	7,500원
2025.12.12	$800	D은행	14,000원	7,500원

따라서 해외송금수수료와 전신료를 모두 합한 금액은 307,000원이다.

제2영역 직무심화지식

01	02	03	04	05	06	07	08	09	10
④	④	④	①	①	③	③	③	④	①
11	12	13	14	15	16	17	18	19	20
①	④	③	②	③	④	③	④	①	③
21	22	23	24	25	26	27	28	29	30
①	①	③	③	④	①	②	②	④	①
31	32	33	34	35	36	37	38	39	40
②	④	④	③	③	③	①	④	②	②

01

정답 ④

달러 인덱스(US Dollar Index)란 미국 달러의 가치를 세계 주요 6개국의 통화인 유로(EUR), 일본의 엔(JPY), 영국의 파운드(GBP), 캐나다의 달러(CAD), 스웨덴의 크로네(SEK), 스위스의 프랑(CHF)과 비교한 지표를 말한다. 달러 인덱스가 오르면 미국 달러의 가치가 오르는 것이고, 하락하면 미국 달러의 가치가 떨어지는 것을 의미한다.

02

정답 ④

리보금리(London Inter-Bank Offered Rate)란 국제금융시장의 중심지인 영국 런던의 은행 등 금융기관끼리 단기자금을 거래할 때 적용하는 금리를 지칭하였으나, 현재는 고유명사화되어 각 시장의 이름을 붙여 함께 사용되며 뉴욕의 리보금리가 세계 각국의 국제간 금융거래에 기준금리로 활용되고 있다.

오답분석

① 리비드(LIBID) : 런던 금융시장에서 자금 수요 측이 제시하는 예금금리이다.
② 코픽스(COFIX) : 국내 은행연합회가 발표하는 은행권 자금조달비용지수로, 주택담보대출의 기준금리이다.
③ 콜금리(Call Rate) : 금융기관 간에 이루어지는 단기간의 자금거래에서 적용되는 금리이다.

03

정답 ④

플랫폼이 갖고 있는 네트워크 효과는 핀테크 관련 사업에서 큰 영향을 미친다. 따라서 특정 영역의 선도사업자만이 이를 보유할 수 있는 소수 과점 형태로 운영되고 있다.

04

정답 ①

가중평균금리는 금융상품의 금리를 금융상품의 금액별로 가중치를 두고, 평균을 내어 구하며 가중평균 수신금리와 가중평균 대출금리로 나누어 구한다.

05 정답 ①

레드머니(Red Money)에 대한 설명으로, 레드머니는 보통 중국 자본을 가리킨다.

06 정답 ③

화폐의 가치척도의 기능이란 재화 및 용역의 상대적인 가치관계를 공통적인 화폐 단위로 표시하여 교환의 편의성을 제공하는 화폐의 기능을 말한다.

07 정답 ③

디플레이션은 총수요의 급격한 감소 등으로 총수요곡선이 좌측으로 이동하여 발생하게 되며, 총수요곡선이 좌측으로 이동하면 물가하락으로 부채의 실질가치가 증가하는 부채디플레이션이 발생한다.

08 정답 ③

기업공개란 증권거래법 등의 규정에 의하여 주식회사가 발행한 주식을 일반투자자에게 균일한 조건으로 공모하거나, 이미 발행되어 대주주가 소유하고 있는 주식의 일부를 매출하여 다수의 주주에게 주식이 분산시키고, 기업경영을 공개하는 것이다. 즉, 소수의 대주주가 소유한 주식을 다수의 일반대중에 분산시켜 당해 기업의 주식이 증권시장을 통하여 자유롭게 거래되도록 함으로써 자금조달을 원활히 하고, 자본과 경영을 분리하여 경영합리화를 도모한다.

09 정답 ④

보험금을 지급받을 가능성이 높은 사람만 보험에 가입하려고 하는 것은 역선택의 한 사례이다.

10 정답 ①

주가연계증권(ELS; Equity Linked Securities)은 특정 주권의 가격이나 주가지수의 수치에 연계한 증권으로 자산을 우량채권에 투자하여 원금을 보존하고 일부를 주가지수 옵션 등 금융파생 상품에 투자해 고수익을 노리는 금융상품이다. 2003년 증권거래법 시행령에 따라 상품화되었다.

오답분석

② 주식워런트증권(ELW; Equity Linked Warrant) : 당사자 일방의 의사표시 때문에 특정 주권의 가격 또는 주가지수의 변동과 연계하여 미리 약정된 방법에 따라 주권의 매매 또는 금전을 수수하는 권리가 부여된 증서이다.
③ 주가지수연동예금(ELD; Equity Linked Deposit) : 수익이 주가지수의 변동에 연계해서 결정되는 은행판매예금이다.
④ 상장지수펀드(ETF; Exchange Traded Funds) : 특정지수를 모방한 포트폴리오를 구성하여 산출된 가격을 상장시킴으로써 주식처럼 자유롭게 거래되도록 설계된 지수상품이다.

11 정답 ①

사모펀드는 창업 초기 및 초기 성장 단계 투자를 제외한 모든 형태의 상장(비상장)기업에 대한 투자를 지칭한다.

12 정답 ④

은행이나 증권회사 등의 금융기관이 수신 금융상품의 하나로 고객에게 직접 판매하는 상품도 있다.

13 정답 ③

통화스왑(Currency Swaps)은 두 거래 당사자가 계약일에 약정된 환율에 따라 해당 통화를 일정 시점에서 상호 교환하는 외환거래이다.

오답분석

① 통화옵션(Money Option) : 미래의 특정 시점(만기일)에 특정 통화를 미리 약정한 가격(행사 가격)으로 사거나 팔 수 있는 권리가 부여된 파생상품이다.
② 금리스왑(Interest Rate Swap) : 금융시장에서 차입자의 기존부채 또는 신규부채에 대한 금리 위험성의 헤징이나 차입비용의 절감을 위해서 두 차입자가 각자의 차입조건을 상호 간에 교환하는 계약이다.
④ 외환스왑(Foreign Exchange Swap) : 거래방향이 서로 반대되는 현물환거래와 선물환거래 또는 선물환거래와 선물환거래가 동시에 이루어지는 거래이다.

14 정답 ②

BIS 비율은 국제결제은행(BIS)이 일반 은행에 권고하는 위험자산 대비 자기자본비율로 8% 이상이 합격권이며, 자기자본(자본금+이익잉여금)을 위험자산(전체 대출+투자)으로 나눠 구한다. 8%를 밑돌면 해외에서의 차입과 유가증권발행이 불가능해지는 등 부실은행 취급을 받는다. BIS 비율을 높이려면 위험자산을 줄이거나 자기자본을 늘려야 하는데 위험자산을 갑자기 줄이는 것은 어렵기 때문에 보통 자기자본을 늘려 BIS 비율을 맞춘다.

15 정답 ③

DTI(Debt To Income)는 총부채상환비율로, 총소득에서 부채의 연간원리금 상환액이 차지하는 비율을 말한다.

오답분석

① PBR(Price Book Value Ratio) : 주가순자산비율로 주가를 주당순자산가치로 나눈 값이다.
② BIS(Bank for International Settlements) : 국제금융 안정을 추구하기 위하여 중앙은행과 다른 기관 사이의 협력을 증진시키는 국제기구이다.
④ LTV(Loan to Value Ratio) : 주택을 담보로 돈을 빌릴 때 인정되는 자산가치의 비율이다.

16

정답 ④

채권은 확정이자부증권이므로 만기일에는 확정금리의 이자를 받는다.

17

정답 ③

신디케이트(Syndicate)는 동일 시장 내의 여러 기업이 출자하여 공동판매회사를 설립하여 판매하는 조직이며, 신디케이트론은 다수의 은행으로 구성된 차관단이 공통의 조건으로 일정 금액을 차입자에게 융자해 주는 중장기 대출을 말한다.

18

정답 ④

채권가격은 채권수익률이 증가할 경우 만기까지의 기간이 길어질수록 큰 폭으로 커진다.

19

정답 ①

증권대위란 자기회사의 주식이나 채권을 발행하여 얻은 돈으로 다른 회사의 주식이나 채권을 사는 행위로 여기에서 자기가 발행하는 증권을 대위증권(代位證券)이라 하며, 그로써 모은 자금으로 취득하는 타 회사의 증권을 원증권(原證券)이라고 한다. 이와 같이 증권을 바꿔치기하는 목적은 투자자에게 잘 알려진 회사가 자기증권을 팔아서 그렇지 못한 관계회사에 자금을 대주기 위한 경우와 단순히 증권발행으로 조달한 자금을 유리한 증권투자에 사용하는 경우가 있다.

20

정답 ③

스폿펀드는 투자신탁회사들이 '일정한 수익률을 내겠다.'고 가입 고객들에게 약속한 후 이 목표 수익률을 달성하면 만기 이전이라도 환매수수료 없이 투자자에게 원금과 이자를 돌려주는 초단기 상품이다.

오답분석

① 벌처펀드 : 저평가된 채권을 싼 가격으로 매입하기 위해 운용되는 투자기금이다.
② 인덱스펀드 : 주가지수에 영향력이 큰 종목들 위주로 펀드에 편입해 펀드 수익률이 주가지수를 따라가도록 운용하는 상품이다.
④ 뮤추얼펀드 : 투자자들이 맡긴 자금을 운용한 뒤 수익을 배당금 형태로 돌려주는 투자회사를 말한다.

21

정답 ①

하이브리드 채권은 채권처럼 매년 확정이자를 받을 수 있고 주식처럼 만기가 없으면서도 매매가 가능한 신종자본증권으로, 주식과 채권의 중간적 성격을 띤다.

22

정답 ①

저축성예금은 일정 기간을 사전에 정하여 만기까지는 환급을 받지 않는 예금으로, 만기일 전에 중도 해지할 경우 낮은 이자를 받게 된다. 은행 입장에서는 유동성이 낮아 안정적이고, 예금주 입장에서는 이율이 높아 재산 증식에 유리하다.

오답분석

② 요구불예금 : 예금 후 언제든지 인출할 수 있는 예금이다.
③ 회전예금 : 실세금리에 따라 예금 금리를 주기적으로 변경하는 예금이다.
④ 자유저축예금 : 가계우대예금으로 실명의 개인이 1인 1계좌에 한하여 가입할 수 있으며 수시 입출금이 가능하다.

23

정답 ③

CD(양도성예금증서), CP(기업어음) 등 단기금융상품에 투자해 수익을 되돌려주는 실적배당상품을 MMF(Money Market Fund)라고 한다.

24

정답 ③

트리플약세(Triple Weak)는 주식 및 채권 시장에서 빠져 나온 자금이 해외로 유출되어 주가・원화가치・채권가격이 동시에 하락하는 약세 금융현상을 말한다. 경제위기와 신용등급의 하락 등의 요인으로 채권가격이 떨어지면, 금리는 올라가고, 고금리는 주식시장의 약세로 이어지는 것이 특징이다.

오답분석

① 그레셤의 법칙(Gresham's Law)에 대한 설명이다.
② 경제고통지수(Economic Misery Index)에 대한 설명이다.
④ 소프트 패치(Soft Patch)에 대한 설명이다.

25

정답 ④

오답분석

① 스핀오프(Spin-Off)
   1. 기업 경쟁력을 강화하기 위해 다각화된 기업이 한 사업을 독립적인 주체로 만드는 회사 분할
   2. 이전에 발표되었던 드라마, 영화, 책 등의 등장인물이나 상황에 기초하여 새로 다른 이야기를 만들어 내는 것
   3. 정부출연기관의 연구원이 자신이 참여한 연구에서 얻은 결과를 가지고 창업할 경우, 정부 보유 기술을 사용하는 로열티를 면제해 주고 후에 신기술연구기금 출연을 의무화하는 제도
② 핸드오프(Hand-Off) : 이동전화 이용자가 통화를 하면서 하나의 기지국에서 다른 기지국으로 이동할 때 통화채널을 자동으로 전환해주어 통화가 끊기지 않고 계속되도록 해주는 기능이다.
③ 체크오프(Check-Off) : 노동조합의 의뢰를 받아서 사용자가 조합원의 임금에서 일괄 공제하여 조합비를 노동조합에 건네는 제도이다.

26

정답 ①

언더슈팅(Under Shooting)은 하락 추세의 최저점마저 이탈하는 급격한 하락이 나오는 구간을 말한다. 오버슈팅(Over Shooting)은 정부가 정책적으로 통화를 팽창시키면 환율이 상승하게 되는데, 처음에는 균형 수준 이하로 하락했다가 점차 상승(환율 하락)하여 새로운 균형 수준에 이르게 되는 상태를 말한다.

27

정답 ②

레그테크(Regtech)는 규제를 뜻하는 레귤레이션(Regulation)과 기술을 의미하는 테크놀로지(Technology)의 합성어로, 금융회사로 하여금 내부통제와 법규 준수를 용이하게 하는 정보기술이다. 이는 인공지능과 블록체인, 빅데이터, 클라우드 컴퓨팅 분석 등을 통해 규제 대응을 실시간으로 자동화할 수 있다.

28

정답 ②

전쟁, 천재지변, 공황 등에 의해 경제계가 혼란하고 채무이행이 어려워지게 된 경우 국가의 공권력에 의해서 일정 기간 채무의 이행을 연기 또는 유예하는 일을 모라토리엄(Moratorium)이라 한다.

29

정답 ④

2002년 처음으로 도입된 ETF는 인덱스펀드와는 달리 거래소에 상장돼 일반 주식처럼 자유롭게 사고팔 수 있다. 개별주식의 장점인 매매 편의성과 인덱스펀드의 장점인 분산투자와 낮은 거래 비용을 모두 갖추었으며, 투명성 또한 아주 높은 상품으로 펀드에 비해 투자 정보를 파악하기 쉽다. 증권계좌가 있다면 HTS(Home Trading System) 혹은 전화 등을 통하여 간편하게 실시간으로 직접매매가 가능하다.

30

정답 ①

유동성 선호설은 케인스가 주장한 이자율 결정 이론으로 화폐공급량과 자산의 일부를 유동성이 가장 높은 화폐로 보유하려는 사람들의 욕구와의 관계에서 이자율이 결정된다고 주장한다.

화폐수요

- 거래적 동기의 화폐수요 : 가계 또는 기업이 계획된 거래나 유통 등 일상적인 지출을 위한 화폐수요로 고전학파와 마찬가지로 소득의 증가함수이다.
- 예비적 동기의 화폐수요 : 예상하지 못한 지출에 대비하기 위하여 화폐를 보유하는 것을 의미하며 거래적 동기의 화폐수요와 마찬가지로 소득의 증가함수이다.

31

정답 ②

베타 버전은 정식 프로그램을 출시하기 전 테스트 목적으로 일반인에게 공개하는 프로그램이다.

오답분석

① 알파 버전 : 베타 테스트를 하기 전 제작 회사 내에서 테스트할 목적으로 제작하는 프로그램이다.
③ 데모 버전 : 정식 프로그램의 기능을 홍보하기 위해 사용 기간이나 기능을 제한하여 배포하는 프로그램이다.
④ 패치 버전 : 이미 제작하여 배포된 프로그램의 오류 수정이나 성능 향상을 위해 프로그램의 일부 파일을 변경해 주는 프로그램이다.

32

정답 ④

오답분석

① 스니핑(Sniffing) : 특정한 호스트에서 실행되어 호스트에 전송되는 정보(계정, 패스워드 등)를 엿보는 행위를 말한다.
② 스푸핑(Spoofing) : 검증된 사람이 네트워크를 통해 데이터를 보낸 것처럼 데이터를 변조하여 접속을 시도하는 침입 형태를 말한다.
③ 백도어(Back Door) : 시스템 관리자의 편의를 위한 경우나 설계상 버그로 인해 시스템의 보안이 제거된 통로로, 트랩 도어(Trap Door)라고도 한다.

33

정답 ④

가상이동통신망사업자(MVNO)는 이동통신서비스를 제공하기 위해 필수적인 주파수를 보유하지 않고, 주파수를 보유하고 있는 이동통신망사업자(MNO; Mobile Network Operator)의 망을 통해 독자적인 이동통신서비스를 제공하는 사업자이다.

34

정답 ③

오답분석

㉡ 비계획적으로 축적한 대용량의 데이터를 대상으로 한다.
㉣ 데이터 마이닝에는 선형 회귀분석이나 로지스틱 회귀분석, 판별분석, 주성분 분석 등의 고전적인 통계분석 방식을 적용할 수 없다.

35

정답 ③

교착상태 예방 기법은 교착상태가 발생하지 않도록 사전에 시스템을 제어하는 것으로, 상호배제 부정, 점유 및 대기 부정, 비선점 부정, 환형 대기 부정 등의 방법이 있다.
은행원 알고리즘은 교착상태 회피 기법으로, 교착상태가 발생할 가능성을 배제하지 않고 교착상태가 발생하면 적절히 피해나가는 방법이다.

36

정답 ③

스케줄링의 목적(공정성, 처리율 증가, CPU 이용률 증가, 우선순위 제도, 오버헤드 최소화, 응답 시간 최소화, 반환 시간 최소화, 대기 시간 최소화, 균형 있는 자원의 사용, 무한 연기 회피) 중 CPU 이용률, 처리량, 반환 시간, 대기 시간, 응답 시간은 여러 종류의 스케줄링 성능을 비교하는 기준이 된다.
바인딩 시간은 프로그램에서 어떤 요소의 이름을 그것이 나타내는 실제의 대상물과 연결하는 시간으로, 스케줄링 알고리즘과는 무관하다.

37

정답 ①

페이징 기법(Paging Technique)은 컴퓨터가 메인 메모리에서 사용하기 위해 2차 기억 장치로부터 데이터를 저장하고 검색하는 메모리 관리 기법으로, 외부 단편화가 발생할 수 없다.

38

정답 ④

그리드 컴퓨팅(Grid Computing)은 네트워크를 통해 PC나 서버, PDA 등 모든 컴퓨팅 기기를 연결해 컴퓨터 처리능력을 한 곳으로 집중할 수 있는 기술이다.

오답분석

① 빅데이터 : 인터넷 등의 발달로 방대한 데이터가 쌓이는 것 그리고 데이터 처리기술의 발달로 방대한 데이터를 분석해 그 의미를 추출하고 경향을 파악하는 기술이다.

39

정답 ②

FIFO 알고리즘은 복수의 신호 혹은 잡(Job)이 처리 대기로 되어 있을 경우 처리의 우선순위를 붙이지 않고 먼저 메모리에 먼저 올라온 페이지를 먼저 내보내는 방식이다. 페이지가 활동적으로 사용되는데도 불구하고 가장 먼저 들어오면 교체되기 때문에 페이지 프레임을 더 많이 할당해도 페이지 부재율이 증가하는 모순적인 현상이 나타난다.

40

정답 ②

블록체인은 소스가 공개되어 있기 때문에 네트워크에 참여하는 누구나 구축, 연결 및 확장이 가능하며, 이를 블록체인의 확장성이라고 한다.

오답분석

① 블록체인의 안정성에 대한 설명이다.
③ 과거 은행과 신용카드 회사, 결제 제공자와 같은 중개자에 의존했던 것과 달리, 블록체인 기술은 중개자를 필요로 하지 않으며, 이는 신뢰가 필요 없는 시스템이라고도 불린다.
④ 블록체인의 분산성에 대한 설명이다.

제3영역 상식

01	02	03	04	05	06	07	08	09	10
④	②	①	③	④	④	④	②	②	②
11	12	13	14	15	16	17	18	19	20
①	①	③	④	④	③	③	④	①	③

01

정답 ④

오답분석

① 낙수 효과 : 고소득층의 소득 증가가 소비와 투자를 활발하게 하여 저소득층의 소득도 증가하게 되는 효과를 말한다.
② 링겔만 효과 : 집단에 참여하는 사람이 늘어날수록 성과에 대한 1인당 공헌도는 오히려 떨어지는 현상을 말한다.
③ 기저 효과 : 경제상황에 대해 평가할 때 비교의 기준으로 삼는 시점에 따라 주어진 경제상황을 다르게 해석하게 되는 현상을 말한다.

02

정답 ②

매스티지(Masstige)는 중산층 소비자의 소득 수준이 올라감에 따라 값이 저렴하면서도 만족감을 얻을 수 있는 명품을 소비하는 경향을 가리키는 말로, 명품의 대중화 현상이라고도 한다. 이와 유사한 개념으로 중저가의 소비만 하던 중산층이 감성적인 만족감을 위해 비교적 저렴하고 새로운 명품 브랜드를 소비하는 것을 트레이딩업(Trading up)이라고 한다.

03

정답 ①

디깅 소비는 '파다'라는 뜻의 '디깅(digging)'과 '소비'를 합친 신조어로, 청년층의 변화된 라이프스타일과 함께 나타난 새로운 소비패턴을 의미한다. 소비자가 선호하는 특정 품목이나 영역에 깊이 파고드는 행위가 소비로 이어짐에 따라 소비자들의 취향을 잘 반영한 제품들에서 나타나는 특별 수요 현상을 설명할 때 주로 사용된다. 특히 가치가 있다고 생각하는 부분에는 비용 지불을 망설이지 않는 MZ세대의 성향과 맞물려 청년층에서 크게 유행하고 있다.

04

정답 ③

혼합경제체제란 자본주의 경제체제와 사회주의 경제체제의 혼합이 아닌, 시장경제원리와 계획경제원리가 혼재하는 현대의 자본주의 경제체제이다.

05

정답 ④

외부불경제가 발생할 경우 사회적 한계비용(SMC)은 사적 한계비용(PMC)에 외부 한계비용(EMC)을 합한 값으로 산출한다. 그러므로 PMC는 4Q+20이고, EMC는 10이므로 SMC=4Q+30이다. 시장수요가 P=60−Q이므로 사회적 최적 생산량이 되기 위한 조건은 사회적 한계비용과 수요곡선이 교차하는 지점이므로 P=SMC에 따라 4Q+30=60−Q이므로 Q=6이다.
따라서 사회적 최적 생산량은 6이다.

06

정답 ④

스미스의 역설은 가격과 효용의 괴리 현상을 설명하면서 상품의 가치는 총효용에 의해 결정되는 것이 아니라 한계효용에 의해 결정된다고 보는 것이다.

오답분석

① 코즈의 정리 : 외부효과로 인한 시장 기능의 비효율성에 대해 시장에서 민간주체들이 스스로 배분과정을 통해 해소할 수 있다는 이론이다.
② 테킬라효과 : 한 국가의 금융・통화 위기가 주변의 다른 국가로 급속히 확산되는 현상을 말한다.
③ 그레셤의 법칙 : 소재의 가치가 서로 다른 화폐가 동일한 명목가치를 가진 화폐로 통용되면, 소재가치가 높은 화폐는 사라지고 소재가치가 낮은 화폐만 유통되는 현상을 말한다.

07

정답 ④

독점시장의 시장가격은 완전경쟁시장의 가격보다 높게 형성되므로 소비자잉여는 줄어든다.

08

정답 ②

다수의 공급자, 상품의 차별화, 어느 정도의 시장 지배력 등의 특징을 갖고 있는 시장은 독점적 경쟁시장이다.

09

정답 ②

토지(유형자산)에 대한 취득세 지출은 원가에 포함되므로 당기순이익을 감소시키지 않는다.

오답분석

①・③・④ 비용발생으로 당기순이익을 감소시키는 거래에 해당한다.

10

정답 ②

오답분석

① 승수효과 : 정부 지출을 늘릴 경우 지출한 금액보다 많은 수요가 창출되는 현상을 말한다.
③ 구축효과 : 정부가 지출을 늘려도 총수요가 늘어나지 않는 현상을 말한다.
④ 분수효과 : 저소득층의 소비 증대가 전체 경기를 부양시키는 현상을 말한다.

11

정답 ①

㉠ NFT, 즉 '대체 불가능 토큰'은 블록체인의 토큰을 다른 토큰으로 대체하는 것이 불가능한 암호 화폐로서, 각각의 NFT에 고유한 인식값이 부여되어 있기 때문에 서로 대체할 수 없는 가치와 특성이 있으므로 상호 교환할 수 없다.
㉡ 최초의 발행자와 소유권 이전 등 모든 거래 내역이 투명하게 공개되고, 블록체인으로 발행되기 때문에 원천적으로 위조 또는 복제가 불가능하다.
㉢ NFT를 적용할 수 있는 종목은 이미지・영상・텍스트・음원 등의 디지털 콘텐츠, 음악・미술 등의 예술품을 비롯해 게임 아이템, 가상 부동산, 각종 상품 등 다양하다. 이처럼 NFT 기술을 적용할 수 있는 다양한 형태의 콘텐츠는 소유권을 거래할 수 있으며 고유성・희소성이 있는 디지털 자산이기 때문에 투자의 대상으로도 주목받고 있다.

오답분석

㉣ 저작물을 NFT화하는 과정을 민팅(Minting)이라 하며, 누구나 민팅을 할 수 있기 때문에 NFT를 생산한 사람이 원저작자인지 또는 원저작자의 허락을 얻었는지 보장할 수 없다. 따라서 NFT는 저작권・소유권 침해를 둘러싼 법적 분쟁 우려가 있다.
㉤ NFT 소유자는 소유권만을 가질 뿐이며 저작권은 원저작자에게 있기 때문에 제3자가 저작권을 침해했을 때 소유자는 이를 신고할 수 없다.

12

정답 ①

'공짜 점심은 없다.'라는 의미는 무엇을 얻고자 하면 보통 그 대가로 무엇인가를 포기해야 한다는 뜻으로 해석할 수 있다. 즉, 어떠한 선택에는 반드시 포기하게 되는 다른 가치가 존재한다는 의미이다. 시간이나 자금의 사용은 다른 활동에의 시간 사용, 다른 서비스나 재화의 구매를 불가능하게 만들어 '기회비용'을 유발한다. 정부의 예산배정, 여러 투자상품 중 특정 상품의 선택, 경기활성화와 물가안정 사이의 상충관계 등이 기회비용의 사례가 될 수 있다.

13
정답 ③

선급금과 선수금은 각각 비금융자산과 비금융부채에 해당한다.

금융자산과 금융부채

구분	자산	부채
금융	현금 및 현금성 자산, 매출채권, 대여금, 받을어음, 지분상품 및 채무상품 등	매입채무, 지급어음, 차입금, 사채 등
비금융	선급금, 선급비용, 재고자산, 유형자산, 무형자산 등	선수금, 선수수익, 충당부채, 미지급법인세 등

14
정답 ④

중앙은행이 시장에 개입하여 외환보유액을 늘리게 되면 외환의 수요가 증가하여 자국 통화의 가치가 하락하게 된다.

15
정답 ④

프로젝트 파이낸싱은 프로젝트별로 자금을 조달하기 때문에 투자사업의 실질적인 소유주인 모기업의 자산, 부채 등과 분리해서 프로젝트 자체의 사업성에 기초해 소요자금을 조달해야 하고, 위험이 다양하기 때문에 상대적으로 금융비용이 많이 투입되는 특징이 있다.

오답분석

① 프로젝트 파이낸싱은 도로, 항만, 철도 등과 같은 SOC 사업, 대형 플랜트 설치, 부동산 개발 등 다양하게 활용되고 있다. 또한 자금의 규모가 매우 대규모이며, 수익성이 높은 만큼 실패 위험도 상존한다.

② 사업성과 미래에 발생할 현금흐름을 담보로 삼아 그 프로젝트의 수행 과정에 필요한 자금을 조달한다. 투자가 시작되면 대출금 상환은 프로젝트에서 발생하는 수익으로 원천을 삼기 때문에 프로젝트에서 발생한 현금흐름이 유지·확보되어야 한다. 이처럼 프로젝트 파이낸싱은 대출 대상의 프로젝트에서 산출되는 현금수지에 크게 의존한다는 현금수지에 기초한 여신의 특징이 있다.

③ 프로젝트 파이낸싱은 부외금융으로, 사업주의 재무상태표에 부채로 기록되지 않기 때문에 사업주의 채무 능력의 제고가 가능하다. 이는 모회사와 독립적으로 프로젝트 파이낸싱이 이루어지기 때문에 모회사의 대출로 기록하지 않는 것이다.

16
정답 ③

식료품은 필수품이기 때문에 소득 수준과 관계없이 반드시 일정한 비율을 소비해야 하며 동시에 어느 수준 이상은 소비할 필요가 없는 재화이다. 따라서 엥겔지수는 소득 수준이 높아짐에 따라 점차 감소하는 경향이 있다.

17
정답 ③

골디락스(Goldilocks)는 영국의 전래 동화인 『골디락스와 세 마리 곰』에서 유래된 용어로, 경제학자인 슐먼(David Shulman)이 처음 사용하였다. 그는 인플레이션을 우려할 만큼 과열되지도, 경기침체를 우려할 만큼 냉각되지도 않은 경제 상태를 골디락스에 비유하였다.

18
정답 ④

코즈의 정리란 민간경제주체들이 자원배분과정에서 거래비용 없이 협상할 수 있다면 외부효과로 인해 발생하는 비효율성을 시장 스스로 해결할 수 있다는 이론이다. 코즈의 정리에 따르면 재산권이 누구에게 부여되는지는 경제적 효율성 측면에서 아무런 차이가 없지만 소득분배 측면에서는 차이가 발생한다.

19
정답 ①

(가)에 해당하는 단체는 흥사단이다. 흥사단은 1913년 5월 13일 도산 안창호 선생이 미국 샌프란시스코에서 유학 중인 청년 학생들을 중심으로 조직한 민족운동 단체로, 설립 목표는 민족 부흥을 위한 실력 양성이었다.

오답분석

② 대한 광복회 : 1915년 7월 대구에서 결성된 독립운동 단체로, 1910년대 독립을 목적으로 무장투쟁을 전개해 독립을 달성하려 했던 대표적인 국내 독립운동 단체이다.

③ 신민회 : 1907년 조직된 항일 비밀결사 조직으로, 전국적인 규모로서 국권을 회복하는 데 목적을 두었다.

④ 한인 애국단 : 1931년 상하이에서 조직된 항일 독립운동 단체로, 일본의 주요인물 암살을 목적으로 하였다.

20
정답 ③

ⓜ 카이로 회담(1943.11) – ⓛ 얄타 회담(1945.2) – ⓡ 포츠담 선언(1945.7) – ⓖ 모스크바 3상 회의(1945.12) – ⓓ 미·소 공동 위원회(1946 ~ 1947)

KB국민은행 필기전형

제4회 모의고사 정답 및 해설

제 1 영역 직업기초능력

01	02	03	04	05	06	07	08	09	10
①	③	②	②	④	②	④	④	④	②
11	12	13	14	15	16	17	18	19	20
②	④	④	②	②	③	②	①	④	②
21	22	23	24	25	26	27	28	29	30
④	②	④	③	②	①	④	③	④	③
31	32	33	34	35	36	37	38	39	40
①	②	④	③	③	②	③	④	②	④

01
정답 ①

제시문은 사회적 합리성을 위해서는 개인의 노력도 중요하지만 그것만으로는 안 되고 '공동'의 노력이 필수라고 설명한다. 따라서 제시문의 내용으로 적절한 것은 ①이다.

02
정답 ③

㉢은 체결된 계약 내용이 법률에 정해진 내용과 어긋날 때 법적 불이익은 있지만 계약의 효력 자체는 인정되는 법률 규정이다. 체결된 계약의 효력 자체도 인정되지 않아 급부 의무가 부정된다는 것은 ㉣에 대한 설명이다.

03
정답 ②

B대리는 하청업체 직원에게 본인이 사용할 목적의 금품을 요구하였다. 이는 우월적 지위를 이용하여 금품 또는 향응 제공 등을 강요하는 '사적 이익 요구'의 갑질에 해당한다.

오답분석

① A부장은 법령, 규칙, 조례 등을 위반하지 않고 절차에 따라 해고를 통보하였으며, 이는 자신의 이익 추구와도 관계되지 않으므로 갑질 사례에 해당하지 않는다.
③ C부장은 특정인에게 혜택을 준 것이 아니라 개인 사정을 고려하여 한사원을 배려한 것이므로 갑질 사례에 해당하지 않는다.
④ D차장의 업무 협조 요청은 갑작스러운 전산시스템의 오류로 인한 것으로 정당한 사유 없이 불필요한 업무를 지시했다고 볼 수 없으므로 갑질 사례에 해당하지 않는다.

04
정답 ②

- A : 매 회계연도에 300만 원을 초과하는 금품 등을 받거나 요구 또는 약속해서는 아니 된다.
- D : 임직원의 친족이 제공하는 금품 등은 금품 등의 수수 금지에 해당하지 않는다.

오답분석

- B : 제25조 제4항에 따라 소속기관의 장에게 신고하여야 한다.
- C : 동일인으로부터 1회에 100만 원을 초과하는 금품 등을 받거나 요구 또는 약속해서는 아니 된다.

05
정답 ④

㉢ 온라인은 복지로 홈페이지, 오프라인은 읍면동 주민센터에서 보조금 신청서를 작성 후 제출하면 되며, 카드사의 홈페이지에서는 보조금 신청서 작성이 불가능하다.
㉣ 읍면동 주민센터 또는 해당 카드사를 방문하여 카드를 발급받을 수 있다.

오답분석

㉠ 어린이집 보육료 및 유치원 학비는 신청자가 별도로 인증하지 않아도 보조금 신청 절차에서 인증된다.
㉡ 온라인과 오프라인 신청 모두 연회비가 무료임이 명시되어 있다.

06
정답 ②

제1항 제7호를 보면 공중위생 등 공공의 안전과 안녕을 위하여 긴급히 필요한 경우 개인정보를 수집할 수 있다.

오답분석

① 제1항 제1호를 보면 정보주체의 동의를 받은 경우 개인정보를 수집할 수 있다.
③ 제1항 제2호에서 확인할 수 있다.
④ 제2항 제1호를 보면 개인정보의 수집·이용 목적이 변경된 경우 정보주체에게 알리고 동의를 받아야 한다.

07

정답 ④

오답분석

㉡ 사용하지 않은 성분을 강조함으로써 제1항 제3호에 해당한다.
㉣ 질병 예방에 효능이 있음을 나타내어 제1항 제1호에 해당한다.

08

정답 ④

신체조직과 기능의 일반적인 증진, 인체의 건전한 성장 및 발달과 건강한 활동을 유지하는 데 도움을 준다는 표시·광고는 허위표시나 과대광고로 보지 않는다는 제2항 제2호에 의해 과대광고가 아니다.

09

정답 ④

(다)는 '다시 말하여'라는 뜻의 부사 '즉'으로 시작하여, '경기적 실업은 자연스럽게 해소될 수 없다.'는 주장을 다시 한 번 설명하는 역할을 하므로 제시된 문단 바로 다음에 위치하는 것이 자연스럽다. 다음으로 이처럼 경기적 실업이 자연스럽게 해소될 수 없는 이유 중 하나인 화폐환상현상을 설명하는 (나) 문단이 와야 한다. 마지막으로 화폐환상현상으로 인해 실업이 지속되는 것을 설명하고, 정부의 적극적 역할을 해결책으로 제시하는 케인스학파의 주장을 이야기하는 (가) 문단이 오는 것이 적절하다. 따라서 (다) – (나) – (가) 순으로 나열하는 것이 적절하다.

10

정답 ②

웨스트팔리아체제라 부르는 주권국가 중심의 현 국제 정치질서에서는 주권존중, 내정불간섭 원칙이 엄격히 지켜진다. 인권보호질서는 아직 형성 과정에 있으며 주권국가 중심의 현 국제정치질서와 충돌하고 있다. 따라서 인권보호질서가 내정불간섭 원칙의 엄격한 준수를 요구한다는 것은 제시문의 내용으로 적절하지 않다.

11

정답 ②

실재론은 세계가 정신과 독립적으로 존재함을, 반실재론은 세계가 감각적으로 인식될 때만 존재함을 주장하므로 두 이론 모두 세계는 존재한다는 전제를 깔고 있다.

오답분석

① 세계가 감각으로 인식될 때만 존재한다는 것은 반실재론자의 입장이다.
③ 세 번째 문단에서 어떤 사람이 버클리의 주장을 반박하기 위해 돌을 발로 차서 날아간 돌이 존재한다는 사실을 증명하려고 하였으나, 반실재론을 제대로 반박한 것은 아니라고 하였다. 따라서 실재론자의 주장이 옳다는 사실을 증명하는 것은 아니다.
④ 버클리는 객관적 성질이라고 여겨지는 것들도 우리가 감각할 수 있을 때만 존재하는 주관적 속성이라고 하였다.

12

정답 ④

1998년 개발도상국에 대한 은행 융자 총액은 500억 달러였는데, 2005년에는 670억 달러가 되었으므로 1998년 수준을 회복하였다.

오답분석

① 경제적 수익을 추구하기 위한 것으로 포트폴리오 투자를 들 수 있으며, 회사 경영에 영향력을 행사하기 위한 것으로 외국인 직접투자를 들 수 있다.
② 지금까지 해외 원조는 개발도상국에 대한 경제적 효과가 있다고 여겨져 왔으나 최근 경제학자들 사이에서는 그러한 경제적 효과가 없다는 주장이 힘을 얻고 있다고 하였다.
③ 개발도상국으로 흘러드는 외국자본은 크게 원조, 부채, 투자가 있는데, 그중 부채는 은행 융자와 채권, 투자는 포트폴리오 투자와 외국인 직접투자로 나눌 수 있다.

13

정답 ④

마지막 문단에 따르면 P2P 대출은 공급자(투자)와 수요자(대출)가 금융기관의 개입 없이도 직접 자금을 주고받을 수 있다.

14

정답 ②

제시문은 인간의 문제를 자연의 힘이 아니라 인간의 힘으로 해결해야 한다는 생각으로 정나라의 재상인 자산(子産)이 펼쳤던 개혁 정책의 특징을 설명하고 있다. 반면, 보기는 통치자들의 무위(無爲)를 강조하고 인위적인 규정의 해체를 주장하는 노자의 사상을 설명하고 있다. 따라서 노자의 입장에서는 인간의 힘으로 문제를 해결하려는 자산의 개혁 정책은 인위적이라고 반박할 수 있다. 즉, 이러한 자산의 정책의 인위적 성격은 사회를 해체해야 할 허위로 가득 차게 한다고 비판할 수 있는 것이다.

오답분석

① 자산의 입장에서 주장할 수 있는 내용이며, 보기의 노자는 오히려 인위적 사회 제도의 해체를 주장했다.
③·④ 자산을 비판하는 입장이 아니라 자산의 입장에서 주장할 수 있는 내용이다.

15

정답 ②

제시문은 시장집중률의 정의와 측정 방법, 그 의의에 대해 이야기하고 있다. 따라서 주제로 ②가 가장 적절하다.

16
정답 ③

연회비는 생략하고 할인되는 금액만 계산하면 다음과 같다.

구분	해당되는 카드혜택	할인 금액
Q 카드	• 통신요금 10% 청구할인 : 할인 ×(∵ K은행 아닌 W은행에서 자동이체) • 대중교통요금 월 5% 청구할인 : 3,000원 • 도시가스비 10% 청구할인 : 2,000원 • 손해보험료 15% 청구할인 : 15,000원	3,000 +2,000 +15,000 =20,000원
L 카드	• 통신요금 5% 청구할인 : 할인 ×(∵ K은행 아닌 W은행에서 자동이체) • 수도세 20% 청구할인 : 4,000원 • S커피 이용요금 3,000원 정액할인 • 외식비 20,000원 정액할인(∵ 다른 조건 없으므로 할인받음)	4,000 +3,000 +20,000 =27,000원
U 카드	• 자동차보험료 5% 청구할인 : 4,000원 • 주유비 10% 청구할인 : 8,000원 • 손해보험료 10% 청구할인 : 10,000원 • 기타 공과금 10% 청구할인 : 3,000원	4,000 +8,000 +10,000 +3,000 =25,000원

따라서 할인 금액이 가장 많은 카드는 L카드이며, 할인 금액은 27,000원이다.

17
정답 ②

W은행 계좌에서 자동이체하던 통신요금을 K은행 계좌에서 자동이체하는 것으로 바꾸었다는 것은 통신요금 할인 혜택이 추가로 적용됨을 뜻한다. 할인으로 혜택받은 금액에서 연회비를 빼면, 최종 혜택 금액을 알 수 있다.

구분	카드혜택	혜택 금액
Q 카드	통신요금 10% 청구할인 : 6,000원	20,000+6,000 −1,000 =25,000원
L 카드	통신요금 5% 청구할인 : 3,000원	27,000+3,000 −6,000 =24,000원
U 카드	−	25,000−13,000 =12,000원

따라서 통신요금 자동이체 계좌를 K은행 계좌로 바꾼 다음 연회비까지 고려할 때 혜택 금액이 가장 많은 카드는 Q카드이며, 혜택 금액은 25,000원이다.

18
정답 ①

가입대상은 예상소득이 아니라 직전 과세기간 중 총급여액 또는 종합소득을 따지게 되며, 직전 과세기간 총급여액 또는 종합소득이 일정 수준 이상이라 하더라도 중소기업에 재직하는 청년은 가입이 가능하다.

19
정답 ④

• H고객 : 의무가입기간 이상 적금에 가입했기 때문에, 이자소득세가 면제되고 대신 농어촌특별세(1.5%)가 과세된다. 따라서 400,000×(1−0.015)=394,000원이 이자(세후)로 입금된다.

• L고객 : 의무가입기간 이상 적금에 가입하지 않았지만, 해지 1개월 전 3개월 이상의 입원치료를 요하는 상해를 당했기 때문에 특별중도해지 사유에 해당하므로 이자소득세가 면제되고, 농어촌특별세만 과세된다. 따라서 200,000×(1−0.015)=197,000원이 이자(세후)로 입금된다.

20
정답 ②

원금 및 이자금액 그래프를 연결하면 4가지 경우가 나오며, 이에 대한 설명은 다음과 같다.

원금 그래프	이자금액 그래프	대출상환방식
A	C	원금을 만기에 모두 상환하고, 매월 납입하는 이자는 동일하다. 이는 '만기일시상환' 그래프에 알맞다.
B	D	원금을 3회부터 납입하고, 2회까지 원금을 납입하지 않는다. 이자금액은 1회부터 3회까지 동일하며 4회부터 이자는 감소하므로 2회까지 거치기간임을 알 수 있다. 3회 이후 납입원금이 동일하기 때문에 원금균등상환방식이 된다. 따라서 거치기간이 있는 '거치식원금균등상환' 그래프이다.
A	D	원금을 만기에 일시 상환하므로 이자는 만기까지 일정해야 한다. 따라서 두 그래프는 연결될 수 없다.
B	C	거치기간이 끝나고 매월 상환하는 원금이 같을 경우 그에 대한 이자는 줄어들어야 한다. 따라서 두 그래프는 연결될 수 없다.

따라서 그래프와 대출상환방식이 바르게 연결된 것은 ㉠, ㉣이다.

21
정답 ④

• 갑 : 최대한 이자를 적게 내려면, 매월 원금과 이자를 같이 납입하여 원금을 줄여나가는 방식을 택해야 한다. 거치식상환과 만기일시상환보다 원금균등상환 또는 원리금균등상환이 원금을 더 빨리 갚아나가므로 이자가 적다. 따라서 갑에게 가장 적절한 대출상환방식은 이자가 가장 적게 나오는 '원금균등상환'이다.

• 을 : 매월 상환금액이 동일한 것은 '원리금균등상환'이다.

• 병 : 이자만 납입하다가 만기 시 원금 전액을 상환하는 '만기일시상환'이 가장 적절하다.

• 정 : 지금 상황에서는 이자만 납입하는 거치기간을 갖고 추후에 상황이 안정되면 매달 일정 금액을 상환할 수 있는 '거치식상환'이 가장 적절하다.

22

정답 ②

A～D팀의 종목별 득점의 합계는 다음과 같다.

(단위 : 점)

구분	A팀	B팀	C팀	D팀
합계	11	9	8	12

종목 가～라에서 팀별 1, 2위를 차지한 횟수는 다음과 같다.

순위 \ 팀명	A팀	B팀	C팀	D팀
1위	1	1	0	2
2위	1	1	1	1

A팀이 종목 마에서 1위를 차지하여 4점을 받는다면 합계는 15점이 되고 1위는 2번, 2위는 1번이 된다. 여기서 D팀이 2위를 차지한다면 합계는 15점, 1위는 2번으로 A팀과 같고 2위는 2번이 되므로 D팀이 종합 1위가 된다. 따라서 ㉣은 옳다.

오답분석

㉠ A팀이 종목 마에서 1위를 차지해도 D팀이 2위를 차지하는 이상 종합 1위는 D팀에게 돌아간다.

㉡ B팀과 C팀의 종목 가, 나, 다, 라의 득점 합계가 1점 차이고, B팀이 C팀보다 1위를 차지한 횟수가 더 많다. 따라서 B팀이 종목 마에서 C팀보다 한 등급 차이로 순위가 낮으면 득점의 합계는 같게 되지만 순위 횟수에서 B가 C보다 우수하므로 종합 순위에서 B팀이 C팀보다 높게 된다.

㉢ C팀이 2위를 하고 B팀이 4위를 하거나, C팀이 1위를 하고 B팀이 3위 이하를 했을 경우에는 B팀이 최하위가 된다.

23

정답 ④

㉢ 퇴직연금이체는 오전 9시부터 가능하다.

㉣ 개인 MMF 출금은 토요일에 이용할 수 없다.

㉥ 타행이체는 오후 11시 30분까지 가능하다.

㉦ 급여이체결과 조회는 00:00～00:10 사이 시스템 점검으로 서비스 이용이 불가능하다.

㉧ 자동이체 등록은 일요일에 이용할 수 없다.

따라서 보기 중 이용이 불가능한 경우는 총 5가지이다.

24

정답 ③

- 운동을 좋아하는 사람 → 담배를 좋아하지 않음 → 커피를 좋아하지 않음 → 주스를 좋아함
- 과일을 좋아하는 사람 → 커피를 좋아하지 않음 → 주스를 좋아함

따라서 ③은 제시된 명제에서 추론할 수 없다.

오답분석

① 첫 번째 명제와 두 번째 명제의 대우로 추론할 수 있다.

② 세 번째 명제의 대우와 두 번째 명제로 추론할 수 있다.

④ 첫 번째 명제, 두 번째 명제의 대우, 세 번째 명제로 추론할 수 있다.

25

정답 ②

B가 과장이므로 대리가 아닌 A는 부장의 직책을 가진다.

오답분석

조건에 따라 A, B, C, D의 사무실 위치를 정리하면 다음과 같다.

구분	2층	3층	4층	5층
경우 1	부장	B과장	대리	A부장
경우 2	B과장	대리	부장	A부장
경우 3	B과장	부장	대리	A부장

① A부장 외의 또 다른 부장은 2층, 3층 또는 4층에 근무한다.

③ 대리는 3층 또는 4층에 근무한다.

④ B는 2층 또는 3층에 근무한다.

26

정답 ①

C의 진술이 참일 경우 D의 진술도 참이 되므로 1명만 진실을 말하고 있다는 조건이 성립하지 않는다. 그러므로 C의 진술은 거짓이 되고, D의 진술도 거짓이 되므로 C와 B는 모두 주임으로 승진하지 않았음을 알 수 있다. 따라서 B가 주임으로 승진하였다는 A의 진술도 거짓이 된다. 결국 A가 주임으로 승진하였다는 B의 진술이 참이 되므로 주임으로 승진한 사원은 A가 된다.

27

정답 ④

세 번째, 일곱 번째 조건에 의해 자전거 동호회에 참여한 직원은 남직원 1명이다. 또한 다섯 번째 조건에 의해 과장과 부장은 자전거 동호회 또는 영화 동호회에 참여하게 된다. 그중에서 여덟 번째 조건에 의해 부장은 영화 동호회에 참여하므로 과장은 자전거 동호회에 참여한다. 즉, 자전거 동호회에 참여한 직원은 남자이고, 직급은 과장이다.

네 번째 조건에 의해 남은 여직원 1명이 영화 동호회에 참여하므로 영화 동호회에 참여한 직원은 여자이고 직급은 부장이다.

남은 동호회는 농구, 축구, 야구, 테니스 동호회이고, 여섯 번째 조건에 의해 참여 인원이 없는 동호회가 2개이므로 어떤 동호회의 참여 인원은 2명이다. 아홉 번째 조건에 의해 축구에 참여한 직원은 남자이고, 여덟 번째 조건에 의해 야구 동호회에 참여한 직원은 여자이며 직급은 주임이다. 또한, 일곱 번째 조건에 의해 야구 동호회에 참여한 직원 수는 1명이므로 남은 축구 동호회에 참여한 직원은 2명이고, 남자이며 직급은 각각 대리와 사원이다.

따라서 참여 인원이 없는 동호회는 농구와 테니스로, ④는 적절하지 않다.

28

정답 ③

- A씨 : 계좌별 3회 이내에서 총 15회 한도로 분할인출이 가능하며, 이때 인출금액에 제한이 없다. 다만 분할인출 후 계좌별 잔액이 100만 원 이상이어야 한다.
- E씨 : 고정금리형의 계약기간은 1개월 ~ 3년 이내에서 월 또는 일 단위로 정한다. 또한 단위기간 금리연동형의 경우에는 12 ~ 36개월 이내에서 월 단위로 정하고, 연동(회전) 단위기간은 1 ~ 6개월 이내 월 단위 또는 30 ~ 181일 이내 일 단위로 정할 수 있다.

오답분석

- B씨 : 신규 시에는 최소한 100만 원 이상 예치해야 하며, 건별로 10만 원 이상 원 단위로 추가입금이 가능하다.
- C씨 : 은행창구에서 신규가입한 미성년자 명의 예금의 해지는 은행창구에서만 가능하다.
- D씨 : 고정금리형의 계약기간은 1개월 ~ 3년 이내에서 정하고, 단위기간 금리연동형의 계약기간은 12 ~ 36개월 이내에서 정한다.

29

정답 ④

단위기간 금리연동형으로 가입 후 2회전(단위기간 1 ~ 2개월은 3회전) 이상 경과 후 해지할 경우에 약정이율 외에 0.1%의 보너스 금리를 추가로 적용한다.

오답분석

① 분할인출이 가능한 계좌는 고정금리형 계좌이다. 고정금리형 계좌와 달리 단위기간 금리연동형 계좌는 분할인출이 불가능하다.
② 단위기간 금리연동형은 KB-Star 클럽 고객 대상 우대금리 제공에 해당되지 않는다.
③ 만기 후 이율은 경과기간이 3개월 이내이면 연 0.2%, 3개월 초과이면 연 0.1%이다.

30

정답 ③

고정금리형의 만기지급식(확정금리) 이율은 최대 연 1.95%이다. 여기에 우대이율 최대 연 0.1%p를 적용한 최고이율은 연 2.05%이다. 그러므로 1년이 지나면 1,000,000×0.0205=20,500원의 이자가 발생한다. 이자지급시기 내용에 따르면 만기이자지급식은 만기 시에 이자를 단리로 계산해 원금과 함께 지급한다.

따라서 3년의 만기가 지나면 20,500×3=61,500원의 이자를 받을 수 있다.

31

정답 ①

단리예금에서 이자는 예치금에 대해서만 발생하므로 이자 공식은 다음과 같다.

(단리예금 이자)$=a\times r\times n$ (a는 예치금, r은 월 이자율, n은 기간)

따라서 공식에 대입하여 은경이가 받을 이자를 계산하면

$5{,}000\times\frac{0.6}{100}\times15=450$만 원이다.

32

정답 ②

90만 원을 3개월 할부로 구매하였으므로 할부수수료율은 10%가 적용되며, 회차별 할부수수료는 다음과 같다.

회차	이용원금 상환액(원)	할부수수료(원)	할부잔액(원)
1회	300,000	900,000×0.1÷12=7,500	600,000
2회	300,000	600,000×0.1÷12=5,000	300,000
3회	300,000	300,000×0.1÷12=2,500	0
합계	900,000	15,000	−

따라서 3회 동안 지불한 할부수수료의 전체 금액은 15,000원이다.

33

정답 ④

200만 원대 소득 가구의 근로자 외 가구에서 지출 금액이 10억 원 미만인 항목 개수는 '주류 · 담배, 의류 · 신발, 가정용품 · 가사서비스, 교육'으로 4개이고, 300만 원대 소득 가구에서는 '주류 · 담배, 교육'으로 2개이다. 따라서 지출 금액이 10억 원 미만인 항목 개수는 200만 원대 소득 가구가 300만 원대 소득 가구보다 4−2=2개 더 많다.

오답분석

① 200만 원대 소득 가구와 300만 원대 소득 가구 모두 근로자 가구가 근로자 외 가구보다 주류 · 담배 품목에 소비가 더 많다.
② 소득구간별 전체 가구의 의류 · 신발 대비 교육 지출액 비율은 각각 다음과 같다.
  - 200만 원대 소득 가구 : $\frac{155{,}301}{164{,}583}\times100\fallingdotseq94.4\%$
  - 300만 원대 소득 가구 : $\frac{223{,}689}{242{,}353}\times100\fallingdotseq92.3\%$

  따라서 의류 · 신발 대비 교육 지출액 비율은 300만 원대 소득 전체 가구가 200만 원대 소득 전체 가구보다 작다.
③ 근로자 가구와 근로자 외 가구의 200만 원대 소득 가구 대비 300만 원대 소득 가구의 음식 · 숙박 소비 지출 증가액은 각각 다음과 같다.
  - 근로자 가구 : 320,855−247,429=73,426만 원
  - 근로자 외 가구 : 260,575−190,093=70,482만 원

  따라서 200만 원대 소득 가구 대비 300만 원대 소득 가구의 음식 · 숙박 소비 지출 증가액은 근로자 가구가 근로자 외 가구보다 많다.

34
정답 ③

중도상환이기 때문에 대출이율과 관계없이 중도상환수수료율을 대입해야 한다.

(중도상환수수료)=(중도상환금액)×(중도상환수수료율)×(잔여기간)÷(대출기간)

따라서 고객에게 안내해야 할 중도상환수수료를 계산하면

$50,000,000\times0.02\times\frac{24}{60}=400,000$원이다.

35
정답 ③

A씨의 상품 가입기간은 2년(=24개월)으로 기본금리는 1.85%이다. 받을 수 있는 우대금리가 있는지 카드이용실적을 확인해 보면, K사랑 체크카드의 경우 우대금리를 받을 수 있는 카드 종류에 해당하지 않으므로 제외하고, K채움 신용카드의 경우 8개월 동안 월 평균 17만 원씩 사용하였다고 했으므로 8×17=136만 원으로 카드이용실적을 채우지 못해 우대금리를 받지 못한다. 그러므로 만기 시 적용되는 금리는 1.85%이다.

- 세전이자 : 1,500만×2×1.85%=555,000원
- 이자과세 : 555,000×15.4%=85,470원
- 세후이자 : 555,000−85,470=469,530원

따라서 세후 총수령액은 15,000,000+469,530=15,469,530원이다.

36
정답 ②

B씨의 상품 가입기간은 A씨와 동일한 2년으로 기본금리는 1.85%이며, 우대금리의 경우 K채움 체크카드의 사용실적은 14×6=84만 원, K채움 신용카드의 이용실적은 24+10+38=72만 원으로 총합이 156만 원이 되어 0.1%p의 우대금리를 받을 수 있다. 그러므로 고객추천 우대금리인 0.1%p와 합하여 총 0.2%p의 우대금리를 받을 수 있어 만기 시 적용되는 총금리는 1.85+0.2=2.05%가 된다.

- 세전이자 : 1,500만×2×2.05%=615,000원
- 이자과세 : 615,000×15.4%=94,710원
- 세후이자 : 615,000−94,710=520,290원

∴ 세후 총수령액 : 15,000,000+520,290=15,520,290원

이때 **35**번 해설에 제시된 A씨의 총수령액은 고객추천 우대금리(0.1%p)를 받은 것이 아니므로, 이를 다시 계산하면 다음과 같다.

- 세전이자 : 1,500만×2×1.95%=585,000원
- 이자과세 : 585,000×15.4%=90,090원
- 세후이자 : 585,000−90,090=494,910원

∴ 세후 총수령액 : 15,000,000+494,910=15,494,910원

따라서 A씨와 B씨가 받게 되는 총수령액의 차이를 계산하면 15,520,290−15,494,910=25,380원이다.

37
정답 ③

(현금수수료)=(수수료대상금액)×(수수료적용환율)×(수수료율)

=1,800×1,198×0.01

=21,564원

따라서 K씨가 지불한 현금수수료는 21,564원이다.

38
정답 ④

ㄷ. 경기도와 광주광역시의 2023년과 2024년 부도업체 수의 전년 대비 증감추이는 '감소 – 감소'로 동일하다.

ㄹ. 2024년 부산광역시의 부도업체가 전체 부도업체 중 차지하는 비중은 $\frac{41}{494}\times100≒8.3\%$이므로 옳다.

오답분석

ㄱ. 전라북도의 부도업체 수는 2022년 대비 2024년에 $\frac{26-34}{34}\times100≒-23.5\%$ 감소하였으므로 30% 미만 감소하였다.

ㄴ. 2023년에 부도업체 수가 20곳을 초과하는 시·도는 서울특별시, 부산광역시, 대구광역시, 인천광역시, 경기도, 경상북도, 경상남도로 총 7곳이다.

39
정답 ②

- 2023년 대구 지역의 인구 : 982천 명
- 2024년 대구 지역의 인구 : 994천 명

따라서 전년 대비 2024년 대구 지역의 인구 증가율은 $\frac{994-982}{982}\times100≒1.2\%$이다.

40
정답 ④

10월 K국의 전체 자동차 월매출액 총액을 x억 원이라 하고, J자동차의 10월 월매출액과 시장점유율을 이용하면 10월 전체 자동차 월매출 총액에 대해 다음과 같은 식이 성립한다.

$\frac{27}{x}\times100=0.8$

∴ $x=2,700\div0.8=3,375$

따라서 10월 K국의 전체 자동차 월매출액 총액은 3,375억 원으로 4,000억 원 미만이다.

오답분석

① C자동차의 9월 월매출액을 a억 원(단, $a\neq0$)이라고 하면, C자동차의 10월 월매출액은 285억 원이고, 전월 대비 증가율은 50%이므로 다음과 같은 식이 성립한다.

$a(1+0.5)=285$

∴ $a=190$

따라서 9월 C자동차의 월매출액은 200억 원 미만이다.

② 10월 월매출액 상위 6개 자동차의 9월 월매출액은 각각 다음과 같다.

- A자동차 : 1,139÷(1+0.6)≒711.88억 원
- B자동차 : 1,097÷(1+0.4)≒783.57억 원
- C자동차 : 285÷(1+0.5)=190억 원
- D자동차 : 196÷(1+0.5)≒130.67억 원
- E자동차 : 154÷(1+0.4)=110억 원
- F자동차 : 149÷(1+0.2)≒124.17억 원

즉, 9월 월매출액 상위 6개 자동차의 순위는 B자동차－A자동차－C자동차－D자동차－F자동차－E자동차 순이다. 따라서 옳지 않다.

③ I자동차 누적매출액 자료를 살펴보면 I자동차의 1월부터 5월까지 누적매출액을 알 수 없으므로 6월 월매출액은 정확히 구할 수 없다. 다만, 6월 누적매출액을 살펴보았을 때, 6월 매출액의 범위는 0원≤(6월 월매출액)≤5억 원임을 알 수 있다. I자동차의 7～9월 월매출액을 구하면 다음과 같다.

- 7월 월매출액 : 9－5=4억 원
- 8월 월매출액 : 24－9=15억 원
- 9월 월매출액 : 36－24=12억 원

따라서 6～9월 중 I자동차의 월매출액이 가장 큰 달은 8월이다.

제2영역 직무심화지식

01	02	03	04	05	06	07	08	09	10
④	①	①	④	①	④	①	④	①	④
11	12	13	14	15	16	17	18	19	20
①	④	④	④	④	③	①	③	③	②
21	22	23	24	25	26	27	28	29	30
②	③	②	④	④	③	①	①	④	①
31	32	33	34	35	36	37	38	39	40
④	②	①	③	④	①	①	②	④	④

01 정답 ④

잠정예산이란 회계연도 개시 전까지 입법부에서 본예산이 의결되지 않을 경우 잠정적으로 사용할 수 있는 예산의 한 종류이다. 신 회계연도 개시일까지 예산이 국회를 통과하지 못한 경우 지출이 허용되는 예산은 준예산이다.

02 정답 ①

자산배분전략은 장기적인 과정에서 투자목적을 달성하기 위한 의사결정 과정이다.

03 정답 ①

어음관리계좌는 고객이 맡긴 예금을 어음이나 채권에 투자하여 그 수익을 고객에게 돌려주는 실적배당 금융상품이다.

CMA
- 입출금이 자유롭다.
- 단기금융상품에 투자하여 운용되는 만큼 하루를 맡겨도 이자가 지급된다.
- 공과금자동납부, 급여이체, 인터넷뱅킹 등 은행업무가 가능하다.
- 상품에 따라 주식을 청약할 수 있는 자격도 주어진다.

04 정답 ④

부동산신탁상품은 토지 및 정착물의 소유권을 신탁재산으로 하여 이루어지는 신탁으로 부동산 소유자가 소유권을 신탁회사로 이전한다. 취득세는 부동산 소유자가 세금을 낸다.

오답분석

① 신탁재산은 안정성이 있다.
② 국가나 지방자치단체의 재정부담이 경감될 수 있다.
③ 신탁에 따른 부동산관리의 편의성이 있다.

05 정답 ①

단기금융시장은 보통 만기 1년 이내의 금융자산이 거래되는 화폐금융시장을 의미한다. 단기금융시장은 기업, 개인 또는 금융기관이 일시적인 여유자금을 운용하거나 부족자금을 조달하는 등 개별경제주체들의 유동성 보유에 따른 기회비용을 최소화하는 데 활용되며 우리나라의 단기금융시장으로는 콜·기업어음·양도성예금증서·환매조건부채권매매·표지어음·통화안정증권시장이 있다. 반면, 장기금융시장은 자본시장으로 만기 1년 이상의 장기채권이나 만기가 없는 주식이 거래되는 시장을 말한다. 주로 기업, 정부 등 자금부족부문이 자금잉여부문으로부터 장기적으로 필요한 자금을 조달하는 데 활용되고 있어 장기금융시장이라고 한다. 우리나라 자본시장에는 주식이 거래된 주식시장과 국채, 회사채 및 금융채 등이 거래되는 채권시장이 있다.

06 정답 ④

금융시장의 기능

- 자금의 중개기능 : 금융시장은 보통의 시장과는 달리 자금거래를 매개함으로써 국민경제에서 중요한 기능을 수행하므로 거시경제적 측면에서의 자금중개기능을 들 수 있다.
- 국민경제의 후생증대기능 : 금융시장은 자금중개기능을 통하여 국민경제의 후생을 증대시킨다.
- 금융자산의 가격결정기능 : 금융시장의 미시적 기능 중에서 대표적인 것으로 금융자산 가격결정기능이 있다. 금융자산의 가격은 금융시장에서 수요자와 공급자 간의 끊임없는 가격탐색과정을 거쳐 결정된다.
- 높은 유동성 제공기능 : 금융시장은 금융자산을 보유한 투자자에게 높은 유동성을 제공한다.
- 금융거래비용 및 시간의 절감 : 금융시장은 탐색비용이나 정보비용 등 금융거래에 따라 발생하는 비용과 시간을 줄여 준다.
- 위험관리기능 : 금융시장은 시장 참가자들에게 다양한 금융상품과 금융거래 기회를 제공함으로써 위험관리를 도와준다.

07 정답 ①

메자닌은 이탈리아어로 건물의 1층과 2층 사이에 있는 공간(라운지)을 의미하는 말로, 채권과 주식의 중간에 있는 전환사채(CB)나 신주인수권부사채(BW)에 투자하는 것을 말한다. 주식과 채권의 성격을 동시에 가진 금융상품에도 메자닌이라는 이름이 붙는다.

08 정답 ④

스튜어드십 코드(Stewardship Code)는 투자 수탁자들이 고객의 자금을 투명하게 운용하고 수익률을 높이는 데 목적을 둔 일종의 가이드라인이다. 우리나라도 2018년 7월 도입되어 국민연금 운용에 적용되고 있다.

09 정답 ①

그린스펀의 수수께끼는 여러 차례 미국 연방준비제도(Fed)의 의장을 역임한 앨런 그린스펀의 이름에서 비롯된 금융 용어이다. 중앙은행이 금리인상을 해도 시중의 금리가 반응을 보이지 않는 현상을 말한다. 2005년 당시 그린스펀은 기준금리 인상을 단행했지만, 미국 국채수익률의 상승률은 미미했다. 연준은 곤혹스러워했고 미국 경제계는 이를 그린스펀의 수수께끼라고 불렀는데, 후에 경상수지에서 흑자를 낸 국가들이 막대한 미국 국채를 사들였음이 밝혀지면서 수수께끼가 풀리게 됐다.

10 정답 ④

업틱룰(Up-tick Rule)은 주식을 공매도할 경우 직전 거래가격 이상으로 매도호가를 제시하도록 한 규정이다. 그럼으로써 대규모 공매도로 인한 주가 하락을 방지하려는 조치이다. 공매도는 보통 기관 등 고액 투자자들에 의해 이루어진다. 주가가 하락할 것이라 예상되는 종목을 빌려 투자한 뒤 하락하면 낮은 가격에 구입해 갚고 이익을 얻는다. 이 과정에서 해당 종목의 주가는 추가적으로 하락하게 되는데, 이로 인한 소액 투자자들의 피해를 막기 위한 것이다. 또한 업틱룰과 대립되는 개념으로 매도호가를 자유롭게 제시할 수 있는 것을 제로틱룰(Zero-tick Rule)이라고 한다.

11 정답 ①

주택저당채권담보부채권의 조기상환에 따른 위험을 부담하는 것은 투자자가 아니라 '발행기관'이다.

12 정답 ④

본원통화는 현금통화와 지급준비금으로 이루어진다. 중앙은행으로부터 시중에 자금이 공급되면 본원통화가 증가한다. ㄱ, ㄷ, ㄹ는 모두 중앙은행으로부터 시중에 자금이 공급되는 경우에 해당한다.

오답분석

ㄴ. 중앙은행이 지급준비율을 인하하는 것 자체로는 시중으로 자금이 공급되지 않는다. 다만, 지급준비율이 인하되면 금융기관의 대출이 늘어나게 되므로 통화량은 증가하게 된다.

13 정답 ④

불확실성이 높아지는 시기에 경제주체들은 미래를 불확실하게 보기 때문에 단기 금융상품 보유를 늘리고 장기 금융상품 보유는 줄인다.

14

정답 ④

경기침체 시 정부지출 증가나 소득세율 인하도 경기를 진작시키는 방법이지만 구축효과로 인해 이자율이 상승하게 된다. 이자율 상승 없이 경기를 진작시키는 방법에는 공개시장에서 중앙은행의 채권매입, 재할인율・법정지급준비율 인하가 있다.

15

정답 ④

만기 2년 미만의 정기예적금은 M2, 만기 2년 이상의 정기예적금은 Lf에 포함된다.

16

정답 ③

오답분석

① 토빈의 q는 주식시장에서 평가된 기업의 시장가치를 기업의 실물자본 대체비용으로 나눈 값으로 정의된다.

② q이론에 의하면 이자율이 아니라 주식가격의 변동이 투자에 영향을 미치는 주요 요인이다.

④ 토빈의 q값이 1보다 클 경우 투자가 증가하고 1보다 작을 경우 투자가 감소하는 등 q값은 신규투자의 변화 방향과 관련 있다.

17

정답 ①

총저축은 민간저축과 정부저축의 합으로 구성된다. 정부가 조세를 감면하면 정부저축은 감소하게 되는데, 민간저축이 동액만큼 증가하면 대부자금의 공급은 변하지 않는다. 즉, 대부자금 공급곡선이 이동하지 않으므로 균형이자율과 대부자금의 거래량도 변하지 않는다.

18

정답 ③

경제 전체의 총저축은 투자를 통해 물리적인 자본의 증대를 가져오거나 순해외자산의 구입에 사용되므로 경제 전체의 총저축이 증가하면 국부가 증가한다.

오답분석

① 민간저축(S_P)=Y−T−C이므로 정부가 세금을 많이 걷을수록 민간저축은 감소한다.

② 정부지출이 증가할 경우 총저축(S_N)=Y−C−G이 감소한다. 총저축이 감소하면 대부자금의 공급이 감소하므로 이자율은 상승한다.

19

정답 ③

피셔방정식에 따르면 명목금리(명목이자율)는 실질금리(실질이자율)와 물가상승률의 합으로 표현된다. 따라서 물가상승률을 매개로 명목금리와 실질금리는 상호 의존적인 관계를 가지며, 명목금리가 고정적이라고 가정할 때 물가가 상승하면 실질금리는 일시적으로 하락할 수 있다.

오답분석

ㄱ. 실물투자에 영향을 미치는 것은 명목금리보다 실질금리이다.

ㄷ. (실질금리)=(명목금리)−(예상물가상승률)

ㅁ. 총수요가 감소하여 물가와 명목금리가 하락하면 실질금리도 하락한다.

20

정답 ②

이자율평가는 국가 간 자본의 이동이 자유로운 경우 국제 자본거래에서 이자율과 환율 간의 관계를 나타내는 것으로, 다음과 같이 구할 수 있다.

$$(\text{국내금리})=(\text{외국금리})+\frac{(\text{미래환율})-(\text{현재환율})}{(\text{현재환율})}$$

$$0.05=\frac{(\text{미래환율})-(\text{현재환율})}{(\text{현재환율})}=\frac{(\text{미래환율})-1{,}000}{1{,}000}$$

∴ (미래환율)=1,050원

따라서 이자율 평가를 나타내는 공식을 통해 미래환율은 1,050원임을 알 수 있다.

21

정답 ②

현금예금비율$\left(K=\frac{C}{D}\right)$과 지급준비율(Z)이 주어진 경우, 통화승수는 다음과 같이 계산한다.

$$m=\frac{K+1}{K+Z}=\frac{0.2+1}{0.2+0.4}=2$$

22

정답 ③

위안화가 절상되면 중국의 핫머니(투기성 단기 유동자금) 유입은 감소한다.

23

정답 ②

AIIB(아시아인프라투자은행)는 'Asian Infrastructure Investment Bank'의 약자로 2014년 10월 출범한 전 세계 21개국이 포함된 경제협력체이다. 개발도상국 인프라 건설을 위한 자본 투자를 목적으로 설립되었으며, 미국과 일본 주도의 경제공동체에 대항하기 위한 중국 주도의 경제공동체라 볼 수 있다.

오답분석

① ADB : 아시아개발은행(Asian Development Bank)이다.

③ IDB : 이슬람개발은행(Islamic Development Bank)이다.

④ AFDB : 아프리카개발은행(African Development Bank)이다.

24

정답 ④

필립스 곡선은 임금상승률과 실업률 사이에 매우 안정적인 함수관계가 있음을 나타내는 모델로 물가상승률과 실업률 사이의 관계로 표시되기도 한다. 실업률이 낮을수록 임금상승률 또는 물가상승률이 높으며, 임금상승률이 낮을수록 실업률이 높다.

오답분석

① 래퍼 곡선(Laffer Curve) : 세율과 세수의 관계를 나타내는 곡선으로 납세 후의 임금, 이자율, 이윤이 높을수록, 즉 세율이 낮을수록 노동 의욕, 저축 의욕 및 투자 의욕이 제고된다는 사실을 전제한다.
② 로렌츠 곡선(Lorenz Curve) : 소득분포의 불평등도를 나타낸 곡선이다.
③ 오퍼 곡선(Offer Curve) : 상대국의 상품에 대한 수요의 강도를 자국에서 제공하려는 상품의 양으로 표시한 곡선이다.

25

정답 ④

테일러의 준칙(Taylor's Rule)은 미국 경제학자 존 테일러가 제시한 통화 정책 운용 준칙으로, 중앙은행이 금리를 결정할 때 경제성장률과 물가상승률에 맞춰 조정하는 것을 말한다.

오답분석

① GDP gap : 경기의 과열 또는 침체 상태를 보여주는 척도이다.
② 필립스 곡선(Phillips Curve) : 임금상승률과 실업률과의 사이에 있는 역의 상관관계를 나타낸 곡선이다.
③ 오쿤의 법칙(Okun's Law) : 경기회복기에 고용의 증가속도보다 국민총생산의 증가속도가 더 크고, 불황기에는 고용의 감소속도보다 국민총생산의 감소속도가 더 크다는 법칙이다.

26

정답 ③

우산살처럼 하나의 펀드에 유형이 다른 여러 개의 하위 펀드를 갖추고 있다는 뜻에서 엄브렐러 펀드(Umbrella Fund)라는 이름이 붙었다.

오답분석

① 스폿 펀드(Spot Fund) : 단기투자로 목표수익률을 달성하기 위하여 운용되는 펀드이다.
② 하이일드 펀드(High Yield Fund) : 신용도가 낮은 대신 수익률이 높은 고수익·고위험의 채권형 펀드이다.
④ 머니마켓 펀드(Money Market Fund) : 기금융상품에 집중투자해 단기 실세금리의 등락이 펀드 수익률에 신속히 반영될 수 있도록 한 초단기공사채형 상품이다.

27

정답 ①

블록딜은 주식을 대량으로 보유한 매도자가 대량으로 구매할 매수자에게 장외 시간에 그 주식을 넘기는 거래를 말한다.

28

정답 ①

오답분석

② 우대금리 정책 : 금융기관이 특정 고객 또는 기업에게 기준금리보다 낮은 금리인 우대금리를 적용해 주는 정책이다.
③ 양적완화 정책 : 기준금리가 0%(제로)에 가까운 초저금리 상태일 때 중앙은행이 경기부양을 목적으로 돈을 공급하는 것을 말한다.
④ 출구전략 : 경기 침체기에 경기 부양을 위해 취했던 각종 완화정책을 경제에 부작용 없이 단계적으로 거두어들이는 전략이다.

29

정답 ④

환율상승은 외국화폐에 대한 해당 통화의 교환비율이 올라가는 현상으로 원화가치가 하락한다. 원화가치가 하락하면 외화표시 수출가격은 그만큼 싸지므로 해외수요가 전보다 증대하여 수출이 늘고, 수입품의 자국화폐 표시가격은 상승시켜 수입은 감소하기 때문에 국제수지의 적자를 해소할 수 있다.

30

정답 ①

㉠ : 범위의 경제(Economies of Scope)란 한 기업이 두 가지 이상의 상품을 동시에 생산함으로써 하나의 상품만을 생산하는 기업보다 낮은 비용으로 생산할 수 있는 경우를 말한다.
㉡ : 규모의 경제란 하나의 재화를 생산할 때 많은 양을 생산할 경우 이로 인해 평균 생산비용이 하락하는 현상을 말한다.

31

정답 ④

저작권자는 디자인 파일, 생산된 제품 또는 그 파생물을 배포할 때 파생된 문서, 장비와 관련된 저작권 표시를 요구할 수 있다.

32

정답 ②

미국의 네트워크 장비 업체 3COM의 설립자인 밥 메칼프가 주장한 메칼프의 법칙에 따르면 인터넷 통신망이 지니는 가치는 사용자 수의 제곱에 비례한다.

오답분석

① 무어의 법칙(Moore's Law)에 대한 설명이다.
③ 가치사슬을 지배하는 법칙에 대한 설명이다.
④ 90대 9대 1 법칙에 대한 설명이다.

33

정답 ①

로보어드바이저(Robo-advisor)는 인간의 개입을 최소화하고, 개인투자성향에 따라 포트폴리오를 만들어 투자자에게 제공한다. 때문에 저렴한 수수료로 수익을 낼 수 있다.

34

정답 ③

T(Toggle) 플립플롭은 JK 플립플롭의 두 입력선 J, K를 묶어서 한 개의 입력선 T로 구성하고, 원 상태와 보수 상태의 두 가지 상태로만 전환이 되므로 누를 때마다 ON, OFF가 교차되는 스위치를 만들고자 할 때 사용한다.

35

정답 ④

프로그램을 일정한 크기로 나눈 단위는 페이지(Page)이다.

세그먼테이션(Segmentation)

어느 순간에 필요한 한 부분만을 주기억 공간에 존재하도록 프로그램을 세그먼트 단위로 나누는 프로그래머 정의 또는 모니터 구현 기법으로, 프로그램을 배열이나 함수 등의 논리적 크기로 나눈 단위를 말한다. 각 세그먼트는 고유한 이름과 크기를 가지며, 주소 변환을 위해 세그먼트의 위치 정보를 가지는 세그먼트 맵 테이블(Segment Map Table)이 필요하다. 세그먼트가 주기억장치에 적재될 때 다른 세그먼트에게 할당된 영역을 침범할 수 없으며, 이를 위해 기억장치 보호키(Storage Protection Key)가 필요하다.

36

정답 ①

경로가 확보되면 지속적인 데이터 전송을 할 수 있어 지연 시간이 거의 없는 실시간 응용에 적합하다.

회선 교환(Circuit Switching) 방식

전송 데이터의 에러 제어나 흐름 제어는 사용자가 수행하며, 데이터 전송률은 동일한 전송 속도로 운영된다.

37

정답 ①

4차 산업혁명 시대에는 방대한 데이터(초대용량)를 빠르게 전송하고(초고속), 실시간(초저지연)으로 모든 것을 연결하는(초연결) 5G 이동통신이 경제와 산업에 새로운 기회를 창출할 것으로 예상된다. 국제전기통신연합(ITU)의 정의에 따르면 5G의 최대 다운로드 속도는 20Gbps(4G LTE의 20배)이다. 또한 4G LTE에 비해 처리 용량은 100배, 지연시간은 10분의 1 수준 등의 특징이 있으며, 단위면적(1km^2)당 접속 가능한 기기가 100만 개(초연결)에 달한다.

38

정답 ②

에어드랍(Airdrop)이란 '공중에서 투하한다.'는 뜻으로, 가상화폐 시장에서 특정 가상화폐를 소유한 사람에게 코인을 무료로 지급하는 것을 의미하며, 주로 신규 코인을 상장시킬 때 이벤트나 마케팅의 한 요소로 사용한다.

오답분석

① 스냅샷(Snapshot) : 주어진 시간에 데이터베이스 상태를 기록하기 위한 데이터베이스의 질의이다.

③ 이더리움(Ethereum) : 블록체인 기술을 기반으로 스마트 계약 기능을 구현하기 위한 분산 컴퓨팅 플랫폼이자 플랫폼의 자체 통화명이다.

④ 가상화폐공개(ICO; Initial Coin Offering) : 암호화폐(코인) 사업자가 코인을 발행하고 이를 투자자에게 판매해 자금을 확보하는 방식이다. 이후 해당 코인이 거래소에 상장하면 투자자들은 이를 되팔아 수익을 낼 수 있다.

39

정답 ④

보험(Insurance)과 기술(Technology)의 합성어인 인슈어테크(InsurTech)는 인공지능, 사물인터넷 등의 IT 기술을 적용한 혁신적인 보험 서비스를 의미한다. 보험 상품을 검색하는 고객에게 맞춤형 상품을 추천하고, 보험 상담을 요청하는 고객에게는 로봇이 응대하는 등 다양하게 활용될 수 있다.

오답분석

① I-테크 : 보험을 뜻하는 영어 단어 인슈어런스(Insurance)의 'I'와 재테크의 테크(Tech)가 결합한 말로, 세제 혜택을 받을 수 있는 보험 상품을 재테크 수단으로 이용하는 것이다.

② 블랙테크(BlackTech) : '아직 널리 알려지지 않은 첨단 기술'을 뜻하는 용어이다.

③ 사이버테크(CyberTech) : 인터넷을 기반으로 한 정보기술(IT)을 새로운 경영혁신의 원동력으로 활용하는 것이다.

40

정답 ④

가장 대표적인 정보 침해 사례 중 하나인 랜섬웨어(Ransomware)는 몸값을 뜻하는 랜섬(Ransom)과 소프트웨어(Software)가 합쳐진 말로, 시스템을 잠그거나 데이터를 암호화하여 사용할 수 없도록 만든 후, 이를 인질로 삼아 금전을 요구하는 악성 프로그램을 말한다. 이를 예방하기 위해 주기적인 백신 업데이트 및 최신 버전의 윈도우와 보안패치를 설치하는 것이 도움이 된다.

제3영역 상식

01	02	03	04	05	06	07	08	09	10
④	①	①	②	①	④	④	①	①	④
11	12	13	14	15	16	17	18	19	20
①	②	④	③	③	②	②	①	③	①

01 정답 ④

네덜란드병은 천연가스・석유 등 보유한 천연자원의 가격 상승으로 급성장을 이룬 국가가 이후 물가 상승 및 환율 하락 등으로 경쟁력을 잃고 경기침체를 맞는 현상을 의미하며, 자원의 저주라 불리기도 한다. 이는 1950년대 말 대규모 천연가스로 막대한 수입을 올렸지만, 이후 극심한 경제적 침체를 맞은 네덜란드의 사례에서 유래하였다.

02 정답 ①

양적완화는 기준금리 수준이 이미 너무 낮아서 금리 인하를 통한 효과를 기대할 수 없을 때 중앙은행이 다양한 자산을 사들여 시중에 통화 공급을 늘리는 정책이다.

오답분석

② 출구전략(Exit Strategy) : 경제회복을 위해 공급됐던 과잉 유동성이나 각종 완화 정책을 경제에 큰 부작용 없이 서서히 거두는 전략이다.

③ 테이퍼링(Tapering) : 연방준비제도(FRS)가 양적완화 정책의 규모를 점진적으로 축소해 나가는 것을 말한다.

④ 오퍼레이션 트위스트(Operation Twist) : 중앙은행이 장기채권을 매입하고 단기채권을 매도하여 경제를 활성화시키려는 통화 정책을 말한다.

03 정답 ①

시중금리가 상승하면 채권의 현재가치가 하락하게 되고, 이에 따라 채권의 가격도 하락하게 된다.

04 정답 ②

리디노미네이션(Redenomination)은 어떤 유가증권 또는 화폐의 액면가를 다시 지정하는 화폐개혁의 일환이다. 우리나라에서는 지금까지 1953년과 1962년 두 차례 리디노미네이션이 단행된 바 있다.

오답분석

① 디커플링(Decoupling) : 한 나라 또는 특정 국가의 경제가 인접한 다른 국가나 보편적인 세계경제의 흐름과는 달리 독자적인 움직임과 경제흐름을 보이는 현상을 뜻한다.

③ 양적완화 : 중앙은행의 정책으로 금리 인하를 통한 경기부양 효과가 한계에 봉착했을 때 중앙은행이 국채매입 등을 통해 유동성을 시중에 직접 푸는 정책을 뜻한다.

④ 리니언시(Leniency) : 흔히 자진신고자감면제도, 담합자진신고자 감면제라고 부르기도 하며, 담합 사실을 처음 신고한 업체에는 과징금 전부를 면제해 주고, 2순위 신고자에게는 절반을 면제해줘 담합행위를 한 기업들이 스스로 신고하게끔 만드는 제도를 뜻한다.

05 정답 ①

전환사채(CB; Convertible Bond)는 채권을 주식으로 전환할 수 있는 것으로 일정한 기간이 지나 주식전환권이 발동하면 투자자가 원할 때 채권을 주식으로 바꿔 주가상승에 차익을 볼 수 있다.

오답분석

② EPS(Earning Per Share) : 주당순이익으로 기업이 벌어들인 순이익을 그 기업이 발행한 총 주식수로 나눈 값이다.

③ BPS(Bookvalue Per Share) : 주당 순자산가치로 기업의 총자산에서 부채를 빼면 남는 기업의 순자산을 발행주식수로 나눈 수치이다.

④ MOR(Market Opportunity Rate) : 어떤 금융기관이 대출금리를 정할 때 기준이 되는 금리이다.

06 정답 ④

CMA 통장은 운용 대상에 따라 종금형, RP형, MMF형, MMW형으로 나눌 수 있다. MMDA형은 금융기관이 취급하는 수시입출식 저축성예금으로, 은행이나 수산업협동조합・농업협동조합에서 취급하는 금융상품의 하나이다.

07 정답 ④

가상세계와 현실세계가 혼재・융합된 메타버스는 '확장판 현실세계, 인터넷의 다음 버전'이라고 말할 수 있다. 가상융합 기술과 4차 산업혁명 기술이 보다 진화해 다양한 메타버스가 등장하고 이 메타버스들이 서로 연결되면 다중가상세계, 멀티버스 시대가 등장할 것으로 예상할 수 있다. 그러나 현행 법규를 위반하는 행위를 비롯해 현행법의 테두리 밖에 있는 신종 범죄의 출현 가능성, 가상세계 자체의 높은 중독성 등은 반드시 해결해야 할 문제로 지적된다.

08 정답 ①

크리슈머(Cresumer)는 창조를 의미하는 Creative와 소비자를 의미하는 Consumer의 합성어로 신제품 개발이나 디자인, 서비스 등에 관해 적극적으로 자신의 의견을 내놓는 소비자들을 가리킨다.

오답분석

② 아트슈머(Artsumer) : 예술적 가치로 구매를 결정하는 소비자를 가리킨다.

③ 트랜슈머(Transumer) : 이동을 의미하는 Transition과 소비자를 의미하는 Consumer의 합성어로 장소에 상관없이 노트북이나 휴대전화를 이용해 자유롭게 쇼핑하는 소비자를 가리킨다.

④ 모디슈머(Modisumer) : 표준 방법에 따르지 않고 자신의 취향에 따라 제품을 새로운 방식으로 활용하는 소비자를 가리킨다.

09

정답 ①

디커플링(Decoupling)은 '탈동조화 효과'라고도 불리며, 크게는 국가경제 전체, 작게는 국가경제의 일부 요소에서 서로 관련 있는 다른 경제 요소들과는 다른 독자적인 흐름을 나타내는 것을 의미한다.

오답분석

② 윔블던 효과(Wimbledon Effect) : 국내 시장에서 외국 기업보다 자국 기업의 활동이 부진한 현상 또는 시장을 개방한 이후 국내 시장의 대부분을 외국계 자금이 차지하는 현상을 말한다.

③ 디드로 효과(Diderot Effect) : 하나의 상품을 구입함으로써 그 상품과 연관된 제품을 연속적으로 구입하게 되는 현상을 말한다.

④ 파노플리 효과(Panoplie Effect) : 자신에 대한 사회적 평가를 특정 소비패턴에 의해 인위적으로 만들어낼 수 있다는 심리적 속성 또는 착각으로, 개인이 특정 상품을 사며 동일 상품 소비자로 예상되는 집단과 자신을 동일시하는 현상을 말한다.

10

정답 ④

- 파레토 법칙 : '80 대 20 법칙'이라고도 불린다. 이른바 '핵심적 소수'와 '사소한 다수'에 대한 이 이론은 기업의 전체 매출은 소수의 상품이 좌우한다는 결론을 도출한다.
- 롱테일 법칙 : 파레토 법칙과 반대되는 이론으로 80%의 '사소한 다수'가 20%의 '핵심적 소수'보다 뛰어난 가치를 창출한다는 내용이다.

오답분석

- 하인리히 법칙 : 대형사고는 우연히 갑작스럽게 발생하는 것이 아니며, 이 사고가 발생하기 이전에 이와 관련된 경미한 사건들이 수도 없이 발생했었을 것이라는 이론이다. 이는 1931년 허버트 윌리엄 하인리히(Herbert William Heinrich)가 자신의 저서에서 밝힌 것으로, 산업재해가 발생하여 중상자가 1명 나오면 그 전에 같은 원인으로 인해 나온 경상자가 29명 그리고 역시 같은 원인으로 부상을 당할 뻔했던 잠재적 부상자가 300명 있었다는 사실을 의미한다고 주장하였다.

11

정답 ①

고슴도치 딜레마는 자기의 삶과 일에만 매달리며 자기중심적으로 생활하는 사람들이 느끼는 감정으로, 타인에 의해 상처받지 않으려는 현대인들의 심리를 반영한다.

12

정답 ②

달러 대비 원화 환율이 상승하면 1달러를 구매하는 원화 비용이 늘어난다는 뜻이다. 즉, 1,000원이면 구매가 가능했던 1달러를 1,100원을 줘야 한다면 달러 대비 원화 환율이 상승했다고 할 수 있다. 이를 바꿔 말하면 원화 가치는 하락한 것이다.
따라서 ㉠은 불리, ㉡은 유리, ㉢은 하락이다.

13

정답 ④

풋옵션을 매수한 사람은 시장에서 해당 상품이 사전에 정한 가격보다 낮은 가격에서 거래될 경우, 그 권리를 행사함으로써 비싼 값에 상품을 팔 수 있다. 그러나 해당 상품의 시장 가격이 사전에 정한 가격보다 높은 경우는 권리를 행사하지 않을 수도 있다.

14

정답 ③

㉡ 환율이 상승하면 수출업자는 수출의 대가로 같은 금액의 외화를 받더라도 원화로 따지면 더 큰 금액을 받는 셈이 되므로 수출품을 이전보다 싼 가격에 팔 수 있게 된다. 그 결과 수출량은 늘어나게 되고, 국제수지 개선을 이룰 수 있다.

㉢ 환율이 상승하면 원화의 가치가 떨어지게 되므로 외국인 관광객의 입장에서는 싼 값에 한국을 여행할 수 있게 된다. 따라서 국내를 여행하는 외국인 관광객이 증가한다.

오답분석

㉠ 환율이 상승하면 우리나라에서 판매 중인 수입품의 가격은 상승한다.

㉣ 환율이 상승하면 같은 금액의 원화로 살 수 있는 외화의 금액이 적어지기 때문에 외국을 여행하는 내국인이 감소한다.

15

정답 ③

정부실패는 시장에 대한 규제자(정부)의 정보 부족, 관료주의적 폐단과 정치적 제약, 정책 효과가 나타나는 시차, 규제 수단의 불완전성, 규제의 경직성, 근시안적인 규제, 과도하게 무거운 세금, 규제자의 개인적 편견이나 권한 확보 욕구, 정부와 기업의 유착, 이익단체의 압력에 의한 공공 지출의 확대, 정책의 수립과 집행 과정의 비효율성, 공기업의 방만한 운영 등 다양한 원인 때문에 발생할 수 있다.
따라서 ㉠·㉡·㉢·㉣은 정부실패의 원인에 해당한다.

오답분석

㉤ 어떤 정책을 실시할 때 정책 실행 시차가 부재한다면 정부정책이 보다 효과적일 가능성이 높다.

16

정답 ②

㉠ '클린빌(Clean Bill)'은 담보가 없는 외국환을 뜻하며, 신용장이 없으면 은행에서 매입하지 않는다. 담보물이 어음양도의 부대조건으로 되어 있지 않으므로 수입업자의 신용이 특히 확실하지 않다면 은행이 어음을 매입하지 않는다.

㉡ '파이어족(FIRE族)'에 대한 설명이며, 파이어족(Financial Independence, Retire Early)은 젊었을 때 극단적으로 절약한 후 노후자금을 빨리 모아 이르면 30대, 늦어도 40대에는 퇴직하고자 하는 사람들을 의미한다. 한편, '님프족(Not Out Of My Pocket, 내 주머니에서 빼가지 말라)'은 복지가 필요하다고 생각하지만 복지 재원 마련을 위한 증세에는 반대하는 사람들을 가리킨다.

㉢ '좀비(Zombie) 경제'에 대한 설명이며, 좀비 경제는 정부에서 경기 부양책을 시행해도 별다른 효과를 발휘하지 못하는 일본의 불안한 경제 상황을 빗대어 표현한 것에서 유래했다. 한편, '모노컬처(Monoculture) 경제'는 브라질의 커피, 가나의 카카오처럼 한 나라의 경제가 매우 적은 수의 1차 상품의 생산에 특화되어 단일생산에 의해 유지되는 경제를 뜻하며, 과거 식민지 침탈을 겪은 개발도상국에서 주로 나타난다.

오답분석

㉣ '자원의 저주'는 수출 대금의 유입으로 달러 대비 자국 화폐의 가치가 상승해 수출 경쟁력의 하락과 물가상승이 일어나 불황을 초래하는 현상을 뜻한다. 경제 구조가 자원 생산에 편중되어 제조업·첨단산업 등 다른 산업의 발전이 상대적으로 더디며, 소득분배가 제대로 이루어지지 않아 빈부 격차 심화로 인해 사회적 갈등이 고조될 수 있다.

㉤ '달러 쇼크'는 1971년 8월 미국 경제의 재건과 달러 가치의 회복을 위해 금과 달러의 교환 정지, 10%의 수입 과징금의 실시 등의 정책 때문에 각국이 받은 충격을 뜻한다. 흔히 닉슨쇼크라고도 부르며, 오일쇼크의 도화선이 됐다.

17

정답 ②

긴축재정정책이란 정부가 재정 지출보다 수입을 더 많이 하는 정책으로, 흑자 재정이라고도 한다. 우리나라 기업의 수출이 늘어나면 외화 공급이 증가하고, 외국에서 긴축재정정책을 실시하면 외화의 자국 유입이 증가하므로 외화 공급은 감소한다. 또한 해외여행을 떠나는 사람이 늘어나면 외화 수요는 증가한다.
따라서 ㉠은 증가, ㉡은 감소, ㉢은 증가이다.

18

정답 ①

제시문에서 밑줄 친 '이 상품'은 역모기지론(Reverse Mortgage)을 말한다.

오답분석

② 주택저당증권 : 금융기관이 주택을 담보로 만기 20 ~ 30년짜리 장기대출을 해준 주택저당채권을 대상자산으로 하여 발행한 증권이다.

③ 보금자리론 : 한국주택금융공사가 10 ~ 30년간 대출 원리금을 나누어 갚도록 설계한 장기주택담보대출이다.

④ 서브프라임 모기지론 : 신용도가 일정 기준 이하인 저소득층을 상대로 한 미국의 주택담보대출이다.

19

정답 ③

제시된 사료는 거란 1차 침입 때 거란의 소손녕과 외교 담판을 지은 내용에 대한 것으로 그 결과 거란은 철수하고 고려는 강동 6주 지역을 가지게 되었다.

오답분석

① 동북 9성 : 고려 시대 윤관이 여진족을 정벌하고 동북쪽 지역에 세운 9개의 성이다.

② 요서 지역 : 중국 요하 서쪽 지역을 말한다.

④ 요동 지역 : 중국 요하 동쪽 지역을 말한다.

20

정답 ①

빈칸에 들어갈 사건은 '병인양요'이다. 병인양요(1866)는 흥선대원군이 프랑스 선교사들을 박해한 것을 빌미로 프랑스 군대가 강화도를 침입한 사건이다. 이 과정에서 프랑스군은 조선왕조의궤 등 조선의 서적 등을 약탈하기도 하였으며, 정족산성 전투에서 패배하고 철수하였다.

오답분석

② 1866년 미국 상선인 제너럴셔먼호 평양에 군민들에 의해 불에 타는 사건이 일어났고, 미국은 이를 빌미로 신미양요를 일으켰다.

③ 1875년 일본 군함 운요호는 강화도로 불법 침입하여 함포를 사격하는 등 공격을 하였고, 이를 계기로 강화도 조약이 체결되었다.

④ 1868년 독일인 오페르트는 남연군묘를 도굴하려다 묘가 견고하여 실패하였다.

KB국민은행 기업분석

◇ 미션

세상을 바꾸는 금융, 고객의 행복과 **더 나은 세상**을 만들어 간다.

세상을 바꾸는 금융	고객, 더 나아가서는 국민과 사회가 바라는 가치와 행복을 함께 만들어 간다.
고객의 행복	금융을 통해 고객이 보다 여유롭고 행복한 삶을 영위하도록 곁에서 돕는다.
더 나은 세상을 만들어 간다.	단순한 이윤 창출을 넘어 보다 바람직하고 풍요로운 세상(사회)을 만들어 가는 원대한 꿈을 꾸고 실천한다.

◇ 비전

최고의 인재와 **담대한 혁신**으로 가장 **신뢰**받는 **평생 금융파트너**

최고의 인재	• 고객과 시장에서 인정받는 최고의 인재가 모이고 양성되는 금융전문가 집단을 지향한다. • 다양한 금융업무를 수행할 수 있는 차별화된 Multi-player를 지향한다.
담대한 혁신	• 현실에 안주하지 않고, 크고 담대한 목표를 세우고 끊임없는 도전을 통해 혁신을 시도하며 발전해 나간다. • 과감하게 기존 금융의 틀을 깨고 금융패러다임의 변화를 선도한다.
가장 신뢰받는	• 치열한 경쟁 속에서 꾸준하게 고객중심의 사고와 맞춤형 서비스, 차별화된 상품으로 고객에게 인정받는다. • 주주, 시장, 고객이 신뢰하는 믿음직스러운 금융그룹으로 자리매김한다.
평생 금융파트너	• 고객 Life-stage별 필요한 금융니즈를 충족시키는 파트너가 된다. • 고객에게 가장 빠르고 편리한 금융서비스를 제공하고, 다양한 영역에서 도움을 주는 친밀한 동반자가 된다.

INFORMATION

신입행원 채용 안내

◇ 지원방법

KB국민은행 채용 홈페이지(kbstar.incruit.com)에 지원서 등록

◇ 지원자격

❶ 연령/학력/전공 제한 없음
❷ 신입행원 연수에 참가 후 계속 근무 가능한 자
❸ 남성의 경우 병역필(군복무 중인 자는 신입행원 연수 이전 병역필 가능한 자) 또는 면제자
❹ 해외여행에 결격 사유가 없는 자 및 외국인의 경우 한국 내 취업에 결격 사유가 없는 자
❺ 당행 내규상 채용에 결격 사유가 없는 자

◇ 채용절차

◇ 채용일정

채용공고	접수기간	서류발표	필기전형	필기발표
2025.08.28	2025.08.28～09.09	2025.09.25	2025.09.28	2025.10.02
2025.03.27	2025.03.27～04.04	2025.04.22	2025.04.27	2025.05.02
2024.09.09	2024.09.09～09.23	2024.10.11	2024.10.20	2024.10.25
2024.04.04	2024.04.04～04.16	2024.05.03	2024.05.12	2024.05.20
2023.04.28	2023.04.28～05.09	2023.05.25	2023.05.28	2023.06.07

❖ 채용절차 및 우대사항 등은 채용방침에 따라 변경될 수 있으니 반드시 채용공고를 확인하기 바랍니다.

시대에듀 NCS 도서 구매자를 위한 특별한 혜택

NCS 기출풀이 특강 및 온라인 모의고사

이용 안내

1. 시대에듀 홈페이지 접속 후 로그인 (www sdedu co.kr)
2. 홈페이지 상단 「본인 이름」 → 「마이페이지」 접속
3. 쿠폰번호 입력 후 등록

※ 해당 강의는 본 도서를 기반으로 하지 않습니다.
※ 쿠폰 등록 후 30일 이내에 수강 가능합니다.

모바일 OMR 답안채점 / 성적분석 서비스

이용 안내

1. 회차별 모의고사 첫 번째 페이지의 QR 코드 찍고 '응시하기' 클릭
2. 나의 답안을 모바일 OMR에 입력
3. '성적분석 & 채점결과' 클릭하고 현재 내 실력 파악하기

※ 쿠폰 등록 후 30일 이내에 사용 가능합니다.

NCS 핵심이론 및 대표유형 분석자료

이용 안내

1. 시대에듀 도서 홈페이지 접속 (www.sdedu.co.kr/book)
2. 상단 카테고리 「도서업데이트」 클릭
3. '공기업/금융권 NCS 도서 무료 학습자료' 검색 후 다운로드

※ 자료가 보이지 않을 때에는 '금융권'으로 검색하기 바랍니다.

무료 제공 쿠폰

NCS 쿠폰번호

NCS 기출풀이 특강	JXX-90244-19422
NCS 통합 온라인 모의고사	ATNV-00000-BBC1F

KB국민은행 온라인 모의고사

온라인 모의고사(4회분)	ATTO-00000-05E3C

※ 온라인 모의고사는 「내강의실」 → 「모의고사」에서 응시 가능합니다.

등록기간 : ~ 2026. 11. 30

❖ 쿠폰 등록 후 30일 이내에 사용 가능합니다.
❖ 쿠폰 등록 및 응시는 윈도우 기반 PC에서만 가능합니다.
❖ 모바일 및 macOS 운영체제에서는 서비스되지 않습니다.

KB국민은행 필기전형 OMR 답안카드

고사장

성 명

수 험 번 호						
⓪	⓪	⓪	⓪	⓪	⓪	⓪
①	①	①	①	①	①	①
②	②	②	②	②	②	②
③	③	③	③	③	③	③
④	④	④	④	④	④	④
⑤	⑤	⑤	⑤	⑤	⑤	⑤
⑥	⑥	⑥	⑥	⑥	⑥	⑥
⑦	⑦	⑦	⑦	⑦	⑦	⑦
⑧	⑧	⑧	⑧	⑧	⑧	⑧
⑨	⑨	⑨	⑨	⑨	⑨	⑨

감독위원 확인
인

직업기초능력				직무심화지식				상식	
1	① ② ③ ④	21	① ② ③ ④	1	① ② ③ ④	21	① ② ③ ④	1	① ② ③ ④
2	① ② ③ ④	22	① ② ③ ④	2	① ② ③ ④	22	① ② ③ ④	2	① ② ③ ④
3	① ② ③ ④	23	① ② ③ ④	3	① ② ③ ④	23	① ② ③ ④	3	① ② ③ ④
4	① ② ③ ④	24	① ② ③ ④	4	① ② ③ ④	24	① ② ③ ④	4	① ② ③ ④
5	① ② ③ ④	25	① ② ③ ④	5	① ② ③ ④	25	① ② ③ ④	5	① ② ③ ④
6	① ② ③ ④	26	① ② ③ ④	6	① ② ③ ④	26	① ② ③ ④	6	① ② ③ ④
7	① ② ③ ④	27	① ② ③ ④	7	① ② ③ ④	27	① ② ③ ④	7	① ② ③ ④
8	① ② ③ ④	28	① ② ③ ④	8	① ② ③ ④	28	① ② ③ ④	8	① ② ③ ④
9	① ② ③ ④	29	① ② ③ ④	9	① ② ③ ④	29	① ② ③ ④	9	① ② ③ ④
10	① ② ③ ④	30	① ② ③ ④	10	① ② ③ ④	30	① ② ③ ④	10	① ② ③ ④
11	① ② ③ ④	31	① ② ③ ④	11	① ② ③ ④	31	① ② ③ ④	11	① ② ③ ④
12	① ② ③ ④	32	① ② ③ ④	12	① ② ③ ④	32	① ② ③ ④	12	① ② ③ ④
13	① ② ③ ④	33	① ② ③ ④	13	① ② ③ ④	33	① ② ③ ④	13	① ② ③ ④
14	① ② ③ ④	34	① ② ③ ④	14	① ② ③ ④	34	① ② ③ ④	14	① ② ③ ④
15	① ② ③ ④	35	① ② ③ ④	15	① ② ③ ④	35	① ② ③ ④	15	① ② ③ ④
16	① ② ③ ④	36	① ② ③ ④	16	① ② ③ ④	36	① ② ③ ④	16	① ② ③ ④
17	① ② ③ ④	37	① ② ③ ④	17	① ② ③ ④	37	① ② ③ ④	17	① ② ③ ④
18	① ② ③ ④	38	① ② ③ ④	18	① ② ③ ④	38	① ② ③ ④	18	① ② ③ ④
19	① ② ③ ④	39	① ② ③ ④	19	① ② ③ ④	39	① ② ③ ④	19	① ② ③ ④
20	① ② ③ ④	40	① ② ③ ④	20	① ② ③ ④	40	① ② ③ ④	20	① ② ③ ④

※ 본 답안카드는 마킹연습용 모의 답안카드입니다.

KB국민은행 필기전형 OMR 답안카드

고사장

성 명

수 험 번 호						
⓪	⓪	⓪	⓪	⓪	⓪	⓪
①	①	①	①	①	①	①
②	②	②	②	②	②	②
③	③	③	③	③	③	③
④	④	④	④	④	④	④
⑤	⑤	⑤	⑤	⑤	⑤	⑤
⑥	⑥	⑥	⑥	⑥	⑥	⑥
⑦	⑦	⑦	⑦	⑦	⑦	⑦
⑧	⑧	⑧	⑧	⑧	⑧	⑧
⑨	⑨	⑨	⑨	⑨	⑨	⑨

감독위원 확인
인

직업기초능력				직무심화지식				상식	
1	① ② ③ ④	21	① ② ③ ④	1	① ② ③ ④	21	① ② ③ ④	1	① ② ③ ④
2	① ② ③ ④	22	① ② ③ ④	2	① ② ③ ④	22	① ② ③ ④	2	① ② ③ ④
3	① ② ③ ④	23	① ② ③ ④	3	① ② ③ ④	23	① ② ③ ④	3	① ② ③ ④
4	① ② ③ ④	24	① ② ③ ④	4	① ② ③ ④	24	① ② ③ ④	4	① ② ③ ④
5	① ② ③ ④	25	① ② ③ ④	5	① ② ③ ④	25	① ② ③ ④	5	① ② ③ ④
6	① ② ③ ④	26	① ② ③ ④	6	① ② ③ ④	26	① ② ③ ④	6	① ② ③ ④
7	① ② ③ ④	27	① ② ③ ④	7	① ② ③ ④	27	① ② ③ ④	7	① ② ③ ④
8	① ② ③ ④	28	① ② ③ ④	8	① ② ③ ④	28	① ② ③ ④	8	① ② ③ ④
9	① ② ③ ④	29	① ② ③ ④	9	① ② ③ ④	29	① ② ③ ④	9	① ② ③ ④
10	① ② ③ ④	30	① ② ③ ④	10	① ② ③ ④	30	① ② ③ ④	10	① ② ③ ④
11	① ② ③ ④	31	① ② ③ ④	11	① ② ③ ④	31	① ② ③ ④	11	① ② ③ ④
12	① ② ③ ④	32	① ② ③ ④	12	① ② ③ ④	32	① ② ③ ④	12	① ② ③ ④
13	① ② ③ ④	33	① ② ③ ④	13	① ② ③ ④	33	① ② ③ ④	13	① ② ③ ④
14	① ② ③ ④	34	① ② ③ ④	14	① ② ③ ④	34	① ② ③ ④	14	① ② ③ ④
15	① ② ③ ④	35	① ② ③ ④	15	① ② ③ ④	35	① ② ③ ④	15	① ② ③ ④
16	① ② ③ ④	36	① ② ③ ④	16	① ② ③ ④	36	① ② ③ ④	16	① ② ③ ④
17	① ② ③ ④	37	① ② ③ ④	17	① ② ③ ④	37	① ② ③ ④	17	① ② ③ ④
18	① ② ③ ④	38	① ② ③ ④	18	① ② ③ ④	38	① ② ③ ④	18	① ② ③ ④
19	① ② ③ ④	39	① ② ③ ④	19	① ② ③ ④	39	① ② ③ ④	19	① ② ③ ④
20	① ② ③ ④	40	① ② ③ ④	20	① ② ③ ④	40	① ② ③ ④	20	① ② ③ ④

※ 본 답안카드는 마킹연습용 모의 답안카드입니다.

KB국민은행 필기전형 OMR 답안카드

고사장

성 명

수 험 번 호						
⓪	⓪	⓪	⓪	⓪	⓪	⓪
①	①	①	①	①	①	①
②	②	②	②	②	②	②
③	③	③	③	③	③	③
④	④	④	④	④	④	④
⑤	⑤	⑤	⑤	⑤	⑤	⑤
⑥	⑥	⑥	⑥	⑥	⑥	⑥
⑦	⑦	⑦	⑦	⑦	⑦	⑦
⑧	⑧	⑧	⑧	⑧	⑧	⑧
⑨	⑨	⑨	⑨	⑨	⑨	⑨

감독위원 확인
인

직업기초능력				직무심화지식				상식	
1	① ② ③ ④	21	① ② ③ ④	1	① ② ③ ④	21	① ② ③ ④	1	① ② ③ ④
2	① ② ③ ④	22	① ② ③ ④	2	① ② ③ ④	22	① ② ③ ④	2	① ② ③ ④
3	① ② ③ ④	23	① ② ③ ④	3	① ② ③ ④	23	① ② ③ ④	3	① ② ③ ④
4	① ② ③ ④	24	① ② ③ ④	4	① ② ③ ④	24	① ② ③ ④	4	① ② ③ ④
5	① ② ③ ④	25	① ② ③ ④	5	① ② ③ ④	25	① ② ③ ④	5	① ② ③ ④
6	① ② ③ ④	26	① ② ③ ④	6	① ② ③ ④	26	① ② ③ ④	6	① ② ③ ④
7	① ② ③ ④	27	① ② ③ ④	7	① ② ③ ④	27	① ② ③ ④	7	① ② ③ ④
8	① ② ③ ④	28	① ② ③ ④	8	① ② ③ ④	28	① ② ③ ④	8	① ② ③ ④
9	① ② ③ ④	29	① ② ③ ④	9	① ② ③ ④	29	① ② ③ ④	9	① ② ③ ④
10	① ② ③ ④	30	① ② ③ ④	10	① ② ③ ④	30	① ② ③ ④	10	① ② ③ ④
11	① ② ③ ④	31	① ② ③ ④	11	① ② ③ ④	31	① ② ③ ④	11	① ② ③ ④
12	① ② ③ ④	32	① ② ③ ④	12	① ② ③ ④	32	① ② ③ ④	12	① ② ③ ④
13	① ② ③ ④	33	① ② ③ ④	13	① ② ③ ④	33	① ② ③ ④	13	① ② ③ ④
14	① ② ③ ④	34	① ② ③ ④	14	① ② ③ ④	34	① ② ③ ④	14	① ② ③ ④
15	① ② ③ ④	35	① ② ③ ④	15	① ② ③ ④	35	① ② ③ ④	15	① ② ③ ④
16	① ② ③ ④	36	① ② ③ ④	16	① ② ③ ④	36	① ② ③ ④	16	① ② ③ ④
17	① ② ③ ④	37	① ② ③ ④	17	① ② ③ ④	37	① ② ③ ④	17	① ② ③ ④
18	① ② ③ ④	38	① ② ③ ④	18	① ② ③ ④	38	① ② ③ ④	18	① ② ③ ④
19	① ② ③ ④	39	① ② ③ ④	19	① ② ③ ④	39	① ② ③ ④	19	① ② ③ ④
20	① ② ③ ④	40	① ② ③ ④	20	① ② ③ ④	40	① ② ③ ④	20	① ② ③ ④

※ 본 답안카드는 마킹연습용 모의 답안카드입니다.

KB국민은행 필기전형 OMR 답안카드

고사장

성 명

수 험 번 호						
⓪	⓪	⓪	⓪	⓪	⓪	⓪
①	①	①	①	①	①	①
②	②	②	②	②	②	②
③	③	③	③	③	③	③
④	④	④	④	④	④	④
⑤	⑤	⑤	⑤	⑤	⑤	⑤
⑥	⑥	⑥	⑥	⑥	⑥	⑥
⑦	⑦	⑦	⑦	⑦	⑦	⑦
⑧	⑧	⑧	⑧	⑧	⑧	⑧
⑨	⑨	⑨	⑨	⑨	⑨	⑨

감독위원 확인
인

직업기초능력				직무심화지식				상식	
1	① ② ③ ④	21	① ② ③ ④	1	① ② ③ ④	21	① ② ③ ④	1	① ② ③ ④
2	① ② ③ ④	22	① ② ③ ④	2	① ② ③ ④	22	① ② ③ ④	2	① ② ③ ④
3	① ② ③ ④	23	① ② ③ ④	3	① ② ③ ④	23	① ② ③ ④	3	① ② ③ ④
4	① ② ③ ④	24	① ② ③ ④	4	① ② ③ ④	24	① ② ③ ④	4	① ② ③ ④
5	① ② ③ ④	25	① ② ③ ④	5	① ② ③ ④	25	① ② ③ ④	5	① ② ③ ④
6	① ② ③ ④	26	① ② ③ ④	6	① ② ③ ④	26	① ② ③ ④	6	① ② ③ ④
7	① ② ③ ④	27	① ② ③ ④	7	① ② ③ ④	27	① ② ③ ④	7	① ② ③ ④
8	① ② ③ ④	28	① ② ③ ④	8	① ② ③ ④	28	① ② ③ ④	8	① ② ③ ④
9	① ② ③ ④	29	① ② ③ ④	9	① ② ③ ④	29	① ② ③ ④	9	① ② ③ ④
10	① ② ③ ④	30	① ② ③ ④	10	① ② ③ ④	30	① ② ③ ④	10	① ② ③ ④
11	① ② ③ ④	31	① ② ③ ④	11	① ② ③ ④	31	① ② ③ ④	11	① ② ③ ④
12	① ② ③ ④	32	① ② ③ ④	12	① ② ③ ④	32	① ② ③ ④	12	① ② ③ ④
13	① ② ③ ④	33	① ② ③ ④	13	① ② ③ ④	33	① ② ③ ④	13	① ② ③ ④
14	① ② ③ ④	34	① ② ③ ④	14	① ② ③ ④	34	① ② ③ ④	14	① ② ③ ④
15	① ② ③ ④	35	① ② ③ ④	15	① ② ③ ④	35	① ② ③ ④	15	① ② ③ ④
16	① ② ③ ④	36	① ② ③ ④	16	① ② ③ ④	36	① ② ③ ④	16	① ② ③ ④
17	① ② ③ ④	37	① ② ③ ④	17	① ② ③ ④	37	① ② ③ ④	17	① ② ③ ④
18	① ② ③ ④	38	① ② ③ ④	18	① ② ③ ④	38	① ② ③ ④	18	① ② ③ ④
19	① ② ③ ④	39	① ② ③ ④	19	① ② ③ ④	39	① ② ③ ④	19	① ② ③ ④
20	① ② ③ ④	40	① ② ③ ④	20	① ② ③ ④	40	① ② ③ ④	20	① ② ③ ④

※ 본 답안카드는 마킹연습용 모의 답안카드입니다.